Frank Sieren ist einer der führenden deutschen China-Experten. Der Journalist, Buchautor und Dokumentarfilmer lebt seit 1994 in Peking – länger als jeder andere westliche Wirtschaftsjournalist. Hautnah erlebt er den Aufstieg der neuen Weltmacht mit. Er hat im vergangenen Vierteljahrhundert als Korrespondent für die *Süddeutsche Zeitung*, die *Wirtschaftswoche*, die *Zeit*, das *Handelsblatt*, den *Tagesspiegel* und die Deutsche Welle gearbeitet. Nun auch für *China.Table*. Sieren hat bereits mehrere Bestseller veröffentlicht, zuletzt *Shenzhen: Zukunft made in China*.

FRANK SIEREN

ZUKUNFT? CHINA!

Wie die neue Supermacht unser Leben,
unsere Politik, unsere Wirtschaft verändert

 **PENGUIN** VERLAG

Penguin Random House Verlagsgruppe FSC® N001967

4. Auflage
Copyright © 2018 by Penguin Verlag
in der Penguin Random House Verlagsgruppe GmbH,
Neumarkter Straße 28, 81673 München
Umschlaggestaltung: Bürosüd nach einem Entwurf
von Büro Jorge Schmidt, München
Lektorat: Heike Gronemeier, München
Satz: Leingärtner, Nabburg
Druck und Bindung: GGP Media GmbH, Pößneck
Printed in Germany
ISBN 978-3-328-10610-4

www.penguin-verlag.de

Für Leo und Tim,
die ihre Namen schon lesen können,
das Buch jedoch noch nicht.

INHALT

VORWORT

»Wir haben jetzt die Stärke,
unseren rechtmäßigen Platz in der Welt einzunehmen.«
Xi Jinping, Chinas Staats- und Parteichef

»Wir müssen nun selber für unsere Zukunft kämpfen,
als Europäer, für unser Schicksal.«
Angela Merkel, deutsche Bundeskanzlerin

„Ich will meine Soldaten aus Asien zurückholen.“
Donald Trump, US-Präsident

Als ich im August 1994 in Peking eintraf, kam ich in ein Land, das bereits von der Öffnungspolitik des Reformers Deng Xiaoping geprägt war. Dennoch war es unvorstellbar, in welch atemberaubender Geschwindigkeit sich China entwickeln würde. Hätte ich vor 15 oder 20 Jahren aufgeschrieben, wie China im Jahr 2018 aussehen wird – man hätte mich für einen Spinner gehalten, der jede Bodenhaftung verloren hat. Kaum jemand im Westen hat die erfolgreiche Entwicklung Chinas so vorhergesehen, wie sie sich vollzogen hat. Zu lange schien China ein Koloss auf tönernen Füßen. Doch nun strotzt das Land nur so vor Kraft. 2017 konnte es Produkte im Wert von 420 Milliarden US-Dollar mehr verkaufen, als es importieren musste.

Die Palette der Produkte reicht von Jeans über Smartphones bis hin zu Flugzeugen. China ist längst nicht mehr nur die Werkbank der Welt. Inzwischen haben sie auch die weltbesten Hochgeschwindigkeitszüge, und die meisten Elektroautos und E-Busse weltweit fahren auf den Straßen des Landes. China ist gemeinsam mit den USA führend bei der Zukunftstechnologie der künstlichen Intelligenz (KI), die unsere gewohnte Welt auf den Kopf stellen wird. Im Onlinehandel und beim Bezahlen per Smartphone sind die Chinesen bereits Weltspitze. Und bei den Start-ups liegen die Investitionen schon höher als in den USA. Das teuerste »Einhorn« der Welt, so nennt man Start-ups mit einem Wert von über einer Milliarde US-Dollar, kommt aus China: Es widmet sich der Gesichtserkennung, noch so ein Bereich, in dem China inzwischen weltweit führend ist.

Gleichzeitig investiert China erstmals in seiner 3500-jährigen Geschichte auf allen Kontinenten: Es geht um Schlüsselindustrien, Bodenschätze und Infrastruktur. Peking baut Eisenbahnlinien, Staudämme und Kraftwerke inzwischen in einer Qualität, die selbst die strenge Weltbank überzeugt, in der nach wie vor der Westen das Sagen hat. Das alles überstrahlende Projekt ist die weltumspannende Neue Seidenstraße, die bis nach Deutschland, Panama oder Senegal reicht. Es ist das größte Infrastrukturprojekt der Welt seit dem Bau der Großen Mauer, mit dem im 7. Jahrhundert vor Christus begonnen wurde.

Immer mehr Länder schlagen sich auf die Seite der Chinesen, weil die großzügig bei ihnen investieren, aber auch, weil diese Länder so werden wollen wie China: selbstbestimmt und unabhängig. China ist ein Land, das sich vom Westen nichts vorschreiben lässt, seinen eigenen Weg geht, in seiner eigenen Geschwindigkeit, mit seinem eigenen politischen System. Ein Land, das nun die Welt neu austarieren möchte und, wenn das mit den bestehenden globalen Institutionen nicht möglich ist, inzwischen machtvoll genug ist, neue zu schaffen. Wie die Asiatische Infrastruktur-Investmentbank (AIIB), das Gegengewicht zur US-amerikanisch dominierten Weltbank. So bildet China neue Allianzen mit anderen aufstrebenden Ländern, die hoffen, sich im internationalen Konzert der Mächtigen endlich Gehör verschaffen zu können. Dazu gehört auch, dass sie frei entscheiden können, in welcher Währung sie ihren

Handel abwickeln. Der Yuan ist inzwischen Weltreservewährung, neben dem US-Dollar und dem Euro. Aus den guten alten Zeiten sind auch noch das britische Pfund und der japanische Yen dabei.

Bemerkenswert an Chinas Aufstieg ist auch die Tatsache, dass das Land keine Auslandsschulden hat. Und: Peking verfügt über ein Sparbuch mit den größten Devisenreserven der Welt. Das Riesenreich ist, an der Kaufkraft gemessen, schon seit einigen Jahren die größte Volkswirtschaft der Welt. Das BIP ist, nominal gemessen, noch kleiner, aber in der folgenden Grafik sieht man, was für ein Potenzial in China steckt:

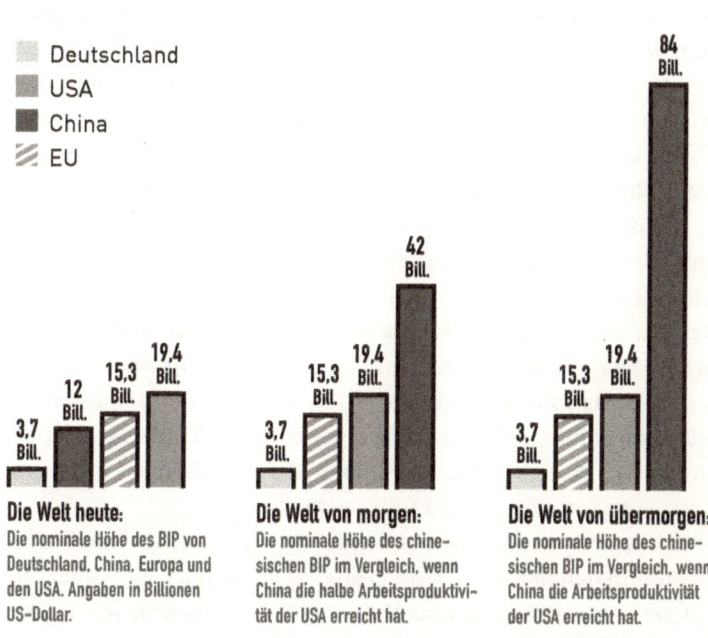

Deutschland
USA
China
EU

84 Bill.

42 Bill.

12 Bill.
15,3 Bill.
19,4 Bill.
3,7 Bill.

15,3 Bill.
19,4 Bill.
3,7 Bill.

15,3 Bill.
19,4 Bill.
3,7 Bill.

Die Welt heute:
Die nominale Höhe des BIP von Deutschland, China, Europa und den USA. Angaben in Billionen US-Dollar.

Die Welt von morgen:
Die nominale Höhe des chinesischen BIP im Vergleich, wenn China die halbe Arbeitsproduktivität der USA erreicht hat.

Die Welt von übermorgen:
Die nominale Höhe des chinesischen BIP im Vergleich, wenn China die Arbeitsproduktivität der USA erreicht hat.

Während Peking also selbst penibel darauf achtet, sich finanziell nicht in Abhängigkeiten zu begeben, ist es gleichzeitig der größte Gläubiger der Amerikaner. Im Handelsstreit mit den USA ist das ein nicht zu unterschätzendes Instrument.

Mittlerweile setzt China auch nicht mehr nur auf Wachstum um jeden Preis, sondern ist zum größten Umweltschützer der Erde aufgestiegen. Die größten Wasserkraftwerke und die meisten Windmühlen der Welt stehen in China. 2017 hat China fast zehnmal so viele Gigawatt an Solarzellen installiert wie ganz Europa zusammen. Außerdem setzt China Maßstäbe in der Industrie 4.0 – mit voll automatisierten, selbst lernenden Fabriken. Technologieunternehmen wie Alibaba, Tencent und China Mobile geben die Richtung vor und gehören inzwischen zu den weltgrößten Aktiengesellschaften.

Und selbst was die Soft Power angeht, holt China auf. Den teetrinkenden Meister Wu gibt es schon als Lego-Figur. Die Art Basel Hongkong ist inzwischen wichtiger als ihr Pendant in Miami. Und der ehemalige Louvre-Direktor Henri Loyrette räumte kürzlich ein: »In Wahrheit ist der Louvre kein universelles Museum.« Es sei ein Museum des Westens. Doch nun ändern sich die Zeiten. Das 2500 Jahre alte, aus China stammende Go-Spiel macht dem Schachspiel Konkurrenz. Die größten Filmstudios der Welt stehen mittlerweile in China. Die meisten Kinos weltweit gehören einem Chinesen, darunter sogar sehr viele amerikanische. Auch eines der großen Hollywood-Studios ist bereits in chinesischer Hand. Schon heute lässt sich kein Hollywood-Film mehr ohne die Einnahmen aus chinesischen Kinos kalkulieren. Ein Topschauspieler wie Matt Damon spielt heute in einer chinesisch-amerikanischen Hollywood-Produktion einen Söldner, der demütig bei klugen chinesischen Kämpfern in die Lehre geht.

Selbst was die Armutsbekämpfung betrifft, stellt China den Westen in den Schatten. Kein großes Land in der Weltgeschichte hat seine Menschen so schnell aus der Armut befreit wie China. Das muss man erst einmal hinkriegen. Und es hat sich zuvor aus einer Krise herausgewunden, an der die meisten anderen Länder zerbrochen wären. Noch im 18. Jahrhundert hatte China einen Anteil von 30 Prozent an der Weltwirtschaft, zur Zeit der Kulturrevolution unter Mao waren es nur mehr zwei Prozent. Nun sind es wieder 15 Prozent. China ist wieder da, hat aber noch viel Spielraum nach oben: Das jährliche Pro-Kopf-Einkommen der Chinesen liegt erst bei knapp 9 000 US-Dollar. In den USA sind es über 60 000. Nichts spricht dagegen, dass China eines Tages dieses Niveau erreichen wird. Und wenig spricht dagegen, dass das chinesische BIP in Zukunft doppelt so hoch sein wird wie das amerikanische. Das verfügbare Haushaltseinkommen wächst jedes Jahr im Schnitt um rund sechs Prozent. Und das wird noch eine ganze Weile anhalten.

Dieses Wachstum und die vielen neuen Chancen, die sich vor allem durch die Digitalisierung, die künstliche Intelligenz und die E-Mobilität ergeben, macht es für einen Großteil der Bevölkerung vergleichsweis leicht, über die Einschränkung persönlicher Freiheiten, die Menschenrechtslage und die fehlende demokratische Mitbestimmung hinwegzusehen. Die Mehrheit der Chinesen steht hinter dem autoritären System, mag es uns auch suspekt erscheinen. Und dieses System gewinnt gerade in den Entwicklungsländern der Welt immer mehr Anhänger. In vielen Regionen Asiens oder Afrikas erscheinen den Menschen Stabilität und Prosperität zunächst wichtiger als umfassende Mitbestimmung und eine vielfältige Zivilgesellschaft. Die großen Vorzüge der Demokratie, wie wir sie sehen, erschließen sich ihnen nicht. Zumal ein Blick nach Europa zeigt, wie gelähmt die Demokratien dort sind und wie stark die politischen Ränder werden, sprich: wie instabil dieses als so sicher geltende System geworden ist. Und der Blick nach Amerika zeigt, dass Wahlen die seltsamsten Rüpel an die Macht spülen können – weil die Menschen unzufrieden sind und auf einfache Lösungen in komplizierten Zeiten setzen, auch wenn es die de facto nicht geben kann.

Weil wir im Westen zunehmend mit uns selbst beschäftigt sind, entsteht ein Vakuum, in das China nur allzu gerne vorstößt. Engagiert und entschlossen erschließen die Chinesen neue Märkte, investieren in Infrastrukturprojekte und Bodenschätze und machen so nicht nur geopolitisch und wirtschaftlich Nägel mit Köpfen, sondern verschieben systematisch das alte, das gewohnte Macht-gefüge. Vorbei die Zeiten, in denen der Westen die Maßstäbe setzte und den Rest zur Folklore erklärte.

Zukunft? China!

Natürlich hat China auch Probleme, und zwar nicht zu knapp. Das Rechtssystem ist intransparent, agiert teils politisch kontrolliert. Noch immer sitzen Menschen im Gefängnis, die nicht einmal ihren Anwalt sehen dürfen. Es werden Urteile verkündet, die schon vor dem Prozess feststanden. Menschen werden wegen ihrer politischen Meinung abgehört, verfolgt oder gleich eingesperrt. Die Medien können nicht schreiben und senden, was sie wollen. In jedem Unternehmen, auch in westlichen, müssen Parteizellen installiert werden. Schon seit Jahren kündigt Peking die Öffnung seiner Märkte an, öffnet sich aber tatsächlich nur im Schneckentempo. In manchen Bereichen hat der Protektionismus sogar zugenommen. Ganze Industriebereiche sind vor ausländischer Konkurrenz geschützt. In anderen werden westliche Unternehmen zu Technologietransfers gezwungen, damit sie überhaupt auf dem chinesischen Markt vertreten sein dürfen. Piraterie und Patentverletzungen gibt es immer noch.

Dazu kommen Korruption und Skandale wie jüngst im Juli 2018. Hunderttausende Säuglinge erhielten wirkungslose, möglicherweise sogar schädliche Schutzimpfungen. Das Pharmaunternehmen räumte ein, aus Profitgier gehandelt zu haben. Der eigentliche Skandal war jedoch, dass die Aufsichtsbehörde die Panscherei zwar entdeckt, aber die Öffentlichkeit erst fast ein Jahr später darüber informiert hat. China müsse sich dieses »Gift endlich von den Knochen kratzen«, forderte selbst Präsident Xi. Doch das ist leichter gesagt als getan. Manche Parteikader sehen in der Öffnung des Landes das Grundübel: Die Verlockungen des Kapitalismus – selbst jenes Kapitalismus nach chinesischer Prägung – würden hier ihr hässliches Gesicht zeigen.

Auch an anderen Fronten gibt es Schwierigkeiten: Die Schere zwischen Arm und Reich geht weiter auseinander, da ist China keine Ausnahme. Das Wasser im Land ist knapp und sehr verschmutzt, die Regierung muss um jeden Liter kämpfen. Das ist teuer und aufwendig. Das 1,4-Milliarden-Volk muss ernährt werden, die Urbanisierung mit Augenmaß betrieben und der Energie- und Ressourcenverbrauch gesenkt werden. Peking ist sich all dieser Herausforderungen bewusst. Und geht sie mit einer Entschlossenheit und Konsequenz an, wie das nur in einem so autoritär ausgerichteten System möglich ist.

Mit ähnlicher Entschlossenheit und teils auch erschreckender Arroganz agiert es etwa beim Kräftemessen im Südchinesischen Meer oder im Umgang mit den Nachbarn. Selbst die Regierungen, die unter Chinas Zumutungen leiden, bewundern gleichzeitig die Stärke Pekings. Denn es geht ein Riss durch die Welt, was die Einschätzungen der Stärken und Schwächen Chinas betrifft. Während im Westen, aber auch bei den asiatischen Rivalen Indien und Japan die Schwächen eher überbewertet werden (das kann nicht gut gehen, der Ressourcenraubbau, die Menschenrechte, was ist mit dem Demokratisierungsprozess, der wirklichen Marktöffnung …), spielen in der übrigen Welt die Stärken eine viel größere Rolle (wir wollen dabei sein, China ist unser Vorbild). Sind die einen womöglich lebensklug und weitsichtig, die anderen naiv und kurzsichtig? Auch das soll dieses Buch herausfinden.

Offensichtlich ist bereits: Der Westen spielt eine immer geringere Rolle in der Welt. Die Regierenden in Peking, aber auch die Führung der Länder, mit denen China zusammenarbeitet, sind uns längst keine Rechenschaft mehr schuldig. Sie müssen sich nicht einmal mit uns absprechen. Sie haben ihre eigenen Vorstellungen, wie die Welt in Zukunft aussehen soll. Im Westen liest man denn auch, die Weltordnung sei durch den Aufstieg Chinas aus den Fugen geraten. Die Weltordnung, in der wir den Ton angaben. Von Chinesen höre ich hingegen, endlich komme alles in Ordnung. Die Welt werde neu ausbalanciert, gerechter werden. Ähnliches hört man in Afrika oder Zentralasien.

Tatsächlich geht China nicht nur immer selbstbewusster seinen eigenen Weg, sondern bestimmt zunehmend die globalen Spielregeln. Beim Schreiben dieses Buches ist mir noch klarer geworden, dass der direkte Einfluss Chinas auf unser Leben schon viel größer ist, als ich gedacht habe. China ist einerseits eine Chance für die Welt, sich zu erneuern. Aber es ist auch eine Gefahr für uns, wenn wir die Herausforderung nicht annehmen. Wenn wir glauben, *wir* müssten uns nicht verändern, sondern immer nur die anderen.

Um es schon mal vorwegzunehmen: *Dass* China zur Weltmacht aufsteigt, können wir nicht ändern. Selbst *wie* China aufsteigt, können wir kaum beeinflussen. Aber wir können uns darauf einstellen und eine geschickte Strategie wählen, mit der wir in der Lage sind, unsere Interessen zu vertreten. Das ist nicht einfach. Angenehm schon gar nicht, denn wir haben stets geglaubt, wir könnten auf Dauer als Minderheit, die der Westen nun einmal ist, die Spielregeln der Welt bestimmen. So demokratisch wir in unserem Land sind, so sehr neigen wir dazu, bei den internationalen Beziehungen uns undemokratisch zu verhalten. Wettbewerb ist unverzichtbar, haben wir den Chinesen lange gepredigt. Nun treten sie in Wettbewerb mit uns. Und nun passt uns das nicht mehr. Ebenso lange haben wir von China eine Öffnung gefordert, politisch, aber vor allem wirtschaftlich. Wir wollten diesen riesigen Markt für uns erschließen und reagieren nun verstimmt, wenn die Chinesen mit ihren Produkten den unseren fluten und uns auf den Emerging Markets in vielen Bereichen längst abgehängt haben.

Das sind nur zwei Beispiele von vielen, bei denen der Westen mit zweierlei Maß misst. Und damit vor allem eines sichtbar macht: die Angst vor dem Machtverlust. Wir haben ein massives Problem damit, dass die Richtung zum ersten Mal seit Hunderten von Jahren von einer nichtwestlichen Macht vorgegeben wird. Das zu akzeptieren oder sich ein Konzept zum Gegensteuern zu überlegen, ist eine große Herausforderung. Niemand kann in die Zukunft schauen. Aber nach allem, was sich schon jetzt abzeichnet, wird kein anderes Land der Welt in den kommenden Jahrzehnten unsere Zukunft – die Zukunft Deutschlands und Europas – mehr bestimmen als China.

Und, ja: China wird auch global den Einfluss der gesamten westlichen Hemisphäre zurückdrängen. Das bedeutet, wir müssen Kompromisse machen, ein Stück Macht abgeben. Es bedeutet auch, dass wir uns mehr anstrengen und geschickter vorgehen müssen, wenn es darum geht, unsere Vorstellungen global zu verankern. Und das wollen wir doch, oder? Unsere Werte sind uns wichtig. Sie sollen Bestand haben in der globalen Ordnung.

China hat sich jedoch in vielen Bereichen längst von seiner einstigen Abhängigkeit vom Westen befreit. Unser erhobener Zeigefinger verliert an Überzeugungskraft. Unser Know-how können wir kaum noch an Bedingungen knüpfen. Denn wir brauchen den chinesischen Markt dringender als die Chinesen unser Know-how. Trotz mancher Schwächen hat Peking bisher den Aufstieg alles in allem klug gemanagt und stellt nun Schritt für Schritt die nächsten Weichen auf dem Weg zum Big Player auf der Weltbühne.

Dass China nicht kollabieren würde, davon war ich immer überzeugt. Die Fakten sprachen dagegen. Das Bauchgefühl auch. Was die Geschwindigkeit und den Erfolg des Aufstiegs betrifft, war ich in meiner Einschätzung allerdings viel zu vorsichtig. Warum war das so? Wahrscheinlich hat mich das, was ich in der Schule zu Zeiten des Kalten Krieges über den Kommunismus gelernt habe und was sich nach dem Fall der Mauer zu bestätigen schien, mehr geprägt, als mir im Nachhinein bewusst ist. Denn eine Botschaft wurde in der Schule gebetsmühlenartig wiederholt: Der Kommunismus ist dem Kapitalismus weit unterlegen, und Diktaturen haben kurze Beine. Auf Dauer lassen die Menschen sich das nicht gefallen. Das stimmt ja auch alles. Es hat mit China jedoch nur bedingt zu tun.

Meinen Blick zusätzlich getrübt haben spezifisch chinesische Klischees, die sich, wie wir inzwischen wissen, als falsch erwiesen haben: Mehr als kopieren können die nicht; sie können gehorchen, aber nichts entwickeln; eine gleichförmige Masse, wenn auch eine sehr große, ohne kreative Köpfe; zu mehr als zur Fabrik der Welt reicht es nicht. Doch es war dann eben nicht alles zentral gesteuert. Peking ist es tatsächlich gelungen, den Ehrgeiz und die Eigeninitiative vor allem der jungen Menschen zu wecken. In dieser Hinsicht war die Regierung offensichtlich überzeugend. Denn dass die Menschen neugierig und kreativ sind, schnell, erstaunlich gut organisiert und bereit, hart zu arbeiten, gelingt nur, wenn sie der Politik vertrauen, dass es sich lohnt, sich zu engagieren. Dass Peking dies gelingen könnte, habe ich lange nicht geglaubt.

Es sind also eher unsere eigenen ideologischen Prägungen, die unseren Blick trüben und tief sitzende Vorurteile hervorbringen. Auch deshalb können wir kaum fassen, dass das lange Unvorstellbare heute längst Alltag ist. Und auch deshalb tun wir uns immer noch so schwer, darauf angemessen zu reagieren.

Die chinesischen Kommunisten haben sich in den letzten Jahren weitgehend nicht nur als machtvoll, sondern auch als friedliebend, weitsichtig und pragmatisch erwiesen. Fast widerstrebt es mir, einen solchen Satz aufzuschreiben. Alles, was ich gelernt habe, wehrt sich dagegen. Richtig ist der Satz trotzdem. Sie haben das Land mit seinem riesigen Marktpotenzial geöffnet – mit Einschränkungen zwar –, sie haben Wachstum und steigenden Wohlstand für die Bevölkerung gebracht, und darüber sollten wir uns erst einmal freuen. Für die Menschen dort und für uns. Deutschland profitiert als Exportnation wie kaum ein anderes Land davon. Knapp 40 Prozent der Gewinne der deutschen Autoindustrie werden in China erwirtschaftet. Dafür sage ich: Danke, China!

Dennoch bin ich noch immer davon überzeugt, dass unser politisches wie auch unser gesellschaftliches Wertesystem viele Vorteile und Stärken hat, die wir über Jahrhunderte hinweg entwickelt und verfeinert haben. Und ich möchte nicht, dass sie im Zuge des chinesischen Aufstiegs unter die Räder kommen. Unsere individuelle

Freiheit, die Vielfalt der Zivilgesellschaft mit ihren Bürgerinitiativen und ihrer Mitbestimmung sowie unser Rechts- und Sozialsystem, zumindest in seiner ursprünglichen Idee. Ja, die Mitbestimmung ist umständlich, langatmig und kann unglaublich nerven, aber daran kann man arbeiten. Dazu kommen die Religionsfreiheit, die Pressefreiheit, der Umweltschutz und der Datenschutz, der zumindest versucht, unsere Privatsphäre zu bewahren. Stärken, die wir noch längst nicht zu Ende entwickelt haben. Und sie brauchen tägliche Pflege. Diese Werte sollten ein integraler Bestandteil der neuen Weltordnung sein. Doch leider passiert das nicht von selbst. Wir brauchen Macht, um sie durchzusetzen. Schaffen wir das noch?

Wir erleben nicht nur im Kern von Europa, sondern auch an dessen Rändern eine Erosion der Demokratie, die unter anderem befeuert wird durch einen Nationalismus, der inzwischen leider zum festen Bestandteil der europäischen Politik gehört. Wir erleben mit Donald Trump an der Spitze der USA die systematische Zersetzung jener gewachsenen Strukturen und Institutionen, auf denen der Westen jahrzehntelang fußte. Viel zu langsam erkennen wir, dass wir es uns vielleicht ein wenig zu bequem gemacht haben.

Wie sonst konnte es passieren, dass allein im südchinesischen Shenzhen bereits 16 000 Elektrobusse fahren, während wir in Deutschland, dem Land der Energiewende, nicht in einer einzigen Stadt eine nennenswerte E-Bus-Flotte hinbekommen? Um mal ein vergleichsweise simples Beispiel zu nennen. Wie sonst konnte es passieren, dass wir bei der E-Governance selbst in Europa ganz weit hinten rangieren? Vom flächendeckenden Breitbandausbau gar nicht zu reden. Warum unsere Politiker in Berlin und Brüssel nur noch »auf Sicht fahren« und keine langfristigen Strategien mehr entwickeln? Wie wettbewerbsfähig unsere Gesellschaftsordnung tatsächlich noch ist, auch darum wird es in diesem Buch gehen.

Lauscht man manchen Chinakritikern, fühlt man sich an das Lied des 68er-Politaktivisten Franz Josef Degenhardt erinnert: »Spiel nicht mit den Schmuddelkindern, sing nicht ihre Lieder.

Geh doch in die Oberstadt, mach's wie deine Brüder.« Dass diese Schmuddelkinder die globale Oberschicht von morgen sein werden – und zum Teil schon sind –, können wir uns kaum vorstellen. Und wir wollen es auch nicht. Eigentlich ist es ja nicht nur eine kaufmännische Tugend, den Wettbewerber eher zu überschätzen als zu unterschätzen. Diese Tugend haben wir verlernt, und China hat seine Chance genutzt. Inzwischen sind die Chinesen so selbstbewusst und stark wie noch nie. Sie sind von ihrem Weg überzeugt. Man kann sogar sagen, dass das in gewissem Maß für ganz Asien gilt.

60 Prozent der Weltbevölkerung lebt in Asien. Wir hingegen, die Deutschen, die Europäer, ja der Westen insgesamt, bringen es nur auf 15 Prozent der Weltbevölkerung (davon leben in der EU rund sieben Prozent), Tendenz fallend. Die Chinesen allein wiegen mit gut 18 Prozent Anteil an der Weltbevölkerung den gesamten Westen mehr als auf.

Wie bereits erwähnt, haben wir als Minderheit lange die Spielregeln der Welt bestimmt. Freiheit, Gleichheit und Brüderlichkeit, das galt für uns. Für Asiaten, Südamerikaner und Afrikaner hatten wir lange Zeit nur einen Knüppel, eine Peitsche oder gar eine Gewehrkugel übrig. Wir kamen in ihre Länder, um sie auszubeuten. Wir haben ihre Arbeitskraft ausgenutzt und ihnen ihre Bodenschätze geraubt. Die brutale Kolonialzeit hinterließ vielerorts Länder, die politisch und wirtschaftlich taumelten und über die Entwicklungshilfe am oft nur spärlich rinnenden Tropf des Westens hingen.

Glückliche historische Umstände gaben dem Westen die Möglichkeit, auch China zu unterdrücken. Die Chinesen begingen im 18. Jahrhundert einen großen Fehler, der uns heute eine Warnung sein sollte. Sie hielten sich für den Nabel der Welt. Als die Briten höflich anfragten, ob China nicht gewillt sei, seinen Handelsbilanzüberschuss mit England abzubauen, schlugen sie ihnen die Tür vor der Nase zu und schotteten sich ab. Dass die Europäer dank der industriellen Revolution inzwischen viel fortschrittlicher waren als China, hatten die Chinesen in ihrem Hochmut übersehen. Sie dachten tatsächlich, sie spielten außer Konkurrenz. Die brüskierten Briten kamen im Jahr 1839 mit Kanonenbooten zurück und kolonisierten die wichtigsten chinesischen Häfen. Die Franzosen, die Portugiesen und Amerikaner, ja, sogar die Deutschen folgten ihnen. Eine große Demütigung für China.

Es sollte 110 Jahre dauern, bis es dem Kommunistenführer Mao Zedong gelang, die Kolonialmächte Anfang der 1950er-Jahre wieder vom chinesischen Festland zu vertreiben. Der endgültige Rückzug ist allerdings erst gut 20 Jahre her: Die Briten gaben 1997 Hongkong zurück, Portugal 1999 Macau. Bis heute richten die Amerikaner vom Nachbarstaat Südkorea aus Waffen auf China. Und noch immer glaubt der Westen, die Kernkompetenz zu besitzen, Menschen in anderen Ländern zu sagen, wie sie leben sollen. Unser vermeintlich überlegenes System soll Wohlstand, Freiheit und Demokratie bringen, notfalls mit militärischem Nachdruck. Wir Deutschen tun uns mit Letzterem historisch bedingt etwas schwerer, sehen uns aber moralisch in umso größerer Verpflichtung, die Werte der westlichen Welt zu hüten. Die Begründung dafür scheint naheliegend: Weil wir unter Hitler moralisch versagt haben, sind wir nun doppelt wachsam und beschützen auch die, die gar nicht beschützt werden wollen. Das ist aus unserer Sicht ein hohes Gut, nicht umsonst wurde Kanzlerin Merkel von den westlichen Medien zur letzten Hüterin der freien Welt geadelt. In anderen Ländern stößt diese Einmischung jedoch durchaus auf Skepsis. »Wieso ausgerechnet bei uns?«, lautet die Gegenfrage. Die Menschen wollen selbst entscheiden, was sie für richtig und was für falsch halten. Auch das ist eine Vorstellung von Freiheit. Einer Freiheit, der wir uns noch allzu gerne in den Weg stellen, wenn sie uns nicht nützt.

Nur ein Beispiel: »Warum ist Chinas Umwelt so verschmutzt?«, müssen sich Chinesen von Westlern immer wieder anhören. Inzwischen antworten sie selbstbewusst: »Weil wir Chinesen uns nicht zu schade waren, als Fabrik der Welt die Drecksarbeit für den Westen zu machen.« Wir wollten doch so wenig wie möglich für unsere Jeans bezahlen. Dass Farbstoffe und Chemikalien ungeklärt in chinesische Flüsse geleitet werden, wen von uns kümmerte das? Das war ja weit weg. Die Chinesen haben den schmutzigen Job dennoch übernommen, weil es für sie die einzige Möglichkeit war, zu Wohlstand zu kommen. Deshalb haben sie zugelassen, dass wir »unsere« Umweltverschmutzung sozusagen auslagern.

Dass wir nun mit dem Finger auf China zeigen und die Umweltschäden kritisieren, werden sich die Chinesen nun nicht mehr gefallen lassen. Gut möglich, dass die Regierung eines Tages eine Umweltsteuer erheben wird. Den ersten Schritt in diese Richtung hat Peking schon gemacht: Seit Januar 2018 kauft China keinen ausländischen Müll mehr auf, um ihn zu recyceln. Die Müllkippe der Welt ist nun geschlossen. Die Versuche der EU-Kommission, eine mehrjährige Übergangsfrist auszuhandeln, wurden von Peking abgeschmettert. Nun haben wir ein großes Problem. Knapp 90 Prozent des europäischen Plastikmülls ging nach China. So sieht sie *auch* aus, die neue globale Gerechtigkeit.

Die Chinesen haben längst eigene Vorstellungen entwickelt, wie globale Interaktion in Zukunft aussehen könnte. Zu wissen, was Peking will, ist hilfreicher denn je, wenn es darum geht, ein Wörtchen mitzureden. Bis heute gehen viele im Westen davon aus, sie könnten Schiedsrichter und Spieler zugleich sein. Nun stellen sie erstaunt und auch ein wenig verärgert fest, dass die anderen Spieler darauf keine Lust mehr haben. Auch darum geht es in diesem Buch.

In *Kapitel 1* sehe ich mir an, wie Peking unzufriedene EU-Länder für sich gewinnt und damit Europa aushöhlt. Schon heute ist Brüssel nicht mehr in der Lage, China gegenüber mit vereinter Stimme zu sprechen. Und während wir mit immer strengeren Sanktionen die Russen nicht wirklich schwächen können, treiben wir sie gleichzeitig immer weiter in die Arme der Chinesen. In Peking ist man amüsiert über so viel europäische Kurzsichtigkeit.

In *Kapitel 2* werden wir sehen, mit welcher Geschwindigkeit China immer innovativer wird. Die künstliche Intelligenz ist dabei der größte Schwerpunkt. Die vierte industrielle Revolution, bei der sich die Chinesen anschicken, den Westen abzuhängen, wird die Welt dramatisch verändern. Und wer da vorne mitspielt, wird maßgeblich die Spielregeln der neuen technologischen Weltordnung mitbestimmen. Auch in Deutschland.

In *Kapitel 3* beschreibe ich, wie sich diese neue technologische Weltordnung auf uns, das Land der Autokonzerne, und die deutschen »Hidden Champions« auswirkt. Mit der Entwicklung des Elektroautos übernehmen die Chinesen nun erstmals in einer deutschen Schlüsseltechnologie die Führung. Nun steht die deutsche Autoindustrie vor der größten Herausforderung in der Geschichte der Bundesrepublik. Weil China es so will, bleibt in Deutschland nichts, wie es war.

In *Kapitel 4* analysiere ich, wie Chinas Präsident Xi Jinping als Schlüsselfigur gleichzeitig Chinas Wirtschaft öffnet und die Zivilgesellschaft drangsaliert, die Korruption mit aller Härte bekämpft und seine Machtfülle ausbaut, den Umweltschutz vorantreibt und die Überwachung der Massen perfektioniert. Ob uns das passt oder nicht: Xi prägt nicht nur die Zukunft Chinas. Während wir ihn analysieren und kritisieren, verändert er auch Deutschland.

In *Kapitel 5* erkläre ich, wie China ganz grundsätzlich von der Werkbank der Welt zur Erfinderwerkstatt werden konnte. Die Zeiten des Kopierens klingen aus, die Fortschritte bei Kreativität und Innovationen, bei Forschung und Entwicklung sind enorm. Damit greifen die Chinesen den Kern des deutschen Wirtschaftswunders an. China ist wieder auf dem Weg zu der Innovationsweltmacht, die es vor Jahrhunderten schon einmal war. Ein mächtiger neuer Wettbewerber macht dem deutschen Mittelstand das Leben schwer.

In *Kapitel 6* reise ich entlang der Neuen Seidenstraße. Peking will mit diesem Projekt mit Europa, dem restlichen Asien und mit Afrika enger zusammenrücken und natürlich systematisch neue Wachstumsmärkte erschließen – auf Kosten der USA. Doch Brüssel ergreift die ausgestreckte Hand nicht.

In *Kapitel 7* geht es um den Nordkoreakonflikt und Chinas Provokationen im Südchinesischen Meer. Mehr noch als Syrien und die Ukraine ist Nordkorea einer der größten Krisenherde der Welt, auch wenn sich dort die Lage überraschenderweise vielleicht doch noch entspannt. Ohne China geht dort nichts mehr. Das gilt auch für die umstrittenen Inseln im Südchinesischen Meer. Nirgendwo zeigt Peking seine neue Macht unverhohlener als dort. Doch obwohl Chinas Nachbarn unter Druck geraten, rufen sie uns nicht zur Hilfe, sondern haben ihre eigenen Vorstellungen, wie sie im Schatten Chinas bestehen können.

In *Kapitel 8* geht es darum, wie China als aufsteigende Weltmacht die noch amtierende Weltmacht USA immer geschickter ausspielt. Es ist der große geostrategische Machtkampf des beginnenden 21. Jahrhunderts. Wurden früher Kriege geführt, um die Kämpfe auszutragen, werden die Konflikte heute im Bereich der Wirtschaft ausgefochten: mit Handels- und Patentkriegen, Firmenübernahmen, Währungsrivalitäten und dem Bieterkampf um Bodenschätze. Erstaunlich ist, dass die Chinesen längst einen guten Plan und alle Zeit der Welt haben, während der Westen hektisch und planlos agiert.

In *Kapitel 9* geht es um nichts Geringeres als den letzten großen Wachstumsmarkt der Welt: Afrika, dessen wirtschaftlicher Aufschwung maßgeblich von China befeuert wird. Während wir noch ans Brunnenbauen denken und nach dem Gießkannenprinzip Entwicklungshilfe verteilen, sieht China einen Kontinent auf dem Sprung ins 21. Jahrhundert. Klar ist schon jetzt: Für Europa wird es eng ohne Afrika.

Eines musste ich in den Jahren in China lernen – und mir ist erst langsam klar geworden, wie wenig selbstverständlich das im Westen ist: Jedes Land blickt aus einer anderen Perspektive auf die Welt. Jeder Blickwinkel hat seine Berechtigung. Von Peking aus gesehen ist es offensichtlich: China und der Westen haben viel weniger fraglose Gemeinsamkeiten, als wir im Westen glauben.

Frank Sieren, September 2018

KAPITEL 1

CHINA, RUSSLAND UND EUROPA

NERVIGE NACHBARN

Wie Peking Europa schleichend aushöhlt
und wir Putin in die Arme der Chinesen treiben.

»Wir müssen etwas haben, wir müssen etwas können, was China braucht.«

Martin Brudermüller, Vorstandsvorsitzender BASF

Aus der Ferne sieht die *Xing Guang* aus, als sei sie im Hafen von Piräus gesunken. Nur die haushohen weißen Aufbauten und der ultramarine Bug schauen noch aus dem Wasser. Der lange Rumpf und das Heck schimmern schwach grün unter den Wellen. Dahinter erhebt sich die malerische Kulisse von Piräus. Doch das Schiff ist nicht etwa havariert. Die *Xing Guang* ist ein Schwertransporter. Der größte der Chinesen und der zweitgrößte weltweit. Ein Schiff, das selbst ganze Schiffe trocken transportieren kann, aber auch Ölplattformen oder – wie in diesem Fall – ein Schwimmdock aus China mit zwei leuchtend roten Kränen obendrauf. Es trägt den griechischen Namen »ΠΕΙΡΑΙΑΣ III« – »Piräus III«. Zum Be- und Entladen senkt sich der Rumpf unter Wasser und gibt das Dock frei, bis es aus eigener Kraft schwimmt und später Schiffe mit einer Länge von bis zu 240 Metern für die Reparatur aufnehmen kann.

Das Dock ist die neuste Errungenschaft des einst verschlafenen, rückständigen Hafens. Fast 500 Millionen Euro haben die Chinesen hier investiert. 55 Millionen allein für das neue Dock. Nicht ohne Grund: Piräus ist der erste Hafen nach dem Suezkanal für aus Asien kommende Schiffe. Den größten Brocken steuerte 2016 die chinesische Reederei COSCO bei, die für rund 280 Millionen

Euro 51 Prozent der staatlichen griechischen Hafengesellschaft PPA kaufte und hier nun bis 2052 mehrere Container-, Auto- und Passagierterminals betreibt. Ein lukratives Geschäft.

Die Chance, den Hafen zu erwerben, haben die Chinesen ausgerechnet Brüssel zu verdanken. Weil Griechenland so stark verschuldet war, verlangten die EU und der Internationale Währungsfonds, dass Athen seine Staatsbetriebe privatisiert. An China haben sie dabei sicher nicht an erster Stelle gedacht. Weitere 15 Prozent an der Hafengesellschaft kann die größte Reederei der Welt vom griechischen Staat erhalten, wenn sich der Konzern an den Investitionsplan hält. Bis 2026 sollen die Chinesen 350 Millionen Euro direkt in die Hafenanlagen investieren. Mit weiteren 200 Millionen Euro sollen aber zum Beispiel auch alte Speichergebäude, ähnlich wie das in Hamburg geschehen ist, in Luxushotels, Büros und Wohnungen umgebaut werden.

Schon seit 2009 betreibt COSCO in Piräus zwei Containerterminals, die sich seitdem sehr gut entwickelt haben. Seitdem sich die Chinesen um den Hafen kümmern, werden hier dreimal so viele Waren umgeschlagen wie vorher. Fünf Millionen Container sollen es 2018 werden. Rund neun Millionen waren es 2017 in Hamburg; allerdings stagniert dort der Containerumschlag schon seit einigen Jahren. Piräus hingegen ist mit 30 Prozent Plus im Jahr der am stärksten wachsende Hafen der Welt. Dass Hamburg stagniert, liegt auch an Piräus. Wie mag die Sache erst aussehen, wenn die Chinesen ihr Hafenkonzept richtig entfaltet haben? Sie sind dabei, eine Eisenbahnlinie von Piräus bis nach Budapest zu bauen. Dann wird es nicht nur für Ungarn, sondern auch für Österreich und Süddeutschland günstiger, schon in Piräus Waren auszuladen, anstatt wie bisher noch eine Woche um Europa herum nach Hamburg zu schippern, nur um dann noch einmal einen Zug ins Innere Europas nehmen zu müssen. Wenn man sich die Landkarte ansieht, fragt man sich schon, warum erst die Chinesen darauf gekommen sind, etwas so Offensichtliches umzusetzen, und nicht die EU selbst. Es ist, als ziehe man mit dem Lineal eine Linie nach

Norden: von Piräus und Athen hinüber nach Mazedonien und Skopje über Belgrad bis nach Budapest. Das erste Teilstück der geplanten Zugstrecke zwischen den beiden Hauptstädten bauen die Chinesen bereits: 350 Kilometer für rund 2,6 Milliarden Euro. Die Reisezeit zwischen Budapest und Belgrad wird sich von acht auf drei Stunden verkürzen.

Das Projekt ist ein Teil der Neuen Seidenstraße (siehe Kapitel 6). Die neuen Freunde in Griechenland und Ungarn sind dankbar und werden immer frecher gegen Brüssel, das vergeblich versucht, die aufmüpfigen Staatsführer Alexis Tsipras und Viktor Orbán zur Räson zu bringen. Der ungarische Ministerpräsident kontert immer wieder: »Zentraleuropa braucht Geld für neue Straßen und Pipelines. Wenn Europa nicht in der Lage ist, genug Kapital zur Verfügung zu stellen, dann holen wir es uns in China.« Und sein Außenminister Péter Szijjártó fügt hinzu: »Wir in dieser Region sehen Chinas Hauptrolle in der neuen Weltordnung eher als Chance denn als Gefahr.« Griechenlands Premier Tsipras formuliert es schlichter: »China hilft uns. Warum sollen wir die Hilfe nicht annehmen?«

Tsipras und Orbán scheinen auch genau zu wissen, was sie China schuldig sind. Als Brüssel im Sommer 2016 Peking wegen seiner Politik im Südchinesischen Meer (siehe Kapitel 7) tadeln wollte, stoppten Griechenland und Ungarn eine gemeinsame Resolution. Beide Länder gelten eben als die schwierigen Kinder der EU, beruhigten sich manche in Brüssel. Dort wie auch in Berlin sollte man sich allerdings schon die Frage stellen, ob die Politik der starken EU-Staaten die Bockigkeit dieser Länder nicht erst hervorgebracht und damit Peking Tür und Tor geöffnet hat.

Inzwischen jedenfalls sind die beiden nicht mehr die Einzigen: Der tschechische Präsident Miloš Zeman war bereits im August 2015 als einziger Präsident eines EU-Landes zu den Feierlichkeiten zum 70. Jahrestag der Kapitulation Japans nach Peking gereist. Die Stallorder aus Brüssel hatte anders gelautet: Man wollte sich nicht vor den Karren einer antijapanischen Kampagne spannen lassen.

2017 hinderte Athen die EU daran, Chinas Menschenrechtslage einstimmig zu kritisieren. Wenig später stellte sich Athen erneut quer, als es um strengere Regeln für Investitionen chinesischer Unternehmen in Europa ging. Und als im Frühjahr 2018 die Vergabepraxis von Aufträgen der »One Belt, One Road Initiative« (OBOR) – also der Neuen Seidenstraße – kritisiert werden sollte, machten die Ungarn nicht mit. »Es gibt keine Lehrer und Schüler«, so Premier Orbán. Ungarn und China würden sich nicht gegenseitig maßregeln. Brüssel wehrt sich, so gut es sein Spielraum zulässt. Die EU hat angekündigt, die Vergabe eines Seidenstraßen-Projekts in Ungarn zu überprüfen, weil es keine öffentliche Ausschreibung gegeben hat, wie es europäische Richtlinien für solche Projekte vorsehen. Herausgekommen ist bei der Untersuchung bisher jedoch noch nichts.

Die Stimmung in der EU in Bezug auf solche chinesischen Investitionen ist schlecht. Die mächtigen EU-Länder finden, dass China die europäische Einheit untergräbt. Selbst der meist besonnenen deutschen Bundeskanzlerin geht das Thema so sehr auf die Nerven, dass ihr in einem Interview mit der *Wirtschaftswoche* ein deutlicher Satz herausrutschte: »Von Peking aus betrachtet ist Europa eher eine asiatische Halbinsel.«

Dabei könnte es so einfach sein in der gegenwärtigen weltpolitischen Lage. Trump hadert mit Europa. Trump streitet mit China. Trump zankt sich mit Russland. Also rückt Europa enger zusammen. Gleichzeitig nähern Europa, China und Russland sich an. Der eurasische Kontinent, die größte Landmasse der Welt, lotet gemeinsame Interessen aus, ohne die Unterschiede zu nivellieren. Doch so einfach ist es leider nicht: Die Europäer sind sich uneiniger denn je, welche gemeinsamen Ziele sie haben. Mit Großbritannien verabschiedet sich das erste große Land aus der EU. Die beiden verbliebenen Großen – Frankreich und Deutschland – kämpfen um die Vorherrschaft. Die reichen Länder fühlen sich von den armen ausgenutzt. Die armen von den reichen bevormundet. Manche trauern dem transatlantischen Bündnis nach. Andere hängen schon am Rockzipfel Chinas. Gleichzeitig glauben nicht wenige in Brüssel, die Russen erziehen zu können. Und denen bleibt vor lauter europäischem Trotz gar nichts anderes übrig, als immer enger mit den Chinesen zusammenzuarbeiten.

Der Hafen von Piräus ist ein Spiegel dieser vertrackten Situation. Die Italiener, die wie die Deutschen in Hamburg ebenfalls Geschäfte wegen Piräus verlieren, erheben schwere Vorwürfe gegen die Griechen und indirekt gegen die Chinesen: Kriminelle Organisationen würden über den vom chinesischen Staatskonzern COSCO betriebenen Hafen steuerfrei Güter einführen. Bei den Importen handele es sich oft um gefälschte Markenkleidung. Durch falsche Lieferadressen würden die wahren Empfänger die Mehrwertsteuer umgehen. Zudem würden die Banden zu niedrige Warenwerte angeben, um Importzölle zu vermeiden. In Italien sei bereits ein hoher Schaden entstanden, empörte man sich in Rom. Auf die Spur nach Piräus waren die Italiener Ende 2017 durch gefälschte Rechnungen gekommen. Die Antibetrugsbehörde der EU hat gemeinsam mit Italien Ermittlungen aufgenommen. Der griechische Hafenbetreiber und sein chinesischer Partner COSCO bestreiten die Vorwürfe. Die griechische Politik übt sich ebenfalls in Abwehr: »Während die Europäer gegenüber Griechenland wie mittelalterliche Blutegel handeln, bringen die Chinesen kontinuierlich Geld«, sagt Costas Douzinas, der Vorsitzende des Komitees für Verteidigung und internationale Angelegenheiten. Douzinas gehört der Regierungspartei Syriza an.

Im Januar 2015 noch hatte man in Peking kurz die Luft angehalten, als die Griechen die linke Syriza-Partei an die Macht wählten und ihr Parteichef Alexis Tsipras Premierminister wurde. Tsipras hatte im Wahlkampf versprochen, sich gegen die Sparzwänge Brüssels zu stellen und Privatisierungen wie die des Hafens von Piräus zu stoppen. Kaum war Tsipras im Amt, telefonierte Premierminister Li Keqiang mit ihm. Er informierte Tsipras über das, was Peking schon investiert hat und noch zu investieren gedachte. Der griechische Premier verkündete daraufhin, die Beziehungen zwischen China und Griechenland in Zukunft »aufwerten« zu wollen. Wie das aussieht, erlebte die EU beim Thema »Menschenrechtslage in China« und beim Versuch, strengere Spielregeln für chinesische Investoren in Europa durchzusetzen. Griechenland spielte nicht mit. Merkel war verärgert.

»Wenn du am Boden liegst und jemand ohrfeigt dich und jemand anderes reicht dir die Hand«, sagt Douzinas, »und wenn du dann von einem von beiden um einen Gefallen gebeten wirst: Wen bevorzugst du? Denjenigen, der dich gehohrfeigt hat, oder denjenigen, der dir geholfen hat?« Eine rhetorische Frage. Und so war auch klar, was Tsipras tun würde, als drei chinesische Militärfregatten in den Hafen von Piräus einliefen. Tsipras schritt die Ehrenformation ab und versprach: »Griechenland bleibt Chinas Tor zu Europa.« Doch es ist nicht das einzige Tor. In einigen Ländern Osteuropas – darunter nicht nur EU-Mitglieder – stehen die Türen ebenfalls weit offen.

Im Frühjahr 2017 reiste Serbiens Präsident Tomislav Nikolić nach Peking. In Serbien leben knapp neun Millionen Menschen, nicht einmal halb so viele wie in Peking. Dennoch bekam Nikolić das volle Programm: Sowohl Präsident Xi Jinping als auch Premier Li Keqiang und der Vorsitzende des Nationalen Volkskongresses, Zhang Dejiang, rollten ihm den roten Teppich aus. Er wurde sogar zum Ehrenbürger Pekings ernannt und mit Kontakten zu Unternehmern versorgt; darunter zum Kommunikationstechnologiekonzern Huawei, deren Manager ein Auge auf den serbischen Markt geworfen haben. In anderen Bereichen sind die Chinesen längst aktiv: So bauen sie etwa die Europastraße 763, die von Belgrad bis ins montenegrinische Bijelo Polje führen soll. Präsident Xi war im Sommer 2017 eigens in Serbien, um den Vertrag zu unterzeichnen. Im gleichen Jahr wurde außerdem bekannt, dass der Verkauf der Kupfermine RTB Bor nebst einer Fabrik zur Verhüttung des Rohstoffes an ein chinesisches Unternehmen in trockenen Tüchern ist. Auch einen neuen Industriepark gibt es schon, und das größte Stahlwerk des Landes in Smederevo wurde von dem chinesischen Stahlriesen HBIS übernommen. Und für einen Autobahnring rund um Belgrad haben chinesische Investoren über 200 Millionen Euro zugesagt.

All das zeigt: Das Interesse Chinas, in die serbische Infrastruktur zu investieren, ist groß. Aber auch auf anderen Ebenen geht es vorwärts. Bürger beider Länder brauchen für Reisen, die weniger als 30 Tage dauern, kein Visum mehr zu beantragen. Eine solche Regelung gibt es zwischen Deutschland und China nicht. Der neue serbische Premier Aleksandar Vučić hofft auch auf eine direkte Flugverbindung zwischen Belgrad und Peking. Und er kämpft um die bisher größte ausländische Investition: Der chinesische Reifenhersteller Linglong will 400 Millionen Euro in eine Fabrik in Serbien investieren. Sie soll zehn Millionen Pkw-Reifen und zwei Millionen Bus- und Lkw-Reifen pro Jahr herstellen.

Das Engagement der Chinesen legt das Dilemma von Brüssel schmerzlich offen. Niemand würde bestreiten, dass Serbien zu Europa gehört. Jedenfalls eher als zu China. Doch Brüssel zögert, weitere Länder aufzunehmen. Europa ist auch so schon schwierig genug zu managen. Die Regierung Serbiens stellte 2009 den Antrag auf Mitgliedschaft in der EU, seit 2012 gilt Serbien offiziell als Beitrittskandidat. Im Februar 2018 schließlich verkündete die EU-Kommission, sie wolle den Beitritt von sechs Westbalkanstaaten »beschleunigen«. Bei den Ländern handelt es sich um Serbien, Montenegro, Mazedonien, Bosnien-Herzegowina, Albanien und Kosovo. Serbien könnte aus Sicht der EU-Kommission bereits 2025 der Union beitreten. Für Serbien hätte es dann 13 Jahre gedauert, um vom Beitrittskandidaten zum EU-Mitglied zu werden. Bis dahin müssen die Serben jedoch noch umfangreiche Reformen durchführen. Einen kleinen Lichtblick scheint es für die Anwärter zu geben: Die Kommission will durchsetzen, dass die EU künftig öfter mit Mehrheitsbeschlüssen statt einstimmig entscheiden darf.

Ein anderes Land in der EU-Warteschleife ist Albanien, seit 2017 Beitrittskandidat. Das Land liegt an der Südküste der Adria, nur

40 Kilometer vom Absatz des italienischen Stiefels entfernt. Im Süden grenzt es an Griechenland. Es wächst mit 3,4 Prozent, und laut Internationalem Währungsfonds kommt die Regierung in Tirana gut mit ihren Reformen voran. Allerdings sei das Rechtssystem noch schwach, die organisierte Kriminalität zu stark und Albanien der größte illegale Cannabisproduzent Europas – in den USA ist das übrigens inzwischen der am schnellsten wachsende Wirtschaftszweig.

Brüssel ist auch hier vorsichtig, und den meisten Deutschen kann Albanien getrost gestohlen bleiben. In Peking jedoch, gut 7 000 Kilometer entfernt, sieht man das anders. Das kleine Drei-Millionen-Einwohner-Land mit alter Geschichte und wunderschönen Hafenstädten gilt als strategisch sehr günstig. Es liegt so nördlich, dass man über seine Häfen Osteuropa gut beliefern kann, aber so südlich, dass man mit dem Schiff gerade noch am italienischen Stiefel vorbeikommt und Tunesien erreicht, gewissermaßen ohne eine Kurve fahren zu müssen. Und: Wer zur Adria will, muss an Albanien vorbei. Ein lohnendes Ziel also für Peking. Deshalb haben die Chinesen die Konzession für den Flughafen von Tirana erworben, erst einmal bis 2025. Sie überlegen, den Hafen zu erweitern, und bauen für 200 Millionen Euro eine neue Straße von Albanien nach Mazedonien. Für fast 450 Millionen Euro haben sie zwei Ölfelder gekauft, die sie von Shell ausbeuten lassen. Albaniens Bauern bekommen 1,3 Millionen Euro Kredit, um neue Maschinen zu kaufen. Eine transadriatische Öl- und Gaspipeline, an der Shell mit 20 Prozent der größte Investor ist, gibt es inzwischen auch. Und der chinesische IT-Netzwerk-Spezialist Huawei hilft dabei, das Stromnetzwerk des Landes zu modernisieren. Doch damit nicht genug: China ist inzwischen der zweitgrößte Handelspartner Albaniens. Nicht zuletzt aufgrund der großen chinesischen Investitionen wird Albanien von Standard & Poor's inzwischen mit einem B+ bewertet. Die EU hingegen hat in 27 Jahren nur rund eine Milliarde Euro investiert. Es ist schon skurril: Peking macht Albanien fit für die EU. Das werden die Albaner den Chinesen nicht vergessen.

Ähnliche Entwicklungen zeigen sich in Kroatien und Bosnien-Herzegowina. Dort baut der chinesische Konzern China Shandong International für 382 Millionen Dollar eine Mautstraße zwischen Banja Luka und der kroatischen Grenze. Darüber hinaus plant CSI für knapp 290 Millionen US-Dollar eine neue Bahntrasse. Und Europa? Natürlich gibt es verschiedene Töpfe mit Fördermitteln, aus denen man die Länder an der Peripherie bedient. Doch was fehlt, ist eine langfristige Strategie. Und die hat Peking im Osten Europas. Das musste auch Wladimir Putin bereits feststellen: Zuerst feierte Chinas Präsident Xi Jinping mit Putin das Ende des Zweiten Weltkriegs, dann machte er sich im Mai 2015 von Moskau direkt auf den Weg nach Weißrussland, wo er sich mit Staatsoberhaupt Alexander Lukaschenko traf. Es war der erste Besuch eines chinesischen Präsidenten seit 14 Jahren. Und Xi machte keinen Hehl daraus, was er sich von Lukaschenko wünschte: mehr wirtschaftliche Kooperation. Heraus kam ein neuer Vertrag für den chinesisch-weißrussischen Industriepark Great Stone. Geht es nach Xi, soll der Park eine »Perle« der Neuen Seidenstraße werden. An Moskau war der Besuch ein klares Signal: Wir arbeiten eng mit euch zusammen und kaufen auch gern euer Gas und Öl. Im Osten Europas haben wir aber unsere eigenen Interessen.

Brüssel überlässt Peking zu leichtfertig das Feld, zu selten zieht man gemeinsam an einem Strang, was angesichts der weltwirtschaftspolitischen Lage eigentlich angeraten wäre: Stichwort Handelskrieg China–USA. Dass es durchaus gemeinsam geht, zeigt ein von der EU mitfinanziertes Brückenprojekt, das Kroatiens südlichste Spitze mit dem Rest des Landes verbinden soll: Wenn die Pelješac-Brücke fertig ist, wird sie das beliebte Reiseziel Dubrovnik mit dem Rest Kroatiens verbinden. Bislang müssen Reisende dafür auf ein paar Kilometern das Staatsgebiet Bosnien-Herzegowinas durchqueren. Zeitraubende Kontrollen an den Grenzen des Nicht-EU-Mitglieds werden in Zukunft wegfallen, ein wichtiger Aspekt auch für den Warentransitverkehr. Die EU hat über 350 Millionen

Euro für den Bau der Brücke zugesagt. Das sind rund 85 Prozent der Kosten. Die Umsetzung hat die öffentliche Beschaffungsbehörde Kroatiens an ein chinesisches Unternehmen vergeben. Es soll die Brücke bauen, aber auch Zufahrtsstraßen und Tunnel. Im Januar 2018 musste das Projekt jedoch gestoppt werden. Ein Mitbieter, ein italienisch-türkisches Konsortium, behauptete, die China Road and Bridge Corporation (CRBC) werde vom Staat unterstützt. Ein österreichisches Unternehmen kritisierte außerdem, CRBC habe gegen die EU-Investitions- und Beschaffungsvorschriften verstoßen. Die kroatische Behörde wies allerdings beide Beschwerden zurück. Wie geplant, soll der Bau nun bis 2022 fertig sein.

Chinesische Investitionen in Osteuropa sind nicht immer erfolgreich. 2017 musste das Autowerk des chinesischen Herstellers Great Wall in Bulgarien nach nur sechs Jahren Konkurs anmelden. Aus der 2015 geschlossenen Vereinbarung mit Rumänien, zwei neue Atomkraftwerke zu bauen, ist bisher nichts geworden, und die Slowaken warten ebenfalls noch auf ein großes Projekt. Allerdings haben die Chinesen inzwischen sogar ein eigenes politisches Format für die Zusammenarbeit mit Osteuropa entwickelt, bei dem Brüssel gar nicht erst gefragt wurde. 16+1 heißt es und bedeutet: 16 osteuropäische Länder plus China. Seit 2012 trifft sich die Gruppe regelmäßig. Erst zwei Jahre später wurde auf Initiative von Angela Merkel der Western Balkans Summit ins Leben gerufen. Allerdings krankt das Forum daran, dass man nicht so viel Geld in der Tasche hat und Peking bei der Vergabe der Gelder – sagen wir mal vorsichtig – wendiger ist.

Noch bevor Premier Li Keqiang 2018 zu den deutsch-chinesischen Regierungskonsultationen reiste, traf er sich in Sofia mit den Chefs der 16 osteuropäischen Staaten. Etwas überrascht war man in Peking über den Tonfall des polnischen Präsidenten: Der beschwerte sich, dass in Polen außer großen Ankündigungen bisher nichts passiert sei. In Brüssel war die Genugtuung darüber, dass der als schwierig geltende Andrzej Duda nun endlich auch mal den Chinesen Ärger macht, nicht zu übersehen. Zu öffentlicher Kritik gegen China ließ sich Duda allerdings nicht hinreißen.

Zu diesem letzten Treffen der 16+1-Gruppe im Juli 2018 in Sofia hatte Premier Li sogar Angela Merkel eingeladen. Die Kanzlerin reagierte geschickt, als Li ihr in Peking die Einladung aussprach: »Haben Sie das mit den anderen Ländern abgestimmt?«, fragte sie den Premierminister. »Das werde ich noch tun«, antwortete Li. Mehr wollte Merkel nicht hören, sie sagte ab, und es wurde auch niemand in Vertretung geschickt.

Bei den ebenfalls im Juli stattfindenden deutsch-chinesischen Regierungskonsultationen in Berlin fragte dann umgekehrt ein deutscher Minister im Beisein von Premier Li und Kanzlerin Merkel seinen chinesischen Counterpart: »Wie würden Sie denn reagieren, wenn wir mit einigen Ihrer Provinzen so ein Format entwickeln würden?« – »Interessant«, entgegnete der Minister, »Sie sehen also die EU-Mitglieder als Ihre Provinzen an?« Es stand eins zu eins.

Die Treffen der 16+1 werden von Brüssel kritisch gesehen. Die beteiligten Staaten lassen denn auch ein wenig schlechtes Gewissen erkennen, wenn sie sich rechtfertigen: »Dieses Format hat das Ziel, Europa zu stärken und nicht zu spalten«, sagte Bulgariens Regierungschef Bojko Borissow beschwichtigend zum Auftakt in Sofia. Und Premierminister Li Keqiang konterte Kritik auf das Format so: »China unterstützt die Integration Europas. Wir brauchen ein starkes Europa mit einem starken Euro.« Das Problem für Brüssel und Merkel: Li kann diesen Satz mit großer Überzeugung sagen, denn in der Tat trägt jedes der hier von China finanzierten Projekte zur Integration Europas bei, denn damit werden Entwicklungsunterschiede abgebaut. Die 16+1-Zusammenarbeit fördert »nicht nur die Entwicklung der EU, sondern ein Stückchen mehr an Marktdiversität oder Vielfalt; das ist eine gute Sache«, fügte er hinzu. Li schlägt uns mit unseren eigenen Mitteln. Haben wir den Chinesen nicht immer gesagt, wie wichtig Wettbewerb ist? Er halte sich an EU-Recht, so Li, und: »Egal, ob Sie damit einverstanden sind, Frau Merkel, wir nehmen Kontakte auch mit Unternehmen auf.« Das sei eine gute Sache, für Ost- und Mitteleuropa, für die gesamte Weltbevölkerung.

Auch Außenminister Wang Yi versicherte, die EU nicht spalten zu wollen, und schlug Deutschland sogar trilaterale Kooperationen bei konkreten Projekten in der Region vor. Andere EU-Partner seien natürlich ebenfalls willkommen, sagte Yi Wang und schob den schwarzen Peter damit Richtung Brüssel. Es wirkt nun fast so, als verweigere sich die EU der Zukunft Europas.

Was im Kleinen in Osteuropa passiert, geschieht im Großen mit Russland. In diesem Fall ist es nicht die Nachlässigkeit Brüssels, sondern der Irrglaube des Westens, mit Sanktionen ein Land wie Russland zur Räson bringen zu können. Doch die Sanktionen bewirken vor allem eines: Der Westen treibt Russland politisch, militärisch und wirtschaftlich in die Arme der Chinesen.

War ein Schiff eingangs schon das Symbol der Beziehungen zwischen der EU und China, so könnten Schiffe auch zum Symbol der Beziehungen zwischen Moskau und Peking werden:

Langsam läuft der graue chinesische Zerstörer *Hefei* bei leichtem Nieselregen in den Hafen von Kaliningrad ein. Ihm folgt die Fregatte *Yuncheng* mit einem Hubschrauber an Bord und Spezialeinheiten. Ein drittes Schiff ist in der Ferne zu sehen. Kaliningrad, das frühere Königsberg, liegt heute in einer russischen Enklave zwischen den beiden EU-Staaten Polen und Litauen. Die Enklave ist von Russland durch Weißrussland getrennt und nur über die Ostsee direkt erreichbar. Ausgerechnet dort veranstalten Russen und Chinesen zum ersten Mal ein gemeinsames Manöver. Wenn die zweit- und die drittgrößte Armee der Welt gemeinsame Sache machen, fühlt sich das für viele im Westen mulmig an. Bis Berlin sind es von Kaliningrad gut 600 Kilometer. Zur polnischen und litauischen EU-Grenze gerade einmal 100.

Andererseits halten die Amerikaner seit Jahrzehnten regelmäßig viel größere Seemanöver mit Südkorea und anderen Partnern ähnlich nah vor der chinesischen Grenze im Südchinesischen

Meer ab. Dagegen wirken die drei chinesischen Schiffe, die sich nun fast schüchtern in das Baltische Meer vortasten, wie ein Schulausflug. Dennoch zeigt das erste Manöver eines: China und Russland rücken unter dem Druck der Sanktionen immer enger zusammen. Die Sanktionen gegen Russland, die kontinuierlich verschärft wurden, gelten seit März 2014, weil sich Moskau die ukrainische Krim einverleibt hat. Die neue nationale Sicherheitsstrategie der USA sieht China und Russland als »revisionistische Mächte«, die die »Macht, den Einfluss und die Interessen Amerikas herausfordern und versuchen, die Sicherheit und das Wohlergehen der USA zu untergraben«.

China und Russland machen das Beste daraus. Schon im Mai 2014 haben die beiden Länder einen Vertrag über Gaslieferungen im Wert von 400 Milliarden US-Dollar abgeschlossen. Der russische Konzern Gazprom verpflichtet sich darin, jährlich bis zu 38 Milliarden Kubikmeter Gas zu liefern. Im November 2016 hat die China Development Bank der russischen Vnesheconombank (VEB) rund eine Milliarde US-Dollar in Yuan geliehen. Der Kredit läuft über 15 Jahre. Noch nie hat die VEB einen Kredit mit einer so langen Laufzeit bekommen. Mit dem geliehenen Geld soll eine neue Infrastruktur aufgebaut werden, die China und Russland noch enger verbindet. »Die Chinesen sind aber auch interessiert an Holz, an Landwirtschaft, Minen und nichteisenhaltigen Metallen«, erläutert VEB-Chef Sergej Gorkow. Im Juni 2018 erhöhte Peking den Kreditspielraum der VEB noch einmal auf umgerechnet acht Milliarden US-Dollar. Mit dem Geld sollen Infrastrukturprojekte finanziert werden, darunter auch Teile der Hochgeschwindigkeitsstrecke zwischen Moskau und Peking, bei der die Europäer leer ausgehen werden (siehe Kapitel 6). Von 70 gemeinsamen Projekten ist bei der Unterzeichnung des Kreditvertrags die Rede. Und es gibt noch viel Spielraum nach oben: Der Anteil Chinas an den russischen Auslandsschulden betrug 2017 erst sechs Prozent, die meisten Schulden hat Russland immer noch in Europa.

Peking bietet sogar an, dass der chinesische Zahlungsdienstleister UnionPay einspringen könne, sollte der US-Marktführer Visa politisch gezwungen sein, sich aus Russland zurückzuziehen. Und: China liefert immer mehr frische Lebensmittel in das Nachbarland. Lebensmittel, die bisher aus Europa kamen. Die chinesische Ölgesellschaft Sinopec und der Seidenstraßenfonds beteiligen sich jeweils zu zehn Prozent an Russlands größtem Petrochemiekonzern Sibur. An Russlands größtem Flüssiggasprojekt Yamal LNG halten beide insgesamt 29,9 Prozent. Russen und Chinesen bauen zusammen einen Großraumjet und Atomkraftwerke. Vier im Wert von 3,6 Milliarden US-Dollar sind bereits im Bau. Der gemeinsam entwickelte Großraumjet C929 soll 2023 erstmals abheben. Er soll billiger in der Anschaffung und kostengünstiger im Betrieb werden als die etwa gleich große Boeing 777. Die Kosten: 20 Milliarden US-Dollar. Die Endmontage findet in China statt. Für die Chinesen ist das nur von Vorteil, denn bislang können sie keine eigenen Triebwerke herstellen. Zusammen mit den Russen könnte ihnen das endlich gelingen.

Schon 2017 hatte Russland die Saudis als wichtigster Öllieferant Chinas abgelöst: Knapp ein Viertel des russischen Ölexports fließen nun nach China. Aber Peking will mehr, denn sie müssen Gazprom vergleichsweise wenig zahlen – auch das eine Folge der Sanktionen. Im Dezember 2019 wird die neue Gaspipeline »Kraft Sibiriens« nach China fertig sein. Sie kostet 55 Milliarden US-Dollar. Die Ingenieure kämpfen mit 80 Grad Temperaturunterschied. Geopolitisch ist das Projekt ebenfalls eine Herausforderung, vor allem gegenüber dem Westen. Wenn 2019 Gas durch die Pipeline fließt, werden dank der westlichen Sanktionen zum ersten Mal der größte Gasimporteur der Welt und der größte Gasexporteur der Welt direkt miteinander verbunden sein. 30 Jahre lang werden dann jährlich 38 Milliarden Kubikmeter Gas nach China gepumpt. Das ist zwar deutlich weniger als nach Deutschland (53 Milliarden Kubikmeter pro Jahr), aber wesentlich mehr als in die Türkei, Gazproms bislang zweitgrößtem Kunden.

Über zehn Jahre haben Gazprom und Peking ergebnislos verhandelt, bis sie schließlich den Vertrag über die Gaslieferungen unterzeichnet haben. Manche Chinesen sagen, Peking habe Russland zappeln lassen, um genau dann zuzuschlagen, als die Russen die westlichen Sanktionen am schmerzhaftesten gespürt haben. Die Russen wiederum betonen, China habe Russland in schwieriger Zeit nicht im Stich gelassen. Fakt ist: Der neue Partner China macht Russland unabhängiger vom Westen. Der Westen hat sich selbst in eine Zwickmühle manövriert. Deshalb, aber auch aus Mangel an Alternativen, hat die EU 2017 so viel russisches Gas importiert wie nie zuvor – trotz der Sanktionen. Eine Steigerung von über acht Prozent im Vergleich zum Vorjahr. Größter EU-Abnehmer russischen Gases ist und bleibt Deutschland. Hier waren es gut sieben Prozent mehr als 2017. Die Russen wollen mithilfe der Chinesen ein Ziel erreichen: dass sie den Europäern den Hahn zudrehen können, ohne dass ihnen das selbst wehtut. Möglich ist das.

Allerdings geht es mit vielen Projekten nicht schnell genug voran. Die Chemie zwischen den Chinesen und den Russen stimmt manchmal nicht so recht. Das Misstrauen in Russland, von den Chinesen überrollt zu werden, ist groß. Die Chinesen wiederum haben die Sorge, dass ihre Projekte im russischen Sumpf aus Korruption und Ineffizienz stecken bleiben. Aber seit US-Präsident Donald Trump an der Macht ist, hat sich der Druck zur Zusammenarbeit noch erhöht. Das erste Gipfeltreffen zwischen Putin und Trump im Juli 2018 hat die Lage zwar nicht weiter zugespitzt, aber auch keine Entspannung gebracht. Jeder wirft dem anderen vor, die Spielregeln verletzt zu haben: Die Russen halten den Amerikanern und Europäern vor, in der Ukraine aktiv geworden zu sein, obwohl sie 1990, nach dem Zerfall der Sowjetunion und des Warschauer Pakts, das Gegenteil versprochen hatten. Der Westen nimmt Putin übel, dass er sich mit Gewalt die Krim zurückgeholt hat und Teile der Ukraine im Schwitzkasten hält. Putin kontert: KP-Parteichef Nikita Chruschtschow habe die Krim 1954 der Ukraine geschenkt – eine symbolische Geste, mehr nicht. Tatsächlich war damals in der westlichen Presse nichts davon zu lesen, man fand es offensichtlich selbstverständlich, und auch in der sowjetischen fanden sich allenfalls ein paar dürre Halbsätze. Für Chruschtschow, die Russen und im Übrigen auch für den Westen war es unvorstellbar, dass die Ukraine eines Tages unabhängig werden würde. Dass es 1991 dennoch dazu kam, empfinden viele Russen bis heute als historische Ungerechtigkeit. Da war nicht nur die Schmach über den Kollaps des stolzen Sowjetreichs, nein, auch die Krim mit ihren legendären Kurhotels und der Zarenpalast von Jalta waren für Russland verloren. Putin konnte also innenpolitisch kaum anders, als sich die Krim zurückzuholen, nachdem der Westen einen russlandfeindlichen Umsturz der Ukraine zumindest unterstützt, wenn nicht sogar befördert hatte. Die Fachleute in Brüssel und Berlin hatten ihre Politiker vor den Risiken gewarnt.

Genauso klar war, dass der Westen die Annexion der Krim als Völkerrechtsbruch bezeichnen und Russland mit Sanktionen belegen würde. Dennoch ist Russland heute weltpolitisch mächtiger denn je. Das zeigte sich auch, als der Westen versuchte, sich in den Syrienkonflikt einzumischen. Traditionell ist das die Einflusssphäre der Russen, die seit 1971 dort den einzigen Stützpunkt am Mittelmeer für ihre Schwarzmeerflotte unterhalten. China und Russland spielten zusammen – Russland militärisch und China diplomatisch – und konnten sich durchsetzen.

Auch ansonsten läuft die Kooperation gut: Russland ist Gründungsmitglied der BRICS-Staaten, zu denen Brasilien, Indien, China und Südafrika gehören. Russland ist zudem Teil der Shanghai Cooperation Organisation (SCO), die ganz Zentralasien, Indien und Pakistan zu ihren Mitgliedern zählt. Die SCO ist eine Allianz, die sich mit politischen und wirtschaftlichen, aber auch mit sicherheitspolitischen Themen in der Region beschäftigt. All diese Länder liegen nicht im Streit mit Russland. Dass allein die NATO-Länder zusammenhalten, reicht längst nicht mehr, um Moskau in die Knie zu zwingen.

Vor allem Europa hat durch die Sanktionen gegen Russland einen großen wirtschaftlichen Schaden erlitten, ohne dabei auch nur irgendeinen politischen Nutzen daraus ziehen zu können. Gewinner in diesem Machtspiel sind wieder einmal die Chinesen, der größte Verlierer ist Deutschland. China hat Deutschland 2017 als wichtigsten Handelspartner Russlands abgelöst. Deutschland ist nur noch für 8,6 Prozent des russischen Außenhandels verantwortlich. China kommt auf knapp 15 Prozent. »Mit China ist das Eis gebrochen«, meinte denn auch der russische Vizepremier Igor Schuwalow: »Wir haben mit ihnen zu reden gelernt, sie verstehen uns jetzt besser. Und wir sie auch.« Eine elegante Art einzuräumen, dass es Schwierigkeiten gab.

Natürlich gibt es noch viel aufzuholen. Der Vorsprung der EU ist mit einem 45-prozentigen Importanteil noch hoch, auch wenn die Tendenz stark fallend ist. Was Deutschland angeht, erreichen die Exporte nach Russland gerade einmal die Hälfte der chinesischen mit einem Volumen von 48 Milliarden US-Dollar. Die deutsche Wirtschaft könnte das akzeptieren, wenn dabei politisch etwas herauskäme. Tatsächlich verlieren Deutschland und die EU für nichts und wieder nichts jeden Tag wirtschaftliches Terrain an China. Derweil sind die Russen gezwungen, ihre Rohstoffe unter Preis in Peking anzubieten. China, der lachende Dritte. »Dass die Rohstoffe nach Osten fließen, kann nicht im Interesse des Westens sein«, sagt der BASF-Chef Martin Brudermüller, der später noch ausführlicher zu Wort kommen wird. »Russland ist und bleibt ein wichtiger Spieler in der internationalen Staatengemeinschaft. Diejenigen, die glauben, sie könnten die Russen ausschließen, liegen falsch. Russland ist wichtig für Europa. Wir sollten darüber reden, wie wir zusammenarbeiten können.«

Moskau musste nicht nur bei den Rohstoffpreisen Konzessionen machen, sondern auch bei Waffen. Nach Ausbruch der Ukraine-Krise gelang es Peking endlich, moderne russische Waffen zu kaufen, wie das Flugabwehrsystem S-400 und 24 Kampfjets des

Typs Su-35. Das Abwehrsystem S-400 kann Flugzeuge, Drohnen und Marschflugkörper in einer Entfernung von bis zu 380 Kilometern treffen. China plant, das System entlang seiner Küste zu stationieren, um einen großen Teil des Luftraums in der Nähe von Taiwan und rund um die umstrittenen Inseln im Südchinesischen Meer zu kontrollieren. Washington ist besorgt.

Dennoch macht Peking nicht nur, was Moskau will. Die Chinesen haben Kiew drei Milliarden US-Dollar geliehen, um seine Landwirtschaft zu modernisieren. Die Summe soll über 15 Jahre hinweg mit Getreidelieferungen zurückgezahlt werden. Ausgerechnet die krisengebeutelte Ukraine ist inzwischen der weltgrößte Getreidelieferant Chinas. Denn die Russen nehmen kaum noch etwas ab. Und die Europäer brauchen nichts. Die Ukraine hat die USA abgelöst, traditionell Chinas größter Getreidelieferant – wieder eine Abhängigkeit weniger von den USA.

Kiew ist zudem bislang der größte Rüstungslieferant der Chinesen, was auch so bleiben soll. Die Chinesen haben in der Ukraine nicht nur Hunderte russische Flugzeugmotoren und die größten militärisch einsetzbaren Luftkissenlandungsboote der Welt gekauft – und sogar in Lizenz produzieren lassen –, sondern auch einen Flugzeugträger. Der erste für China überhaupt, aber inzwischen nicht mehr der einzige.

Auch wenn der Handel zwischen China und der Ukraine 2018 um 18 Prozent gewachsen ist, liegen die Chinesen immer noch auf Platz drei hinter den Russen und der EU. Allerdings hat Peking auch mit Kiew viel vor: Für 1,1 Milliarden US-Dollar soll eine U-Bahn gebaut werden, 500 Millionen gibt es für preiswerte Hauskredite. Für 400 Millionen wird eine Zugstrecke gebaut, die Kiew mit dem Boryspil International Airport verbindet. Eine Ringstraße um die Stadt ist geplant. Den größten Hafen der Ukraine haben die Chinesen schon ausgebaut. Zwei weitere sollen folgen. Und Peking lässt in China zwei ukrainische Flugzeuge bauen, die Antonow An-225, seit 1988 das größte und schwerste Flugzeug der Welt. Das gefällt weder dem Westen noch den Russen. Peking stört das nicht. Gerne verweist man darauf, dass man schließlich auch mit den Russen noch viel vorhabe.

Das wichtigste strategische Zukunftsprojekt in diesem Bereich ist die Polare Seidenstraße. In ihrem »ersten Weißbuch zur Arktis« hat die für ihre Langzeitstrategien bekannte chinesische Regierung Pläne vorgestellt, die sie gemeinsam mit den Russen umsetzen möchte: »Infolge der globalen Erwärmung werden die arktischen Schifffahrtsrouten voraussichtlich zu wichtigen Transportrouten für den internationalen Handel werden«, heißt es in dem Papier. Die Seewege könnten schon Mitte des 21. Jahrhunderts eisfrei sein und den Gütertransport zwischen Asien und Europa deutlich verkürzen. Und die Routen sind sicher, ohne Piraten und Failed States an ihren Küsten. Das neue »Schifffahrtsrouten-Netz« will Peking mit Moskau erschließen. Denn Russland ist einer der fünf Anrainerstaaten der Arktis, neben Grönland (Dänemark), Norwegen, Kanada und den USA. Zwischen 2005 und Juni 2017 hat China in den Arktisregionen rund 90 Milliarden US-Dollar in Infrastruktur, Energieförderung und Finanzkooperationen investiert. Man verstehe sich als »Anteilshaber« in der Arktis, heißt es im neuen Weißbuch selbstbewusst bis fordernd. Mit dem *Xuelong*, zu Deutsch »Schneedrache«, verfügt China sogar über einen 167 Meter langen, 21 000 Tonnen schweren Eisbrecher, der bereits auf seiner achten Arktisexpedition ist. Ein noch leistungsfähigeres und komplett in China gebautes weiteres Schiff soll 2019 vom Stapel laufen. Damit würde das Land über genauso viele Eisbrecher verfügen wie die USA. Die Amerikaner haben schlechte Karten, wenn sich China und Russland zusammentun. Moskau ist mit seinen 44 Eisbrechern der Platzhirsch. Und Peking hat das Geld.

Natürlich geht es Peking in der Arktis auch um die Bodenschätze. Bis zu 30 Prozent der bekannten Erdgasreserven und 13 Prozent des Öls befinden sich unter dem arktischen Eis, schätzen amerikanische Geologen. Wert: über 30 Billionen Euro. Auch in diesem Bereich sucht Peking die Expertise Russlands, das wie keine andere Nation mit extremen Temperaturen umgehen kann.

»Chinas Regierung diskutiert bereits darüber mit Moskau«, erklärt Chinas Vizeaußenminister Kong Xuanyu. Das sieht nicht gut aus für das zerstrittene Europa.

Immerhin arbeiten Russen, Chinesen und Europäer wenigstens in einem Bereich noch eng zusammen: Gemeinsam halten sie das von Donald Trump aufgekündigte Atomabkommen mit dem Iran über Wasser. Noch nie zuvor haben Peking und Berlin, aber auch die Russen so eng kooperiert wie in diesem Fall, als es darum ging, den damaligen Präsidenten Obama davon zu überzeugen, dass ein Deal mit dem Iran gut für die Stabilität der Welt ist. Das jedoch will Donald Trump nicht. Es spaltet damit den Westen und Peking muss nicht einmal Danke sagen.

Europa muss raus aus der Sanktionspolitik, denn die Sanktionen funktionieren nicht, solange es so mächtige Spieler wie China auf der anderen Seite gibt. Die Europäer sollten nicht stur das Spiel den Chinesen überlassen, sondern auf Wladimir Putin zugehen. Möglich ist das. Denn kulturell gehört Russland nicht zu China, sondern zu Europa. Und Putin hat eine Schwachstelle, an der man ansetzen könnte: Er möchte von den Europäern, vor allem von den Deutschen, geschätzt werden. Wenn es in dieser Hinsicht Fortschritte gäbe, wäre er sicher bereit, Kompromisse zu machen. Und natürlich könnte man mit einem Putin, der zur europäischen Familie gehört, hinter verschlossenen Türen besser Tacheles reden. Denn dann müsste er seinem Volk nämlich auch nicht mehr ständig beweisen, wie tough er ist.

Wir sollten der Realität ins Auge sehen: Die EU braucht Osteuropa. Und Europa braucht Russland, um den großen Spielern wie China und den USA auf Augenhöhe begegnen zu können. Europa muss sich entscheiden: Will es gegenüber China machtvoll aufgestellt sein oder lieber Russland vergeblich gängeln? Beides geht leider nicht. Kurz: Europa ist ohne Russland unvollständig. Und Russland kann seine volle Kraft besser an der Seite Europas entfalten.

Obwohl das Thema China–Russland eigentlich viel wichtiger ist, weil es um einen größeren Machthebel geht, reden wir viel ausführlicher über die Frage, wie wir mit chinesischen Investitionen in Europa und besonders in Deutschland umgehen. Das Dilemma: Wir wollen einerseits jenes Know-how nicht verlieren, für das Deutschland weltberühmt ist. Andererseits müssen wir uns mit dem wichtigsten Wachstumsmarkt eng verzahnen. Besonders hoch schlugen die Wellen, als der Augsburger Roboterhersteller Kuka für 4,5 Milliarden Euro im Herbst 2016 an den chinesischen Konzern Midea verkauft wurde. Die *FAZ* klagte, dass die Chinesen sich »die Perlen der deutschen Industrie sichern«. Und die *Zeit* titelte gar: »Aufkaufen und ausschlachten – China kauft uns auf«.

Kuka ist der viertgrößte Roboterhersteller der Welt, geschluckt ausgerechnet von Chinas führendem Hersteller von Klimaanlagen und Haushaltsgeräten, der keine Expertise in der Automatisierung hat. Selten waren sich das Kanzleramt und das vom damaligen SPD-Vorsitzenden Sigmar Gabriel geführte Wirtschaftsministerium so einig. Hand in Hand wollen sie verhindern, dass Kuka in chinesische Hände fällt. Siemens-Chef Joe Kaeser bekommt einen Anruf von Kanzlerin Merkel, sie will wissen, ob er mit einem Einstieg bei Kuka den Verkauf nach Fernost nicht noch stoppen könne. Kaeser lehnt das Ansinnen der Kanzlerin ab. Das Unternehmen passe nicht in das Portfolio von Siemens.

Tatsächlich lässt sich außer den Chinesen niemand finden, der das Unternehmen haben will. Und aus Kukas Sicht hat es keinen Sinn, die Chinesen zu brüskieren. Denn ohne Zugang zum chinesischen Markt habe das Unternehmen keine Chance, seine Marktposition auch nur zu halten, verteidigt sich Kuka-Chef Till Reuter. EU-Digitalkommissar Günther Oettinger schaltet sich ein: Die Frage müsse doch erlaubt sein, ob nicht »ein Einstieg anderer europäischer Firmen eine bessere Lösung sein könnte«. Oettinger hofft auf den Konzern ABB aus Zürich, selbst einer der Marktführer im Roboterbau. Doch auch deren Interesse ist gering – zumal das auch kartellrechtlich ein Problem werden würde. Außerdem ist die IG Metall dagegen, weil sie befürchtet, dass bei einer Zusammenlegung der beiden Robotersparten zu viele deutsche Arbeitsplätze verloren gingen. Oettingers Idee führt in eine Sackgasse.

Neben der Kanzlerin und dem EU-Digitalkommissar warnt selbst der Verfassungsschutz vor den chinesischen Investitionen: »Man braucht keinen Spionageangriff mehr durchzuführen, wenn man das Unternehmen aufkaufen kann«, sagt der Präsident des Bundesamtes für Verfassungsschutz, Hans-Georg Maaßen. Die Übernahme von Kuka durch Midea mache das Problem deutlich. Denn jedes chinesische Unternehmen sei zur Zusammenarbeit mit dem Geheimdienst verpflichtet. »Midea eröffnet uns einen gigantischen Markt«, hält Kuka-Chef Reuter dagegen. »Unser Ziel ist es, in den nächsten Jahren die Nummer eins in China zu werden.«

Am Ende haben weder die Bundesregierung noch die EU eine rechtliche Handhabe, den Verkauf zu stoppen. Dass Kuka in den vergangenen zehn Jahren 15 Millionen Euro Fördergelder von der EU bekommen hat, reicht nicht. Das Unternehmen geht Ende 2016 an die Chinesen. Nur die Amerikaner stellen noch Bedingungen. Kuka musste den Unternehmensteil, der für Boeing gearbeitet hat, an ein amerikanisches Unternehmen verkaufen.

2016 ist überhaupt das große Jahr der Übernahmen. Deutsche Unternehmen im Wert von elf Milliarden Euro werden verkauft. Ein Jahr später ist die Gesamtsumme noch höher, die Zahl der Einzeltransaktionen jedoch geringer. 2018 nehmen chinesische Investitionen bei Mehrheitsbeteiligungen oder Übernahmen wieder ab. Die erste große Welle ist vorüber. Dennoch ist den Deutschen nicht wohl dabei, wenn die Investoren Chinesen sind. Wenn wir einfach alles verkaufen, ist zwar die Chance groß, am Wachstum des chinesischen Marktes teilzuhaben, aber gleichzeitig ist das Risiko hoch, dass wir unser Know-how ganz verlieren und damit für die Chinesen uninteressant werden. Wenn wir uns abschotten, behalten wir zwar unser Know-how, aber wir verkaufen zu wenig, um international wettbewerbsfähig zu bleiben. Am besten wäre ein Mittelweg, also zum Beispiel nur 49 Prozent an einem Unternehmen zu verkaufen. Doch daran sind die Chinesen nicht interessiert. Und viele der deutschen Mittelständler übrigens auch nicht. Denn zahlreiche der Hidden Champions sind nur zu haben, weil die Besitzer in der Familie keinen Nachfolger für ihr Geschäft finden. Sie wollen alles loswerden – und zwar zu einem möglichst guten Preis. Zwar sind sie schon daran interessiert, an jemanden zu verkaufen, der nachhaltig mit dem Unternehmen und seinen Mitarbeitern umgeht. Aber wenn sich dann kein entsprechender einheimischer oder europäischer Investor findet, nun, dann sind es eben die Chinesen – zumal die viel nachhaltiger agieren als mancher angelsächsische Finanzinvestor.

Das Absurde an dieser Diskussion: In den allermeisten Fällen geht es um Unternehmen, die längst nicht mehr in deutscher Hand sind. Im Januar 2016 etwa wurde der Münchner Kunststoffmaschinenhersteller KraussMaffei für 950 Millionen Euro an den Chemieriesen ChemChina verkauft. Das Unternehmen hat außer gemeinsamen Wurzeln nichts mit dem Panzerhersteller Krauss-Maffei Wegmann zu tun. Verkäufer war der kanadische Finanzinvestor Onex. Einen Monat später ging der Helmstädter Abfallkonzern EEW Energy from Waste für 1,4 Milliarden Euro nach China. Verkäufer war das schwedische Konsortium EQT. Im Sommer 2016 übernimmt Chinas Three Gorges den Offshore-Windpark »Meereswind« nördlich von Helgoland für 1,2 Milliarden Euro. Die 80-Prozent-Mehrheit hielt bis dahin der amerikanische Konzern Blackstone. Die Liste ließe sich fortsetzen.

Im Frühjahr 2018 fuhr den sensiblen Deutschen der Schreck noch einmal besonders in die Glieder: Der chinesische Autohersteller Geely erwarb zwar nicht die Mehrheit, aber doch einen Neun-Prozent-Anteil an Daimler, für neun Milliarden US-Dollar. Damit ist Geely der größte ausländische Anteilseigner. Geely war es auch gewesen, der den Reigen großer Investitionen in Europa eröffnet hatte – mit der Übernahme von Volvo im Jahr 2010 für 1,4 Milliarden Euro. Der glücklose Besitzer vorher: nicht etwa die schwedischen Gründer, sondern das US-amerikanische Unternehmen Ford.

Und auch die weltweit teuerste Akquisition der Chinesen fand im Herzen Europas statt. Für gut 43 Milliarden US-Dollar übernahm ChemChina im Frühjahr 2017 das Schweizer Unternehmen Syngenta, den größten Hersteller von Pflanzenschutzprodukten und einen der wichtigsten Anbieter von Saatgut. Der Deal kam vor allem zustande, weil es kartellrechtlich für ein westliches Privatunternehmen kaum möglich ist, mit einem anderen westlichen Privatunternehmen aus derselben Branche zusammenzugehen. Ein Merger mit dem amerikanischen Konkurrenten Monsanto hat aus genau diesen Gründen nicht geklappt. Vor allem deshalb kam ein chinesisches Staatsunternehmen zum Zuge. Der Westen hat sich gewissermaßen selbst ausgetrickst.

Die ganz große Freude an dem Zukauf kommt in China derweil noch nicht auf. Der Umsatz von Syngenta fiel 2017 um ein Prozent. Das Unternehmen machte einen Nettoverlust von fast 100 Millionen, nachdem es im Jahr zuvor noch 1,18 Milliarden US-Dollar Gewinn gemacht hatte. Der Grund sind Rückstellungen: In den USA liegen 4500 Klagen vor, weil Syngenta genmanipuliertes Saatgut an amerikanische Farmer verkaufte, für das noch keine Genehmigung für China vorlag. Die Farmen durften deshalb den Mais nicht nach China exportieren und klagten. Auch das ist eine Ironie der Wirtschaftsgeschichte zwischen dem Westen und China: Amerikanische Farmer verklagen ein nunmehr chinesisches Unternehmen, weil es die chinesischen Spielregeln nicht eingehalten hat. In diesem Fall hat Peking zur Abwechslung mal ein Eigentor geschossen.

Die Liste der vielen Firmen, die verkauft wurden, mag beunruhigen. Allerdings sind nicht die Chinesen die größten Investoren in Deutschland, sondern die USA mit knapp 25 Prozent, gefolgt von der Schweiz mit etwas mehr als elf Prozent und Großbritannien mit rund zehn Prozent. Dennoch wird die Debatte um chinesische Investitionen hier bei uns besonders schrill geführt. Immerhin geben inzwischen fast alle Entwarnung, die sich außerhalb der Politik und der Titelseiten der Zeitungen intensiv mit dem Thema beschäftigen. So heißt es beispielsweise in einem Positionspapier des Bundes der Deutschen Industrie, BDI: »Die bis heute vorliegenden statistischen Daten über chinesische Investitionen in Deutschland lassen nicht erkennen, dass die Sorgen vor einem Verlust an Wettbewerbsfähigkeit und Technologieabfluss gerechtfertigt sind.«

Dass die Vorbehalte in Deutschland gegenüber chinesischen Investoren unbegründet seien, sagt auch Christian Specht, Übernahmeexperte bei der Wirtschaftsprüfungsgesellschaft KPMG: »Es gibt das Schreckgespenst, dass die Chinesen das Know-how abgreifen und die Unternehmen aussaugen.« Doch das sei nicht der Fall, sagt er. »Sie können ihre Unternehmenstätigkeit und ihr Geschäftsmodell in der Regel in Ruhe fortführen.«

Die gewerkschaftsnahe Hans-Böckler-Stiftung hat 42 Firmen untersucht, die von Chinesen übernommen wurden. Das Ergebnis der Studie ist ebenfalls positiv: Die Käufer halten sich an Tarifverträge, bauen keine Arbeitsplätze ab und sind langfristige Investoren. Ihnen kommt es in der Regel nicht auf den schnellen Profit an. Sie sind auch nicht daran interessiert, die Unternehmen schnell wieder zu verkaufen – anders als viele angelsächsische Beteiligungsunternehmen.

Natürlich gibt es Ausnahmen und natürlich ist nicht jede Übernahme sofort erfolgreich. Bei dem Osram-LED-Lichthersteller Ledvance zum Beispiel sieht es nicht gut aus. Schon ein halbes Jahr nach der 500-Millionen-Euro-Übernahme im Herbst 2017 durch das chinesische Konsortium MLS verdunkelten sich die Wolken. Die Chinesen wollen 650 Stellen abbauen. Das Traditionswerk in Augsburg soll bis Ende 2018 geschlossen werden. Der langjährige Geschäftsführer Jes Munk Hansen hat die Firma Anfang Dezember 2017 verlassen. Immerhin: Die IG Metall ist mit den Abfindungen, die die Chinesen zahlen, zufrieden. Allerdings ist das Unternehmen noch nicht über den Berg. Die Chinesen wollen in den kommenden Jahren 1 400 bis 2 000 weitere Arbeitsplätze abbauen. Eines darf man dabei nicht vergessen: Osram hat nie verborgen, dass sein Glühbirnengeschäft, das die Chinesen gekauft haben, defizitär ist. Das Unternehmen macht Verluste, weil die EU der klassischen Glühbirne bereits das Licht ausgeblasen hat. Halogenlampen sind seit 2018 verboten. In China jedoch werden sie noch lange glühen. Die inzwischen rückständige deutsche Technologie ist nach wie vor wertvoll – aber eben nur in China. Dass es in diesem Bereich in Deutschland deshalb zum Abbau von Arbeitsplätzen kommt, kann eigentlich niemanden überraschen. Dies nun den Chinesen anzulasten, ist nicht fair. Sehr viel wichtiger ist, dass eine andere Sparte die Lücke vielleicht langfristig schließen kann: Osram will sich künftig auf LED-Technik und die einträgliche Spezialbeleuchtung für Autos konzentrieren. Eine gute Nachricht. In Deutschland wird weiter Hightech gefertigt.

Insgesamt kann man bei der Übernahme deutscher Unternehmen durch Chinesen also weder von Arbeitsplatzvernichtung noch pauschal von einem Ausverkauf der deutschen Industrie sprechen. Auch wenn man nicht bestreiten kann, dass sich die Chinesen die Unternehmen, die sie kaufen, strategisch sehr genau aussuchen. Aber das kann man ihnen ja schlecht vorwerfen. Den Deutschen ist das trotzdem nicht geheuer, die Angst vor China geht um. Und so kehrte nach dem Verkauf von Kuka auch keine Ruhe ein. Wie konnten wir es zulassen, unser Tafelsilber einfach so zu verscherbeln? Zumal in Deutschlands »Wirtschaftsschubladen« das Tafelsilber so langsam ausgeht.

Dass die Lage aber komplizierter ist, als es auf den ersten Blick aussieht, auch das lässt sich am Beispiel Kuka festmachen: Das Unternehmen ist zweifellos ein Prunkstück des deutschen Maschinenbaus. Aber Kuka steht im Weltmarkt nur auf dem undankbaren vierten Platz. Die beiden japanischen Firmen Fanuc und Yaskawa führen – gemessen am Umsatz für Industrieroboter – die Rangliste an, gefolgt von ABB. Die einzige Möglichkeit für die Augsburger, aus dieser Position herauszukommen, war, sich mit einem lokalen Partner im stärksten Wachstumsmarkt zusammenzutun. China hat mit einem Plus von 58 Prozent das größte

Nachfragewachstum im Robotikbereich. In den USA waren es sechs Prozent, in Deutschland, dem Spitzenreiter Europas, nur acht Prozent. Es war also eine unternehmerisch sinnvolle Entscheidung, sich von einem chinesischen Unternehmen übernehmen zu lassen, zumal die deutschen Kuka-Anteilseigner – hier vor allem das Heidenheimer Familienunternehmen Voith – deutlich mehr Geld bekommen haben, als der Aktienkurs auswies. Die Voith Gruppe war mit 25,1 Prozent an Kuka beteiligt. Geld, das der Technikkonzern gut neu investieren kann.

Ein Argument der Kritiker lautete, dass im Fall Kuka sowohl der Standort Augsburg als auch das Know-how der Firma in Gefahr seien. Die Antwort der Befürworter war, dass gerade bei Hightech-unternehmens-Übernahmen das Risiko vor allem beim Käufer liege. Der Verkäufer bekommt Geld, der Käufer erhält Know-how, wenn ihm die Forscher und Entwickler nicht davonlaufen. Die können nämlich nicht alle gezwungen werden, im Unternehmen zu bleiben. Deshalb müssen sich die neuen Besitzer um die Mitarbeiter kümmern. Bei Kuka lief das so: Rund ein Jahr nach der Übernahme verkündet Unternehmenschef Reuter, dass die Chinesen in Augsburg, weiterhin Hauptsitz des Unternehmens, mehr als 100 Millionen Euro investieren wollen. Bis 2025 sollen eine neue Produktionshalle und ein Ausbildungszentrum sowie ein Parkhaus entstehen. Zudem soll mehr Geld in die Forschung gesteckt werden. »Allein in Deutschland beschäftigen wir etwa 800 Entwickler und werden auch künftig welche einstellen«, sagt Reuter. »Innovation und Entwicklung gehören zur DNA von Kuka. 2009 hatten wir noch 250 Entwickler, seitdem haben wir kräftig zugelegt.« In China arbeiten nur 100 Entwickler für Kuka, genauso viele wie in Ungarn.

»Diese Ankündigung ist die beste Standortversicherung, die man sich vorstellen kann«, fasst Augsburgs IG-Metallchef Michael Leppek zusammen, der auch stellvertretender Aufsichtsratschef des Unternehmens ist. Allerdings: Die Chinesen garantieren den Standort Augsburg für die Kuka-Patente nur bis zum Jahr 2025.

Kritiker halten das für einen sehr kurzen Zeitraum. Viel länger könne man sowieso nicht in die Zukunft blicken, verteidigt man sich bei Midea. Auch dass Kuka in China mehr wächst als in Deutschland, lässt sich nicht vermeiden. Das ist so, weil der chinesische Markt in diesem Bereich schneller wächst und deutlich größer ist. Allerdings bedeutet dies in der Regel, dass aus Deutschland mehr zugeliefert wird.

Ende des Jahres 2017 zeigte sich bereits, dass die gemeinsame Zukunft vielversprechend ist: Der Konzernumsatz stieg um 18 Prozent. Die Robotiksparte kann das operative Ergebnis um fast ein Drittel auf 133,1 Millionen Euro steigern und glänzt mit einer Marge von 11,1 Prozent. Das ist gut für den Standort Deutschland. Und alleine hätte Kuka das nicht geschafft.

Die Politik jedoch lässt sich nicht beirren. Es sei dringend nötig, entsprechende Regelungen zu schaffen, »um Übernahmefantasien sowie Technologie- und Know-how-Abfluss wirksam entgegenzutreten«, sagte Matthias Machnig, Staatssekretär im Bundeswirtschaftsministerium unter Sigmar Gabriel, noch im Frühjahr 2018. Im Sommer 2017 hatte Gabriel im deutschen Wahlkampf das Außenwirtschaftsgesetz verschärfen lassen. Wenn Deutschland und Europa auch in Zukunft wirtschaftlich erfolgreich und innovativ sein wollten, müsse die Regierung die Möglichkeit haben, staatlich gelenkte, strategische Firmenübernahmen anderer Staaten genauer unter die Lupe zu nehmen und notfalls auch untersagen zu dürfen. Dagegen ist in der Tat nichts einzuwenden. Ein entsprechender Vorschlag ist inzwischen mit Frankreich und Italien abgestimmt. Aber weil eben einige EU-Länder bilateral sehr gut mit China zusammenarbeiten, lässt sich kaum eine Mehrheit für eine Kontrolle auf EU-Ebene finden. Also zeichnete sich Ende Mai 2018 eine »weiche Lösung« ab, die die Chance hat, noch im selben Jahr sowohl vom EU-Rat mit den Ländervertretern als auch von den Mitgliedern des chinesischen Parlaments akzeptiert zu werden. Der wichtigste, nicht verhandelbare Punkt, damit eine EU-Lösung möglich wird: Die einzelnen Staaten entscheiden selbst, was sie an wen verkaufen, und nicht etwa Brüssel. Aber sie werden sich untereinander austauschen und Einwände bedenken. Eine sehr weiche Formulierung, mit der auch die Ungarn und die Griechen leben können.

Im August 2018 ist es dann so weit. Erstmals verbietet die Bundesregierung die Übernahme eines deutschen Unternehmens: Der westfälische Spezialmaschinenhersteller Leifeld Metal Spinning darf nicht an Chinesen verkaufen. Das Ahlener Unternehmen beschäftigt rund 200 Mitarbeiter und ist Technologieführer bei hochfesten Materialien, die in der Luft- und Raumfahrt zum Einsatz kommen, aber auch im Nuklearbereich verwendet werden. »Kaum, dass die Chinesen den deutschen Markt als Investoren betreten, steht Vater Staat wie der strenge Jugendherbergsvater vorm Mädchenzimmer und spricht: Bis hierher und nicht weiter«, amüsiert sich Gabor Steingart in seinem Morning Briefing.

Deutschland und die Europäer sind in dieser Frage in einer schwierigen Lage. Selbstverständlich ist es sinnvoll zu prüfen, wenn Firmen nach China verkauft werden, ob nationale oder EU-Interessen dem entgegenstehen oder ob es nicht eine andere Lösung gibt. Aber ist es tatsächlich schlimmer, von Chinesen gekauft zu werden als von angelsächsischen Heuschrecken, die nur auf schnelles Geld aus sind? In der Regel nicht. Die Bundesregierung täte gut daran, mehr Energie in die Innovationskraft von Deutschland zu stecken, statt den Herbergsvater zu spielen. Denn: Wenn man genug zu bieten hat, ist es nicht so schlimm, wenn etwas verkauft wird.

Die Nervosität der Bundesregierung zeigt unfreiwillig, wie sehr Deutschland schon mit dem Rücken zur Wand steht. Immerhin sind solche Entscheidungen eine gute Verhandlungsmasse gegenüber den Chinesen. Wenn Peking sich bewegt, kann man auch wieder nachgeben. Schließlich geht es bei diesem Machtkampf am Ende um ein Thema: die »Reziprozität«. In diesem Fall ist damit die gegenseitige Gleichbehandlung gemeint. Die Deutschen möchten die gleichen Marktzugangschancen, die die Chinesen im deutschen Markt haben. Die Deutschen finden es ungerecht, dass die Chinesen in Deutschland ein Unternehmen wie Kuka kaufen können, es aber staatlich verboten ist, ein ähnliches Unternehmen in China zu kaufen. Die Chinesen können sich in beliebiger Höhe an der Deutschen Bank beteiligen. Die Deutschen jedoch nicht in beliebiger Höhe an einer der chinesischen Großbanken. Die Chinesen argumentieren andersherum. Die Deutschen hätten schon sehr viel in China investiert und dort große Gewinne gemacht, nun müsse es China erlaubt sein, genauso viel in Deutschland zu investieren. Das war auch das Thema beim EU-China-Gipfel im Juli 2018 in Peking.

Und tatsächlich kommt Bewegung in dieses Spiel. BMW wird als erster westlicher Autohersteller seinen Anteil an dem Joint Venture mit seinem chinesischen Partner von 50 auf 75 Prozent erhöhen. Besonders glücklich aber dürfte Martin Brudermüller sein, seit Anfang Mai 2018 Vorstandsvorsitzender von BASF. Er darf in Südchina einen neuen Verbundstandort bauen, ein Zehn-Milliarden-US-Dollar-Projekt. Es ist der dritte Standort in Asien und der erste in China, den BASF ohne Joint-Venture-Partner bauen kann. Ein Geschenk der Chinesen zum Thema Gleichbehandlung.

Brudermüller führt eine neue Generation von deutschen Spitzenmanagern an, deren Karrieren eng mit dem Aufstieg Chinas verzahnt sind. BASF war eine der ersten großen DAX-Firmen mit einem Vorstandssitz in Asien. Brudermüller hat einen großen Teil seiner beruflichen Karriere in China verbracht. Knapp zehn Jahre war der promovierte Chemiker für Asien zuständig, unter anderem als Asienvorstand und stellvertretender Vorstandsvorsitzender mit Sitz in Hongkong. Einige Jahre war Brudermüller auch der Chinasprecher des Asien-Pazifik-Ausschusses der deutschen Wirtschaft. »China hat meine Sicht auf Führung geprägt«, sagt er in unserem Gespräch. »Da habe ich gelernt, die Chancen erst einmal höher zu gewichten als die Risiken, und ich habe dort begriffen, wie wichtig es ist, einen langfristigen Plan zu haben.«

Dass China sich bewegt habe, sich aller Unkenrufe zum Trotz

weiter geöffnet habe, zeigt für Brudermüller, dass ein Vertrauensverhältnis zwischen China und Deutschland bestehe. Ich wende ein, dass in dieser Hinsicht wohl Donald Trump ein wenig nachgeholfen haben könnte. »Was den Zeitpunkt angeht, möglicherweise«, entgegnet Brudermüller, aber nicht, was die langfristige Strategie Chinas angehe. »Man sollte den Einfluss von Trump auf Chinas Entwicklung nicht überschätzen. Die findet mit oder ohne ihn statt – und sie geht in Richtung einer neuen Weltordnung, an die wir uns nun gewöhnen müssen.« Je größer die wirtschaftliche Macht Chinas werde, desto mehr bekämen auch chinesische Werte ein größeres Gewicht weltweit. »Die USA haben dem Welthandel oder bestimmten geopolitischen Entwicklungen ihren Stempel aufgedrückt. Die Chinesen werden das genauso machen.« Das sei ihr gutes Recht und China verdiene Respekt für das, was es bisher geschafft habe – »und auch eine Portion Bewunderung«.

Ich möchte von Brudermüller wissen, ob es etwas gibt, das ihn an China ärgert. »Man interpretiert in Peking zuweilen die Realität etwas einseitig zu seinen Gunsten«, antwortet er. »Chinesen gehen gerne bis zu dem Punkt, an dem sie Widerstand spüren. Da müssen wir dann eben auch mal Tacheles reden.« Die politischen Dialogformate zwischen China und Deutschland seien nicht immer einfach, aber sie seien es allemal wert, weiterentwickelt zu werden. Aber auch für Chinas eigenes Fortkommen wäre es gut, sich mehr in die Interessen, Sorgen und Nöte seiner Partner hineinzuversetzen.

»Vertreten wir denn unsere Position angemessen?«, frage ich. »Die Kanzlerin macht das gut. Ich habe in den vergangenen Jahren immer mal wieder dabei sein können«, sagt Brudermüller. Insgesamt jedoch seien die Chinesen deutlich strategischer und zukunftsorientierter als deutsche und europäische Politiker. Die Medien und die Politik in Europa würden vor allem um die tägliche Lufthoheit über aktuelle Themen ringen. Da werde offensichtlich, »wie wichtig eine langfristige Orientierung ist«. Wie die Chinesen etwas durchzögen, etwa einzelne Branchen aufzubauen oder den Umweltschutz durchzusetzen, sei schon beeindruckend. »Wir setzen in Europa auf Kreativität durch kontroversen Diskurs – aber wir müssen Wege finden, dass die öffentlichen Diskussionen über neue Technologien nicht überwiegend zu deren Ablehnung führen. Hier haben wir eklatante Schwächen«, sagt der Manager.

»Kann Europa den Anschluss überhaupt noch schaffen?«, will ich wissen. »Wir dürfen uns nicht kleinreden«, erwidert Brudermüller. Europa habe enorme Kapazitäten, müsse sie aber besser einsetzen. »Ich bin weit davon entfernt, Europa aufzugeben. Aber schließlich bin ich von Hause aus Optimist. Unsere Innovationskraft steht definitiv auf dem Spiel. In dieser Hinsicht waren wir im Westen schon ein wenig arrogant gegenüber den Chinesen. Immer nach dem Motto: Für Kreativität und Innovation braucht man doch Freiheit nach westlichem Muster! Die haben sie in China aber nicht, und ich bezweifle, dass sie sie anstreben. Und wir müssen uns nun eingestehen: China ist zwar keine Demokratie, aber die Freiheit, innovativ, kreativ und unkonventionell zu sein, haben sie dennoch.«

Für uns wird das bedeuten, dass sich der Wohlstand der Welt anders verteilen wird. Die Chinesen und andere aufstrebende Länder werden ihren Anteil erhöhen oder dies zumindest einfordern. »Wir sind daran gewöhnt, dass die Regeln der internationalen Beziehungen der vergangenen Jahrzehnte stets westlich dominiert waren. Nun bewegen wir uns in einer Welt, die multipolarer ist. Wir müssen uns zurücknehmen«, sagt Brudermüller. »Doch das fällt uns schwer. Andererseits könnten wir Probleme besser lösen, wenn wir internationale Institutionen hätten, in denen sich die Chinesen angemessener berücksichtigt fühlten.« Das wäre schon ein großer Fortschritt. »Sich gegen den Aufstieg Chinas zu stemmen, ist jedenfalls kurzsichtig.«

Ich frage Brudermüller, wie wir wenigstens auf Augenhöhe bleiben könnten. Dass Chinesen nun auch Teil der internationalen Netzwerke seien, meint er, mache es uns leichter, in China Erfolg zu haben. »Das funktioniert doch aber nur«, gebe ich zu bedenken,

»wenn wir interessant für die Chinesen sind. Und das war früher schon einmal leichter. Früher fuhr die Innovation auf einer Einbahnstraße von West nach Ost, nun bekommt sie Gegenverkehr.« Brudermüller lacht: »Das stimmt. Aber Ideen können auch deutlich besser werden, wenn sie zusammengebracht werden! Was aber heißt, dass wir selbst unseren Teil beisteuern, uns wieder auf unsere Kompetenzen besinnen müssen.« Neulich habe er neben dem CEO von Huawei gesessen, dem größten chinesischen Smartphone-Hersteller, erzählt Brudermüller. Der habe den Prototyp eines neuen Modells aus der Tasche gezogen und ihm stolz gezeigt, dass man einen 3-D-Film auf dem Bildschirm anschauen könne, ohne eine Virtual-Reality-Brille aufzusetzen. »Das wird uns in Zukunft öfter passieren. Das nennt man Wettbewerb. Und Wettbewerb finde ich gut, solange alle die gleichen Chancen haben.« Das sei im Falle von China nicht überall der Fall, werde aber Schritt für Schritt besser. »Dass wir ein BASF-Werk ohne Joint-Venture-Partner bauen dürfen, ist ein Zeichen dafür. Die Chinesen müssen uns den gleichen Zugang zum chinesischen Markt gewähren, den sie zu unserem Markt haben.«

»Brauchen wir eine Industriepolitik?«, will ich wissen. »Vor Industriepolitik sind wir in Deutschland und Europa immer zurückgeschreckt. Aber die Welt um uns herum setzt klare industriepolitische Akzente, da müssen auch wir umdenken«, meint Brudermüller. »Wir können uns nicht mehr auf jeder Stufe der Wertschöpfungskette tummeln. Und wenn wir uns auf die Schwerpunkte geeinigt haben, muss der Staat die Entwicklung mit dem richtigen Regulierungs- und Anreizsystem steuern und den beschlossenen Weg dann auch gegen Widerstände umsetzen. »Wir können nicht immer alles bis zum Ende ausdiskutieren, sondern müssen wieder lernen, zügig tragfähige Kompromisse zu finden und sie dann umgehend umzusetzen. Wir müssen unser westliches politisches System entsprechend neu austarieren. Wenn wir das nicht tun, haben wir ein echtes Problem.« Das heiße nicht, unseren Pluralismus als hohes Gut aufzugeben. Gleichzeitig dürfe dieser aber nicht dazu führen, dass erst gar keine Entscheidungen mehr getroffen werden könnten.

Eines sei doch klar: »Wenn die Chancen, in Europa Geld zu verdienen, geringer werden, dann müssen wir in andere Regionen gehen. Und dann wird es darauf ankommen, wer was zu bieten hat. Gerade das Verhältnis China–Deutschland wird davon bestimmt, wie mächtig der jeweils andere gerade ist.«

Die raue Wirklichkeit sieht heute schon so aus: Europa braucht den chinesischen Markt mehr als China die europäische Technologie. Und jeden Tag verschiebt sich dieses Verhältnis ein kleines Stück zugunsten Chinas, wenn wir glauben, uns nicht anstrengen zu müssen. Dass uns die Chinesen davonziehen, kann übrigens auch ein Grund für einen deutschen Unternehmer sein, zügig zu verkaufen. Deutschland und Europa müssen ihre Prioritäten richtig setzen. Das Wichtigste aber ist: Wir müssen uns mit Russland zusammentun, um in einer stärkeren Position zu sein. Wir müssen die unzufriedenen EU-Länder im Osten so integrieren, dass sie kein Interesse mehr daran haben, sich querzustellen. Wir dürfen EU-Anwärter nicht zu lange warten lassen. Und wir müssen endlich anfangen, uns wieder auf Innovation zu konzentrieren. Wenn wir das nicht tun, werden wir weiter an Macht verlieren und dann auch entsprechend behandelt werden. Da können wir so laut, wie wir wollen, nach Gleichbehandlung rufen.

KAPITEL 2

KÜNSTLICHE INTELLIGENZ UND ANDERE ZUKUNFTSTECHNOLOGIEN:

DRAMATISCHE DIGITALISIERUNG

Wie China neue Tech-Weltmacht wird
und damit auch unsere Standards setzt.

*»Die größte Stärke der Demokratie ist ihre Fähigkeit,
ihre eigenen Schwächen zu erkennen und zu korrigieren.«*
Bundespräsident Frank-Walter Steinmeier

Er sieht ein wenig aus wie ein Reptil in der Sonne. Der schlaksige Mann in zu großem hellblauem Hemd und dunklem Jackett bewegt sich kaum. Leicht nach vorne gebeugt sitzt er im Scheinwerferlicht, sein Gesicht hat er auf die linke Hand gestützt. Nur der rechte Daumen und Zeigefinger berühren einander, in hoher Frequenz, als würde er morsen. Langsam nimmt er einen schwarzen Stein aus einer kleinen Holzschüssel und platziert ihn auf einem schlichten Holzbrett mit 19 vertikalen und 19 horizontalen Linien. Lee Sedol spielt Go. Vor 2500 Jahren wurde es in China erfunden und ist seitdem das einzige Brettspiel weltweit, das kontinuierlich gespielt wird. Kein anderes ist komplexer und niemand beherrscht das Spiel so gut wie der 33-jährige Südkoreaner.

Lee gegenüber sitzt ein Mann, den keiner kennt. Es ist der Taiwanese Aja Huang, einer der Chefprogrammierer von Alpha. Er führt die Spielzüge aus, die ihm das AlphaGo-Programm von Google vorgibt. Lee überlegt, platziert noch einen letzten Stein. Dann gibt er auf. Vier von fünf Partien hat er verloren, die eine nur knapp gewonnen. »Oh«, sagt der Kommentator in die Stille hinein. Auch die mehreren Hundert Zuschauer im Raum sind enttäuscht. Und selbst die Google-Programmierer brechen nicht in Jubel aus. Die Ehrfurcht vor ihrer eigenen Erfindung überwiegt. Denn an jenem 19. März 2016 ist nicht nur der erste offizielle Go-Wettbewerb zwischen einer Maschine und einem Menschen zu Ende gegangen. Zugleich ist ein neues Kapitel der Wissenschaftsgeschichte aufgeschlagen worden.

Sicher, Computer haben auch schon vor 20 Jahren Schachgroßmeister geschlagen. Sie sind dabei sogenannten Brute-Force-Algorithmen gefolgt, bei denen sie im Grunde jedes Mal alle möglichen Züge durchgingen. Bei Go geht das jedoch nicht. Zu viele Spielzüge sind möglich. Die genaue Zahl konnten Forscher erst 2016 herausfinden. Sie lautet: 20816819938197998469947863334486277028652 24538845305484256394568209274196127380153785256484516985 19643907259916015628128546089888314427129715319317557736 620397247064840935 – das sind mehr Spielzüge, als es Atome im Universum gibt. Deshalb sei »Go so etwas wie der heilige Gral der künstlichen Intelligenz«, schrieb das renommierte Bostoner *The Atlantic Magazine*.

Die KI-Forscher waren lange davon ausgegangen, dass es noch gut eine Dekade dauern würde, bis dieser heilige Gral geknackt werden könnte. Doch dann hatte das britische Wissenschaftsmagazin *Nature* im Februar 2016 darüber berichtet, dass ein Computer nun in der Lage sei, den Go-Weltmeister in fünf Spielen 5 : 0 zu schlagen. Der Artikel schlug ein wie eine Bombe. Und natürlich wollten die Forscher den Beweis so schnell wie möglich erbringen. Auch wenn sie sich nicht sicher waren, ob AlphaGo wirklich gegen Lee Sedol bestehen würde.

Dass der Wettkampf in Asien stattfand und nicht in San Francisco, wo Google sitzt, oder London, wo die AlphaGo-Forscher ihre Zentrale haben, war kein Zufall. Das Interesse an Go ist in Asien viel größer als im Westen. 60 Millionen Menschen waren allein in China live per Fernsehen und Internet dabei, als die Maschine den Menschen besiegte. Ein Schlüsselmoment für viele Forscher und

Entwickler. In den europäischen Medien allerdings blieb das Ereignis weitgehend unbeachtet. Hier kennt kaum jemand Go, die wenigsten können einschätzen, was das Computerprogramm da geleistet hat. Die versierten Zuschauer in Asien haben dagegen gespürt, dass in dem Moment, in dem Lee das Handtuch warf, etwas sehr Ungewöhnliches passiert ist. Und Lee selbst wird nie vergessen, wie es sich anfühlte, eigentlich eine geniale Strategie zu spielen, die zu gelingen schien, bis der Computer plötzlich lernte, ihn zu durchschauen und schließlich mit seinen eigenen Mitteln zu schlagen. AlphaGo, die Maschine, sei nicht für eine Sekunde unkonzentriert gewesen. »Das schafft kein Mensch«, sagte Lee ernüchtert.

Es war ein historischer Moment auch für viele chinesische Spitzenpolitiker. Die meisten spielen selbst Go und wissen, wie komplex das Strategiespiel ist. Im Rückblick gilt der Sieg der Maschine über den Go-Weltmeister in China als die Initialzündung für den Entschluss der Führung in Peking, bis zum Jahr 2030 weltweit führend im Bereich der künstlichen Intelligenz zu werden.

Dass Pekings Politiker neuen Trends gegenüber so aufgeschlossen sind, hat auch mit einem historischen Trauma zu tun, unter dem die Nation bis heute leidet. Weil die chinesischen Kaiser Ende des 18. und Anfang des 19. Jahrhunderts zu überheblich waren und den Westen nicht ernst nahmen, verpassten sie den Innovationsschub der industriellen Revolution. Mit den Worten, es gebe »nichts, was wir nicht besäßen«, hatte Kaiser Qianlong im Jahr 1793 ein Handelsabkommen mit dem englischen König Georg III. zurückgewiesen. Die düpierten Engländer kamen 1839 als Kolonialherren mit Kanonenbooten zurück. Die Briten zwangen das riesige, aber geschwächte Land, seine Märkte zu öffnen, und machten die Chinesen abhängig von Opium. Der Kaiser musste abdanken. Ein Bürgerkrieg zwischen Nationalisten und Kommunisten entbrannte, an dem das Land zu zerbrechen drohte. China, die damals führende Volkswirtschaft der Welt, stürzte ab. Mao Zedong schaffte es zwar, das Reich wieder zu einen und unter großen Opfern wieder aufzurichten. Er war allerdings noch überzeugt, China könne aus eigener Kraft wieder zu den führenden Nationen aufschließen. Erst der Reformer Deng Xiaoping sah ein, dass China zu schwach dazu war. Also öffnete er das Land.

Alle heute regierenden chinesischen Politiker haben die Kulturrevolution miterlebt. Das Leid, das sie gesehen haben, hält sie wach. Nachdem China die erste industrielle Revolution ab 1800 mit der Massenproduktion verpasst hatte, bei der zweiten mit Elektrizität und Autos ab 1900 am Boden lagen und auch bei der dritten mit Computern ab 1970 noch von der Kulturrevolution geschwächt waren, wollen die Chinesen nun wenigstens in der vierten industriellen Revolution eine Rolle spielen – und zwar eine führende. Pekings Politiker haben längst erkannt: Die künstliche Intelligenz wird nicht nur die Machtbalancen der Weltwirtschaft ändern, sondern auch die internationalen Beziehungen neu austarieren. Lange waren es Armeen, die die Welt verändert haben, dann wurden parallel dazu Handelsabkommen, Banken und Börsenplätze immer wichtiger. Nun kommt die künstliche Intelligenz hinzu, und China ist überzeugt davon, dass Länder, die in diesem Bereich führend sind, einen entscheidenden geostrategischen Vorteil haben, der in alle anderen Bereiche hineinreicht.

Es sind drei Wellen, die nun über uns zusammenschlagen: Die künstliche Intelligenz wird erstens unsere Arbeitswelt auf den Kopf stellen. Viele Berufe werden verschwinden, neue werden entstehen. Der wirtschaftliche Machtkampf mithilfe der künstlichen Intelligenz wird zweitens den traditionellen Krieg mit großen Armeen ablösen. Und drittens spielt eine nichtwestliche Großmacht dabei erstmals eine zentrale Rolle. Da braut sich also einiges zusammen: China will führend werden. Die USA wollen führend bleiben. Europa, das im Bereich KI nicht mehr auf Augenhöhe spielt, droht unentschlossen zwischen die Fronten zu geraten. Wenn wir nicht aufwachen, wird China viel stärker, als wir uns das heute vorstellen können, in der Lage sein zu bestimmen, wie wir leben. Dass Peking dabei nicht immer fair spielt und die Spielregeln während des Spiels ändern wird, steht außer Frage. Niemand sollte den unbedingten Willen der Chinesen, ganz vorne mitzuspielen, unterschätzen. Dass Peking inzwischen alles tut, um topausgebildete Chinesen zurück in die Heimat zu holen und jungen Nachwuchskräften so optimale Forschungsbedingungen zu bieten, dass sie ihr Land erst gar nicht mehr verlassen, ist ein Baustein dieser Strategie. Gleichzeitig bekommen ausländische Spitzenkräfte attraktive Angebote. Ein Dauervisum ist nun kein Problem mehr.

Im Westen wiederum scheinen wir nun fast an dem Punkt zu stehen, an dem sich die Chinesen im 19. Jahrhundert vor ihrem Absturz befanden. Wir tun immer noch so, als seien wir der Nabel der Welt. Neuen Technologien stehen wir schon länger skeptisch gegenüber, so wie die Chinesen damals. Wir glauben tatsächlich, wir hätten sie nicht nötig, und werden nachlässig. Unsere deutschen Telefon- und Internetnetze sind löchrig, selbst im europäischen Vergleich. Mit seinem Mobilfunknetz liegt Deutschland derzeit innerhalb Europas auf Platz 32 – noch hinter Albanien. Unsere Behörden arbeiten noch immer weitgehend analog. Das bedeutet: umständliche Abläufe, Telefonschleifen, volle Warteräume, Formulare, die nur in ausgedruckter Form gelten. »Wirksames E-Government ist hierzulande noch nicht erkennbar«, fasst der Normenkontrollrat die Lage Ende 2017 nüchtern zusammen. Die Bundeskanzlerin spricht inzwischen sogar von einer »Bringschuld«.

Wenn wir jedoch nicht einmal den Wettbewerbsdruck unserer europäischen Nachbarn spüren, wie sollen wir dann Schritt halten mit dem, was sich in China entwickelt? Zumal wir vieles, was dort vor sich geht, gar nicht mitbekommen oder es nicht ernst nehmen. Wir glauben im Ernst, es reiche schon, uns damit zu beschäftigen, welche Unternehmen wir an China verkaufen und welche nicht.

Die Chinesen haben damals auch die Schotten dicht gemacht. Geholfen hat es nichts. Im Gegenteil. So wie damals die Briten, nutzen die Chinesen heute unsere Mischung aus Ignoranz und Arroganz, um unter dem Radar zu fliegen und dann plötzlich sichtbar zu werden. So konnte es auch passieren, dass die meisten Deutschen bis heute meinen, Schach sei das Maß aller Dinge – ohne zu wissen, wie viel komplexer Go ist. »Wir sind auf dem Mond gelandet«, twitterte denn auch der KI-Forscher Demis Hassabis nach dem gewonnenen Spiel. Hassabis, Sohn eines griechischen Zyprioten und einer Singapurchinesin mit Wohnsitz in London, hat schon zwei Jahre vor dem Go-Durchbruch Google davon überzeugt, 500 Millionen US-Dollar in sein Unternehmen DeepMind zu investieren. Auch Elon Musk, der Tesla-Chef, gehört zu seinen frühen Geldgebern.

Dass das mit der Mondlandung keine Übertreibung war, können nur diejenigen verstehen, die das Spiel kennen. Das Problem, das Maschinen bislang mit Go hatten, kann Hassabis mit einem Satz zusammenfassen: »Schach ist ein logisches Spiel, Go ein eher intuitives.« Gemeinsam mit seinem 700-köpfigen Team von DeepMind versuchte er, im Computer Intuition zu simulieren. Weil Intuition auch auf Erfahrung basiert, ließen sie den Computer 100 000 Spiele von guten Amateuren imitieren. Dann musste die Maschine 13 Millionen Mal gegen ältere AlphaGo-Versionen gewinnen und dabei lernen. Die Programme, die sich dabei entwickelt haben, verhalten sich bereits so, dass wir Menschen ihre Handlungen nicht mehr vorhersehen und kaum nachvollziehen können. Das ist der große Unterschied zu den Maschinen, die wir in den Jahrhunderten zuvor entwickelt haben.

Die Algorithmen können, wenn sie entsprechende Datenmengen bekommen, Ausschnitte der Welt sogar besser verstehen als wir. »Aber sie bleiben undurchschaubar«, sagt Pedro Domingos, einer der führenden amerikanischen Algorithmusexperten. »Selbst wir verstehen nicht, wie sie genau funktionieren. Wir wissen nur, *dass* sie funktionieren.« Das ist der Punkt, an dem die europäischen Bedenkenträger ansetzen, allen voran die deutschen. Viele halten die Forscher im Bereich künstliche Intelligenz für Zauberlehrlinge und das, was sie hervorbringen, für Teufelszeug. Was sie nicht erwähnen: Es sind und bleiben Maschinen, die einen Stecker haben, den wir herausziehen können. Es sind Maschinen, denen wir jederzeit sagen können, was sie tun und was sie nicht tun sollen, so wie bei einem Auto, das innerhalb einer Ortschaft 250 Stundenkilometer fahren kann, aber nicht fahren muss und es auch nicht darf.

Die besten Zeugen für die Richtigkeit dieser Behauptung sind die Pekinger Politiker. Sie sind die Letzten, die ein Interesse daran haben, etwas nicht Kontrollierbares in die Welt zu setzen. Sie stört es nicht, dass man nicht weiß, wie die Maschine genau zu ihrem Ergebnis gekommen ist. Man muss ihr Ergebnis ja nicht akzeptieren. Die neue EU-Datenschutzverordnung will hingegen nicht nur, dass der Nutzer seine Daten kontrollieren kann, sondern fordert auch, dass die Entscheidungen der künstlichen Intelligenz nachvollziehbar sein müssen.

Die unterschiedlichen Einstellungen zu neuen Technologien stehen erst einmal unversöhnlich nebeneinander: Die Chinesen sind am sorglosesten. Die Amerikaner liegen irgendwo dazwischen. Die Europäer haben die meisten Einwände, und in Europa sind die Deutschen die größten Bedenkenträger. Die Frage ist nun leider nicht: Wer hat die besseren Argumente? Sondern: Wer ist mächtig genug, seine Interessen durchzusetzen? Niemand bestreitet, dass wir gemeinsame Regeln brauchen, gerade bei künstlicher Intelligenz. Doch der Westen wird sich nicht wie früher automatisch durchsetzen.

Die Vorteile liegen klar bei China, wo die Entwicklung von Zukunftstechnologien quasi staatlich verordnet ist. Insofern stellt sich auch längst nicht mehr die Frage, ob die Chinesen es schaffen aufzuholen, sondern nur noch, ob die Amerikaner es schaffen, auf Augenhöhe zu bleiben. Denn ihren Vorsprung haben sie in vielen Bereichen längst eingebüßt.

Anders als im Westen ist die chinesische Regierung in der Lage, ihre Politik schnell neuen Umständen anzupassen. Nur rund zwei Monate nach der historischen Go-Partie winkte das Ministerium für Industrie- und Informationstechnologie (MIIT) einen dreijährigen

Aktionsplan namens »Internet Plus« für die Implementierung künstlicher Intelligenz durch. Im August desselben Jahres dann legte Peking im 13. Fünfjahresplan gleich 15 Megaprojekte im Bereich KI fest. Im Mai 2017 wurde ein weiteres nachgeschoben – »KI 2.0« –, bis zwei Monate später der Staatsrat schließlich den »Entwicklungsplan für künstliche Intelligenz der neuen Generation« umsetzte. Insgesamt soll bis 2030 eine Industrie im Wert von 150 Milliarden US-Dollar aufgebaut werden. So geht Industriepolitik, Herr Juncker! Frau Merkel!

Natürlich ist es eine Sache, ausreichend Geld bereitzustellen und die idealen Rahmenbedingungen zu schaffen. Den Forscherdrang zu entfesseln ist eine andere Sache. »Während vielfach die Überzeugung vorherrscht, dass ein autoritäres politisches System per se innovationsfeindlich sei, sieht die Start-Up Szene in China bessere Bedingungen als anderswo«, fasst der deutsche Botschafter Michael Clauss die Lage zusammen. Die Vorarbeit machte Premier Li Keqiang bereits im Jahr 2015. So, wie es in der Biotechnologie Brutschränke für Zell- und Gewebekulturen gibt, wurden gewissermaßen Brutschränke für Erfinder und Unternehmer geschaffen: Gründerzentren, die auch Inkubator heißen. 2016 gab es bereits 8 000 solcher Zentren, die fast 90 000 Start-ups auf die Beine geholfen haben. Dieser schnelle Erfolg hat auch damit zu tun, dass die Privatwirtschaft Druck auf die Regierung ausgeübt hat; in dieser Hinsicht ist Peking ziemlich schmerzempfindlich. Dieser Druck kam zum Beispiel von Li Yanhong, dem CEO der Suchmaschine Baidu. Schon 2013 gründete er das Institute of Deep Learning und ein Jahr später das Silicon Valley AI-Lab. Deep Learning ist gewissermaßen der Turbolader der künstlichen Intelligenz. Als Mitglied der Politischen Konsultativkonferenz, des höchsten Beratungsgremiums der chinesischen Regierung, forderte Li bereits 2015, der Staat solle einen »Brain Plan« auflegen, der künstliche Intelligenz fördert. Doch der Apparat sprang erst ein Jahr später an. Seitdem jedoch gibt es kein Halten mehr.

Im August 2017 veröffentlichte die National Natural Science Foundation of China Richtlinien für die Grundlagenforschung im Bereich KI und identifizierte Forschungsprojekte, die sie seitdem mit großen Summen fördert. Und im Oktober definierte die Staatliche Kommission für Entwicklung und Reform eine Reihe neuer Projekte. Nicht weniger als 15 Regierungseinheiten kümmern sich inzwischen um das Thema, die auch im Wettbewerb zueinander stehen, damit ja niemand einschläft. Es geht Schlag auf Schlag. Unternehmensvertreter von Baidu, dem chinesischen Google, von Alibaba, dem chinesischen Amazon, von Tencent, dem chinesischen Facebook, von iFlytek, dem chinesischen Siri, und von Horizon Robotics, dem Wettbewerber von Intel, sitzen gemeinsam in einer Kommission, die den blumigen Namen »strategische Beratungskommission der neuen KI-Generation« trägt. Im Frühjahr 2018 wurde die handverlesene, aber durchaus einflussreiche politische Konsultativkonferenz des Volkskongresses mit IT-Unternehmern und Venture-Capital-Investoren besetzt. Die Zahl der Mitglieder ist beschränkt. 20 Bauunternehmer mussten das Gremium verlassen. Bauen war gestern.

Schon 2014 hat China 129 Millionen US-Dollar in künstliche Intelligenz investiert, drei Jahre später waren es über 50 Milliarden US-Dollar. Und was macht Deutschland? Nachdem die Große Koalition im Frühjahr 2018 endlich steht, scheint Angela Merkel, die immerhin eines der technologisch fortschrittlichsten Länder der Welt anführt, das Thema endlich anzupacken. Sie gründet eine neue Abteilung im Kanzleramt für »Politische Planung, Innovation und Digitalpolitik«, die immerhin von einer ihrer engsten Vertrauten geleitet wird: Eva Christiansen. Aber die hat eben auch sonst genug zu tun. Und sie ernennt Dorothee Bär zur Staatsministerin für Digitalisierung; allerdings verfügt Bär nicht über das Budget und Personal anderer Ministerien. Bundesverkehrsminister Andreas Scheuer richtet eine App ein, mit der man Funklöcher melden kann. Eine solche App braucht in China kein Mensch. Dort spricht man bereits darüber, Einführungskurse für künstliche Intelligenz in den Grundschulen anzubieten. »Kinder sollen Spaß am Erlernen der Technologien zur künstlichen Intelligenz haben, statt sie zu fürchten«, sagt Liu Qingfeng, der Gründer von iFlytek, der die Regierung in diesen Dingen berät. Im Frühjahr 2018 legte er einen entsprechenden Entwurf vor.

Deutschlands Digitalisierungspläne, und da reden wir noch nicht einmal von künstlicher Intelligenz, sind mehr oder weniger die gleichen wie im Koalitionsvertrag 2013. Bei diesen Plänen geht es um die Vernetzung der Republik. Immerhin sollen sie diesmal aber wirklich umgesetzt werden. Versprochen. Einen kleinen Lichtblick gab es immerhin im Juli 2018: Das Bundeskabinett legte die Eckpunkte für eine nationale KI-Strategie vor. »Deutschland soll zum weltweit führenden Standort für KI werden«, heißt es darin. Platz drei würde schon reichen.

»Wir müssen das schaffen, denn davon hängt ab, ob Deutschland auch in Zukunft wirtschaftlich erfolgreich sein wird«, erklärte Kanzleramtsminister Helge Braun später. Das sei »in den vergangenen zwölf Monaten klar geworden« – vier Jahre nachdem Peking es verstanden hat. Die staatlichen Budgets stehen allerdings auch im Sommer 2018 noch nicht fest. Dabei wäre Deutschland viel besser in der Lage zu investieren als jedes andere europäische Land. Nie seit der Wiedervereinigung ist die Verschuldung des deutschen Staates so stark gesunken wie im Jahr 2017. Immerhin stellte Braun nun eine der richtigen Fragen: »Wie können Firmen, die nicht die Größenordnung von Google und Alibaba haben, im digitalen Wettbewerb weiter erfolgreich sein – und wie können wir das staatlich richtig unterstützen?«

Christian Bauckhage, Professor für Informatik an der Universität Bonn und Lead Scientist für maschinelles Lernen am Fraunhofer-Institut für Intelligente Analyse- und Informationssysteme, klagt schon länger darüber, dass das Thema KI »bei uns nicht Chefsache« ist. Doch dass die Kanzlerin selbst sich bei diesem Thema nicht weiter aus dem Fenster lehnt, hat auch mit Europa zu tun. Merkel sieht, wie schwierig es ist, auf europäischer Ebene einen Konsens zu finden. Sie räumt ein, dass die Europäer »sich noch nicht entschieden haben«, und warnt, Europa könne »von chinesischen oder amerikanischen Firmen abgehängt werden, die Daten längst zum Kern ihres Geschäftsmodells gemacht haben«. Ende April 2018 verkündete die EU immerhin, 20 Milliarden Euro in künstliche Intelligenz investieren zu wollen – bis 2020. Los geht es mit 1,5 Milliarden Euro aus dem EU-Forschungsprogramm »Horizon 2020«. Damit will sie zusätzliche 2,5 Milliarden Euro durch öffentlich-private Partnerschaften auslösen. Über den Juncker-Fonds sollen weitere 500 Millionen Euro aufgebracht werden. Aber dann folgt sofort ein verdächtiger Satz der EU-Kommission: »Rechtliche Fragen müssen geklärt werden.« Die Kommission will bis Ende 2018 Ethik-Richtlinien zur Entwicklung von KI vorlegen, die die Grundsätze des Datenschutzes und der Transparenz widerspiegeln sollen. Da ist es wieder, das alte Problem: erst die Regeln, dann das Spiel. Das wird in den meisten anderen Regionen der Welt anders entschieden.

Die Chinesen investieren derweil nicht nur viel Geld. Sie gelten inzwischen auch als Macher. In einigen Hightechsektoren haben sie bereits bewiesen, dass es schnell gehen kann, wenn es schnell gehen muss. Dazu gehören die Hochgeschwindigkeitszüge ebenso wie die neuen Flugzeuge, E-Autos oder E-Busse. Die künstliche Intelligenz wird ihren Vorsprung auf diesen Gebieten sogar noch vergrößern. Am weitesten sind sie heute bei den Hochgeschwindigkeitszügen. Bereits 2010 hat Peking verkündet, die Führung in diesem Bereich übernehmen zu wollen. Nur sechs Jahre später wurden bereits 60 Prozent der Hochgeschwindigkeitszüge weltweit von China hergestellt. Die Züge sind international so wettbewerbsfähig, dass der französische Zughersteller Alstom (TGV) und Siemens (ICE) 2017 gezwungen waren, sich zusammenzuschließen. Wahrscheinlich zu spät.

Erstaunliches hat China inzwischen auch bei den Elektrobussen geleistet. Nicht Berlin, London oder San Francisco, sondern die südchinesische Zwölf-Millionen-Stadt Shenzhen ist heute die Welthauptstadt der E-Busse. Keine andere Großstadt hat bislang seinen öffentlichen Verkehr so radikal auf Elektrizität umgestellt. Die Techmetropole unterhält eine elektrische Busflotte mit insgesamt mehr als 16 300 Fahrzeugen – leiser und umweltfreundlicher als herkömmliche Dieselbusse. Damit reduziert die chinesische Millionenmetropole die CO_2-Emissionen jährlich um 1,35 Millionen Tonnen. Bereits 2011 rollten die ersten Busse. Da waren wir in Europa noch davon überzeugt, das seien Hirngespinste. Wir waren so skeptisch wie heute bei der künstlichen Intelligenz.

Als BYD auf einer Branchenkonferenz in Belgien das Modell eines E-Busses vorstellte, waren die Reaktionen eindeutig: »Alle lachten uns aus, weil sie dachten, wir hätten ein Spielzeug gebaut«, sagt Isbrand Ho, Europachef von BYD. Sieben Jahre später waren in Deutschland 183 reine Elektrobusse zugelassen. Im Juli 2018, ein weiteres Jahr später, zog Daimler als erster deutscher Hersteller nach und stellte den E-Citaro vor. 2019 soll er in Berlin, Hamburg und Mannheim erst einmal getestet werden. Die Reichweite beträgt 150 Kilometer. »Qualität geht vor Schnelligkeit«, sagt Daimler-Nutzfahrzeug-Chef Martin Daum. »Nicht die Schnellsten setzen sich am Ende durch, sondern die Besten.« Die einen halten das für selbstbewusst, die anderen für überheblich. Und wieder andere für weltfremd.

Die Stadt Hamburg, die in Deutschland am fortschrittlichsten in diesem Bereich gilt, hat angekündigt, ab 2020 nur noch emissionsfreie Busse anzuschaffen. Bis Anfang der 2030er-Jahre soll dann der gesamte öffentliche Busverkehr auf E-Mobilität umgestellt sein. Warum das so lange dauert? Gute Frage. Zumal es nur um 1500 E-Busse geht, also ein Zehntel der Fahrzeuge, die bereits heute in Shenzhen in tropischer Hitze verlässlich rollen.

Der Großteil der E-Busse in der südchinesischen Stadt stammt vom chinesischen Unternehmen BYD, das dort auch seinen Hauptsitz hat. Das Kürzel steht für »Build Your Dreams«. Tatsächlich hat der Autohersteller viel dazu beigetragen, einen Traum wahr zu machen, der in den gestandenen Industrienationen noch immer Zukunftsmusik ist. Das Unternehmen wurde 1995 von dem Chemiker Wang Chuanfu als kleine Fabrik für aufladbare Batterien gegründet. Erst 2003 stieg er ins Automobilgeschäft ein. Nur sechs Jahre später brachte das Unternehmen das erste in Serie hergestellte Steckdosen-Hybridauto der Welt auf den Markt. Heute gehört BYD zu den größten Automobilproduzenten Chinas und zu einem der größten Pioniere und Innovatoren im Bereich der E-Mobilität weltweit. Und Wang ist zu einem der reichsten Männer Chinas aufgestiegen. Sein Erfolg in Shenzhen hängt jedoch nicht nur mit der Qualität seiner Autos zusammen, sondern auch mit Wangs guten Kontakten zur Zentral- und Lokalregierung. Die steuerte zu jedem seiner Busse in Shenzhen jeweils umgerechnet rund 60 000 Euro bei. Das rechnet sich auch für den Staat: Zwar sind die Anschaffungskosten höher, doch durch die deutlich niedrigeren Betriebskosten wird der Zuschuss sozusagen wieder eingespielt. Hinzu kommt die positive Umweltbilanz. Nach acht Betriebsjahren haben sich auch die Mehrkosten bei der Anschaffung im Vergleich zu einem konventionellen Dieselbus amortisiert.

Währenddessen testete die Berliner BVG 15 Monate lang vier (!) Busse des polnischen Herstellers Solaris zwischen dem Bahnhof Südkreuz und dem Bahnhof Zoo. Die Probezeit verlief alles andere als reibungslos. Im Durchschnitt waren nur drei der vier Testbusse dauerhaft verfügbar, die Ausfallquote lag bei 25 Prozent. Gründe seien »unplanbare Schäden« gewesen, teilte der Berliner Senat mit. Vor allem die Steuerungs-, Antriebs- und Ladetechnik seien immer wieder ausgefallen. Derweil fahren die chinesischen Busse in England, in Spanien, Italien und Norwegen, und im Juli 2018 hat auch Chile 100 BYD-Busse bestellt. Sie fahren inzwischen selbst in Deutschland, für das Münchner Unternehmen FlixBus. Seit Sommer 2018 bedienen drei chinesische E-Busse die Strecke Mannheim–Frankfurt.

Im August 2018 empörte sich Verkehrsminister Andreas Scheuer darüber, dass deutsche Hersteller in diesem Jahr noch keine Modelle anbieten können. Und das, wo die Bundesregierung mit ihrem »Sofortprogramm Saubere Luft« doch die Anschaffung von

E-Bussen finanziell unterstützen möchte. »Ich will doch hier kein Förderprogramm für den asiatischen Wirtschaftsraum auflegen«, so der Minister. Tja. Was soll man dazu sagen? Wie sollen wir eigentlich die Herausforderungen der künstlichen Intelligenz meistern, wenn wir nicht einmal Elektrobusse auf die Straße kriegen?

Der vielleicht größte Unterschied zwischen China und Deutschland: In China übt der Staat Druck aus, um Innovationen zu fördern, und unterstützt die Unternehmen, wo er kann. In Deutschland scheint es bis heute wichtiger zu sein, keine neuen Schulden zu machen, als deutsche Innovationen zu fördern. Die E-Busse sind nur ein Nischenbeispiel dafür. In der Autoindustrie ist die Entwicklung in China so dramatisch, dass ich diesem Thema ein ganzes Kapitel widme (siehe Kapitel 3).

Wer sich nicht vorstellen kann, wie schnell eine einst führende Branche den Anschluss verpassen kann, der muss sich nur anschauen, wie es der Textil-, Kohle- oder zuletzt der Stahlindustrie in Deutschland ergangen ist. Alles Industrien, die zu ihrer Zeit prägend waren und international Maßstäbe gesetzt haben. In der Textilindustrie wollten die deutschen Hersteller lange nicht glauben, dass die Kunden die billigen »Made in Hongkong«-Waren kaufen würden. Der Abstieg erfolgte vergleichsweise langsam: Von 1955 bis 1980 gingen über 400 000 Arbeitsplätze verloren. Inzwischen ist die Produktion von Hongkong und Taiwan über China und Bangladesch bis nach Äthiopien gewandert. Bisher ist Deutschland nach solchen Umbrüchen noch immer etwas Neues eingefallen. Selbstverständlich ist das allerdings nicht, wie man auf europäischer Ebene an Nokia sieht. Erst waren die Europäer mit Nokia führend, dann die Amerikaner mit dem iPhone, und inzwischen haben die Südkoreaner und die Chinesen die Führung übernommen. Allein der Zusammenbruch eines einzigen Unternehmens wie Nokia, das zu seinen besten Zeiten um das Jahr 2008 40 Prozent Weltmarktanteil hatte, kostete rund 25 000 Menschen den Job. Der Abstieg vollzog sich innerhalb von nur fünf Jahren. Dass so etwas auch der deutschen Autoindustrie blüht, ist nicht unwahrscheinlich. Es sei denn, wir wachen endlich auf.

Im Flugzeugbau holen die Chinesen ebenfalls in atemberaubendem Tempo auf. Auf A wie Airbus und B wie Boeing folgt nun C wie Comac. Der chinesische Flugzeugmarkt ist der am schnellsten wachsende der Welt. Jeder dritte Airbus geht derzeit nach China, ein europäisches Unternehmen übrigens, das es ohne eine kluge Industriepolitik nicht geben würde. Airbus betreibt seit 2008 in der nordchinesischen Hafenstadt Tianjin ein Endmontagewerk für seine A320-Mittelstreckenjets und seit 2017 ein Ausstattungswerk für die Großraumjets der A330-Reihe. An beiden Werken ist die Aviation Industry Corporation of China (AVIC) beteiligt. Konkurrent Boeing baut derzeit ein Auslieferungswerk für die 737 in China. Partner ist ausgerechnet der chinesische Wettbewerber Comac. Im Frühjahr 2018 beschloss Staatspräsident Xi Jinping, die Begrenzung für ausländische Beteiligungen beim Bau von Flugzeugen in China fallen zu lassen. Was wie eine Öffnung aussieht, ist ein kluger Schachzug. Damit lockt Peking die amerikanischen und europäischen Hersteller tiefer in seinen Markt und macht sie nur noch abhängiger. Airbus und Boeing sehen die Marktöffnung denn auch mit einem lachenden und einem weinenden Auge. Natürlich würden sie am liebsten weiter zu Hause produzieren und die Flugzeuge nach China exportieren. Die Möglichkeit, ohne lokalen Partner in China herzustellen, ist immerhin die zweitbeste Lösung. Theoretisch zumindest. Denn Peking wird sich neue Spielregeln ausdenken, damit Boeing und Airbus nicht übermütig werden. Die chinesische Regierung könnte zum Beispiel die sogenannten Lokalisierungsanforderungen hochschrauben. Immer mehr Teile müssten dann von chinesischen Zulieferern kommen.

Dramatisch wird die Lage in spätestens vier Jahren, wenn Chinas erstes eigenes Flugzeug seinen Alltagsbetrieb aufnehmen wird. Die C919 ist der direkte Wettbewerber der Boeing 737 und des Airbus 320. Schon jetzt liegen rund 800 Bestellungen vor, allerdings fast ausschließlich von chinesischen Firmen. Einigen von ihnen wurde sicherlich nahegelegt, sich in dieser Richtung zu engagieren. Comac kann sich darauf verlassen, dass Peking schon jetzt alle Hebel in Bewegung setzt, um die heimische Firma in den Markt zu drücken. Bei Boeing und Airbus sagt man zwar, der Markt sei groß genug für alle. Schließlich würden auf dem bald größten Luftfahrtmarkt der Welt laut Schätzungen in den nächsten 20 Jahren 5 000 neue Flugzeuge benötigt. Das klingt jedoch wie das Pfeifen im Walde. Denn Peking will die C919 auch international verkaufen und hat bereits angefangen, die Daumenschrauben anzusetzen: Bis Ende April 2018 blockierte Peking die Zulassung des Airbus-A320neo, der in China schon im Jahr zuvor fliegen sollte. Peking wollte durchsetzen, endlich als internationale Zertifizierungsinstanz von den internationalen Aufsichtsbehörden EASA und FAA anerkannt zu werden. Im Zuge des Handelsstreits mit Washington hat Peking nun offensichtlich erst einmal nachgegeben. Ende Mai konnte Airbus die ersten Flugzeuge an die chinesischen Airlines ausliefern.

Damit ist eine Schlacht verloren, nicht jedoch der Krieg. Wie der ausgehen wird, ist abzusehen. An dem Tag, an dem Peking in der Lage ist, Boeing- und Airbus-Flugzeuge in China in großen Stückzahlen durch die C919 zu ersetzen, wird sich das Spiel drehen. Dann werden die Boeing- und Airbus-Manager die Wahl zwischen Pest und Cholera haben. »Entweder ihr helft uns, eine internationale Zertifizierungsinstanz zu werden, oder der chinesische Markt schließt sich für euch«, wird die Verhandlungsposition Pekings lauten. Auch wenn es noch ein wenig dauern wird: Ein chinesisches Flugzeug auf Augenhöhe mit den Maschinen von Boeing und Airbus wird kommen und sich auch etablieren. Das ist eine Frage des nationalen Stolzes. Vielleicht werden Boeing und Airbus dann immer noch eine Weile Rekordabsätze verzeichnen, weil der chinesische Markt so schnell wächst. Ihre Marktanteile werden jedoch mit Sicherheit sinken. Und was noch schlimmer ist: Auch die Margen werden schrumpfen. Das werden dann auch die Mitarbeiter in Hamburg merken, neben Toulouse der wichtigste Airbus-Standort in Europa.

Dass sie dazu in der Lage sind, aufzuholen beziehungsweise Standards zu setzen, hat Peking bei den Bussen, Zügen und Autos bereits gezeigt. Die künstliche Intelligenz aber wird ihr Meisterstück werden. Es wird eng für Europa.

»Die größte Stärke der Demokratie ist meiner Ansicht nach ihre Fähigkeit, ihre eigenen Schwächen zu erkennen und zu korrigieren«, sagte Bundespräsident Frank-Walter Steinmeier jüngst vor Studenten der Universität Delhi in Indien. Wenn Steinmeier doch nur recht hätte. Erkennt die westliche Politik, erkennt die westliche Wirtschaft wirklich die Zeichen der Zeit? Hat die Demokratie diese Stärke wirklich noch? Oder kleistern die vielen Wahlen nicht vielmehr den Blick auf die eigenen Schwächen zu?

Immerhin: Hin und wieder sagt schon mal der ein oder andere deutsche Politiker: Wir haben ein Problem. Ein großes Problem. Ein Problem, das die Statik unseres Landes betrifft. Oder, wie die Politiker es sonst gerne formulieren: Unsere Zukunft steht auf dem Spiel. Aber der Aufstieg Chinas und der Siegeszug der künstlichen Intelligenz bestimmen unsere politische Debatte nicht. Wenn überhaupt, werden diese Themen leise und beiläufig angeschnitten. Sie haben ja nicht die Dramatik der Flüchtlingskrise, die den Diskurs penetrant überlagert. Vielleicht sollte man besser sagen: Die Dramatik, die sich noch entfalten wird, ist bei uns noch nicht angekommen. Denn es gibt kaum ein Thema, das so wichtig für unsere Zukunft ist, wie die KI und die eng damit verwobene chinesische Dominanz bei vielen Schlüsseltechnologien.

Lange war das wirtschaftliche Machtverhältnis zwischen China und Deutschland austariert. Deutschland stellte die Technologie, China hatte den Markt und die Produktionsstätten. Nun dreht sich das Spiel. China entwickelt eigene Technologien in einer Geschwindigkeit, die wir noch vor fünf Jahren nicht für möglich gehalten haben. Klauen war gestern. Erfinden ist heute. Unser Problem:

Wenn wir technologisch nicht mehr führen wie bisher, haben die Chinesen auch kein Interesse mehr daran, uns Marktanteile abzugeben. Die brauchen wir aber dringend, um unsere Wirtschaft am Laufen zu halten. Unsere rund 1000 mittelständischen Weltmarktführer, die Hidden Champions, leben davon. Sie wissen: Jede noch so fortschrittliche Technologie ist ohne großen Markt wertlos. Unser Binnenmarkt ist zu klein und nimmt Neues nur zögerlich auf. Auch der europäische Markt genügt auf Dauer nicht, zumal die Briten bald aussteigen und nicht abzusehen ist, wie fest der europäische Staatenbund in Zukunft zusammenstehen wird. Schon jetzt verkauft Volkswagen über 50 Prozent seiner Autos in China. Bei den Dax-Konzernen sind es im Durchschnitt rund 20 Prozent, Tendenz steigend.

China wird alles daransetzen, im Spitzentechnologiebereich erst aufzuschließen und dann besser zu werden als deutsche und europäische Firmen. Das wird ihnen in immer mehr Bereichen gelingen. Dann wird sich das Blatt wenden, die Gewinne, die unsere großen und kleinen Player noch einstreichen, werden schmelzen, weil China nicht länger auf unsere Produkte angewiesen ist. Und weil die Chinesen so viele dieser Produkte herstellen, können sie diese international billiger anbieten und auch in diesen Märkten die Spielregeln bestimmen. Sie werden dort Standards setzen, die ihre Firmen begünstigen. So haben wir das ja auch lange gemacht.

Peking weiß, was es will: China soll sich so schnell wie möglich von der Werkbank der Welt zu einer innovationsgetriebenen Volkswirtschaft entwickeln, die die internationalen Trends bestimmt. Wo es möglich ist, entwickelt man nicht selbst, sondern kauft international dazu. 2016 erwarb beispielsweise der Techkonzern Tencent für 8,6 Milliarden US-Dollar den finnischen Spieleentwickler Supercell, der mit dem Smartphone-Hit »Clash of Clans« bekannt wurde. Ein Jahr später sicherte sich das Unternehmen für 1,8 Milliarden US-Dollar fünf Prozent am amerikanischen Elektroautobauer Tesla.

Schon heute verliert der Westen jeden Tag an technologischem Einfluss. Apple ist zwar mit 1000 Milliarden US-Dollar das teuerste Unternehmen der Welt. Aber Tencents Marktkapitalisierung etwa hat die seines Rivalen Facebook überholt. Tencent wurde erst 1998 gegründet und hat zum Beispiel WeChat erfunden, das technologisch viel besser ist als WhatsApp und gerade dabei ist, die Welt zu erobern. Das Volumen der Venture-Capital-Aktivitäten Chinas hat das der USA bereits überholt und 2017 die 50-Milliarden-US-Dollar-Marke geknackt. Klar, Geld allein macht noch keine Innovation. Und Innovation muss koordiniert werden, um sich durchzusetzen. Genau das gelingt Peking. Und mehr noch: Den Parteikadern scheint 40 Jahre nach dem Beginn der Reformen tatsächlich das Unglaubliche gelungen zu sein. Sie haben die Kreativität der jungen Generation entfesselt und ganze Städte und Regionen in ein Start-up-Fieber versetzt. Der Innovationsdrang ist enorm und die vielen miteinander im Wettbewerb stehenden Unternehmen befeuern sich gegenseitig.

Innovation entsteht, wenn man mit dem Alten nicht mehr einverstanden ist oder es nicht mehr nützlich genug ist. Innovation entsteht in der Spannung zwischen dem Alten und dem Wunsch nach Neuem, ohne schon zu wissen, was es sein könnte. Inzwischen ist es staatlich gewollt, dass kreative Köpfe außerhalb der üblichen Maßstäbe denken. Peking hat zunächst dafür gesorgt, dass die Menschen vernetzt sind. Das prägt das Lebensgefühl dieser Reformgeneration, die den Mangel an politischer Freiheit längst nicht als so einschränkend empfindet, wie wir im Westen glauben. Andere Freiheiten haben sich aufgetan, die diese Defizite aufwiegen: Man muss nicht länger der geniale Erfinder sein, der zur rechten Zeit am rechten Ort ist. Man muss nicht mehr in ein fremdes Land reisen, um vorne dran zu sein. Auch aus dem chinesischen Hinterland heraus können junge Leute nun gemeinsam in einer virtuellen Gruppe Innovatives entwickeln. China ist zu einem vernetzten Start-up-Zentrum geworden. Das ist überwältigend, besonders in einem so großen Land.

Die jungen Techies erleben gegenwärtig eine Freiheit, die sie so noch nie gespürt haben. Darüber verblasst der Wunsch nach traditionellen politischen Freiheiten – zumindest fürs Erste. Wer sehnt sich schon danach zu wählen, wenn er erfinden kann? Die Möglichkeit zu haben, Risiken eingehen zu können und auch mal scheitern zu dürfen, Wege einzuschlagen, die noch niemand gegangen ist, der Welt eine Technologie zu schenken, um die sie nicht mehr herumkommt, ist eben auch eine Form von Freiheit.

Um noch schneller voranzukommen, macht Peking es internationalen Talenten heute leichter denn je, in China zu arbeiten. Inzwischen können Silicon-Valley-Chinesen indische oder amerikanische Kollegen aus ihrem Team mit nach China bringen. Ihnen ist es erlaubt, ein- und auszureisen, wie sie wollen, und auch ihre Familien dürfen sie mitbringen. In den USA macht Präsident Donald Trump Politik in die entgegengesetzte Richtung. Es wird immer schwieriger, Greencards zu bekommen. Eric Schmidt, ehemaliger Google-Chef und mittlerweile Vorsitzender der Dachgesellschaft Alphabet, beklagt die restriktiver gewordene Immigrationspolitik der USA: Der Iran zum Beispiel bringe gegenwärtig einige der Top-Computer-Wissenschaftler der Welt hervor. »Ich möchte sie hier haben. Ich möchte, dass sie für Alphabet und Google arbeiten.« Sie werden nun wohl eher nach China gehen.

Ein weiterer Vorteil von China: Das Geld für Start-ups sitzt so locker wie nirgends woanders. »Die Art und Weise, wie die Regierung ihr Geld investiert, wird immer klüger«, sagt Ming Lei, einer der Mitgründer von Baidu und nun Co-Direktor des Innovationscenters für künstliche Intelligenz der Universität Peking. Früher seien die Finanzspritzen an Forschungseinrichtungen und Staatsbetriebe gegangen, inzwischen fließe das Geld an Privatbetriebe, die Investitionen schneller in Produkte und Services umsetzen. Wie wichtig China international ist, belegt das folgende Beispiel: Der singapurische Staatsfonds Temasek hat gleich große Teams im Silicon Valley und in China, um neue Investitionsobjekte zu identifizieren.

Für China spricht auch, dass der riesige Markt Ideen schneller aufsaugt. Das ist ein nicht zu unterschätzender Vorteil. China ist noch nicht so entwickelt, und deshalb ist der Hunger nach Neuem viel größer. Es kann eben auch ein Vorteil sein, wenn ein Land etwas aufzuholen hat. Wer einen Schritt überspringt, ist am Ende oft schneller. Viele Chinesen haben nie einen Computer besessen, dafür haben die meisten inzwischen ein Smartphone. Und statt sich eine Kreditkarte zu besorgen, sind die meisten vom alten Bargeld direkt zu mobilen Bezahldiensten gewechselt. Selbst Straßenhändler kassieren mittlerweile via Alipay oder WeChatPay, die 90 Prozent des mobilen Zahlungsmarktes in China auf sich vereinen.

Eines der wichtigsten Themen ist jedoch der Zugang zu Daten: »Man braucht für die künstliche Intelligenz eine Masse von Daten«, erläutert Professor Dr. Reimund Neugebauer, Präsident der Fraunhofer-Gesellschaft. Neugebauer forderte schon 2017 »einen nationalen Kraftakt im europäischen Kontext«. Wir seien zwar beim Sammeln und Speichern mit dabei, doch »bei der Auswertung – bei der Erzeugung von Algorithmen für Algorithmen – gibt es Nachholbedarf. Das liegt unter anderem daran, dass wir beim Thema Datenauswertung – aus gutem Grund – sehr zurückhaltend sind. Deutschland verdankt seinen Wohlstand auch dem Schutz des intellektuellen Eigentums«, so Neugebauer in einem Interview mit dem *Handelsblatt*. »Wir haben da viel zu verlieren. Aber es gibt Gesetzgebungen in der EU beispielsweise, die auch hinderlich sind, dass wir uns hier weiterentwickeln.« Die Amerikaner und vor allem die Chinesen würden über einen Datenschatz verfügen, an den die Europäer einfach nicht herankämen.

Auch wenn es um die Frage geht, wie man aus einer Idee ein marktfähiges Produkt macht, ist China inzwischen vorne. Im Unterschied zum Silicon Valley sitzen vor allem im Süden Chinas die Produktionsstätten um die Ecke. Die Entwickler können ihre Software oder ihr Produkt gleich mit einem Produktionsleiter diskutieren, der ihnen sofort sagen kann, was sie noch verändern müssen. Das bedeutet, der Zeitraum von der Idee bis zum alltags-tauglichen Produkt ist sehr viel kürzer. »Chinesische Start-ups sind schneller«, fasst auch der in Konstanz geborene Cyriac Roe-ding, Investor aus dem Valley, seine Eindrücke von einer China-reise zusammen. Der Wirtschaftsingenieur und Techpionier sagt: »Große Start-ups werden in China in drei bis fünf Jahren hochge-zogen, in den USA sind es fünf bis acht Jahre.« Und sie verdienen auch viel schneller Geld als in den USA.

Wegen all dieser Gründe leidet das Silicon Valley an einem umgekehrten Braindrain. Die Mehrheit der chinesischen Elite, die im Ausland ausgebildet wurde und dort gearbeitet hat, kehrt nun nach China zurück. Bei den Studenten war das im Jahr 2011 nur jeder Zweite. Inzwischen sind es über 80 Prozent. Und auch deutsche Techies gehen mittlerweile lieber nach China als in die USA. Zum Beispiel Sören Schwertfeger. »Die Bedingungen in Schanghai sind viel besser als in Deutschland, aber auch besser als in den USA«, sagt der 38-Jährige. Schwertfeger kann über eines der modernsten KI-Labs an der ShanghaiTech University verfü-gen. Was er an Hardware und an Robotern braucht, wird ihm umgehend geliefert. »Für gute Ideen gibt der Staat viel Geld«, sagt Schwertfeger, seit 2014 Assistenzprofessor im Bereich Robotik und KI.

Peking ist es gelungen, durch geschickte Förderung ein neues chinesisches Lebens- und Selbstwertgefühl zu schaffen, das man weder planen noch befehlen kann, das aber dennoch durch einen langfristigen Plan entstanden ist. Einen Plan, der Räume geschaf-fen hat für Experimente und Kreativität. Und manche dürften sich dabei tatsächlich wie Zauberlehrlinge fühlen. In Deutschland hin-gegen, ja in ganz Europa, erleben wir einen gegenläufigen Trend. Diejenigen, die die Angst vor neuen Technologien bedienen, bekommen mehr Aufmerksamkeit als diejenigen, die etwas ent-wickeln. Welcher Start-up-Unternehmer in Deutschland ist so bekannt wie der deutsche Philosoph Richard David Precht, ein Fackelträger der deutschen Verzagtheit? Precht behauptet, die

Gründer im Silicon Valley sähen den Menschen als etwas, das nicht »anders funktioniert als eine Ratte im Labor«. Der Mensch soll zur »Mensch-Maschine« werden. Für ihn ist die »zentrale Erkenntnis der Kybernetik, dass jedes Ding oder Wesen vorhersagbar und auch steuerbar ist«. Das Silicon Valley stehe »in der totalitären Tradition« von Mao und Stalin. Sie wollten »künstlich und mit Gewalt auf den Menschen einwirken«. Das erscheint den meisten Amerikanern und den Chinesen doch ein wenig übertrieben. Von Sätzen wie diesem ganz zu schweigen: »Techniker haben noch nie verstanden, was Menschen wollen.« Precht kann jedoch für sich durchaus in Anspruch nehmen, den Nerv der Deutschen exakt getroffen zu haben. Eine große Leistung. Dass er es damit auf Platz eins der *Spiegel*-Bestsellerliste geschafft hat, sagt viel aus über das skeptische Deutschland und ist auch ein wichtiger Grund, warum deutsche Politiker so vorsichtig sind, wenn es darum geht, den nächsten Technologieschub durchzusetzen. Sie wollen ja wiedergewählt werden.

»Wie wollen wir leben?«, fragt Precht. Das ist in der Tat eine wichtige Frage. Was er den Menschen nicht sagt: Wir sind längst nicht mehr diejenigen, die entscheiden, was die Welt braucht. Zugegeben: Wir könnten uns ausklinken, aber das wird schwierig. Siehe Brexit. Schon heute möchte man in England als Normalsterblicher nicht zum Arzt müssen: Es gibt kein Geld mehr für eine vernünftige Gesundheitsversorgung.

Das, was Precht macht, ist keineswegs neu. Die Menschen haben es jedoch bisher immer geschafft, Menschen zu bleiben und Erfindungen gegenüber aufgeschlossen zu sein, wenn diese ihr Leben einfacher gemacht haben. Und immer schon haben Kritiker dafür gesorgt, die Nachteile einer Erfindung zu definieren und sie durch Regeln oder neue Technologien zu zähmen. Nehmen wir der Deutschen liebstes Ding, das Auto. Dass seine Erfindung sinnvoll war, daran zweifelt heute kaum jemand. Dennoch gab es Zeitgenossen von Carl Benz, die gut davon lebten, die Furcht vor diesen neumodischen Höllenmaschinen zu schüren. Wie viel sicherer und gemütlicher ist doch die gute Pferdekutsche. Ihre Namen sind heute Schall und Rauch. Das Auto ist immer noch da. Keine Frage: Viele Menschen kamen bei Autounfällen ums Leben. Trotzdem überwiegen bis heute die Vorteile. Und: Die Risiken des Autos wurden schrittweise minimiert. Auf den Sicherheitsgurt folgte der Airbag, außerdem allerlei Assistenzsysteme. Und nun stehen wir vor einem weiteren Riesenschritt: E-Mobilität und das autonome Fahren. Die künstliche Intelligenz macht es möglich.

Die Fortschrittlichkeit einer Gesellschaft lässt sich also einerseits daran messen, wie aufgeschlossen sie Neuem gegenübersteht, und andererseits daran, wie schnell sie in der Lage ist, Schwächen einer neuen Technologie zu korrigieren. Besonders in Europa ist die Sorge, ihre Schwächen womöglich nicht kontrollieren zu können, dabei, die Neugier zu ersticken. So handeln Gesellschaften, die ihren Zenit überschritten haben.

Statt die Erfolge der Chinesen schlechtzureden oder in Panik vor Zukunftstechnologien zu verfallen, die längst Gegenwart sind, sollten wir uns eingestehen, dass Europa keine signifikante Rolle mehr spielen wird, wenn wir jetzt nicht schnell das Ruder herumreißen. Es wird höchste Zeit, denn mittlerweile erreichen uns wöchentlich neue Nachrichten über bahnbrechende Innovationen aus China. Das Silicon Valley mag seinen Zenit zwar noch nicht überschritten haben, aber es ist satter und steifer geworden. Erstmals, seit die Statistik geführt wird, wurden 2017 unter den zehn wichtigsten »Einhörnern« der Welt fünf chinesische und fünf amerikanische gezählt. Bei den Start-ups, die noch vor einem Börsengang eine Marktbewertung von über einer Milliarde US-Dollar erzielen, sind China und die USA also gleichauf. Insgesamt zählte das chinesische Ministerium für Forschung und Entwicklung in jenem Jahr 164 chinesische Einhörner. Das wertvollste ist Ant Financial, die Finanzservice-Tochter der Alibaba Group mit einem Wert von 75 Milliarden US-Dollar, gefolgt von Didi Chuxing, dem chinesischen Uber, mit 56 Milliarden US-Dollar und dem Smartphone-Hersteller Xiaomi mit einem Wert von 46 Milliarden

US-Dollar. 2013 waren die Machtverhältnisse noch andere: China stand noch nicht auf der Liste. Zwei Drittel der Einhörner kamen aus den USA, ein Drittel aus Europa.

Den Grund dafür, dass nicht nur die Europäer, sondern zunehmend auch die Amerikaner unter Druck geraten, sieht Adam Segal, Leiter des Digital- und Cyberspace-Programms beim US-Rat für auswärtige Beziehungen in Folgendem: »Die Chinesen haben eine Strategie und eine Industriepolitik bezüglich künstlicher Intelligenz. Die Amerikaner haben das nicht.« Man möchte ergänzen: die Deutschen ebenfalls nicht!

Diese Strategie schlägt sich auch in anderen Bereichen nieder: Erstmals kamen 2017 aus China in einem Jahr mehr wissenschaftliche Veröffentlichungen als aus jedem anderen Land der Welt, so hat die amerikanische National Science Foundation ausgerechnet. Man kann über die Qualität streiten. Ein Meilenstein ist es dennoch. China gibt mittlerweile mehr als zwei Prozent seiner Wirtschaftsleistung für Forschung und Entwicklung aus. In den Vereinigten Staaten ist der Anteil mit beinahe 2,8 Prozent zwar noch höher – allerdings hat er sich über die vergangenen 20 Jahre kaum verändert, während er sich in China nahezu vervierfachte und weiter steigt.

Und noch ein paar Zahlen, die die historische Veränderung dokumentieren: Die Chinesen investieren pro Kopf mehr in Startups als die Amerikaner. China stellt rund 18 Prozent der Weltbevölkerung, bezieht jedoch schon 25 Prozent der weltweiten Einnahmen aus Geschäften mit Onlineapplikationen. Und die Chinesen verbringen 4,5-mal so viel Zeit mit Apps wie die Inder, die ihrerseits weit vor den US-Amerikanern liegen.

Aber weil Zahlen allein nicht reichen, treffe ich mich mit einem »Kronzeugen«. Er ist keiner dieser boomenden jungen Chinesen und alt genug, um sich nicht von jeder neuen Masche beeindrucken zu lassen. Mit einem Konservativen, dem Deutschland lieb und teuer ist und der sich im Geschäft um die Innovationen trotzdem gut auskennt: Peter Jungen. Er ist 79 Jahre alt. Ex-Präsident der europäischen Mittelstands- und Wirtschaftsvereinigung und Mitgründer des European Business Angels Network (EBAN); das sind Investoren, die Existenzgründern mit Finanzspritzen, Know-how und Kontakten auf die Sprünge helfen. Jungen hat dafür sogar eine eigene Holding, die unter anderem als einziger Investor das Online-Preisvergleichsportal Idealo mit gegründet und in das Medizintechnikunternehmen Smart Therapeutics beziehungsweise Penumbra investiert hat. 2017 wurde Jungen vom Kanzleramt eingeladen, sich beim Hamburger G20-Gipfel um das Thema Start-ups zu kümmern.

Ein Satz aus unserem Gespräch geht mir nicht mehr aus dem Kopf: »Vielleicht hat Europa der Welt schon alles gegeben, was Europa der Welt geben konnte«, sagte Jungen. Aber der Reihe nach: Jungen, der in Köln lebt, ist ein Mann, der sich nicht mehr so leicht aus der Ruhe bringen lässt. Doch seine Chinareisen, es sind mindestens zwei bis drei pro Jahr, lassen ihn jedes Mal unruhig zurückkehren. Die Geschwindigkeit, mit der China aufholt, macht ihm Sorgen. In Deutschland herrsche ja noch die Vorstellung, »dass eine Gesellschaft nur dann innovativ und kreativ sei, wenn sie demokratisch legitimiert ist. Dabei ist eine Gesellschaft in erster Linie dann innovativ, wenn Menschen die Freiheit haben, Ideen umzusetzen«, sagt Jungen. Im demokratischen Europa sieht er die große Gefahr, dass die innovativen Stärken nivelliert werden. »Wenn Deutschland weniger wettbewerbsfähig ist, ist das ein Vorteil für Europa – das ist letztlich die Logik, die bei unseren europäischen Nachbarn dahintersteht.« Das bedeute, Deutschland verliere nicht unbedingt sofort seine Innovationsfähigkeit, büße aber in jedem Fall an Innovationsgeschwindigkeit ein. »Viele unserer Firmen sind im Ausland innovativ, aber investieren weniger in Deutschland«, sagt Jungen. »Das ist beunruhigend.« Die Deutschen seien ohnehin inzwischen eher risikoavers. »Je besser es Deutschland gehe, umso geringer sei die Bereitschaft, einen neuen Start zu wagen.« Das sind die Texte, die man eigentlich von Politikern hören müsste. Tatsächlich: Der Anteil der Gründer aus Deutschland sinkt seit 1995 und hat sich seit 2003 mehr als halbiert. Zu diesem Ergebnis kommen nicht etwa hämische Wettbewerber aus dem Silicon Valley oder Chinas Propaganda, sondern die Kreditanstalt für Wiederaufbau (KfW), die weltweit größte nationale Förderbank: »Das sollte uns nachts wach liegen lassen.«

Ich halte dagegen: Gerade unter den Mittelständlern hätten wir doch noch jede Menge Hidden Champions, Inhouse-Gründer sozusagen, die in ihren teils hochspezialisierten Bereichen Maßstäbe setzten. Diese Hidden Champions, entgegnet Jungen sofort, beherrschten die schrittweise Verbesserung wirklich gut. »Das ist eine große Stärke der deutschen Ingenieure. Denken Sie an die kontinuierliche Perfektionierung von Autos oder Maschinen. Dieser Perfektionismus kann sich aber auch als Hindernis herausstellen, nämlich dann, wenn er verhindert, dass man etwas ganz Neues wagt.« Die Deutschen würden niemals ein Produkt auf den Markt bringen, das noch nicht zu 100 Prozent perfekt sei, meint Jungen. In China habe man da eine andere Grundhaltung, da werde mehr gewagt und ausprobiert. »Die Chinesen suchen nicht immer gleich nach der großen Big-Bang-Lösung wie wir. Sie investieren auch in Low-Hanging-Fruits, und das zeichnet sie aus.« Es falle ihm schwer, das zu sagen, aber: »Die Chinesen sind heute experimentierfreudiger als wir.«

Das bestätigt auch der Blick in die Statistik: 2016 hat China erstmals mehr zur Förderung von Start-ups ausgegeben als die Europäer – und zwar nicht nur in absoluten Zahlen oder am BIP gemessen, sondern pro Kopf. In China waren es 24 US-Dollar, in der EU nur 22. In den USA schlugen immerhin noch 200 US-Dollar zu Buche, im Vorjahr war die Summe allerdings 20 Prozent höher. Auch am BIP gemessen werden die Zahlen nicht besser. In Deutschland sind es aktuell nur 0,086 Prozent des BIP. Und eines ist für Jungen sicher: »Je breiter Innovationen gestreut werden, desto höher ist die Wahrscheinlichkeit, dass einige durchkommen.«

Dass die Chinesen in der Lage sind, überhaupt in diesen Bereich vorzudringen, hat Jungen nicht überrascht. Die Abkehr vom

Low-Cost-Manufacturing und der Vorstoß in den High-Tech-Bereich werde schon lange von Chinas Politik forciert. »Wir wollten das nur nicht wahrhaben.« Wie sehr wir die Realität verkennen, macht er zum Beispiel am autonomen Fahren fest. Eigentlich müsste das ein Riesenthema in Deutschland sein, dem Land der Autobauer. »Doch wir zieren uns.« Dabei würde autonomes Fahren die Produktivität enorm steigern, »wenn man nicht mehr jeden Morgen mit den Händen am Lenkrad im Stau stehen muss«. Das seien in Deutschland im Schnitt immerhin 25 Stunden im Monat. Also drei Arbeitstage. »Von all den Verkehrstoten ganz zu schweigen. In China versteht man das sofort.«

Jungen glaubt, dass wir Chinas Innovationskraft auch deshalb so lange unterschätzt hätten, weil wir den Exportanteil an Chinas Wirtschaft stets überschätzt hätten. Der Anteil von Chinas Exporten sei nicht einmal halb so groß wie der Anteil der deutschen Exporte am Bruttoinlandsprodukt. Das bedeutet: »Deutschland ist viel abhängiger von der Entwicklung der Weltwirtschaft als China. Wir sind sehr angreifbar. Ich bin mir nicht sicher, dass die Konsequenzen und Risiken, die sich daraus ergeben, in Deutschland richtig wahrgenommen werden.«

Aus Jungens Sicht hat China eine bemerkenswerte Entwicklung eingeschlagen, die man bisher eher in Europa verortete: Wettbewerb statt Zentralismus. »Denken Sie an das 16. Jahrhundert. Wenn da einer in China eine gute Idee hatte und die nicht nach oben durchkam, war die tot. In Europa hingegen konnte man einfach ein paar Hundert Kilometer weiterziehen, dorthin, wo ein anderer Herrscher regierte. Der aus der Nähe von Genua stammende Kolumbus hat so in Spanien Isabella und Ferdinand II. als Sponsor für seine berühmte Schiffsreise gewonnen. So ähnlich ist dies jetzt auch in China möglich.« Eine zutreffende Beobachtung, wie ich einräumen muss. Die Provinzen werden geführt wie selbstständige Tochterunternehmen; wenn die Zahlen oder die Politik nicht stimmen, wird der Geschäftsführer ausgetauscht. Ansonsten stehen sie in einem harten Wettbewerb zueinander. »Mir scheint«, meint Jungen, »Europa wird in Fragen der Innovation dagegen immer zentralistischer. Wir reden von mehr Harmonisierung und die Chinesen von mehr Wettbewerb – auch innerhalb des eigenen Landes. Das ist schon kurios.«

Die Chinesen orientierten sich an Methoden der europäischen Geistesgeschichte, ohne sich dessen vielleicht allzu bewusst zu sein. »Und wir reden wie Konfuzius von der Harmonisierung, meinen aber im Grunde Nivellierung.« Es folgt ein längeres Schweigen. Und dann fällt jener Satz, der mir bis heute nicht aus dem Kopf geht: »Vielleicht hat Europa der Welt schon alles gegeben, was Europa der Welt geben konnte: Die Renaissance. Die Aufklärung. Die wissenschaftliche Revolution. Die industrielle Revolution. Den Kapitalismus. Großartige Entwicklungen. All das hat die Welt dramatisch verändert, die Welt ist heute europäisch. Die Chinesen machen uns letztlich das größte Kompliment, wenn sie zugeben, warum sie sich so lange nicht gegenüber Europa und dem Westen behaupten konnten. Weil sie sich abgeschottet, die Zeichen der Zeit missdeutet und die Zukunft verschlafen haben. So etwas wird ihnen nicht noch einmal passieren.«

Gleichwohl habe ihn die Geschwindigkeit überrascht, mit der China nicht nur den Anschluss geschafft habe, sondern inzwischen die Richtung vorgebe. Jetzt müsse Deutschland handeln. »Wenn wir alles immer nur bewahren wollen, werden wir wie die Franzosen. Vielleicht brauchen wir eine Staatsministerin für Digitales; aber viel dringender brauchen wir ein Wirtschaftsministerium, das weitsichtig Rahmenbedingungen verbessert, Hindernisse aus dem Weg räumt und Anreize für Neues und für neues Unternehmertum schafft. Deutschland lebt von seiner Substanz, und wenn man einzelne Länder der EU genauer unter die Lupe nimmt, kann man nicht gerade sagen, dass es gut läuft. Wir müssen raus aus der Komfortzone, aufwachen und endlich wieder bereit sein, Risiken einzugehen. Bei uns geht man nach Möglichkeit immer in der Mitte der Straße zwischen Erfolg und Misserfolg, da kann einem nichts passieren.«

Für Jungen ist Risikobereitschaft eine wichtige Voraussetzung für Innovation. Geht es nach der Statistik des europäischen Patentamts, dann ist Siemens das innovativste Unternehmen Deutschlands. Mit einem Anmeldeplus von fast 19 Prozent bei seinen Patenten in Europa arbeitete sich der Elektrokonzern vom sechsten auf den zweiten Platz in der Rangliste der Patentwächter vor. An der Spitze stand 2017 allerdings kein europäisches Unternehmen, sondern der chinesische Technologiekonzern Huawei, der 2 398 Patente in zwölf Monaten anmeldete. Erstmals in der Geschichte des Europäischen Patentamtes hatte damit ein Unternehmen aus China die Nase bei den wichtigsten Anmeldern vorn. Huawei verwies dabei nicht nur Siemens, sondern auch die südkoreanischen Anbieter LG und Samsung sowie den US-Mobilfunk- und Halbleiterhersteller Qualcomm auf die hinteren Plätze.

Weltweit geben die Chinesen schon länger den Takt an. Bereits dreimal sicherte sich der Telekommunikationsausrüster Huawei mit weitem Abstand den ersten Platz in der globalen Rangliste der Weltorganisation für geistiges Eigentum (WIPO). Unter den Top Ten der wichtigsten Patentanmelder der Welt findet sich neben Siemens nur noch ein weiteres deutsches Unternehmen: Bosch auf Platz neun. Ein US-Regierungsbericht warnte bereits 2016 davor, dass chinesische Wissenschaftler mehr Forschungsergebnisse über das Deep Learning veröffentlichten als amerikanische. Das Rechenverfahren orientiert sich an der Arbeitsweise des menschlichen Gehirns und simuliert dazu ein dicht verwobenes Netz aus Nervenzellen.

Natürlich steht China nicht schon überall an der Spitze. Denn wenn man die unterschiedlichen Einsatzbereiche der künstlichen Intelligenz getrennt betrachtet, ergibt sich ein gemischtes Bild: Bei der Internet-KI hat China die Nase vorn, weil das Land kein Problem damit hat, die Daten seiner Bürger auszuwerten. Bei der Business-KI ist der Westen – noch – vorne, weil wir besser Fabriken optimieren können. Bei der Perception-KI, also bei den Sensoren, die neue Daten sammeln, ist China weiter, während es bei der autonomen KI, den selbstfahrenden Autos und selbstständigen Robotern, noch ein wenig hinterherhinkt.

»Viele Leute halten es für selbstverständlich, dass die USA im Bereich KI die beste Technologie der Welt herstellt«, sagt US-Sicherheitsexperte Paul Scharre vom Washingtoner Think Tank Center for a New American Security. »Das ist eine sehr gefährliche Annahme.« Noch liegen die Amerikaner vorn, wenn es um die besten KI-Forscher der Welt geht. Allein Google beschäftigt rund 50 Prozent von ihnen. China hat nur einen Bruchteil davon. Während ein Drittel der Silicon-Valley-Techies Ausländer sind, arbeiten im Pekinger Zhongguancun Science Park nur 10 000 Ausländer. Doch das soll sich ändern. Das Wissenschafts- und Technikzentrum unterhält Scouting-Büros, um Talente aus den USA, Kanada, England, Australien und Finnland anzuwerben. In Deutschland haben sie übrigens kein Büro. Offensichtlich lohnt sich das nicht.

Der bisherige Vorteil der USA, Forscher aufgrund der hervorragenden Arbeitsbedingungen vergleichsweise leicht an sich binden zu können, schwindet täglich. Vor allem immer mehr Chinesen, die im Silicon Valley gelernt und gearbeitet haben, gehen zurück in ihre Heimat. Sie sind gut ausgebildet und finden in China Möglichkeiten vor, die es in dieser Form so nirgends gibt. Die riesigen Datenmengen, die in China erhoben werden, sind dabei ein entscheidender Faktor. »Ich sage nicht, dass die chinesischen Unternehmen besser sind als die amerikanischen Unternehmen. Ich sage nicht, dass die chinesischen Ingenieure besser sind als die amerikanischen Ingenieure. Was China groß machen wird in der künstlichen Intelligenz und im Bereich von Big Data, ist vor allem: In China gibt es kein ernsthaftes Gesetz, das Daten schützt«, erklärt Dong Tao, bei Credit Suisse zuständig für den asiatisch-pazifischen Raum. Das kann man bedauern. Das kann man kritisieren. Ändern können es jedoch nur die Chinesen. Und die scheinen derzeit kein Interesse daran zu haben. Das ist ihr gutes Recht und bedeutet nicht, dass sie alle fremdgesteuert sind. Uns gruselt es, die meisten Chinesen haben nichts dagegen, dass allein die

Kameras der Pekinger Hauptstadt-Videoüberwachung jeden Tag 5 000 Jahre Filmmaterial herstellen. Davon leben Unternehmen wie Face++. Das chinesische Gesichtserkennungs-Start-up von Megvii Research hat im Herbst 2017 bei der Internationalen Konferenz für Maschinelles Sehen in Venedig zum ersten Mal gleich drei Wettbewerbe gegen die Teams von Microsoft, Facebook, Google und CMU gewonnen und bei einem vierten den zweiten Platz erreicht.

Der chinesische Techkonzern Tencent verarbeitet jeden Tag fünf Milliarden Fotos. Die US-Bank Citigroup hat 2018 ihr Aktienkursziel für die Anteile an Tencent um zwölf Prozent angehoben. Der Grund: die Stärke des Unternehmens im Bereich der künstlichen Intelligenz. Von den 1,4 Milliarden Chinesen sind 800 Millionen regelmäßig im Internet.

Nirgendwo auf der Welt ist die Smartphone-Dichte höher als im Reich der Mitte. Und in keiner anderen großen Ökonomie ist der Sinn für Datenschutz geringer. Über Websites und Apps sammelt Jack Mas Unternehmen Alibaba Daten über das Einkaufsverhalten seiner Nutzer, den Medienkonsum, Logistikbedürfnisse, Zahlungs- und Kredithistorie, Suchpräferenzen, die Nutzung sozialer Netzwerke und die Schlagwörtersuche in Suchmaschinen. Aus den Daten von mehr als einer halben Milliarde aktiver Nutzer errechnen Computer pro Monat mehr als 8 000 Kennwerte. Anstatt wie Amazon Vorschläge anhand von Bestellungen aus der Vergangenheit zu unterbreiten, lotst Alibaba seine Kunden auch zu Marken und Produkten, die diese noch gar nicht kennen können.

Das mag uns Angst machen, die chinesischen Kunden mögen es. Für sie steht vor allem eine Frage im Vordergrund: Macht die neue Technologie unser Leben einfacher? Sorgt zum Beispiel die Gesichtserkennung dafür, dass man am Bahnhof oder am Flughafen nicht mehr anstehen muss? Macht sie es möglich, dass man ohne Kreditkarte, ja sogar ohne Smartphone einkaufen oder ins Restaurant gehen kann? Dass man nicht mehr überfallen und beklaut werden kann? Die Chinesen sehen es als beruhigend an, dass die vielen Kameras das Leben in den Städten sicherer machen; dass diese Kameras auch ihre Privatsphäre durchleuchten, versetzt sie kaum in Aufregung. Auch nicht, dass auf diese Weise Andersdenkende oder Unschuldige verfolgt werden können. Einer internationalen Umfrage zufolge sorgt sich nicht einmal die Hälfte der Chinesen darum, wie mit ihren Daten umgegangen wird. In Deutschland sind es rund 80 Prozent. Andere Länder, andere Sitten, hat man früher gesagt.

Es ist also nicht so, dass die Datenschutzdebatte mit großem Aufwand von der Zensur unterdrückt werden müsste. Das würde letztlich auch nicht funktionieren, wenn die Mehrheit der Bevölkerung wirklich besorgt wäre. Das sieht man bei anderen Themen wie der Umweltverschmutzung oder bei der Lebensmittelsicherheit: Wenn ein Großteil der Menschen überzeugt ist, dass das Maß nun voll ist, muss in einem autoritären Regime die Regierung handeln.

In Europa stehen wir vor einem Dilemma: Während wir wie gewohnt und aus guten Gründen die Vor- und Nachteile einer Technologie noch gründlich prüfen, haben die Chinesen sie längst weiterentwickelt und damit auch ihre Macht ausgebaut, wiederum ihre Spielregeln festzulegen. Ihnen blinden Fortschrittsglauben und uns kritische Distanz zu bescheinigen, bringt wenig. Sie tun einfach, was sie für richtig halten. Und sie weisen unseren Vorwurf weit von sich. Es interessiert sie nicht. So funktioniert sie, die neue globale Mitbestimmung.

Unsere Sehnsucht nach Regulierung wird durch eine schleichende Angst angetrieben: die Angst, dass wir durch Digitalisierung und künstliche Intelligenz unsere Jobs verlieren. 65 Prozent der Chinesen sind überzeugt, dass ihnen KI und Robotik neue Jobs und neue Chancen bringt. Die Deutschen und die Franzosen sind am skeptischsten: Nur 19 Prozent glauben daran. In den USA sind es immerhin 23 Prozent. Seine Erfahrungen mit dieser skeptischen Einstellung hat auch Pedro Domingos gemacht, einer der führenden Informatiker der USA. Er hat den Bestseller *The Master Algorithm* geschrieben. Ein Buch, das selbst Staatspräsident

Xi Jinping bei seiner Neujahrsansprache hinter sich im Bücherregal stehen hatte. »Mein Agent hat mir von Anfang an gesagt: Du wirst dieses Buch auf der ganzen Welt verkaufen, aber nicht in Frankreich und Deutschland. Die Deutschen und die Franzosen mögen diese Dinge nicht. Genauso ist es gekommen.« Domingos macht sich keine Illusionen über die Rolle, die China zukünftig spielen wird. »Wir könnten bald in einer Welt leben, die zwar nicht buchstäblich von China kontrolliert wird, aber faktisch, weil China die Cyberwelt beherrscht.«

Und noch eine andere Episode, die uns Deutschen den Spiegel vorhält: Ende Mai 2018 reist Bundeskanzlerin Angela Merkel nach Shenzhen, in das Mekka der chinesischen Innovation. Vor 40 Jahren war es noch ein Fischerstädtchen mit 30 000 Einwohnern, heute leben in der Metropolregion 21 Millionen Menschen. Wird Merkel versuchen, die Deutschen in Sachen Innovation wachzurütteln? Der Tag ihres Besuchs verläuft in dieser Hinsicht enttäuschend. Sie kommt erst um 12.30 Uhr aus Peking im Shangri-La-Hotel an. Sie weiß, es ist wenig Zeit. Also geht sie mit großen Schritten über den roten Teppich, im Schlepptau 70 wichtige Delegationsmitglieder: Dax-Vorstände, Wissenschaftler, Mittelständler. Im dritten Stock warten der Parteisekretär der Provinz Guangdong und ein Mittagessen auf sie. Unmittelbar davor trifft sie die Manager des Innnovationshubs der deutschen Außenhandelskammer. Dauer des Gesprächs: drei Minuten und dreißig Sekunden.

Nach dem Essen fährt sie nicht etwa zu einem der großen Player der Stadt, wie Tencent oder Huawei, sondern zu Siemens; das Unternehmen stellt Medizintechnikprodukte in Shenzhen her. Es geht protokollarisch nicht anders. Keine Zeit für nix. Bei Siemens dann kurz ein paar Sätze für das Fernsehen, vor einer grauen Wand mit drei Fahnen: »Man sieht, dass es hier gute Möglichkeiten der Kooperation gibt. Aber auch, dass wir aufgefordert sind, uns mit der Digitalisierung und den daraus erwachsenen Veränderungen des Arbeitsmarktes zu befassen. Wir sind da nicht in allen Fällen vorne weg. In einigen Bereichen sind wir allerdings Welt-

marktführer. Aber das muss Tag für Tag wieder erarbeitet werden.«
Und schon eilt sie wieder zum Auto. Irgendwie hat sie ja auch
schon alles gesagt. Merkel sieht das Dilemma der westlichen Politik klar. Weitsicht ist nicht gefragt in den Medien, sondern schnelles Reagieren auf jedes Klein-Klein, zu Hause oder in der Welt. Das
kann auch sie nicht ändern, die wahrscheinlich mächtigste Politi-
kerin der Welt.

Mit dem Wagen geht es schließlich doch noch zu einem Start-up.
Eine halbe Stunde Zeit bleibt dafür. iCarbonX, das sich mit Gesund-
heitsvorsorge beschäftigt, liegt in einem unscheinbaren Platten-
bau mitten in der Stadt. Direkt daneben weht noch die Wäsche auf
den Balkonen in einem dieser Arbeiterwohnheime, wie es sie früher überall gab. Merkel wird von Firmengründer Wang Jun empfangen, schwarzes T-Shirt, grauer Anzug. Er spricht sehr gut
Englisch und führt die Kanzlerin durch sein Unternehmen. »Merkel hat mir gesagt, dass sie so eine Software noch nie gesehen hat«,
sagt er danach. Eine Software, die zu jedem Zeitpunkt ganz genau
weiß, was gerade in unseren Körpern vorgeht. Mithilfe von DNA-,
Speichel-, Blut- oder Urinproben will der 41-Jährige für seine Kunden eine individuelle digitale Karte des eigenen Körpers schaffen,
die über den aktuellen Gesundheitszustand informiert und bei
drohenden Krankheiten Alarm schlägt. Um die notwendigen
Daten zu sammeln, hat iCarbonX »Sammelstellen« in vier chinesischen Großstädten errichtet und kooperiert etwa mit Fitnessklubs
und Kliniken. Auf lange Sicht sollen die Informationen aber über
smarte Geräte im Haushalt zusammengetragen werden. Die Toi-
lette analysiert dann den Urin, die Zahnbürste den Speichel, und
der Spiegel im Bad scannt mithilfe einer 3-D-Kamera den Zustand
der Haut. Umweltmessungen wie Luftqualität, Faktoren wie Bewegung und Ernährung sollen das Gesamtbild ergänzen. »Ich versuche, eine Kristallkugel zu bauen«, sagt der Biologe und Com-
puterspezialist Wang. Die Kristallkugel als ein gewaltiger Schatz
an Daten von möglicherweise Millionen Nutzern ist allerdings
nicht nur für die Anwender selbst wertvoll, um frühzeitig auf

Erkrankungen aufmerksam gemacht zu werden. iCarbonX denkt auch über Partnerschaften mit Versicherern und Behörden nach, was Wangs Ideen in einem anderen Licht erscheinen lässt. Eine Software, die Menschen seltener krank werden lässt und gleichzeitig sein Innerstes nach außen kehrt. Was macht man mit all diesen Informationen? Und: Mache ich da mit? Das ist eine große moralische Frage, hinter der viel Geld steckt.

Die Investoren haben jedenfalls schon mal den Daumen gehoben. Der Internetriese Tencent gehört zu den prominentesten Geldgebern der Biotechfirma, die mittlerweile eines von drei chinesischen Gesundheits-Einhörnern mit einer Bewertung von über einer Milliarde US-Dollar ist. Kein anderes Start-up in China wurde so schnell mit einer so hohen Summe bewertet – nur sechs Monate nach der Gründung war es so weit.

Wang machte zum ersten Mal Schlagzeilen, als er 2010 für sein Forschungszentrum BGI 128 DNA-Sequenziermaschinen bestellte, zum Preis von 1,58 Milliarden US-Dollar, und damit mehr Sequenzierungskapazitäten zur Verfügung hatte als alle amerikanischen Universitäten, Forschungseinrichtungen und Unternehmen zusammen. Wang wollte, dass China seinen Beitrag zur Entschlüsselung des Genoms leistet. Dass er dabei unter anderem von der Bill & Melinda Gates Foundation unterstützt wurde, stieß in den USA nicht überall auf Gegenliebe. Als BGI zwei Jahre später den amerikanischen Geräte- und Softwarehersteller Genomics kaufte, versuchte der wichtigste amerikanische Wettbewerber Illumina, dies mit einem Gegenangebot zu verhindern. Als das nicht gelang, legte Illumina Beschwerde beim Committee on Foreign Investment in the United States (CFIUS) ein. Die Beschwerde wurde abgeschmettert. Die Kontrollbehörde für ausländische Investitionen in den USA konnte sich schlicht nicht vorstellen, dass China auf absehbare Zeit wettbewerbsfähig sein würde. Das ging jedoch schneller als gedacht.

Wangs Team war maßgeblich beteiligt an der Genom-Entschlüsselung des ersten Asiaten, der Reispflanze, des Riesenpandas, der

Krankheit SARS, aber auch des Seidenwurms, des Schweins und des Huhns. Das steht alles irgendwo in den Unterlagen zur Vorbereitung ihres Besuches. Wang wäre mit Sicherheit jemand, mit dem Merkel locker mal zwei Stunden diskutieren könnte, über Risiken und Vorteile und wie sich die unterschiedlichen Haltungen Deutschlands und Chinas hier annähern könnten. Doch dafür ist keine Zeit.

Merkels kurzer Besuch in Shenzhen erzählt auch davon, in welchen Zwängen sie steckt. Mit dem Brexit, mit Trump, mit dem französischen Präsidenten Emmanuel Macron und selbst mit der neuen alten Koalition ist Merkels Welt viel komplizierter geworden, ihre eigene Position schwächer. Statt sich ausführlich mit Wang über Zukunftstechnologien unterhalten zu können, was auch gut für den Standort Deutschland gewesen wäre, musste sie zuvor in Peking das chinesisch-deutsche Verhältnis neu austarieren – ohne die Innenpolitik auch nur einen Moment aus den Augen lassen zu dürfen. Sie hat in Peking Tacheles geredet, aber auch versöhnliche Worte gefunden. Sie hat China als neuen Partner anerkannt, mit dem sie beim Klimawandel, beim Iran und im Freihandel inzwischen eine größere politische Schnittmenge hat als mit den USA. Aber sie musste das tun, ohne Washington und die Partner in der EU allzu sehr zu brüskieren. Sie hat sich eingesetzt für die Ausreise der Witwe des im Juli in der Haft verstorbenen Dissidenten Liu Xiaobo, aber auch für Erleichterungen für die deutsche Industrie. Sie muss die komplexe internationale Lage sorgsam austarieren und stets darauf achten, dass sie innenpolitisch sozial verträglich bleibt. Was sie bewegt, geht die Öffentlichkeit nichts an. »Sie war geschockt über die Geschwindigkeit der Entwicklung und darüber, wie viele Daten wir in großen Mengen sammeln«, erinnert sich Wang.

Es ist schon tragisch: Natürlich sollten wir uns von den Chinesen nicht das Tempo aufzwingen lassen, sondern an einer nachhaltigen, ethisch fundierten technologischen Entwicklung festhalten. Doch je weiter wir bei künstlicher Intelligenz zurückliegen, desto weniger können wir bei Fragen der Ethik mitreden. Ich erinnere mich an ein Zitat von Professor Peter Bofinger, einem der fünf Wirtschaftsweisen in Deutschland: »Ich habe nicht so viel Angst vor den Maschinen der künstlichen Intelligenz, sondern vor den Chinesen. Wir müssen aufpassen, dass sie uns nicht die Butter vom Brot nehmen.« Er hat diesen Satz bei einer Veranstaltung zum 75. Geburtstag des großen Hamburger Unternehmers Michael Otto gesagt, in der es um zukünftige Werte ging.

Ich erinnere mich auch an Lee Kai-Fu, der sagte: »Die Länder, die in der KI führend sind, haben den strategischen Vorteil, die Spielregeln für die nächste Weltordnung schreiben zu können.« Lee weiß, wovon er spricht. Der Taiwanese hat als Columbia-Absolvent für Apple, Microsoft und Google gearbeitet, bevor er sich mit Sinovation Ventures und dem Sinovation Ventures Artificial Intelligence Institute in Peking selbstständig gemacht hat. Noch seien die USA technologisch führend. Aber die Chancen, dass China übernimmt, stünden bereits jetzt »50 zu 50«, so Lee. Für ihn ist klar, dass der Westen in Zukunft nur noch dann gehört werden wird, wenn er im globalen Wettbewerb technologisch noch eine Rolle spielt.

Viele Politiker – Merkel gehört nicht dazu –, aber eben auch viele Wähler, scheinen allerdings nach wie vor zu glauben, der Westen sei eine moralische Autorität per se, die in jedem Fall gehört würde. Diese Überheblichkeit hat der singapurische Philosoph und Ex-Diplomat Kishore Mahbubani bereits vor über einer Dekade in einem griffigen Buchtitel zusammengefasst: *The West and the Rest*.

Unsere Selbstüberschätzung führt in der Tat dazu, dass wir die neue Welt nur in den Teilen erfassen, die wir sehen wollen. Wenn wir Facebook, Google & Co. nun in Europa an den Pranger stellen, sind wir überzeugt, dass wir uns aus einer moralischen Sensibilität heraus den Zumutungen der Amerikaner entgegenstellen. Als Peking dies bereits vor Jahren tat, haben wir gerne unterstellt, es ginge den chinesischen Politikern nur darum, den eigenen Markt zu schützen, und »Zensur!« gerufen. Wir machen es uns ein wenig leicht, wenn wir uns per se für moralisch halten und die anderen für zynisch. Auch wir wollen unseren Markt schützen, und die Chinesen möchten sich nicht von den Amerikanern unterwandern lassen. Europäer und Chinesen halten es im Grunde beide für nicht klug, den Amerikanern das Innerste zu offenbaren. Die Europäer haben nur deutlich länger gebraucht, um dies zu verstehen.

Die amerikanischen Internetgiganten sind seit über 15 Jahren in China ausgesperrt. Aber irgendwie auch nicht. Denn über einen VPN-Kanal, den man für wenig Geld installieren kann, sind sie stets zu erreichen. Während wir die Zensur kritisieren, haben es die Chinesen und nicht etwa die Europäer geschafft, ernst zu nehmende Wettbewerber zu Facebook, WhatsApp und Co. zu etablieren. Ihnen ist es zu verdanken, dass wir statt Monopole nun immerhin Duopole haben. Warum ist den Europäern nichts Vergleichbares gelungen? Warum haben wir keine Plattformen entwickelt, die unseren Werten entsprechen? Warum haben wir uns aus einer falsch verstandenen Liberalität einfach von den Amerikanern überrollen lassen? Ich will gar nicht mehr weiter darüber nachdenken.

Wie mächtig China inzwischen ist, zeigt sich überzeugend daran, wie die vermeintlich allmächtigen Apple-, Facebook- und Google-Chefs sich gegenüber China verhalten. Zum Beispiel im Juli 2017. Da wurde Apple von Peking nahegelegt, VPN-Anbieter aus den Apple-App-Stores zu entfernen. CEO Tim Cook kam dieser Aufforderung nach. China ist nach den USA der größte Markt für Apples iPhones. Hier macht Apple rund 20 Prozent seiner Gewinne, zudem werden die meisten iPhones günstig in China hergestellt. Zeigte sich Cook verstimmt über diesen Eingriff Pekings? Beklagte er sich über Zensur? Im Gegenteil: Im Dezember 2017 reiste er zum ersten Mal zu Chinas vierter World Internet Conference nach Wuzhen bei Schanghai. In den Jahren zuvor hatte die staatlich dominierte Konferenz ohne die westliche Internetprominenz auskommen müssen. Der mächtige Cook hielt auch noch die

Keynote Speech. Er sprach als Vierter, nach Wang Huning, dem Ideologiechef der Kommunistischen Partei, nach Huang Kunming, dem Propagandachef der Partei, und Che Jun, dem Parteisekretär der Provinz Zhejiang, in der die Veranstaltung stattfand. »Das Thema der Konferenz – Entwicklung einer digitalen Wirtschaft der Offenheit und der geteilten Vorteile – ist eine Vision, die Apple unterstützt«, begann Cook seine Ausführungen. »Wir sind stolz, mit vielen unserer Partner in China daran gearbeitet zu haben, eine Community aufzubauen, die an einer gemeinsamen Zukunft im Cyberspace teilhat.«

Schon allein diese ersten beiden gestelzten Sätze zeugen von seinen Schwierigkeiten, den richtigen Ton zu finden. Denn auf der Konferenz wurde von staatlicher Seite auch dazu aufgerufen, die Zensur zu verstärken. Machte sich Tim Cook damit zum willigen Helfer der chinesischen Kommunisten? Viele im Westen sehen das so. »Cook hat eine rote Linie überschritten«, schrieb etwa die *New York Times*. Und diese rote Linie zeigt, wie mächtig China technologisch schon ist, sonst hätte Cooks geschäftlicher Pragmatismus ihn nicht gezwungen einzulenken. Ignorieren funktioniert nicht mehr. Die Muskeln anzuspannen auch nicht. Cook muss den schwierigen Weg nehmen: Wandel durch Annäherung.

»Ich habe nie etwas davon gehalten, nur mit Menschen zu reden, mit denen ich 100 Prozent einer Meinung bin«, sagte Cook am Rande der Konferenz vollmundig. »Ich sehe die Welt nicht so.« Seine Argumentationskette funktioniert folgendermaßen: »Ich versuche Bereiche zu finden, in denen man zusammenarbeiten kann. In den Bereichen, in denen es keine Übereinstimmung gibt, versuche ich zu verstehen, warum sie anderer Meinung sind. Und wenn ich dafür kritisiert werde, dann soll es eben so sein«, führte er an anderer Stelle aus. »Wenn man in ein Land geht, muss man den dortigen Gesetzen folgen. Das sind nicht immer die Gesetze, die man sich wünschen würde. Als Amerikaner ist mir Freiheit sehr wichtig. Man hat die Wahl. Nimmt man teil oder steht man an der Seitenlinie und brüllt hinein, wie die Dinge eigentlich sein sollten. Meine Überzeugung ist: Du musst dich beteiligen, du musst in die Arena, denn von der Seitenlinie bekommt man nichts verändert.«

Deutlicher kann man die Zwänge nicht machen, unter denen eines der mächtigsten amerikanischen Unternehmen nun steht. Zu sehr sind China und Apple bereits miteinander verflochten. »In China arbeiten rund zwei Millionen Entwickler, die für den iOS-App-Store entwickeln. Sie gehören zu den fortschrittlichsten der Welt. Was für uns jedoch die größte Anziehungskraft hat, ist die Qualität der Menschen und die Art, wie sie das iPhone herstellen.« Vom Preis ganz zu schweigen.

Auch Facebook-Chef Mark Zuckerberg spürt den Druck und reagiert entsprechend. Trotz hoher Smogwerte joggte Zuckerberg im Mai 2016 gut gelaunt an Maos Riesenporträt vorbei über den Pekinger Platz des Himmlischen Friedens. Die Fotos davon wurden unter chinesischen Internetnutzern millionenfach geteilt. Später traf er Pekings damaligen Propagandachef Liu Yunshan ebenso wie Alibaba-Chef Jack Ma, den Popstar der chinesischen IT-Welt. Die Staatsmedien berichteten wohlwollend über Zuckerberg, der mit einer chinesischstämmigen Frau verheiratet ist. Er lernt Mandarin und hat seiner Tochter den chinesischen Namen Mingyu gegeben. Und eines hat er bereits erreicht: Zuckerberg ist der beliebteste und bekannteste ausländische Firmenlenker in China.

Fast ein Viertel der Weltbevölkerung – 2,02 Milliarden Menschen – verfügt über ein Facebook-Konto. Dennoch kann er die 1,4 Milliarden Menschen und deren technologische Entwicklungen nicht mehr ignorieren. Er weiß genau: Dass die chinesischen Wettbewerber wie WeChat die Welt erobern, ist wahrscheinlicher, als dass Facebook in China zugelassen wird. Dass dies nicht unter fairen marktwirtschaftlichen Bedingungen passiert, ist zweitrangig. Schon jetzt lassen wir die chinesischen Versionen der Social Media im Westen zu, weil sie von Menschen benutzt werden, die viel Geld haben und unsere Kunden sind.

Die einzige Chance für Zuckerberg ist nun, sich genau zu

überlegen, wie er den Chinesen nützlich ist. Facebook ist ja nicht mehr nur das größte soziale Netzwerk der Welt, der Internetkonzern ist ähnlich wie Google längst in Dutzenden anderen Geschäftsfeldern aktiv. Viele chinesische Internetkonzerne, allen voran Jack Mas Onlinehandel Alibaba, wollen künftig im Ausland wachsen. Facebook könnte ihr Kooperationspartner sein. Das würde Chinas Unternehmen helfen und gleichzeitig Facebook noch mächtiger werden lassen. Zumindest vorübergehend noch.

Google ist zunächst einen anderen Weg gegangen. Die Suchmaschine hat alle weiteren Aktivitäten in China eingestellt, nachdem sie dort 2010 offiziell verboten worden war. Dabei wäre Google auch unter Zensur »in der Lage gewesen, den chinesischen Usern viele wertvolle Services anzubieten«, meint das renommierte amerikanische Monatsmagazin *FastCompany*. »Den Markt zu verlassen war ein doppelter Verlust: für die Internetuser ebenso wie für Google.«

Inzwischen beugt sich Google-Chef Sundar Pichai den Machtverhältnissen und hat sich ebenfalls entschieden, auf China zuzugehen. Auch Pichai war auf der Internetkonferenz in Wuzhen erstmals mit dabei. Während Cook noch vor vollen Rängen sprach, hielt Pichai seine Rede schließlich in einem fast leeren Raum. Es wird wohl noch ein Weilchen dauern, bis er mit offenen Armen empfangen wird. Pichai lässt sich davon nicht beirren. Nach Peking und Schanghai hat Google nun auch ein Büro in Shenzhen eröffnet, der Heimatstadt von Tencent und Huawei. Und 2017 kaufte Google für 1,1 Milliarden US-Dollar einen großen Anteil am taiwanesischen Smartphone-Hersteller HTC, der auch in China sehr erfolgreich ist.

Im August 2018 meldete dann die *New York Times*, dass Google eine Suchmaschine in China auf den Markt bringen wird, die der chinesischen Zensur die Arbeit abnimmt. Aktivisten und Menschenrechtler reagierten empört und sprachen von einem »schwarzen Tag für die Internetfreiheit«. Die Suchmaschine mit dem Namen »Dragonfly« (Libelle) werde in China gesperrte Webseiten und Suchanfragen durchforsten, so die Zeitung – beispielsweise nach Inhalten, die etwas mit Menschenrechten, Demokratie, Religion oder friedlichen Protesten zu tun haben. Wenn solche Seiten dann automatisch aussortiert würden, wäre das einerseits ein fundamentaler Eingriff, andererseits entspräche das exakt den strikten Zensurvorschriften Chinas. Das Projekt »Dragonfly« habe Google im Frühjahr 2017 begonnen und seit einem Treffen zwischen dem Konzernchef Sundar Pichai und einem hohen chinesischen Funktionär im Dezember beschleunigt, schreibt das US-Portal *The Intercept* unter Berufung auf unternehmensinterne Dokumente und Informanten. Die Suchmaschine sei bereits chinesischen Regierungsstellen vorgeführt worden. Wenn Peking die Genehmigung dazu erteile, könne Google innerhalb der nächsten sechs bis neun Monate die App für chinesische Nutzer herausbringen. Immerhin berichtete die *New York Times* auch davon, dass es bei Google intern Widerstand gegen das Vorhaben gebe. Wer sich am Ende durchsetzen wird, scheint außer Frage zu stehen. »Google wollte China verändern, und nun hat China Google verändert«, schreibt die *Financial Times*.

Ob Google, Facebook und Apple so ihre Position halten können? Wahrscheinlich nicht. Sie können bestenfalls ihren Machtverfall hinauszögern. Immerhin versuchen sie herauszuholen, was noch möglich ist. Jetzt streiten wir Europäer mit Google und Facebook. Womöglich werden wir uns noch in die Zeiten zurücksehnen, in denen unsere Daten in der Hand von einigen mächtigen Privatunternehmen waren und nicht in der Hand eines mächtigen Staates. Denn über eines sollten wir uns keine Illusionen machen: In China kann man derzeit viel Neues erfinden. Der chinesische Staat schafft besonders viele Freiheiten für Innovationen, mit denen man die Menschen besser kontrollieren kann. Eines dieser Unternehmen ist das bereits erwähnte Face++.

Face++ darf mit den Gesichtsscans arbeiten, die das Ministerium für Öffentliche Sicherheit speichert, um seine knapp 1,4 Milliarden Bürger zu identifizieren. Schon heute werden spezielle

Brillen für Polizisten im Alltagsbetrieb getestet. Ein Programm lässt die Menschen im Blickfeld des Polizisten automatisch durch die Liste der polizeilich gesuchten Personen laufen und schlägt an, wenn es einen Treffer gibt.

Wie weit die Kontrolle noch gehen kann, zeigen Überlegungen der Regierung, ein »Sozialkreditpunktesystem« für China einzuführen. Es soll »Gesetzestreue, moralisches Wohlverhalten, soziales Engagement, Aktivitäten im öffentlichen Interesse und Umweltschutzverhalten« jedes einzelnen Bürgers kontrollieren. Kontrolliert wird durch Daten, die mithilfe künstlicher Intelligenz gefiltert werden. Orwell lässt grüßen.

Bei genauerem Hinsehen jedoch zeigt sich, dass es positive und negative Kontrollen in China gibt, selbst aus unserer Sicht. Das macht die Bewertung der Vor- und Nachteile dieser Technologie viel komplexer, als es auf den ersten Blick erscheint, wie die folgenden Beispiele zeigen: Dass der Staat mit Kameras möglichst lückenlos sicherstellt, dass sich die Verkehrsteilnehmer an die Regeln halten, ist vernünftig. Es ist zwar ärgerlich, aber nachvollziehbar, dass man seinen Führerschein abgeben muss, wenn man eine bestimmte Punktzahl überschritten hat. Das ist in Deutschland auch so mit dem Flensburger Verkehrssünderregister. Der Unterschied: Die Kontrollen bei uns sind stichpunktartig und nicht flächendeckend. Bereits heute wird in China auf den wichtigsten Straßen lückenlos mit Kameras die Durchschnittsgeschwindigkeit zwischen zwei Punkten erfasst – und zwar bei jedem Auto. Ist die Geschwindigkeit zu hoch, gibt es Strafpunkte. Die positive Folge: Niemand rast mehr. Zu den negativen Folgen gleich mehr.

Wenn man sich in China über das Handy Geld leiht, prüft ein Computer in Sekundenschnelle die Bonität. Eine Weiterentwicklung unserer Schufa, die hilft, Auswüchse wie die Immobilienkrise in den USA 2008 zu vermeiden, als reihenweise Kredite platzten.

In Schanghai wird eine App namens »Ehrliches Schanghai« getestet. Sie ruft rund 5000 Einzelangaben von 100 Ämtern und

Behörden ab und erstellt danach ein Profil, das mit Kategorien bewertet wird. Diese reichen von »gesellschaftlich vorbildlich« bis »asozial«. Die App, die derzeit nur mit Freiwilligen getestet wird, scannt auch das Gesicht des Nutzers.

Dass der chinesische Staat per Gesichtserkennung überprüfen kann, ob jemand die Umwelt verschmutzt oder Wohnraum einfach leer stehen lässt, mag ja noch sinnvoll erscheinen. Doch wie weit wird die Kontrolle noch gehen? Und welche Strafen sind bei einem Verstoß zu befürchten? Schon heute könnte man kontrollieren, was Menschen im Restaurant oder über den Lieferservice zu essen bestellen. Bekommt, wer sich ungesund ernährt, dann Punktabzug und muss womöglich mehr in die Krankenkasse einzahlen? Wäre das sinnvoll, weil ein Veganer nicht für die Krankheiten des Vielfraßes zahlen will? Oder wäre dies ein zu großer Eingriff in die Privatsphäre?

Ist es sinnvoll, Söhne und Töchter zu bestrafen, die sich nicht um ihre Eltern kümmern? Fällt das dann in die Kategorie »asozial«? Oder gehört es zu unseren Freiheiten, uns nicht um unsere Eltern zu kümmern und den Staat dafür bezahlen zu lassen?

Wie steht es mit politischen Meinungen? Werden die auch sanktioniert, wenn sie nicht gefallen? Angeblich sollen kritische – oder wie es in Peking heißt: »unangemessene« – Äußerungen auf Tencents Kurznachrichten-App WeChat, die rund 800 Millionen Nutzer hat, im Bonitätssystem mit Punktabzug bestraft werden. Sogar politische Äußerungen westlicher NGO-Mitarbeiter sollen nach einem Punktsystem bewertet werden.

Chinesische Medien berichteten zum Beispiel auch von einem Mann, der ohne gültige Bescheinigung als Reiseführer gearbeitet hat und deshalb sein Kind nicht an der nächstgelegenen Grundschule anmelden durfte. Auch das ist nicht in Ordnung. Viele Chinesen würden uns in dieser Frage zustimmen. Passiert ist dies in der Provinz Zhejiang, in dessen Hauptstadt Hangzhou Alibaba seinen Sitz hat. Dort liegt der Punktestand jedes Bürgers jedem Internetnutzer auf staatlichen Websites offen.

Und dann war da noch ein Restaurantbesitzer namens Ye, der keine Lizenz habe vorweisen können und deshalb keine Bankkredite und Kreditkarten mehr bekommt, weder eine Wohnung noch ein Auto noch Flugtickets kaufen und auch nicht mehr ins Ausland reisen darf. Ob das nun die Regel wird oder nur Einzelfälle sind, bei denen die Lokalregierung über die Stränge geschlagen hat, wissen wir nicht.

Fälle wie diese werden im chinesischen Netz ausführlich und sehr differenziert kommentiert, ohne dass die Zensur eingreift. Von naivem Fortschrittsglauben findet man in diesen Beiträgen keine Spur. Auch in China will niemand, dass solche Fälle von der künstlichen Intelligenz einer Maschine entschieden werden. Und auch in China wird der Staat auf öffentlichen Druck reagieren müssen. Der Staat kann sich nicht alles erlauben, und genau an dieser Stelle beginnt der Verhandlungsspielraum der Bevölkerung, haben die Chinesen die Chance, ihre Vorstellungen durchzusetzen.

Was die Chinesen moralisch und was unmoralisch finden, müssen sie selbst entscheiden. Was sie ihrem Staat durchgehen lassen und was nicht, auch. Die Tatsache, dass die App »Ehrliches Schanghai« noch nicht im Alltagsbetrieb läuft, zeigt, dass Peking Fingerspitzengefühl beweisen muss. Auch wenn die Stoßrichtung klar ist: Der chinesische Staat will die Datenspuren seiner Bürger bewerten und sie bei Bedarf zwingen, sich in Zukunft besser zu verhalten. Der Staat will bestimmen, was gutes und was schlechtes Verhalten ist. Und er wird dabei weiter gehen, als es für uns im Westen akzeptierbar scheint.

Dass Peking dies tun kann, ist die neue Freiheit, die China als Technologieführer hat. Sein Einfluss auch auf die Spielregeln der Welt wird dabei jedes Jahr größer. Ein Einfluss, den der Westen jahrhundertelang hatte, den wir bis zum Anschlag ausgekostet haben und den wir nun leichtfertig verspielen.

KAPITEL 3

DAS NEUE AUTO

AUTONOME ANDERSDENKENDE

Wie China die Autoindustrie revolutioniert und dabei die mächtigen
deutschen Hersteller in Schwierigkeiten bringt.

>>*Das Roboterauto wird kommen,
passt aber nicht in die deutsche Autokultur.*<<
Karl-Thomas Neumann, Vorstand des Start-ups Evelozcity und Ex-Opel-Chef

Wenn Nicolas Hayek das noch erleben könnte, dieser bärtige
kleine Wirbelwind mit den funkelnden Augen, Schweizer libane-
sischer Herkunft. Doch der legendäre Erfinder des Smart ist schon
seit acht Jahren tot. Ein Auto wie eine Swatch-Uhr wollte er bauen.
Billig, verlässlich und schick. Ein Elektroauto mit wenigen Teilen.
Einen neuen Volkswagen sozusagen. Das war Ende der 1980er-Jahre.
Damals war er 60 Jahre alt und hatte bereits die Schweizer Uhren-
industrie gerettet. Hayek wusste: Für sein Vorhaben braucht er
einen Partner. Er ist ein Uhrenmann und kein Automann. Also
fährt er nach Wolfsburg zu Volkswagen und überzeugt Marken-
vorstand Daniel Goeudevert von seiner Idee. Auch der ist ein Querdenker und seiner Zeit voraus. Wie Hayek ist er einer, der Spaß
daran hat, Neues auszuprobieren. Einer, der später Bücher schreiben wird mit Titeln wie *Wie ein Vogel im Aquarium* oder *Der Horizont
hat Flügel.*

Doch all das passt nicht zu Ferdinand Piëch, damals Vorstandsvorsitzender der Volkswagen AG. Der ist zwar auch unglaublich
innovativ, aber nur im Rahmen des klassischen Autos: Er will
immer raffiniertere Technik in immer größeren Autos. Darin ist

er einer der Besten der Welt. Mit dem disruptiven Fortschrittsdenken von Hayek und Goeudevert kann Piëch wenig anfangen. Er träumt vom Phaeton, nicht vom Smart. Schon der Name Phaeton passt besser zu ihm. Phaeton, so heißt der Sohn des Sonnengottes Helios. Und so nannte man früher auch offene, herrschaftliche Pferdekutschen, bei denen die Herrschaft selbst lenkte. Piëch hält sich nicht einfach nur für smart. Er hält sich für genial, und er ist es irgendwie auch. Aber: Wer außer ihm »out of the box« denken will, soll das gerne tun – außerhalb seines Konzerns. 1993 muss Goeudevert gehen. Er denkt Piëch zu quer. Und mit ihm geht auch die Idee des unbändigen Hayek.

Das war vor einem Vierteljahrhundert und wird in die Geschichte der Autoindustrie vielleicht als das Jahr eingehen, an dem Volkswagen einen entscheidenden Fehler gemacht hat. Historiker werden sagen, die Wolfsburger hätten zweigleisig fahren müssen, um in der ersten Hälfte des 21. Jahrhunderts wettbewerbsfähig zu bleiben. Ein preiswertes E-Auto auf der einen Seite. Den klassischen und technisch aufwendigen Polo auf der anderen Seite.

Hayek ist jedoch keiner, der aufgibt. Er zieht mit seiner Idee weiter, landet 1994 bei Daimler. Die Stuttgarter machen daraus ein immerhin sehr kleines, aber doch sehr traditionelles Auto mit einem Ottomotor und einem seltsam ruckelnden Automatikgetriebe. 1997 wird der Smart vorgestellt. Hayek ist enttäuscht. Verbittert steigt er aus: »Der benzinbetriebene Smart ist ein Produkt von Daimler-Benz und hat nichts mit den Plänen des Swatch-Teams gemein.«

Gut 20 Jahre später ist das Auto, von dem Hayek geträumt hat, endlich auf dem Markt. Entwickelt haben es weitgehend die Chinesen. In Liuzhou, tief in der Provinz Guangxi im Südwesten Chinas, wird es gebaut. Bis zur vietnamesischen Grenze sind es noch 300 Kilometer. Nicht gerade der Nabel der Welt. Auch in China nicht. Der Zweisitzer heißt Baojun E100. Im Frühjahr 2018 ist er einer der Hidden Champions auf der Beijing Auto Show, einer der wichtigsten Automessen der Welt. Bunter und frecher kommt er daher als der Smart von Daimler. Und innovativer: Man steckt einen Tabletcomputer in einen Schlitz am Armaturenbrett und schon geht es los. Der Wagen ist so kurz wie der erste Smart und hat einen extrem engen Wendekreis. Das ist wichtig in der Stadt. Das Cockpit ist funktional, aber nicht ärmlich, und es macht Laune. Lustig, aber in China zuweilen sinnvoll, ist die Beschriftung des Brems- und Gaspedals mit einem großen Plus und Minus, damit auch Fahranfänger wissen, wo sie hintreten müssen.

Auf digitale Anzeigen bei der Klimatisierung hat man verzichtet. Kein Problem für die Chinesen. Die Reichweite beträgt gut 150 Kilometer. Das genügt für die Stadt ebenfalls. Die Batterie kann über Nacht an jeder Steckdose aufgeladen werden. 100 Stundenkilometer ist das Auto schnell. Das Attraktivste ist jedoch der Preis: Mit 4 800 Euro ist man inklusive staatlicher Subventionen dabei. Dafür bekommt man ein Automatikgetriebe, Antiblockiersystem, Servolenkung, Parksensoren und ein Fußgängerwarnsystem.

Der E-Smart von Daimler hingegen kostet mit der gleichen Reichweite, aber nicht mit der gleich guten Ausstattung 23 000 Euro. Selbst ohne staatliche Subventionen würde der chinesische E100 nur die Hälfte kosten. Daimler hat noch ein weiteres Problem. Die Kunden müssen in Deutschland über ein Jahr auf ihren E-Smart warten. Weil die koreanischen Batterien knapp sind, konnte Daimler 2017 nur 3 000 Smarts ausliefern. Das ist mehr als ärgerlich, zumal das Interesse der Kunden an E-Mobilen im Inland zugenommen hat. In China wurden allein im Dezember 2017 5 500 Exemplare des E100 verkauft. Dabei war das Auto erst im August auf den Markt gekommen. Daimler kann sich glücklich schätzen, dass die Chinesen vorerst kein Interesse daran haben, den E100 im Westen anzubieten. Die Frage ist nur, wie lange nicht.

Besonders bitter für die Deutschen: Der Schanghaier Autohersteller SAIC, Partner von Volkswagen, hat das Fahrzeug zusammen mit dem US-Hersteller General Motors entwickelt. Volkswagen hingegen hat bis zum Herbst 2018 nicht ein einziges E-Auto auf dem Markt. Und von den deutschen Wettbewerbern schafft es nicht *ein* E-Modell unter die Top 20 der meistverkauften E-Autos in China.

Man könne die beiden Autos natürlich nicht miteinander vergleichen, sagen Daimler-Manager. Von Äpfeln und Birnen ist die Rede. Die Verarbeitung, die Liebe zum Detail, die Kabelstränge der Klimaanlage, das Spaltmaß ..., kurz: die deutsche Gründlichkeit sei nach wie vor das Maß aller Dinge. Hayek hätte über diese Sichtweise ironisch geschmunzelt. Mit ähnlichen Argumenten waren ihm damals auch die traditionellen Schweizer Uhrmacher gekommen, als er die Swatch erfand. Auch sie hatten die Nase gerümpft. Dabei wollte er ihnen nur helfen. Er suchte nach einem Weg, ihre faszinierenden, einzigartigen Fähigkeiten zu erhalten. Doch sie wehrten sich: Elektrische Quarzuhren mit Chip und Anzeigen statt Zeigern sind unter unserem Niveau. Hayek dachte die E-Uhr mit der kleinen Batterie dennoch weiter. Statt 151 sollte sie nur noch 51 Teile haben, eingeschweißt in einen gegossenen Plastikkörper, der sich einfach mit den buntesten Designs bedrucken lässt. Unter 80 Schweizer Franken sollte die Uhr kosten. Mehr nicht. Und sie musste so hochautomatisiert hergestellt werden, dass man sie auch in der Schweiz produzieren kann, wo das Personal teuer ist.

Das war 1983. Ein Jahr später hatte Hayek bereits 800 000 Stück verkauft. Ein Jahrzehnt später waren es mehr als 100 Millionen. Gleichzeitig entwickelte er aber auch die Luxusuhren weiter und damit die Schweizer Uhrmacherkunst. Marken wie Omega und Longines blühten unter ihm auf. Als Hayek 2010 stirbt, hinterlässt er den größten Uhrenkonzern der Welt. Börsennotiert mit über vier Milliarden Euro Umsatz und einer Umsatzrendite von 15 Prozent.

Zwischen den Uhrenherstellern damals und den Autoherstellern heute gibt es erstaunliche Parallelen: Die Autobauer wollen partout keine Swatch-Autos auf den Markt bringen, sondern nur Omega-Autos. Die Swatch-Autos bauen nun die Chinesen. Und zwar nach ihren eigenen Spielregeln. Egal, ob sich der E100 durchsetzt oder, was wahrscheinlich ist, von einem anderen, noch pfiffigeren chinesischen Hersteller übertroffen wird: Der Baojun und seine Geschwister zeigen, wo die Reise hingehen kann.

Die deutsche Autoindustrie steht wegen China vor der größten Herausforderung seit der Gründung der Bundesrepublik. Ein Wirtschaftszweig, über den sich Deutschlands Ruf in der Welt definiert. Millionen deutsche Arbeitsplätze hängen direkt oder indirekt daran. Leider hängen sie fast ausschließlich an der traditionellen Autoindustrie. Einer Industrie, die ihre Kunden zwar mit einem der besten Händler- und Reparaturnetzwerke der Welt versorgt, die jedoch am Verbrennungsmotor hängt wie ein Kleinkind am Schnuller. Und dieser Motor braucht zehnmal so viele Bauteile wie der Elektromotor. Vor- und Nachteil in einem: Damit können auch zehnmal so viele Teile repariert werden.

Es ist eine Industrie, die die besten Autos der Welt baut, aber auch zum Overengineering neigt, vor allem in der Mittelklasse und bei Kleinwagen. Eine Industrie, deren Produkte man in der ganzen Welt schätzt, für die aber immer weniger Menschen so viel bezahlen wollen – vor allem nicht in China, wo es lange an brauchbaren Alternativen mangelte. Die deutsche Autoindustrie verkauft »Vorsprung durch Technik«, während immer mehr Kunden in Asien Vorsprung durch »Vernetzung und Unterhaltung« wollen.

Um die Fahrzeuge der Oberklasse müssen die Deutschen sich noch keine Sorgen machen, einen Porsche, eine S-Klasse, einen A8 oder einen 7er BMW werden sie immer verkaufen können. Allerdings wird auch in diesem Segment der chinesische Geschmack immer wichtiger. Schon heute geht zum Beispiel jede dritte S-Klasse nach China.

Dennoch: Niemand kann den Deutschen in dieser Klasse das Wasser reichen, selbst der japanische Lexus noch immer nicht. Die Autos sind nicht nur technische Meisterwerke, sondern Ausdruck deutscher Leidenschaft. Im mittleren und unteren Segment wird es jedoch eng. Dort kontern nun die Chinesen. »Als deutscher

Ingenieur, der 20 Jahre für BMW gearbeitet hat«, sagt Carsten Breit-feld, heute der Chef des chinesischen E-Auto-Start-ups Byton, »tut es mir ein klein wenig weh, das zu sagen – aber die Zukunft der Automobilbranche und der Mobilität wird in China entwickelt und geformt.« Finanziert wird das Start-up von chinesischen Unternehmen wie Foxconn und Tencent. Foxconn stellt die iPhones der Welt her, und Tencent ist ein führender Telekomausrüster. Das Markenzeichen von Byton ist ein Touchscreen auf dem Armaturenbrett, der praktisch von Tür zu Tür reicht – 1,25 Meter breit.

Hat Volkswagen die Zeichen der Zeit erkannt? Zumindest der neue VW-Chef Herbert Diess. Mutig lässt er Ende August 2018 in einem *Handelsblatt*-Gespräch als erster Vorstandsvorsitzender der großen Autohersteller die Hosen runter. Dass die deutschen Hersteller das Wettrennen um die neue Mobilität nur mit einer Wahrscheinlichkeit von 50 Prozent gewinnen werden, hält er für ziemlich realistisch. »Wir müssen die digitale Transformation bewältigen, wenn wir überleben wollen.« Dazu, dass Deutschland keine eigenen Batterien hat, meint Diess: »Ich finde es erschreckend, dass wir in diese Abhängigkeit geraten sind.« Deutschland habe den Anschluss verloren.

Wenn es einer schafft, VW zu drehen, dann Diess. Er gehört zu den Guten, den Reformern in der Autoindustrie. Das war er schon bei BMW, seinem früheren Arbeitgeber. Aber selbst für ihn wird es verdammt schwer.

Es ist ein schwacher Trost, dass seine deutschen Wettbewerber in nicht minder großen Schwierigkeiten stecken. Der erste Denkfehler – und da sind wir noch weit entfernt vom autonomen Fahren: Diess und seine Kollegen haben geglaubt, dass die Chinesen weiter deutsche Autos fahren werden, wenn diese nur innovativ genug sind. Ein Blick über die eigenen Landesgrenzen hätte sie eines Besseren belehren können: Die meisten Amerikaner fahren amerikanische Autos, die den meisten deutschen Fahrzeugen nicht das Wasser reichen können. Die Japaner fahren in der Mehrzahl japanische Autos, die Franzosen französische. Warum sollte dies ausgerechnet bei den Chinesen anders sein? Auch wenn sich deutsche Premiummarken gut verkaufen, ist der Marktanteil chinesischer Fahrzeuge ständig gewachsen: 30 Prozent waren es vor zehn Jahren, heute sind es bereits 43 Prozent. Dieser Trend wird sich fortsetzen.

Den Deutschen ist dies aus dem Blick geraten, weil sie in China so erfolgreich sind. Volkswagen zum Beispiel erwirtschaftet heute fast 60 Prozent seiner weltweiten Gewinne im Reich der Mitte. Die Wolfsburger laufen von Rekord zu Rekord. Sie waren mit 3,2 Millionen verkauften Fahrzeugen 2017 die erfolgreichste Marke in China. Kein anderer Markt ist wichtiger. Die Kehrseite dieser Erfolgsgeschichte: Je erfolgreicher sie sind, umso abhängiger sind sie vom chinesischen Markt.

Der unglaubliche Druck bei Volkswagen und anderen, mit »sauberen« Dieselmodellen in den USA erfolgreich zu sein, hat hauptsächlich mit der Abhängigkeit vom chinesischen Markt zu tun. Die Manager wollten in den USA unbedingt ein Gegengewicht zu China aufbauen. Ihre Strategie war es, besonders umweltfreundliche Fahrzeuge anzubieten. Als das technisch schwieriger wurde als gedacht, begannen sie zu schummeln – und wurden erwischt. Die Folge für VW und die anderen: Sie hängen mehr denn je am chinesischen Markt.

Für BMW, mit Mini und Rolls-Royce, Audi und Daimler mit dem Smart ist China jeweils der größte Einzelmarkt. An die 600 000 Autos verkaufen die Premiumhersteller jeweils, Audi führt 2017 noch knapp vor BMW und Daimler, die eine beeindruckende Aufholjagd hinlegten: 26 Prozent Wachstum im Jahr 2017. Mangels Alternativen blieb den Deutschen nichts anderes übrig, als sich auf den chinesischen Markt zu konzentrieren: In den vergangenen zwölf Jahren haben sich die Pkw-Verkäufe in China um mehr als 650 Prozent erhöht. In der EU gingen sie hingegen um knapp ein Prozent zurück. In den USA sogar um zehn Prozent. Indien spielt noch keine Rolle. Afrika hebt jetzt erst ab.

Das Problem: Trotz des unglaublichen Erfolges sinken die

Marktanteile der Deutschen in China. 25 Prozent waren es 2013, nun sind es nur noch 22 Prozent. In Wolfsburg, München und Stuttgart hat man die Hoffnung, dass es trotz des sinkenden Marktanteils weiterhin möglich ist, jedes Jahr mehr Autos zu verkaufen, weil der Markt insgesamt größer wird. Während 1000 Chinesen erst rund 80 Autos besitzen, kommen 1000 Deutsche auf 553 Pkw. Das könnte den Deutschen tatsächlich noch eine Weile Erfolge bescheren. Sich darauf zu verlassen, ist jedoch sehr riskant. Denn die Chinesen haben kein Interesse daran, dass die Deutschen im Massenmarkt eine größere Rolle spielen als nötig.

Das spürt Volkswagen zuerst, ausgerechnet der Konzern, der als erster deutscher Autobauer vor über 30 Jahren den Sprung nach China wagte. Eine überaus weitsichtige Entscheidung. Aber keine Erfolgsgarantie. Zwar sind die beiden Gemeinschaftsunternehmen mit den chinesischen Herstellern FAW und SAIC die wichtigsten Ertragsbringer der Wolfsburger. Sie verkaufen mittlerweile jedes zweite Auto in China. Inzwischen sind aber aus den chinesischen Lehrjungen selbstbewusste Konzernmanager geworden, die mit ihren Eigenmarken Milliardenumsätze machen: Noch vor wenigen Jahren hatten sämtliche chinesische Marken in der Heimat einen Marktanteil von unter 20 Prozent. Im Jahr 2017 kamen sie bereits auf 43,9 Prozent. Im Wachstumssegment der besonders beliebten SUV-Geländewagen erzielten sie sogar mehr als 60 Prozent Marktanteil.

Besonders deutlich lässt sich die Emanzipation von den Deutschen an der steilen Erfolgskurve von SAIC erkennen. Das Schanghaier Unternehmen, das auch eng mit General Motors (GM) zusammenarbeitet, ist dem Volumen nach der größte Autobauer Chinas. Im Mai 2018 kündigte der Konzern an, in der südöstlichen Provinz Fujian sein viertes eigenes Werk zu bauen. In der Fabrik sollen jährlich bis zu 240 000 Autos der Eigenmarken GM und Roewe hergestellt werden – auch für Südostasien. Die beiden SAIC-Marken waren früher übrigens britisch und gehörten zur MG Rover Group, an der SAIC 2005 für knapp 300 Millionen Euro die 70-Prozent-Mehrheit übernommen hat, als die Briten praktisch pleite waren. Die englische Fabrik in Longbridge, die seit 1905 produzierte, wurde 2016 geschlossen. Die in China hergestellten neuen Modelle punkten inzwischen mit international wettbewerbsfähigem Design und unschlagbaren Preisen. Wenn alles nach Plan läuft, wird SAIC mit seinen Eigenmarken 2018 mehr Autos verkaufen als Audi, Mercedes und BMW jeweils für sich genommen. Ein historischer Schritt für Chinas Autoindustrie. Bis sie VW vom Volumen her das Wasser reichen kann, wird es noch ein wenig dauern. Aber es wird schneller gehen, als wir glauben. Stolze 3,18 Millionen Autos hat der Konzern 2017 in China verkauft. Volkswagen wächst immerhin noch mit 5,4 Prozent.

Wie es sich anfühlt, in China als Platzhirsch vertrieben zu werden, musste Apple erleben: Lange waren die iPhones in Chinas Handymarkt einsame Spitze. Inzwischen sind sie von den Marktanteilen her gesehen auf Platz vier gerutscht. Vor den Amerikanern stehen drei chinesische Hersteller: Huawei, Vivo und Oppo. 2018 wird das iPhone wohl auch seinen vierten Platz in China verlieren. Und was die weltweite Performance angeht, überholte Huawei im zweiten Quartal 2018 erstmals Apple bei der Zahl der verkauften Smartphones.

So wie im Smartphone-Markt wird es sehr wahrscheinlich auch in der Autoindustrie kommen – mit dem Unterschied, dass die Deutschen bei sinkendem Marktanteil nicht so viel verdienen wie Apple, weil zum Beispiel VW von den Margen her längst nicht mehr internationale Spitze ist. Dafür, dass die Chinesen in ihrem eigenen Markt immer stärker werden, wird die Regierung schon sorgen und die Konsumenten auch. Die Macht dazu hat Peking. China kann seit Anfang der 1980er-Jahre, seit der Öffnung des Landes, die Spielregeln im chinesischen Markt diktieren. Die ausländischen Hersteller ließen das mit sich machen, weil der neue Markt so groß und wichtig war. Peking zwang die Ausländer, Autos in China herzustellen, wenn sie Autos in China verkaufen wollten. Peking setzte durch, dass die Autos nur in westlich-chinesischen

Gemeinschaftsunternehmen gebaut werden dürfen. Unternehmen, in denen die Ausländer unter keinen Umständen die Mehrheit haben sollen. Peking zwang ausländische Autohersteller, immer mehr Teile lokal herzustellen und dafür auf chinesische Zulieferer zurückzugreifen. Außerdem wurden die ausländischen Konzerne gezwungen, mit ihren chinesischen Partnern lokale Marken zu entwickeln. Und manche Hersteller, wie zum Beispiel Volkswagen, sahen sich sogar genötigt, den ganzen asiatischen Markt aus China heraus zu bedienen, obwohl sie daran nur 50 Prozent verdienen und nicht 100, wie das der Fall wäre, wenn sie das aus Deutschland heraus täten. Und sie werden Spielregeln erfinden für die ersten ausländischen Firmen, die in China ohne Joint-Venture-Partner Autos bauen dürfen.

Die japanischen, koreanischen, französischen, deutschen und amerikanischen Autohersteller haben all das mitgemacht. Niemand wollte sich die Chancen auf diesem riesigen Wachstumsmarkt entgehen lassen. Koste es, was es wolle. Und für die meisten hat es sich ja auch gelohnt. Doch der Erfolg ist trügerisch. Denn es ist nur ein Erfolg im klassischen, man kann auch sagen überholten Geschäft mit den Verbrennungsmotoren – selbst, wenn die nicht von heute auf morgen verschwinden werden und Bosch gerade einen neuen umweltfreundlichen Diesel vorgestellt hat, dem durchaus noch Chancen im Markt gegeben werden, wenn sich die Gemüter wieder beruhigt haben. Der Erfolg ist auch einer, der mit Zeit erkauft war: Denn die Chinesen haben lange gebraucht, um einzusehen, dass sie im traditionellen Fahrzeugbau gegen die Deutschen keine Chance haben. Die deutschen Ingenieure waren einfach zu gut, ihre Produktionsleiter zu erfahren, ihre Meister zu pfiffig.

Nun aber, da das Zeitalter der E-Autos beginnt, tut sich plötzlich die Chance auf. In China ist der Strom billig. Die Luft ist verpestet, die Städte sind verstopft. Und vor allem: Die Menschen sind neuen Technologien gegenüber viel aufgeschlossener als im Westen. Der Staat, aber auch die Automanager, sehen die Chance, bei der nächsten Entwicklungsstufe der Autoindustrie auf Augenhöhe mitzuspielen. »Nur, wenn wir Fahrzeuge mit alternativen Energien entwickeln, schaffen wir es, von einem großen Autoland zu einem mächtigen Zentrum der Autoindustrie zu werden«, hat Präsident Xi Jinping bereits 2014 erkannt. Es kam, wie es kommen musste: 2017 fuhren bereits 777 000 neue E-Fahrzeuge auf Chinas Straßen, von denen kaum eines von den alten westlichen Autoriesen gebaut worden war. Deren Marktanteil liegt unter einem Prozent. Die Ausländer, allen voran die Deutschen, haben völlig unterschätzt, wann und mit welcher Wucht das Thema Elektromobilität in China einschlagen würde. Man hatte wohl mit einer ähnlich schleppenden Entwicklung gerechnet wie in den USA: Dort wurden 2107 nur knapp 200 000 E-Autos verkauft. In Deutschland waren es gerade einmal 55 000. Selbst in Norwegen wurden mehr E-Autos zugelassen – und dort leben nur knapp fünf Millionen Menschen.

Der Markt hat sich dramatisch gewandelt: 2016 wuchsen in China die Verkäufe von Autos mit Verbrennungsmotoren noch um 15 Prozent. 2017 waren es nur noch 1,4 Prozent. Gleichzeitig wurden jedoch 70 Prozent mehr E-Autos verkauft. China ist mit Abstand bereits der größte E-Auto-Markt der Welt. BYD, der größte private Hersteller, hat schon neun E-Modelle im Angebot. Die meisten E-Autos verkauft aber ein Staatsbetrieb, über den man auch lange gelächelt hat: der Pekinger Hersteller BAIC, staatlicher Partner von Daimler. Weil die westlichen Hersteller partout nicht fortschrittlich werden wollen, hat Peking die Daumenschrauben angezogen. Für die westlichen Automanager völlig überraschend kündigte die Regierung in Peking eine Quote für reine Elektroautos und Plug-in-Hybride an.

Eine Quote, die mit den Jahren ansteigt. Ab 2019 sollen Autobauer in China mindestens zehn Prozent ihrer Produktion auf E-Autos umstellen. Ein Jahr später werden es schon zwölf Prozent sein. Und 2025 sollen 25 Prozent aller in China verkauften Fahrzeuge E-Autos sein. Das ist eine große Herausforderung. Wer die

Quote nicht schafft, muss sich im Rahmen eines Programms Punkte von erfolgreicheren Unternehmen kaufen. Wer sein Soll übererfüllt, bekommt umgekehrt Geld von denen, die ihr Soll nicht erreicht haben. Eine gute Lösung, die Druck erzeugt und den Wettbewerb ankurbelt.

Ursprünglich hatte die Regierung das Quotensystem schon 2018 einführen wollen. Das konnten die in Panik geratenen ausländischen Hersteller gerade noch so verhindern. Bundeskanzlerin Merkel musste im Sommer 2017 bei Präsident Xi ein gutes Wort für die rückständige deutsche Industrie einlegen: »Ich kann nur hoffen, dass, auch gerade im Blick auf die asiatischen Märkte, die deutsche Automobilindustrie den Anschluss nicht verliert«, sagte sie danach ungewohnt deutlich, lange bevor die Vorstände der Autohersteller dies so formulierten.

Dass sie den Anschluss verliert, liegt aber nicht nur an der Autoindustrie an sich, sondern auch an der fehlenden deutschen Industriepolitik für Elektroautos. Nun machen eben die Chinesen die Industriepolitik gleich für Deutschland mit. Den Takt müssen wir uns von den Chinesen vorgeben lassen. Und damit das Aufholen nicht zu einfach wird für die Ausländer, werden die E-Autos in China staatlich subventioniert. Für jedes E-Auto, das 150 Kilometer weit fahren kann, gibt der Staat umgerechnet rund 6500 Euro dazu. Von den Subventionen profitieren leider nur die chinesischen Marken.

Nie waren die Chancen größer, dass die Chinesen in einer für die Weltwirtschaft zentralen Industrie die Führungsrolle übernehmen. »Für die Elektromobilität gilt: Wer als Erster große Stückzahlen verkauft, gewinnt«, meinte der ehemalige Audi-Chef Rupert Stadler im Frühsommer 2018 nüchtern und verschwand in U-Haft.

Die wichtigsten Träger dieses neuen Technologieschubes sind die Elektromotoren, die Leistungselektronik und die Batterien. Sie machen ein Viertel der Kosten eines Autos aus. Die Deutschen sind leider auf Verbrennungsmotoren und Getriebe spezialisiert. Es ist nicht so, dass sie nicht hin und wieder etwas ausprobiert hätten. Daimler versuchte es in Deutschland mit Evonik. Doch die

Verbrennungsmotorfraktion im Unternehmen bremste, wo es ging. 2015 stieg Daimlerchef Dieter Zetsche aus. Der Autozulieferer Bosch versuchte es mit Samsung. Die Koreaner konnten Batterien. Die Stuttgarter konnten Leistungstechnik und Batteriemanagement. Doch Bosch war zu spät dran, die Koreaner schon zu mächtig. Eine Win-win-Situation war nicht mehr herzustellen. Der Rest ist Geschichte. Die Südkoreaner sind nun weltführend. Bosch steht in diesem Segment mit leeren Händen da. Inzwischen ist Bosch-Chef Volkmar Denner der Abstand zu den Südkoreanern und Chinesen zu groß, als dass er es noch mal riskieren mag.

Dieser Machtkampf ist für Deutschland zu Ende: Die Deutschen sind in der Zwischenrunde ausgeschieden, Südkorea und China stehen im Endspiel. Sie kämpfen erbittert um die Vorherrschaft, und die deutschen Autohersteller drohen dabei zerrieben zu werden. Denn Volkswagen und Co. brauchen in China nicht mit koreanischen Batterien anzukommen. Autos, die mit koreanischen Batterien fahren, werden so benachteiligt, dass sie nicht mehr wettbewerbsfähig sind. Die 200 Millionen Euro teure neue Produktion des E-Autos Vizzion kann nicht angefahren werden. Die Wolfsburger hatten bei LG unterschrieben, bevor Peking den Markt für südkoreanische Batterien schloss. Nun bekommt VW keine Genehmigung, die Fabrik zu betreiben. Der südkoreanische Hersteller LG Chem dürfte bald zwei Drittel des Marktes kontrollieren, Peking will das mit aller Macht verhindern – und ändert deshalb kurzerhand die Spielregeln während des Spiels. Das ist nicht fair, aber was soll's.

Im Mai 2018 gibt Peking endlich nach. Erleichterung bei VW. Im Juli stehen die Fahrzeuge mit den südkoreanischen Batterien nicht länger auf der Liste der Fahrzeuge, die von der chinesischen Regierung sanktioniert werden. War es im Nachhinein naiv zu glauben, man könne in China mit Batterien des Wettbewerbers reüssieren? Nicht einmal das. Diese Episode zeigt jedoch sehr genau, welche Macht die Chinesen haben. Nun lautet die neue Regel eben, dass man mit dem chinesischen Weltmarktführer Contemporary

Amperex Technology Ltd (CATL) arbeiten muss, auch wenn dessen Batterien noch nicht ganz so leistungsfähig sind.

Dass das Rennen um die Gunst des Unternehmens längst begonnen hat, das kriegen endlich auch einmal die Deutschen mit. BMW ist am schnellsten. Im Juli 2018 binden sie sich eng an CATL. Das deutsch-chinesische Gemeinschaftsunternehmen BMW Brilliance kauft für rund 100 Millionen Euro eine Entwicklungsabteilung von CATL, die spezielle Batterien für die Münchner entwickeln soll. BMW zahlt knapp 360 Millionen Euro im Voraus für einen langfristigen Liefervertrag, bei dem es insgesamt um Batterien in einem Wert von 4,7 Milliarden Euro geht. Für BMW eröffnen sich dadurch Chancen, gleichzeitig begeben sich die Münchner in eine enorme Abhängigkeit.

Immerhin investiert CATL auch in Deutschland. Für die Chinesen ist das ein Meilenstein ihrer Industriegeschichte: China muss uns mit einem Hightechprodukt versorgen, das zentral für eine deutsche Schlüsselindustrie ist, weil wir es nicht gebacken kriegen. Für 240 Millionen Euro soll bis 2022 ein Werk in Thüringen mit rund 600 Arbeitsplätzen entstehen. Es ist das erste chinesische Batteriewerk in Europa. BMW ist als Kunde bereits sicher, Daimler überlegt noch. Für Thüringen ist das gut, doch für Deutschland insgesamt eigentlich eine Riesenschlappe. »Kann es gut gehen, wenn wir als ein Kontinent, der Autos herstellt, die Batteriezellen aus Asien kaufen müssen?«, fragte Angela Merkel spitz. Und gab auch gleich die Antwort: »Solche Schlüsselindustrien dürfen wir nicht aufgeben.« Darin ist sich die Kanzlerin ausnahmsweise mit IG-Metall-Chef Jörg Hofmann einig: »Die Zelle ist der Kolben von morgen.«

Eben weil wir diesen wichtigen Schlüssel längst aus der Hand gegeben haben, ist es keine Frage mehr, ob wir die Chinesen reinlassen oder nicht. Wir müssen sie reinlassen – oder unsere Ambitionen in Sachen E-Mobilität weiter auf die lange Bank schieben. Volkswagen und Audi setzen derzeit zwar noch auf die Koreaner, die Fabriken in Osteuropa haben. Auf lange Sicht werden sie sich aber wohl breiter aufstellen müssen.

BMW jedenfalls kann man zwar vorwerfen, dass sie nichts selbst entwickelt haben, aber nicht, dass sie nicht früh genug auf das richtige Pferd gesetzt hätten. 2012 durfte CATL als Start-up schon Batterien für den von BMW und Brilliance gefertigten Zinoro liefern. CATL-Chef Robin Zeng strengte sich sehr an, die Qualität den Wünschen von BMW anzupassen. Das kam gut an in München. »Von BMW haben wir eine Menge gelernt«, sagt Zeng. »Die hohen Standards und Anforderungen haben uns geholfen, schnell zu wachsen.« In Europa hat BMW auch mit Samsung zusammengearbeitet, und daran soll sich nichts ändern. Sicher ist sicher.

Der Batterienlapsus sollte der deutschen Industrie eine Lehre sein: Was kommt und was nicht kommt, wird eben nicht mehr in Deutschland, ja nicht einmal mehr im Westen entschieden. Diese Zeiten sind vorbei. Und wenn CATL es einmal nicht schaffen sollte, die Nachfrage schnell genug zu decken, dann wird es heißen: »China first«, der Rest der Welt wird erst dann bedient, wenn alle chinesischen Hersteller mit Batterien versorgt sind.

Die Ausländer können nun nur noch auf den nächsten Technologiesprung hoffen. Das ist wahrscheinlich die Feststoffbatterie, ein Bereich, in dem wenigstens die Amerikaner noch relativ stark sind. Die Vorteile der Feststoffbatterie: geringeres Gewicht und kürzere Ladezeiten. Man könnte bei dieser Technologie auf Kobalt verzichten und sich auf Lithium konzentrieren. Das wäre schon mal ein Vorteil gegenüber China. Denn chinesische Unternehmen raffinieren rund 77 Prozent der weltweiten Kobaltvorkommen zu batteriefähigen Chemikalien. China Molybdenum ist der zweitgrößte Kobalthersteller der Welt, nach dem britisch-schweizerischen Konzern Glencore. Es hat einen Marktwert von 24 Milliarden US-Dollar, nachdem es 2016 die Mehrheit an der Tenke Fungurume Mine in der Demokratischen Republik Kongo gekauft hat. 65 Prozent der weltweiten Kobaltvorkommen lagern dort. Hier bekommt man einen kleinen Schimmer davon, wie wichtig es ist, in Afrika präsent zu sein (mehr dazu in Kapitel 9).

Mit den Feststoffbatterien könnte man auf Kobalt verzichten

und nebenbei China ein Schnippchen schlagen. Nur leider hat Peking auch den Lithiummarkt längst im Blick. Im Mai 2018 versuchte China, gut ein Drittel der chilenischen SQM-Lithiummine zu kaufen. Als die Chilenen zögerten, den 4,3-Milliarden-US-Dollar-Deal zu genehmigen, warnte der chinesische Botschafter in Chile, Xu Bu, unverhohlen: »Das könnte einen negativen Einfluss auf die Entwicklung der Wirtschaftsbeziehungen zwischen den beiden Ländern haben.« Der chilenische Präsident Sebastián Piñera gab nach. China, selbst der viertgrößte Hersteller der Welt, kontrolliert seitdem 70 Prozent des weltweiten Lithiummarktes.

Die Umstellung auf eine Technologie, in der die Chinesen führend sind und die Kontrolle über die entsprechenden Bodenschätze haben, ist jedoch nicht das einzige Problem, das die deutsche Autoindustrie mit China hat. Denn die eigenwilligen – man kann auch sagen: selbstbewussten – Wünsche der chinesischen Kunden werden das traditionelle westliche Auto komplett verändern – zuerst im unteren und mittleren Segment, also dort, wo vor allem Volkswagen seine Position verteidigen muss.

Während wir noch mit dem Autoquartett groß geworden sind (und Autos auch nach diesen Kriterien kaufen), wo sich alles um PS, Hubraum, Zylinder und Spitzengeschwindigkeit drehte, interessieren sich die chinesischen Kunden dafür viel weniger. Technologie, die sie nicht sehen und im Stau auch nicht nutzen können, finden sie nicht spannend: Der Zwei-Liter-Motor mit Allradantrieb, maximal 400 Nm variabel an Vorder- und Hinterrädern verteilt? Egal. Ob der Selbstzünder zwar kraft-, aber wenig temperamentvoll ist, spielt ebenso keine Rolle. Auch nicht, mit wem sich der VW Polo die MQB-A0-Plattform teilt.

Für die chinesischen Kunden sind Autos eben wie Swatch-Uhren: Es geht um »look & feel«, wie man in der Modebranche sagt. Die Autos müssen cool aussehen, preiswert sein und funktionieren. Warum sie funktionieren und was unter der Motorhaube passiert, wenn es denn noch eine gibt, ist unerheblich. Touchscreen ist wichtiger als Hubraum, die ans Netz angeschlossene Musikanlage im Dauerstau wichtiger als die Knautschzone. In dieses Beuteschema passt zum Beispiel ein VW Polo oder eine Mercedes-A-Klasse immer weniger. Zu viel Technik für zu viel Geld. Zu bieder. Die Chinesen wollen kompakte, wendige Autos für den Stadtverkehr. Die deutschen Autos werden jedoch immer größer. Selbst die neuen Minis von BMW sehen inzwischen aus, als hätten sie Muskelaufbaupräparate geschluckt. Mit der ersten Generation, die der deutsche Designer Gert Hildebrand einst für BMW entworfen hat, haben diese Minis nicht mehr viel gemein. Inzwischen designt Hildebrand übrigens für chinesische Hersteller.

Den großen Bruch im Aussehen und in der Funktion der Autos wird aber erst noch das autonome Fahren bringen. Insofern waren die Smart-Träume von Hayek nur ein Vorspiel zur Revolution des alten Automobils. Auch dafür, wen wundert es noch, hat Peking bereits einen Plan: 2022 sollen die ersten Autos, die teilweise oder komplett ohne menschliches Eingreifen fahren können, im Alltagsbetrieb laufen. Zwischen 2026 und 2030 soll das automatisierte Fahren dann bereits weit verbreitet sein. So viel scheint schon heute sicher: Die ersten Städte der Welt, in denen das autonome Fahren Alltag sein wird, werden chinesische Städte sein. Und es wird für die Menschen dort mehr Lebensqualität bringen. Sie werden preiswert und individuell in einem Fahrzeug direkt an ihr Ziel gebracht, ohne selbst fahren zu müssen.

Derzeit hat die Technologie noch Kinderkrankheiten, doch auch damit gehen die Chinesen anders um als wir. Das wird deutlich, wenn man die Reaktionen auf den ersten Todesfall betrachtet: Im Frühjahr 2018 überfährt ein autonom fahrender Volvo von Uber nachts in Arizona eine Frau namens Elaine Herzberg. Uber stellte daraufhin alle seine Testfahrten ein, um den Fall zu untersuchen. In Europa gilt der erste Todesfall als Bestätigung dafür, dass autonomes Fahren Teufelszeug ist. Bereits vor dem ersten tödlichen Unfall lehnte in Deutschland die große Mehrheit selbstfahrende Autos auch dann ab, wenn Experten sie als sicher einstuften.

In China ist das anders. Unter den gleichen Umständen würden sich 81 Prozent der Befragten dafür begeistern. Das ergab eine wenige Monate zuvor veröffentlichte Umfrage der Beratungsgesellschaft Deloitte. Dieser Unfall sei zwar tragisch, hieß es in der chinesischen *Global Times*, aber würden nicht jeden Tag Tausende Menschen von Autos überfahren, die von Menschen gesteuert werden? Sei es nicht dennoch sehr wahrscheinlich, dass die Maschine zuverlässiger ist als der Mensch? Im Flugzeug, wo das Risiko von Unfällen mit vielen Toten viel größer ist, verlasse man sich ja längst auf das autonome Fliegen.

Das bedeutet nicht, dass Peking nachlässig wäre, wenn es um die Risiken geht. Die Spielregeln für Testfahrten auf offener Straße sind streng. Nur zwei Firmen dürfen ihre Fahrzeuge im Frühjahr 2018 auf 30 Straßen mit einer Gesamtlänge von 100 Kilometern in Peking und Schanghai testen: der Schanghaier Staatskonzern SAIC und das kleine Start-up NIO. NIOs Autopilot gilt als mindestens so gut wie der von Tesla. Der Hersteller aus Schanghai mit großen Entwicklungsbüros im Silicon Valley und in München hat mit dem EP 9 das bislang schnellste E-Auto der Welt entwickelt. Allein im Valley arbeiten 500 Menschen für NIO. Ihre Chefin ist Yellepeddi Padmasree. Sie ist in Indien geboren und aufgewachsen und hat in ihrer Heimat sowie dem US-amerikanischen Cornell studiert. Das *Fortune Magazine* zählt die ehemalige Cisco-Technikchefin schon lange zu den einflussreichsten Frauen der Welt. »In den nächsten Jahren wird sich das Auto dramatisch verändern«, sagt Padmasree, die ich in ihrem Headoffice treffe. »Es wird mehr ein intelligenter Roboter sein als ein mechanisches Gerät. Es wird mehr ein Servicegerät sein als ein Produkt. Es wird eine rollende Batterie sein, ein Knoten im Internet.« Die neuen Autos auf die Straße zu bringen, »ist am einfachsten in China«.

Das sieht auch Karl-Thomas Neumann so. Er war Forschungschef bei VW, danach Chef des Autozulieferers Continental. Zurück bei Volkswagen, war er Konzernbeauftragter für die Elektromotoren und danach drei Jahre VW-China-Chef, bevor er CEO von Opel wurde. Nachdem Opel von General Motors für 1,3 Milliarden Euro an den französischen Hersteller PSA verkauft wurde, stieg Neumann aus. Jetzt ist er da, wo der Querdenker eigentlich immer schon hingehört hat: Vorstand bei Evelozcity, einem von Chinesen mitfinanzierten Start-up in Los Angeles. »Die traditionelle Autoindustrie steht vor wahnsinnigen Herausforderungen«, sagt Neumann. Es gebe vier Megatrends, die sich mit dem Wort CASE zusammenfassen lassen: C für Connected, A für Autonomes Fahren, S für Sharing und E für Elektrisch. Das größte Problem sieht Neumann dabei, wen wundert's, in Europa: »Was die deutsche Autoindustrie versucht, ist der Bau eines E-SUV, das 500 Kilometer weit fahren kann und dessen Batterie sich ganz schnell wieder aufladen lässt.« Das sei jedoch sehr teuer, und die Kunden hätten keine Lust, mehr Geld für ein E-Auto zu zahlen als für ihr Ottomotor-Auto: »So ist dieser unglaubliche Druck entstanden.«

»Aber sagt die Politik im Grunde nicht auch, es soll alles so bleiben, wie es ist, eben nur elektrisch?«, hake ich nach.

»Das geht natürlich nicht«, entgegnet der Manager. »Das ist ein riesiger Fehler. Wenn die deutsche Autoindustrie so weitermacht, werden die Internetfirmen das Rennen machen.« Die könnten ganz unbelastet aufspielen. Die Schlacht sei eigentlich schon verloren, »weil die Audi-, Mercedes- und BMW-Fahrer in China lieber ihr Baidu-Navi im Smartphone benutzen als das Navi ihres Autos«. Die seien einfach besser.

»Und was, wenn sie sich mit Baidu zusammentun?«, frage ich.

»Dann sitzt Baidu noch immer am längeren Hebel, weil sie das Wertvollste, nämlich die Daten, kontrollieren«, antwortet Neumann. Traditionelle E-Autos zu bauen, sei eine einfache Aufgabe verglichen mit der, sie zu vernetzen. »Wir müssen das Auto neu erfinden«, fordert Neumann. Die Zeiten, in denen man »ein Auto besitzt, es finanziert, versichert, es in der Garage stehen hat und samstags wäscht, gehen schneller zu Ende, als man glaubt«. Viel sinnvoller sei es, das Auto mit anderen zu teilen. »Ein Stadtauto, mit dem ich nur relativ langsam fahre, braucht viel weniger

Technik und eine kleinere Batterie als ein Auto, mit dem man 500 Kilometer weit über Land fährt. Alternativ nutze ich dann die U-Bahn, den Hochgeschwindigkeitszug oder den E-Roller. Aber die traditionellen Autohersteller hassen den Gedanken, dass es so kommen könnte«, fasst Neumann seinen Gedanken zusammen. »Denn das bedeutet: Es werden weniger und ganz andere Autos gebraucht.«

»Aber ist das nicht ein wenig zu weit in die Zukunft gegriffen?«, wende ich ein, »gerade im Hinblick auf die Deutschen in ländlichen Gebieten?« – »Ja, schon«, antwortet Neumann grinsend. »Aber neue Trends entstehen nicht im ländlichen Raum.« Dafür müsse man schon nach Berlin schauen oder eben gleich nach China. Dort gebe es noch vergleichsweise wenige Menschen, die ein Auto besitzen, und dennoch seien die Städte total verstopft. »Da kommt jeder von selbst darauf, dass es so nicht weitergehen kann«, meint Neumann. Und: Die traditionelle Bindung zum Auto sei in China nicht so groß wie hierzulande.

»Aber ist nicht auch für die Chinesen das Auto ein Statussymbol?«, will ich wissen. »Ist das so toll, wenn ich mit meinem Statussymbol nur in Schrittgeschwindigkeit vorankomme?«, fragt Neumann zurück. Und liefert die Antwort gleich hinterher: »Nein. Das neue Statussymbol ist, dass ich für jede Situation mithilfe von cleveren Sharingkonzepten auf das richtige Fahrzeug zurückgreifen kann.« Die Chinesen seien aus der Not fortschrittlich geworden, meint Neumann. »Und die traditionellen Autoländer werden gezwungen sein nachzuziehen.« Für uns sei es an der Zeit, sich vom alten Auto zu verabschieden, das letztlich noch genauso wie die gute alte Kutsche funktioniere: vorne die Pferdestärken, dann kommt der Fahrer, die Mitfahrer dahinter und ganz hinten das Gepäck.

In Neumanns Start-up arbeiten die Ingenieure längst an der »Kutsche der Zukunft«: »Wir haben eine Art E-Skateboard entwickelt, wie sie hier überall auf der Strandpromenade herumfahren. Nur eben in Autogröße. Wir sind bei der Karosserie ganz frei in der Gestaltung, ein Metallrahmen, viel Kunststoff und jede Menge Platz für neue Ideen«, erläutert er. Der Fahrer soll so weit vorne wie möglich sitzen, dann habe man innen Platz »wie in einem ausgewachsenen SUV; und das bei einem Auto in Golf-Größe«. Auf der gleichen Plattform entstünde auch ein Kleinlastwagen.

»Wo bauen Sie diese Autos?«, frage ich.

»Das erledigen Auftragshersteller in China und den USA für uns. Wir sind auf Mobilitätserlebnisse spezialisiert, nicht auf die Produktion. Das wollen wir nicht. Das brauchen wir nicht, und das können wir auch gar nicht.«

»Wie gut sind wir denn in Deutschland auf diese Entwicklung eingestellt?«, will ich wissen.

»Überhaupt nicht! Die Innovationen kommen aus China und von hier, dem Westen der USA. Das Roboterauto passt nicht in die deutsche Autokultur«, sagt Neumann. Wenn man in Deutschland an das autonome Fahren denke, dann denke man an eine S-Klasse, bei der man das Lenkrad wegklappen und Zeitung lesen könne. »Die Chinesen und die Westküstenamerikaner denken jedoch wirklich an Autoroboter. Das ist ein völlig anderer Ansatz.«

Ich frage, ob nicht auch Deutschland diesen anderen Ansatz aufgreifen könnte. Schließlich bauen wir Deutschen doch nach wie vor die besten Autos der Welt. »Das ist ja gerade die große Falle, in der wir sitzen«, erwidert Neumann. »Wir bauen die besten Autos der Welt, aber in einem veralteten Geschäftsbereich.« Das, was die Deutschen können, bräuchten weltweit immer weniger Menschen. »Wir reden in Deutschland über alles Mögliche, aber nicht darüber, wie unsere Zukunft aussehen soll. Was wir tun müssen, um unsere Position in der Welt zu erhalten. Deutschland ist viel zu wenig auf disruptive Innovation, insbesondere bei neuen, auf Daten basierenden Geschäftsmodellen, eingestellt. Dabei hätten wir die Grundlagen. Aber irgendwie spüren wir den Wettbewerbsdruck immer noch nicht.«

»Was sollte denn ein Unternehmen wie VW machen?«, frage ich.

»Es steht mir nicht zu, einzelnen Unternehmen Ratschläge zu

geben«, sagt Neumann, »ich kann nur meinen Eindruck wiedergeben: Ich glaube nicht, dass es möglich ist, morgens traditionelle Autos zu bauen, sie in diesem Massenwettbewerb und unter dem Kostendruck ständig zu verbessern, und dann nachmittags Elektroautos und radikale neue Geschäftsmodelle zu entwickeln, wo man komplett umdenken und riesige Investitionen tätigen muss. Genau genommen müsste man dann nachmittags kreativ zerstören, was man vormittags verfeinert hat! So etwas zerreißt einen Konzern. Deswegen habe ich bei Opel auch gesagt: Entweder oder.«

»Warum sind Sie nicht gleich nach China gegangen, wo der größere Innovationsdruck besteht? Weil man in LA besser surfen kann?«, frage ich. »Nein, das hat keine Rolle gespielt. Wir finden, dass sich ein Auto aus Kalifornien heraus international noch einfacher verkaufen lässt als ein Auto aus China«, sagt der Manager. Das werde sich zwar schnell ändern, aber heute sei das noch so. »Und hier kriegen wir außerhalb Chinas die besten Leute.«

An seinem alten Job vermisse Neumann vor allem, dass er ein ganzes Büro gehabt habe, das ihm zuarbeitete. »Da war ich zwar längst nicht so flexibel«, meint Neumann, »aber ich habe immer das Gefühl gehabt, sehr effizient zu sein.« Nun sei es umgekehrt. »Ich kann jetzt schneller mal abbiegen und eine ungewöhnliche Entscheidung treffen. Das ist erfrischend. Und ich darf jetzt endlich sagen, was ich für richtig halte. Bei Opel musste ich sagen: Der Elektromotor ist eine gute Ergänzung. Jetzt sage ich: Der Verbrennungsmotor ist tot.«

Dieser Ansicht ist man auch in Peking, und das macht es der staatlichen Planungskommission leichter, mit der Zeit zu gehen. Im modernen Stadtverkehr wird das in etwa so aussehen: Ich rufe mit einer App eine Art rollendes quer liegendes Ei. Es fährt innerhalb von drei Minuten fahrerlos vor. Ich steige ein. Die Luft im Fahrzeug ist gefiltert. Ich bin automatisch mit dem Fahrzeug vernetzt, kann mein Smartphone kontaktlos aufladen. Es spielt meine

Musik, kennt die Beleuchtung, die ich angenehm finde, und hat womöglich sogar einige Drinks und Snacks dabei, die ich bargeldlos mit meinem Smartphone kaufen kann. Ich steuere alles über Sprache. Das Ei fährt mich staufrei zu meinem Ziel, weil alle Fahrzeuge miteinander vernetzt sind und sich kaum in die Quere kommen. Dank der Erfahrungen der künstlichen Intelligenz weiß das Ei schon zwei Stunden früher, wann es wo sein muss. Und wenn das Ei nicht gebraucht wird, fährt es von selbst in eine Tiefgarage, um sich aufzuladen.

Dass dies in China zuerst Realität wird, ist wahrscheinlicher, als dass dies in den USA passiert. Europa hinkt ohnehin hinterher. Die Amerikaner sind viel weiter bei der Software. Die von Google ausgerüsteten Autos sind schon rund 500 Millionen Kilometer gefahren. Sie brauchen nur alle 9 000 Kilometer den Eingriff eines menschlichen Fahrers. Die Chinesen holen jedoch schnell auf, und sie generieren mehr Daten. Das bedeutet, die Algorithmen lernen schneller und machen sie fit für die größte Herausforderung: Ein autonomes Auto, das es durch den chaotischen Verkehr Pekings schafft, kommt überall durch. Und die Chinesen sind schneller, wenn es darum geht, eine neue Technologie in den Alltag zu implementieren.

Die Deutschen sind in der Grundlagenforschung nicht schlecht. Sie scheitern jedoch an ihrer Technologieskepsis, aber auch an ganz praktischen Fragen. Man braucht beispielsweise den 5G-Mobilfunkstandard für den vernetzten Verkehr: »Das werden wir nicht rechtzeitig schaffen«, vermutet Ferdinand Dudenhöffer, Professor in Duisburg und einer der führenden deutschen Autospezialisten. »Die Chinesen werden den Rest der Welt beim autonomen Fahren abhängen.« Deutschland ist ja noch voll damit beschäftigt, die Funklöcher des 4G-Standards zu stopfen.

Weltspitze sind die Deutschen allerdings, wenn es um die Ethik geht. Bereits im Sommer 2017 hat die Ethikkommission auf Wunsch der Regierung 20 Ethikregeln festgelegt und diese auf 30 Seiten begründet. Es geht dabei um die beiden höchsten Stufen des automatisierten Fahrens, vier und fünf, bei denen der Mensch noch am wenigsten eingreifen muss. Fünf Arbeitsgruppen haben parallel neun Monate an den Regeln gearbeitet. Geleitet wurde die Kommission vom früheren Verfassungsrichter Udo Di Fabio, einem ebenso praxisorientierten wie klugen Mann. In der Kommission waren neben Juristen und Ethikern auch Ingenieure, Vertreter des ADAC und der Autokonzerne – sowie der Weihbischof von Augsburg, Florian Wörner.

Die Kommission hat gute Arbeit gemacht: Die Regel eins sollten sich die Deutschen hinter die Ohren schreiben: Das automatisierte und vernetzte Fahren ist ethisch geboten, wenn die Systeme weniger Unfälle verursachen als menschliche Fahrer. Dass die Technik so gut wie sicher Unfälle ausschließen soll, »versteht sich von selbst«, so Di Fabio. Dass es keine Technik gibt, die »Risiken immer sicher vermeiden oder Schäden ausschließen kann, ist ebenso selbstverständlich«.

Das eine und das andere so nüchtern stehen zu lassen, gelingt kaum jemandem. In Deutschland hat die erste Aussage mehr Gewicht. In China die zweite. Die USA liegen dazwischen. »Ich muss lächeln, wenn ich sehe, mit welcher Ernsthaftigkeit die Deutschen die Spielregeln aufstellen«, sagt Michael Slackman, der International-News-Chef der *New York Times*, beim chinesisch-amerikanisch-deutschen Bosch Medienforum im Mai 2018 im Silicon Valley. »All diese Philosophen in Deutschland. Wir machen erst einmal, und dann denken wir über die Regeln nach. First things first.« Die Chinesen sind noch einmal anders. »Safety first gilt auch bei uns«, sagt Hu Xijin, der Chefredakteur der *Global Times*. »Aber selbst wenn die Steine dunkel sind, gehen wir weiter.«

Di Fabio sieht noch einen weiteren Vorteil aufseiten der Chinesen: »Wenn diese Technik einen signifikanten Sicherheitsgewinn verspricht, dann zwingt das geradezu den Gesetzgeber, technikförderlich zu sein.« Hier würde Peking schneller agieren als Berlin. Es dürfe allerdings nicht nur um Sicherheit gehen, sondern auch »um die Möglichkeit persönlicher freier Entscheidung und

Selbstbestimmung«. Was das angeht, würde Peking klar der Sicherheit den Vorzug geben.

Besonders kontrovers ist folgende Regel: Bei unausweichlichen Unfallsituationen ist jede Qualifizierung von Menschen nach persönlichen Merkmalen (Alter, Geschlecht, körperliche oder geistige Konstitution) unzulässig. Die Maschine darf also nicht entscheiden, dass es besser ist, den greisen Mann zu überfahren als eine Gruppe spielender Kinder. Für die Kommission »ist ein solches ethisches Szenario ausgeschlossen«. De Fabio möchte nicht, dass ein Programmierer ein Programm schreibt, das vorgibt: besser alter Mann als Kinder. »Jedes Menschenleben ist gleich viel wert.« Doch was passiert, wenn die Technik intuitiv handelt? Wenn Algorithmen eine intuitive Entscheidung fällen, die wir nicht mehr nachvollziehen können? Dies ist heute schon möglich. An dieser Stelle steigt Di Fabio aus: »Wir können die Technik nicht vermenschlichen.« Das ist sicherlich eine Grenze, die im Westen und mit Sicherheit in Deutschland schärfer gezogen wird als in China. Die wichtigste Erkenntnis ist jedoch: Jedes Land, jeder Kulturkreis wird das selbst entscheiden müssen. Vor allem jedoch: Die Asiaten werden sich vom Westen auch in diesen Fragen nichts mehr vorschreiben lassen. Denn wer die Technik dominiert, hat international die größte Entscheidungsmacht.

Die Kommission unter der Leitung von De Fabio habe »absolute Pionierarbeit« geleistet und »die weltweit ersten Leitlinien« für automatisiertes Fahren entwickelt, verkauft indes der damalige Verkehrsminister Alexander Dobrindt das Projekt. »Damit bleiben wir international Vorreiter für die Mobilität 4.0.« Schön wär's. Kaum jemand wird sich für unsere Regeln interessieren, wenn wir bei der Technologie nicht vorne mitspielen. Dies scheint inzwischen auch bei der Politik angekommen zu sein. Während der Regierungskonsultationen im Juli 2018 ließen sich Merkel und der chinesische Regierungschef Li Keqiang auf dem ehemaligen Flughafen in Berlin-Tempelhof von Topmanagern der Autoindustrie selbstfahrende Autos vorführen. »Wir haben beide eine kleine

Fahrt gemacht, sind auch gut wieder angekommen«, sagte Merkel. »Wir haben jetzt verstanden, dass es wichtig ist, die Technologie zu entwickeln, die einmal das Auto so ausgestaltet, dass es Ereignisse und Gegenstände erkennen kann.« Dafür braucht es jede Menge Daten und künstliche Intelligenz. Sie wollen nun zusammenarbeiten. Premier Li Keqiang hat Merkel versprochen, es werde eine Win-win-Situation werden. Dass der Premier dies verspricht und nicht umgekehrt, zeigt schon, wer der Schwächere in diesem Spiel ist. Merkel sagte denn auch nur, sie hoffe auf eine »offene, transparente Kooperation«.

Daimler und Audi testen schon autonome Fahrzeuge in China, BMW will mit dem chinesischen Suchmaschinengiganten und Technologiekonzern Baidu zusammenarbeiten. Außerdem wollen Audi und der Telekommunikationsausrüster Huawei die Vernetzung von Autos vorantreiben. Ohne China geht es nicht mehr: »Wir streben nach weltweit einheitlichen Technologiestandards, um die regionalen Unterschiede bei Umsetzungstempo und Regulatorik zu beseitigen«, sagte BMW-Entwicklungschef Klaus Fröhlich. Da wird China natürlich bestimmend sein. Wer die meisten Daten hat, gewinnt.

Allein Baidu, das chinesische Google, hat den 1,5 Milliarden US-Dollar schweren Apollo Fonds gegründet, um in 100 Projekte im Bereich autonomes Fahren zu investieren. Gleichzeitig treibt der chinesische Netzwerkausrüster und Audi-Partner Huawei die Einführung des Mobilfunkstandards der fünften Generation 5G voran, um die nötige Internet-Hochgeschwindigkeit bereitzustellen.

Und die Chinesen haben längst das Geld und den Mut, sich in westliche Unternehmen einzukaufen. Wenn die Unternehmen am Aktienmarkt gelistet sind, auch gegen ihren Willen. Der internationale Vorreiter auf diesem Gebiet ist ein Mann namens Li Shufu. Ihm gehört die Automarke Geely. In China ist er berühmt, in Deutschland kennt den eher unauffälligen Unternehmer mit dem schütteren Haar und dem sanften Lächeln dagegen kaum jemand. Außer bei Daimler vielleicht. Immerhin hat Li dafür gesorgt, dass

Daimler-Chef Dieter Zetsche mit Mao-Jacke und Mao-Mütze auf dem Cover des *Manager Magazin* erschien. Der Grund war eine Nachricht, die am 23. Februar 2018 wie ein Blitz in Stuttgart einschlug: Der 54-jährige Li hat heimlich 9,69 Prozent der Daimler-Aktien zusammengekauft. Ein Paket mit einem Wert von rund 7,5 Milliarden Euro. Der Chinese hat damit den Staatsfonds von Kuwait, der einen Anteil von 6,8 Prozent hält, als größten Anteilseigner bei Daimler abgelöst.

Li sei ein »langfristig orientierter Investor«, mit dem man »den industriellen Wandel konstruktiv diskutieren« könne, gab man sich in Stuttgart geschäftsmäßig. Der Schock jedoch sitzt tief. »Die Wettbewerber, die uns im 21. Jahrhundert technologisch herausfordern, kommen nicht aus der klassischen Automobilindustrie«, sagt Li, als spräche er schon für beide Unternehmen. Tatsächlich böte sich eine Zusammenarbeit mit Geely geradezu an. Das ist allerdings diplomatisch schwierig. Denn Stuttgart darf seine bisherigen Partner BYD und BAIC nicht verärgern, die beiden Marktführer bei E-Fahrzeugen im vergangenen Jahr. Mit BAIC, dem mächtigen Pekinger Staatsbetrieb, arbeiten die Deutschen schon seit 2003 zusammen. Also geht Stuttgart erst einmal auf Nummer sicher. Kurz nach dem Einstieg von Li verkünden Daimler und BAIC als Bekenntnis und gegenseitige Versicherung, 1,5 Milliarden Euro in neue Produktionsanlagen für Elektro- und Hybridfahrzeuge investieren zu wollen.

Mit Geely hat Daimler nun einen dreifachen Wettbewerber im Haus: Volvo, das von Li übernommen und erfolgreich saniert wurde, ist eine Premiummarke, die mit Mercedes konkurriert. Außerdem wollen die Volvo-Trucks den Mercedes-Trucks den Rang ablaufen. Zudem ist Geely bei den E-Autos viel erfolgreicher als Daimler im chinesischen Markt. Gleichzeitig ist Geely ein Wettbewerber von BYD, der wiederum ein Technologiepartner von Daimler ist. BAIC und Daimler haben zusammen ein lustlos designtes Fahrzeug namens Denza entwickelt, das kaum jemand kaufen will.

Geely ist auch ein Wettbewerber von BAIC. Mit BAIC hat Daimler je ein Produktions- und Vertriebs-Joint-Venture. China-Vorstand Hubertus Troska bräuchte nun einen versierten Go-Spieler, um die verschiedenen Möglichkeiten durchzugehen, wie sich die Machtverflechtung entwickeln kann. Womöglich hilft künstliche Intelligenz?

Die Optimisten würden sagen, »prima, da kann Daimler ja die einzelnen chinesischen Partner gegeneinander ausspielen«. Das ist jedoch eine relativ unwahrscheinliche Variante. BAIC zum Beispiel würde sich das nicht gefallen lassen und die Pekinger Politik einschalten. BYD ist als größter privater Spieler im chinesischen E-Auto-Markt so gut etabliert, dass sie Daimler weniger brauchen als Daimler sie. Und Geely, seinen größten Anteilseigner, unter Druck zu setzen wäre ebenfalls keine gute Idee. Geely-Chef Li braucht keinen Sitz im Aufsichtsrat, wie man zunächst befürchtete, er ist auch so schon mächtig genug.

Das andere Extrem wäre eine Katastrophe für Daimler: Die Politik gibt den Wettbewerbern Geely, BYD und BAIC einen kleinen Hinweis, demnach sie im Interesse Chinas ihre Ziele doch bitte miteinander abstimmen sollen. Damit würden sie bei Daimler faktisch die Richtung bestimmen. Denn gegen den wichtigsten Produktionspartner, mit dem man die meisten Autos im wichtigsten Markt herstellt, und gegen den wichtigsten Anteilseigner kann der Vorstand von Daimler keinen Stich machen, wenn alle drei zusammenhalten. Und womöglich wären die Stuttgarter eines Tages dankbar dafür, dass die Chinesen sie auf den Pfad der neuen Autotugenden gezwungen haben. Aber das ist eine haltlose Spekulation.

Die wahrscheinlichste Variante: Daimler wird mit beschränktem Spielraum weiter voranrobben müssen. Immerhin haben alle drei, am meisten Geely, ein Interesse daran, dass Daimler noch eine Weile Erfolg hat.

In China wird Li für den stillen Coup gefeiert. Dort nennt man den aus der ostchinesischen Provinz Zhejiang stammenden Sohn eines Reisbauern bereits den »chinesischen Henry Ford«. Noch sind das in erster Linie Vorschusslorbeeren. Denn anders als Henry Ford muss Li noch beweisen, dass er die Autoindustrie revolutionieren wird. Global gesehen ist er noch ein flotter Aufholer – wenn auch ein sehr erfolgreicher. Der Name »Geely« steht im Chinesischen für »Glück« oder »Glück verheißend«. Sein Unternehmen ist derzeit der größte private Autobauer Chinas und auch der am schnellsten wachsende: 1,25 Millionen Autos verkaufte der Konzern dort 2017 – ein Drittel mehr als im Jahr zuvor. Damit ist Geely der erste chinesische Hersteller, der die 1,25-Millionen-Hürde genommen hat und allein zu Hause einen Marktanteil von über fünf Prozent hält. Geely ist nun hinter Volkswagen und Honda auf Platz drei der beliebtesten Marken vorgerückt, vor Buick, Toyota und Nissan. Und: Li verkauft doppelt so viele Autos wie Audi.

Schon 2013 hatte Li ein Vermögen von 17 Milliarden US-Dollar und landete kurzzeitig als der reichste Mann Chinas auf der *Forbes*-Liste. Das ist in Deutschland natürlich noch kein Grund, sich mit ihm zu beschäftigen. Eher im Gegenteil. In Deutschland ist Erfolg verdächtig. Vielleicht ist das eine Erklärung dafür, dass Li kurz nach dem Einstieg bei Daimler auf einer Deutschlandreise »nur« von Lars-Hendrik Röller, dem Wirtschaftsberater von Angela Merkel, im Kanzleramt empfangen wurde?

Der Unternehmer jedenfalls pflegt als Mitglied in der politischen Konsultativkonferenz, einem der höchsten Beratungsgremien in China, exzellente Beziehungen zu Topkadern bis hin zum chinesischen Staats- und Parteichef Xi Jinping. Für viele Chinesen ist Li ein Vorbild. Auf Branchentreffen wird er mitunter wie ein Popstar fotografiert und nach Autogrammen gefragt. Nur der ehemalige Englischlehrer und Alibaba-Gründer Jack Ma verkörpert den »chinesischen Traum« noch mehr als der Selfmademilliardär Li Shufu, dessen Karriere Mitte der 1980er-Jahre mit einer Fabrik für Kühlschrankteile begann. Unvorstellbar, dass so jemand in Deutschland in die Topriege der Autobauer aufsteigen würde.

Mit Daimler kam Li schon früh in Kontakt. Er wollte nämlich

einen China-Mercedes bauen. Also kaufte er sich 1993 einen Wagen der E-Klasse und das Chassis eines Audi 100, modifizierte beide und baute sie zusammen – fertig war der Geely Nr. 1. In China erinnert man sich noch gut an dieses erste Fahrzeug, über das Li eine riesige Schleife aus rotem Tüll legen ließ. Die Hülle des Autos war aus Fiberglas und Plastik und sah der E-Klasse verblüffend ähnlich.

Damals ist Li in Stuttgart zum ersten Mal aufgefallen, wenn auch unangenehm. Ehemalige Mitarbeiter von Daimler behaupten sogar, dass der deutsche Autokonzern Li damals einen scharfen Brief zukommen ließ. Li focht das nicht weiter an, allerdings musste er am Ende feststellen, dass es um die Qualität des chinesischen Mercedes doch nicht so gut bestellt war. Außer dem Prototyp wurde kein zweiter Nummer 1 gebaut. Stattdessen kaufte Li sich bei einem Hersteller für Gefangenentransporter in der Provinz Sichuan ein und stellte Kleinwagen her.

Das alles ist gerade einmal 20 Jahre her. Li hat der wachsenden chinesischen Mittelklasse so profitabel Autos verkauft, dass Geely 2005 mit Erfolg in Hongkong an die Börse gehen konnte. Die Aktie debütierte mit 0,44 Hongkong-Dollar und steht heute bei 20. Inzwischen kann das Unternehmen eine Million Fahrzeuge pro Jahr bauen. Mit ihrer Qualität konnten die Geely-Fahrzeuge in Europa und den USA jedoch noch nicht überzeugen. Also nahm Li eine Abkürzung. 2010 kaufte er Ford den schwedischen Autohersteller Volvo ab. Zuvor waren einige Versuche gescheitert, den schwedischen Autobauer zu sanieren und profitabel zu machen. Kaum jemand glaubte, dass ausgerechnet ein Chinese das schaffen würde, Volvo vor dem Untergang zu retten. Am Ende war es ganz einfach: Li gewährte Volvo-CEO Håkan Samuelsson alle Freiheiten und trieb im Hintergrund die Modernisierung des Konzerns voran. Heute wächst Volvo wieder und betreibt mit Geely zusammen ein Technologie- und Innovationszentrum in Göteborg mit 2000 Ingenieuren. Volvo verkauft mehr Autos denn je und macht Rekordgewinne – ein Plus von 28 Prozent 2017. Und das liegt vor allem auch am chinesischen Markt.

Li setzte seine Expansion im Ausland mit weiteren Übernahmen fort. Seit 2013 gehört ihm die London Electric Vehicle Company (LEVC), die die legendären schwarzen Londoner Taxis herstellt. Außerdem hält Li 49,9 Prozent am malaysischen Autokonzern Proton, zu dem der britische Sportwagenhersteller Lotus gehört. Inzwischen fühlt sich Li reif genug, in Europa nicht nur erfolgreich einzukaufen, sondern dort auch erfolgreich zu verkaufen. Das wird die nächste Welle sein, die auf uns zukommt.

Wer mag es den chinesischen Herstellern verdenken, dass sie sich nicht nur auf ihren Heimatmarkt konzentrieren. Nein, die Chinesen wollen ihre Autos – von China abgesehen – auch nicht nur in Afrika und in Südostasien verkaufen, wo sie schon recht erfolgreich sind, sondern auch in Europa und den USA. Und das wird ihnen gelingen. Nach einigen Fehlversuchen scheint die Zeit langsam reif dafür. Jeder Autoaffine wird sich noch gut an das SUV von Landwind erinnern, das beim deutschen Crashtest mit Pauken und Trompeten durchgefallen ist. Wir haben von dem Auto nie wieder etwas gehört. Doch diese Zeiten sind vorbei. Der Qoros zum Beispiel wurde gut getestet, wenngleich auch er es noch nicht geschafft hat, im europäischen Markt Fuß zu fassen. Das bedeutet jedoch nicht, dass es kein Modell schaffen wird. Schließlich haben wir uns in den 1980er-Jahren auch über die ersten Versuche der Japaner amüsiert und ein Jahrzehnt später über die der südkoreanischen Hersteller Hyundai und Kia. Der Konzern mit den beiden Marken ist heute mit 7,2 Millionen verkauften Fahrzeugen der viertgrößte Hersteller der Welt. Im Mai 2018 hat die *Auto Bild* sechs chinesische SUVs getestet und war erstmals voller Lob: »Gefühlt lernen die Chinesen noch schneller dazu als die Koreaner«, lautete das Resümee. »Die Zeiten, in denen wir die Chinesen mitleidig belächelt haben, sind endgültig vorbei.«

All das sollten wir nicht vergessen angesichts der Freude, die Anfang April 2018 aufkam. Da hielt Staatspräsident Xi Jinping auf dem Boao Forum for Asia im südchinesischen Hainan eine Grundsatzrede. Sie sollte Druck aus dem Handelsstreit mit den

USA nehmen (siehe Kapitel 8): Xi verkündete die größte Lockerung der Spielregeln für die ausländische Autoindustrie seit einem Vierteljahrhundert. Der Joint-Venture-Zwang für ausländische Autobauer fällt. Zuerst für Hersteller von Elektro- und Hybridfahrzeugen, bis 2020 dann auch für Nutzfahrzeuge und bis 2022 für den gesamten Pkw-Sektor. Zusätzlich senkt Peking die Einfuhrzölle für Autos von 25 auf 15 Prozent.

Ungläubiges Staunen. Wie passt das mit der bisherigen Entwicklung zusammen? Bei näherer Betrachtung ist es vor allem eine sehr geschickte politische Entscheidung: Die Öffnung der Märkte kommt gut an in der derzeitigen weltpolitischen Lage. Xi positioniert sich als Verfechter der freien Wirtschaft gegen US-Präsident Donald Trump. Und er scheint im Handelskrieg mit Trump nachzugeben.

Die großen westlichen Hersteller bis auf BMW wissen jedoch sofort, dass sich für sie nicht viel ändert. Sie kommen aus ihren Gemeinschaftsunternehmen zum Teil noch für Jahrzehnte nicht heraus. Das Joint Venture von VW mit SAIC zum Beispiel läuft bis 2035. An FAW hoch im Norden Chinas ist VW sogar bis 2041 gebunden. Die Verträge für das neueste Joint Venture, das VW mit JAC aus Zentralchina zum Bau von Elektroautos gegründet hat, sehen gar eine Zusammenarbeit bis 2042 vor. Selbst wenn sie neue Produktionsstätten aufbauen wollen, ist es politisch nicht geschickt, dies alleine zu versuchen und die Partner zu verlassen. Die Frage, ob Gemeinschaftsunternehmen oder nicht, entscheidet nicht darüber, ob man frei oder unfrei ist, sondern nur darüber, wo China anfängt: im Unternehmen oder außerhalb. Was nützt das schönste 100-Prozent-Tochterunternehmen, wenn man keine Produktionslizenz bekommt? Oder wenn man vorgeschrieben bekommt, mit welchen Zulieferern man zusammenarbeiten oder wie viele E-Autos man herstellen muss?

Die Freude der deutschen Autobauer hielt sich daher in Grenzen. Alle beeilten sich zu versichern, dass sie ihren Partnern nicht untreu werden. Es ist also keine Kehrtwende. Im Gegenteil: Peking ist so stark, dass es sich ohne Risiko leisten kann, in dieser Frage großzügig zu sein. Die großen Regeln werden nur durch Kleingedrucktes abgelöst. Mehr nicht.

Für kleine, innovative Firmen wird es nun allerdings schon interessanter, in China zu investieren. Das amerikanische Unternehmen Tesla ist das erste, das von der Lockerung profitiert. Es sieht fast so aus, als seien die Regeln als Entgegenkommen für Tesla entschärft worden. Denn ob Elon Musk mit Tesla tatsächlich der große Durchbruch gelingt, entscheidet sich vor allem in China. Im Juli 2018 entschließt sich Musk, in Schanghai eine Fabrik zu bauen, die genauso groß ist wie das Tesla-Stammwerk in Kalifornien. 500 000 Autos sollen hier einmal gebaut werden. Es ist die erste große ausländische Investition im Autobereich ohne Joint-Venture-Partner. Die amerikanische Nachrichtenagentur Bloomberg schätzt die Kosten auf bis zu zehn Milliarden US-Dollar. Geld, das Musk sich leihen muss, weil er noch zu wenig Gewinn macht.

Mit der Genehmigung für Tesla zeigen die Chinesen nicht nur, dass sie ihren Markt weiter öffnen. Sie schlagen auch Donald Trump ein Schnippchen. Denn dass US-Firmen in China produzieren, will der amerikanische Präsident ja eigentlich verhindern. Der vielleicht wichtigste Grund für die Lockerung wird erst mit einiger Verzögerung deutlich. Er lautet: »Wie du mir, so ich dir.« Inzwischen wollen die Chinesen auch im Westen Autos herstellen und verkaufen. Und natürlich wollen sie keine Joint Ventures eingehen müssen, wenn sie den europäischen Markt erschließen.

Im Gegenteil, Premier Li kann sich gegenüber Angela Merkel nun auf folgenden Standpunkt stellen: Chinesische Autos sollten in Deutschland einen ähnlich hohen Marktanteil haben dürfen wie deutsche Autos in China. Das sind gut 20 Prozent. Wir können schon froh sein, wenn sie nicht darauf bestehen, dass sie die gleichen akkumulierten Gewinne, die wir in den vergangenen 20 Jahren gemacht haben, nun auch in Europa für sich beanspruchen. Fair wäre das in jedem Fall. Oder reziprok, wie wir gerne wichtig sagen. Ausrechnen möchte man das lieber nicht.

Geely-Chef Li jedenfalls möchte auch diesmal wieder der Erste sein. Der Erste, der sich mit einem chinesischen Auto im Westen durchsetzt. Dazu hat Geely ein Joint Venture mit Volvo gegründet. Gemeinsam haben sie einen Volvo für junge Leute entwickelt. Im Oktober 2016 bereits wurde die chinesische Marke Lynk & Co der Öffentlichkeit vorgestellt. So ganz chinesisch ist das Auto nicht, weil die Plattform des Lynk auf dem Volvo V40 basiert. Aber die potenziellen Käufer wird das wenig stören – im Gegenteil. Jedenfalls lässt Li wieder einen 01 präsentieren: Diesmal ist es kein plumper Klon aus Audi und E-Klasse, sondern ein sehr gelungenes, hippes SUV, das natürlich auch als E-Auto auf dem Markt ist. Inzwischen gibt es schon den kompakteren 02. Die Fahrzeuge sind eine gelungene Symbiose aus chinesischem Innovationsdrang und europäischer Ingenieurskunst. Die Machtkämpfe in diesem europäisch-chinesischen Gemeinschaftsprodukt sind überschaubar. Li gehören ja beide Firmen.

Ist es ein Zufall, dass Li fast parallel zur Rede von Präsident Xi ankündigt, den europäischen Markt erobern zu wollen? Er hat seine Fahrzeuge schon in Amsterdam vorgestellt. Danach will Li in die USA. Es ist nicht einfach, eine neue Marke in einem stagnierenden Markt zu etablieren. Aber warum soll es der größte private chinesische Hersteller nicht schaffen? Dass es neben Deutschland, den USA und Japan noch einen vierten großen Spieler geben wird im globalen Automarkt, ist klar. »Der Traum von Geely ist es, eine globale Marke zu werden«, sagt Li mit einem ironischen Lächeln auf der Autoshow 2018 in Peking, »dafür müssen wir schon das Land verlassen.«

Li glaubt, dass Autohersteller in Zukunft nicht nur Produzenten einer Ware sein werden, sondern zu Mobilitätsplattformen heranwachsen müssen, die allerlei Dienstleistungen rund um das Fahren anbieten. Und er hat schon bewiesen, dass er sich auf die neuen Herausforderungen einstellen kann, auch im Westen und, wenn es sein muss, sehr schnell. Seit Anfang 2018 müssen alle neuen Londoner Taxis auf Elektromotor umstellen. 90 Prozent der

22 000 Taxis in London stammen derzeit aus dem Werk einer Tochterfirma Geelys. Li hat sie 2016 vor der Pleite gerettet. Er reagierte prompt und investierte 340 Millionen US-Dollar in die Fabrik in der englischen Kleinstadt Coventry, in der die legendären Black Cabs schon seit 1948 gefertigt werden. Seit Anfang des Jahres fahren die Taxis nicht nur als Hybrid. Li hat die Fahrzeuge gleich komplett runderneuert, sie für die neuen Herausforderungen fit gemacht. Der Elektromotor kommt von Siemens, die Batterien von LG aus Südkorea. Sie haben nun einen 220-Volt-Anschluss für den Computer und eine Ladebuchse für das Smartphone und kostenloses Wi-Fi. Man kann die Temperatur im hinteren Teil des Fahrzeugs selbst regeln. Und per Knopfdruck den Fahrer hinter der Trennscheibe ausschalten, wenn man sich privat unterhalten will. Ein Service, den man sich auch für Berlin, Hamburg und München wünschen würde. Li hat dafür jetzt in Europa die Standards gesetzt und noch dazu eine Ikone der britischen Kultur zu neuem Leben erweckt. Warum musste ein Chinese auf diese Idee kommen? Warum haben die Briten das nicht selbst hinbekommen?

Nicht nur die Taxis werden übrigens in Europa hergestellt, sondern auch die Lynk-Fahrzeuge. Sie werden im belgischen Gent gebaut, wo Li bereits eine Volvo-Fabrik hat. Die Produktion startet 2019. Der Verkauf 2020. Alle Autos werden als Hybrid oder vollelektrisch angeboten. Zudem will Li eine Art Airbnb für Autos aufbauen. Wer sein Auto gerade nicht braucht, vermietet es.

Was die internationalen Märkte angeht, ist Geely der größte Spieler, aber nicht der einzige. Einige chinesische Start-ups wollen auch im Westen erfolgreich werden. Von NIO haben wir schon gehört, SF Motors und Byton gehören auch dazu. BYD stellt schon Elektrobusse in Kalifornien her. Beim autonomen Fahren hat sich Baidu mit Microsoft zusammengetan. Dass diese Autos auch in Deutschland auftauchen werden, wird sich nicht nur nicht verhindern lassen, sie werden mit Angeboten kommen, die es den Kunden leicht machen, über ihren Schatten zu springen und ein chinesisches Auto zu kaufen. Preis-Leistung lautet das Stichwort.

Zusammengefasst sieht die Lage ernüchternd aus. Die E-Technologie braucht weniger Know-how. Die Chinesen spielen beim Elektromotor vorne mit, kontrollieren die Batterietechnologie und die dafür benötigten Rohstoffvorkommen. Die Menschen in China sind aufgeschlossener gegenüber neuer Technologie. Die jungen Menschen haben neue Vorstellungen, wie Autos aussehen sollen. Ihre jungen Autohersteller schleppen keinen historischen Ballast mit sich herum. Die Regierung betreibt eine überlegte, langfristig orientierte Industriepolitik. Die Chinesen haben erst gut 40 Prozent Marktanteil in China, einem Markt mit einer noch geringen Autodichte, und sie müssen die westlichen Märkte noch erschließen. Angesichts der Luftverschmutzung und der vielen Staus ist der Reformdruck viel höher als im Westen.

Es wird hart für die deutschen Hersteller im chinesischen Markt, von dem sie abhängig sind wie von keinem zweiten. Und womöglich wird er sie in die Knie zwingen. Der Abstiegskampf hat für einige schon begonnen. Zuerst erwischte es die Schwachen: Buick stagniert. Chevrolet erreicht seine Spitzenwerte von 2013 nicht mehr. Ford hatte 2015 seinen Verkaufshöhepunkt. Citroën hat 2017 seine Verkaufszahlen in China fast halbiert, Peugeot hat ein Drittel verloren. Fiat hat aufgehört. Auch die Südkoreaner brechen ein. Nur die Japaner und die Deutschen können sich noch behaupten. Nur die Kurzsichtigen können sich darüber freuen, dass diese Wettbewerber aus dem Markt aussteigen. Der Nächste, den es treffen wird, ist Škoda. Damit wird auch Volkswagen unter Druck geraten. Die Einschläge kommen näher.

Liebe Deutsche, vergesst den Dieselskandal. Die Amerikaner konnten euch zwar kräftig ärgern, die Chinesen aber können mehr. Sie können euch schlagen.

KAPITEL 4

CHINAS REFORMER

RADIKALE RUNDERNEUERUNG

Wie Präsident Xi die Zivilgesellschaft drangsaliert
und China erfolgreich reformiert.

*»China ist heute näher dran als jemals in seiner Geschichte,
die große Wiedergeburt der chinesischen Nation zu vollenden.«*

Xi Jinping, Staats- und Parteichef

Der Applaus der fast 3000 Menschen setzt mit einem Schlag ein
und endet auch so. Ein einziges großes Rauschen, dazwischen
unheimliche Stille. Niemand hustet. Kein Stuhl knarrt. Nur die
eindringliche Stimme eines Mannes ist zu hören in der Großen
Halle des Volkes in Peking. Xi Jinping spricht langsam, betont
jedes Wort. 65 Jahre ist er alt, seit 2013 im Amt und inzwischen der
mächtigste Mann der Welt. Xi ist Staatspräsident des bevölke-
rungsreichsten Landes der Erde. An der Kaufkraft gemessen ist
China die größte Volkswirtschaft der Welt und Exportweltmeister
Nummer eins. Xi führt eine der ältesten Zivilisationen der Welt,
eine der wenigen, die bis heute in ihrer alten Größe überlebt hat.
Er ist zudem Parteichef der Kommunistischen Partei Chinas, der
weltweit größten und einflussreichsten Partei.

Xi steht hinter fünf großen Mikrofonen und hält die Abschluss-
rede der ersten Tagung des 13. Nationalen Volkskongresses, des
größten Parlaments der Welt, das allerdings nicht im westlichen
Sinne frei gewählt ist. »Wir haben starke Fähigkeiten, unseren
rechtmäßigen Platz in der Welt einzunehmen«, sagt Xi. China
werde weiterhin seinen Teil in der Steuerung der Welt übernehmen

und auf chinesische Art und Weise dazu beitragen, dass die Welt sicherer, integrierter und sauberer werde. »Das chinesische Volk ist ein Volk mit großen Träumen. China ist heute näher dran als jemals in seiner Geschichte, die große Wiedergeburt der chinesischen Nation zu vollenden. Wir sind selbstbewusst genug und dazu fähig.« Wieder brandet Applaus auf.

Nach der Rede setzt sich Xi in die Mitte des ständigen Ausschusses des Politbüros der KP. Die sechs Männer neben ihm bilden das Machtzentrum Chinas. Als Einziger hat Xi jedoch die breite rote Treppe unter dem riesigen rot-goldenen Emblem der Partei im Rücken. Sie scheint direkt in den kommunistischen Himmel zu führen. Jeder Sechsjährige erkennt, wer der mächtigste Mann auf dieser Bühne ist. Und seit dieser Rede am 20. März 2018 ist Xi mächtiger denn je. Auf dieser Sitzung hat er die Amtszeitbegrenzung des Präsidenten von zwei mal fünf Jahren aufheben lassen. Dazu musste die Verfassung geändert werden. Es war ein einstimmiger Beschluss. Xi kann nun so lange regieren, wie er es für sinnvoll hält. Damit ist er der drittmächtigste Mann in der Geschichte der Volksrepublik, noch vor seinen Vorgängern Jiang Zemin und Hu Jintao. Viele, vor allem westliche, Beobachter stellen Xi nun auf eine Stufe mit Mao und Deng Xiaoping. Manche sprechen sogar von einer neuen Kulturrevolution. Beides ist übertrieben. Mao Zedong hat das Land geeint und wieder aufgerichtet, wobei Millionen Menschen ihr Leben ließen, Deng Xiaoping hat den Hunger besiegt, China der Welt geöffnet und das Land zu Wohlstand kommen lassen. Xi will China zu einer Weltmacht werden lassen, die international eine Rolle spielt. Gleichzeitig muss er das Vertrauen in das chinesische politische System wiederherstellen. Das alles mag ihm gelingen. Aber das wird wohl erst einmal nicht reichen, um sich auf eine Stufe mit Mao und Deng zu stellen.

Mao war von 1943 bis 1976 ununterbrochen Vorsitzender der Kommunistischen Partei. Sein Porträt hängt bis heute am Platz des Himmlischen Friedens. Dass es abgehängt wird und durch ein Bild Xis ersetzt wird, ist sehr unwahrscheinlich. Deng, der große

Reformer, war, anders als Xi, so mächtig, dass er nie ein politisches Spitzenamt brauchte. Er war zeitweilig Vizepremierminister und Vizeparteivorsitzender. Lange immerhin Vorsitzender der Zentralen Militärkommission. Die Armee hörte auf ihn. Im November 1989 zog sich Deng aus diesem Amt zurück. Er blieb dennoch der mächtigste Mann Chinas. Als er starb, wurde seine Politik nicht revidiert. Das war bei Mao anders.

Immerhin kann Xi es sich leisten, mehr als zwanzig Jahre nach Dengs Tod einen wichtigen Punkt der Deng'schen Reformpolitik auszuhebeln. Deng hatte festgelegt, dass der Premierminister, der Staatspräsident und der Parteichef nur jeweils zwei mal fünf Jahre regieren dürfen. Zur Sicherheit hat Deng seine beiden Nachfolgerteams aus Premierminister und Staatspräsident noch selbst ausgesucht: Jiang Zemin und Zhu Rongji sowie Hu Jintao und Wen Jiabao.

Dass Xi nie so mächtig werden wird wie Deng und Mao, liegt nicht nur an ihm, sondern auch daran, dass die Partei heute sehr viel heterogener ist. Böse Zungen in der Partei sagen sogar, dass Xi gezwungen war, die Fünf-Jahres-Regelung auszuhebeln, weil ihm das Wasser bis zum Hals steht. Er habe sich mit zu vielen angelegt, zu viele Reformen gleichzeitig gestartet. Andererseits hat er bewiesen, dass er mächtig genug ist, sich in dieser Frage durchzusetzen. Diejenigen, die sich schon für die Zeit nach Xi warmgelaufen haben, müssen nun zurück auf die Ersatzbank und warten, bis Xi sie ins Spiel schickt.

Xi ist weit davon entfernt, einen Propagandazirkus zu veranstalten wie einst Mao. Aber seine Propagandamaschine sorgt sehr wohl dafür, dass die Bilder des Präsidenten bis zur Schmerzgrenze omnipräsent sind, selbst auf Social-Media-Kanälen. Dabei verwendet sie eine Bildsprache, die doch sehr an die von Mao erinnert, obwohl sie längst nicht mehr zeitgemäß ist. Die User in den sozialen Medien revanchieren sich auf ihre Weise. Zum Beispiel mit Winnie Pooh. Der gutmütige, sympathische Bär aus dem englischen Kinderbuchklassiker *Pu der Bär* eignet sich vorzüglich als

Parodie für Xi. Internetuser hatten bereits 2013 auf einem Bild, das Barack Obama und Xi Jinping bei einem Spaziergang zeigt, auf eine Ähnlichkeit der beiden mit Winnie Pooh und seinem Freund Tigger hingewiesen und sie in Bildmontagen nebeneinandergestellt. Seitdem wird Winnie Pooh von Chinas Internetnutzern immer wieder stellvertretend für Chinas Staats- und Parteichef verwendet. Eigentlich ein sympathisches Gegenprogramm zu den steifen Propagandabildern. Doch offenbar trieben sie es aus der Sicht der Führung dabei zu bunt. Ab Mitte 2017 wurden Suchanfragen nach dem Bären plötzlich mit einem Errorzeichen beantwortet: »Illegale Inhalte«. Auch auf WeChat waren die Pooh-Sticker gelöscht.

Xis Mitarbeiter mögen kleinlich sein. Xi mag nicht so mächtig wie Deng und Mao sein. So mutig und so in seinem Sinne konsequent ist er allemal. Xi hat sich eine Verantwortung historischen Ausmaßes aufgeladen. Seine Reformen sind im Umfang und in der Geschwindigkeit ein Experiment, wie es die Weltgeschichte noch nicht gesehen hat. Und man darf nie vergessen: Experimente können schiefgehen.

In unglaublich vielen Bereichen gleichzeitig hat der Präsident mit Reformen begonnen. Darunter solche, die wir im Westen schätzen. Andere, die uns widerstreben. Manche schränken die individuelle Freiheit ein, zum Beispiel die weitgehend nicht rechtsstaatliche Antikorruptionskampagne, die Einschränkungen der Meinungsfreiheit, die lückenlose Überwachung der Menschen. Andere Reformen vergrößern die individuelle Freiheit, zum Beispiel für die neue Start-up-Szene, die den Erfindergeist des Einzelnen stimuliert. Die Aufhebung des Hukou-Systems, das Menschen bisher gezwungen hat, an einem bestimmten Ort zu wohnen, macht die Menschen ebenfalls freier. Und die Chinesen dürfen inzwischen zwei Kinder bekommen, wenn sie wollen. Die Ein-Kind-Politik ist Geschichte. Chinesen bereisen die Welt mehr denn je – allerdings nur privat. Die Dienstreisen der hohen Kader wurden stark eingeschränkt. Das wiederum ist ein Teil der Antikorruptionskampagne. Gleichzeitig hält Xi das Militär an ganz kurzen Zügeln. Die meisten alten Generäle hat er gefeuert, die neuen kommen nicht mehr auf dumme Gedanken. Weder, wenn es um Macht, noch, wenn es um Korruption geht. Xi hat sich mit seinen Reformen nicht nur Freunde gemacht.

Hinzu kommt: Die Reformen haben gleichzeitig große Vor- und Nachteile. Die Antikorruptionskampagne sorgt dafür, dass es inzwischen sehr viel schwieriger ist, korrupt zu sein. Gleichzeitig jedoch hebelt die Willkür der Fahnder die noch junge Rechtsstaatlichkeit aus. Die Vernetzung über Smartphones hat große Vorteile vor allem für die Menschen auf dem Land. Gleichzeitig jedoch kann der Staat die Menschen umfassender kontrollieren denn je. Mit anderen Worten: Ein und dieselbe Reform kann gleichzeitig mehr und weniger Freiheiten bedeuten. Für westliche Beobachter ist das schwer zu fassen: Liberalisierung einerseits, ideologische Verhärtungen andererseits. Das eine ist ohne das andere nicht zu denken in diesem großen widersprüchlichen Land. Und so wird es auch bleiben. Altersmilde ist von Xi nicht zu erwarten.

Die Widersprüche begegnen einem überall: China ist der größte Umweltverschmutzer und der größte Umweltschützer zugleich. In den Küstenstädten sind der Mittelschicht schon heute saubere Luft, saubere Gewässer und ökologisch einwandfreies Essen wichtiger als Wachstum um jeden Preis. In den rückständigeren Regionen ist es noch anders. Dort wollen die Menschen erst Wohlstand, der Umweltschutz kann später kommen. Die Regierung muss diese unterschiedlichen Erwartungen und Zwänge jeden Tag neu ausbalancieren. Dabei geht auch viel schief, wie im Winter 2017: Wenn Mitte November die Heizsaison beginnt, legt sich eine Smogdecke über weite Teile des Nordens und des Ostens Chinas. Die Feinstaubwerte klettern auf das zwanzig- bis dreißigfache des Grenzwertes, den die Weltgesundheitsorganisation (WHO) für gesundheitlich noch erträglich hält.

In besagtem Winter jedoch lässt die Regierung Zehntausende kleinere und größere Fabriken schließen. Die privaten Kohleöfen sollen auf Gas umgestellt, Kohleheizkraftwerke stillgelegt werden. Dass die Maßnahmen funktionieren würden, davon war auszugehen. Dass es aber so schnell gehen würde, hat alle überrascht. Die Menschen, Greenpeace und selbst die Pekinger Parteikader. Die Luftqualität verbesserte sich im letzten Quartal 2017 in Peking um über 50 Prozent. In der Nordostregion mit 27 Städten war die Smogkonzentration immerhin gut ein Drittel geringer. Und das sind nicht die Zahlen der Regierung, sondern die von Greenpeace: »Wir sehen eine dramatische Verbesserung.« Nun gibt es sie wieder, die eiskalten Tage mit blauem Himmel.

Allerdings funktionierte diese politische Hauruckaktion in jenem Winter nicht überall gleich gut. Drei Millionen Haushalte sollten neue Gasheizungen bekommen. Doch nur ein Teil wurde geliefert. Die Kohleöfen waren schnell abgebaut, der Ersatz ließ auf sich warten. In manchen Dörfern wurden die Gasleitungen nicht rechtzeitig fertig. In anderen wurde der Gasbedarf unterschätzt, sodass die Preise für Propangasflaschen durch die Decke gingen. Ärmere Menschen konnten sie sich nicht mehr leisten. Manche Schulen verlegten ihren Unterricht hinaus in die Wintersonne, weil es ohne Smog draußen wärmer war als drinnen. Andere heizten mit teuren Maiskolben oder weiter mit der eigentlich verbotenen Kohle. »Wer weiter mit Kohle heizt, wird ins Gefängnis gesteckt«, hieß es in einem Dorf – eine Ausnahme zwar, die jedoch zeigt, wie unerbittlich man angesichts der vielen Menschen in China Reformen durchsetzen kann.

In jenem Winter mussten die Behörden klein beigeben. Wer noch Kohleöfen hatte, durfte dann doch wieder damit heizen. Aber Peking wäre nicht Peking, wenn es aus der Fehlplanung des Jahres 2017 nichts lernen würde. Die Botschaft an die Menschen im Land lautet: Im nächsten Winter wird alles reibungslos laufen. Denn dann ist die neue Gaspipeline aus Russland fertig. Die Regierung wird ihr Ziel, vier Städte, darunter Peking und Tianjin, ab 2020 zu »kohlefreien Zonen« werden zu lassen, wahrscheinlich erreichen. Das neue Umweltsteuergesetz, das seit Januar 2018 gilt, erlaubt den Provinzen, die Steuern selbst festzulegen und das Geld zu behalten. Außerdem wird ein System zur Kompensation von Umweltschäden landesweit getestet. Gleichzeitig fördert die Regierung die Einführung neuer Technologien, wie zum Beispiel den größten Luftreiniger der Welt. Dessen Testergebnisse wurden Anfang 2018 im zentralchinesischen Xi'an vorgestellt.

China ist weltweit der größte Investor in erneuerbare Energien. Solche Forschungen, Investitionen und Erfahrungen lohnen sich nicht nur für China, sie helfen der ganzen Welt. Denn besonders Neu-Delhi, aber auch Los Angeles, Lagos in Nigeria oder die süd-koreanische Hauptstadt Seoul leiden unter Smog, einige Städte in Deutschland ächzen unter der Feinstaubbelastung. Insofern dienen diese Reformen der Chinesen letztlich dem Klima der ganzen Welt.

China ist aktuell dabei, mit radikalen Maßnahmen ganze Städte umzubauen. Dabei geht es nicht nur um die Umweltverschmutzung, sondern auch um Stadtplanung, kurze Wege zur Arbeit und zukunftsweisendes Verkehrsmanagement. Und nicht zuletzt um die Wasserversorgung. Sinkende Grundwasserspiegel und verseuchte Seen und Flüsse machen Chinas Landwirtschaft ebenso zu schaffen wie der Industrie. Beide brauchen einigermaßen saube-res Wasser, beide sind gleichzeitig diejenigen, die das Wasser am meisten verschmutzen. Bergbau, Stahlerzeugung, Textilindustrie, Druckereien und Ölraffinerien sind die größten Umweltsünder. Die Bauern nutzen zu viele Pestizide. Kurzfristig ist damit der Ertrag höher, langfristig haben sie kein sauberes Wasser mehr und verseuchte Böden. Dazu kommt ein gewaltiges Müllproblem: Allein im Jangtse landen jährlich 14 Milliarden Tonnen Wohlstandsabfall.

Trinkwasserknappheit könnte sich in den kommenden Jahrzehnten zu einem ernst zu nehmenden Risiko für die Stabilität des Landes entwickeln. 2016 zählt der erste Regierungsbericht zum Wasserproblem 50 000 Flüsse, die in den vergangenen 20 Jahren ausgetrocknet sind. 70 Prozent des Trinkwassers sind verseucht.

Rund neun Prozent des Grundwassers liegen unter der Bewertungsstufe fünf. Damit ist es nicht einmal mehr für Industrie oder Bewässerung geeignet. Bis 2020 will die Regierung diesen Wert um fünf Prozent verringern. Wieder so eine Reform, die wahrscheinlich gelingen wird. Allein in der ersten Jahreshälfte 2017 hat China über 80 Milliarden Euro in rund 8 000 Wassersanierungsprojekte investiert, darunter ein gigantisches Kanalsystem. Das 2 400 Kilometer lange Netzwerk aus künstlichen Wasserstraßen ist die größte Konstruktion dieser Art weltweit. Wenn es fertig ist, soll es rund 45 Milliarden Kubikmeter Wasser jährlich aus dem subtropischen Süden in den ausgetrockneten Norden bringen. Auf einem bereits eröffneten kleinen Teilstück fließen über neun Milliarden Kubikmeter Wasser aus einem Reservoir in der mehr als 1 400 Kilometer entfernten Provinz Hubei bis nach Peking.

Aber auch dieses Projekt wird auf lange Sicht nicht ausreichen, um die Wasserprobleme zu lösen. Die Flüsse, die Peking dafür anzapft, werden teilweise von Schmelzwasser aus dem Himalaja gespeist. Bald wird das höchste Gebirge der Welt die faktisch einzige Frischwasserquelle sein, an der aber nicht nur China hängt, sondern weite Teile Südostasiens. Schon jetzt beschweren sich immer mehr Nachbarstaaten, dass China diese Reserven zu sehr für sich beansprucht. Auch hier steht Xi vor einem Dilemma: Einerseits muss er die Versorgung Chinas gewährleisten. Andererseits will er es sich nicht mit seinen Nachbarn verderben. Die kritisieren China auch wegen der Wasservorräte des Mekong, die Peking staut und zum Teil umleitet, bevor der Rest des Wassers nach Myanmar, Thailand, Laos, Kambodscha und Vietnam weiterfließt. Die Spannungen mit den Anrainern wurden so groß, dass Peking es für sinnvoll hielt, 2015 die Lancang-Mekong Cooperation zu gründen. Ein Forum, in dem Probleme angesprochen und – wenn möglich – gelöst werden sollen. 2016 gab es besonders großen Ärger, als Vietnam die schlimmste Trockenheit in 90 Jahren erlebte und 1,8 Millionen Menschen und deren Reisfelder unter großer Wasserknappheit litten. Der Kampf um das Wasser des

Mekong ist der größte chinesisch-asiatische Konfliktherd nach dem im Südchinesischen Meer. Für uns im Westen bedeutet das einen Unruhefaktor mehr, den wir im Auge behalten müssen, wenn es um stabile politische Verhältnisse in der Welt geht. Was Trockenheit bedeuten kann, wissen wir seit dem deutschen Sommer 2018. Für Asien gilt: Wer den Mekong kontrolliert, kontrolliert Südostasien.

China verbraucht nicht nur viel Wasser. China verbraucht mehr Stahl, Kohle, Zement, Getreide oder Düngemittel als jede andere Nation der Erde. Auch beim Verbrauch von Öl und beim Ausstoß von Treibhausgasen sind die Chinesen ganz vorne mit dabei. China hat 18 Prozent der Weltbevölkerung zu ernähren. Es verfügt aber nur über neun Prozent der weltweit landwirtschaftlich nutzbaren Fläche und über sechs Prozent der Süßwasservorräte. Wieder eine große Schwierigkeit, mit der die Regierung Xi zu kämpfen hat. Wenn China seine einzigartige und zum Teil noch unberührte Landschaft nicht opfern will, müssen die Chinesen landwirtschaftliche Produkte importieren. Das bedeutet einerseits neue Absatzmärkte für uns, zum Beispiel für deutsche Milch, aber es bedeutet gleichzeitig, dass bestimmte Lebensmittel für uns teurer werden, weil die chinesische Nachfrage so hoch ist.

Neben dem Umweltschutz und der Grundversorgung mit Lebensmitteln ist die Antikorruptionskampagne eines der großen politischen Ziele von Präsident Xi. Auch hier ein Dilemma: Einerseits will er die Korruption bekämpfen, andererseits will China rechtsstaatlicher werden. Den allermeisten der 1,3 Millionen korrupten Amtsträgern, die in den vergangenen fünf Jahren verhaftet wurden, wurde indes keine Rechtsstaatlichkeit im westlichen Sinne gewährt. Darunter waren Politbüromitglieder, Vizearmeechefs, Provinzgouverneure und Topmanager von Konzernen. Einer von ihnen ist Yu Haiyan. Damit niemand herausfindet, dass er im Laufe seiner Beamtenkarriere Bestechungsgelder in Höhe von umgerechnet 1,5 Millionen Euro eingestrichen hat, tränkt er sein

Geschäftshandy in Essig und wirft es in den Gelben Fluss. Auch Luxusuhren und andere Gefälligkeitsgeschenke lässt der Vizegouverneur der Provinz Gansu im lehmigen Wasser verschwinden. Umsonst. Seiner Strafe kann Yu nicht entgehen. Inzwischen sitzt er im Gefängnis. Und er muss vor grauer Gitterkulisse seine Geschichte für die fünfteilige Dokumentarserie *Das scharfe Schwert der Inspektion* erzählen. Sie lief mit großem Erfolg auf Chinas Staatssender CCTV. Die von der Zentralen Disziplinarkommission der Kommunistischen Partei Chinas (CCDI), Chinas staatlichem Antikorruptionsorgan, mitproduzierte Sendung ist nur eines von mehreren TV-Formaten. Sie soll das einst unter den Teppich gekehrte Thema Korruption in einer Mischung aus investigativem Journalismus und Propaganda in Prime-Time-Stoff verwandeln. Ob als Fernsehtribunal oder Actionthriller, die Botschaft ist immer die gleiche: Ja, China hat ein Problem mit Korruption. Aber die Regierung lässt nichts unversucht, um es einzudämmen.

Schon zu seiner Zeit als Mitglied der Parteiführung in der Provinz Zhejiang war Xi der Kampf gegen Korruption wichtig. Als er dann Staats- und Parteichef wurde, verkündete er umgehend, er wolle die »Fliegen« ebenso dingfest machen wie die »Tiger«. Eine fast poetische Umschreibung dafür, dass niedrige Beamte und Spitzenfunktionäre unter ihm unterschiedslos zur Rechenschaft gezogen würden. Sogar im Ausland waren seine Ermittler aktiv. Über 2 500 mutmaßliche Korruptionskriminelle wurden seit 2014 aus 70 Ländern nach China ausgeliefert. Der internationalen Polizeibehörde Interpol steht seit November 2016 der Chinese Meng Hongwei als Präsident vor. Sogar ranghohe Korruptionswächter gerieten in den Fokus der Ermittler. Mo Jiancheng, der seit Dezember 2015 die Aufsichtsbehörde beim Finanzministerium leitete, und Xiang Junbo, Chef der Versicherungsaufsicht, wurden wegen »schwerer Disziplinarverstöße« ihrer Ämter enthoben und aus der Partei ausgeschlossen.

Oberster Korruptionsbekämpfer ist bis zum Frühjahr 2018 Wang Qishan, Xis enger Vertrauter. Von 2012 bis 2018 hat er die zentrale Disziplinarkommission geleitet. Heute gilt der weltge-wandte Politiker, der während der Olympischen Spiele in Peking als Bürgermeister regierte, als einer der mächtigsten Männer Chi-nas. Womöglich ist er sogar faktisch der zweitmächtigste Mann hinter Xi Jinping. Er ließ so hart durchgreifen, dass die Wirtschaft geschwächt und die Lokalpolitik vielerorts zum Erliegen kam. Selbst unbescholtene Amtsträger harrten lieber still aus, als Ent-scheidungen zu fällen, solange Wang am Ruder war. Daraufhin führte Xi auf Anregung von Wang eine neue Spielregel ein: Wer nichts tut, wird auch bestraft. Inzwischen ist Wang Vizepräsident des Landes und auch für den Handelskrieg mit den USA zuständig. Und obwohl er aus Altersgründen nicht mehr im Politbüro sitzen darf, ist er bei den Sitzungen dabei.

Feinde hat sich Xi Jinping mit seiner Antikorruptionskampagne viele gemacht. Denn ob die Delinquenten wirklich korrupt sind oder nur politisch unbequem, oder wie so oft beides, weiß nur ein kleiner Kreis der Mächtigen. Xi nutzt die rechtliche Grauzone auch, um seine politischen Gegner loszuwerden. Im Juli 2017 wurde etwa Sun Zhengcai, ehemaliger Parteisekretär von Chong-qing, einer der größten Städte der Welt, wegen Korruptionsver-dacht entmachtet und zu lebenslanger Haft verurteilt. Er hat zugegeben, 27 Millionen US-Dollar Schmiergeld angenommen zu haben. Er war das jüngste Mitglied im Politbüro der KP Chinas und zuvor sogar als möglicher Nachfolger von Xi Jinping gehandelt worden. In Chongqing ersetzt ihn nun Xis alter Vertrauter Chen Min'er. Mit Rechtsstaatlichkeit im westlichen Sinne hatte auch sein Verfahren nichts zu tun.

Gleichwohl hätte kaum jemand vor dem Amtsantritt Xis viel darauf gewettet, dass ein KP-Parteichef jemals in der Lage sein würde, die endemische Korruption bis in die kapillaren Verästel-ungen des Landes zu bekämpfen. Das ist trotz der rechtlosen Schleifspuren ein großer Erfolg. Xi hat die Glaubwürdigkeit der Partei wieder erhöht. Auch deswegen ist er in der Bevölke-rung sehr beliebt. Er war allerdings nicht nur erfolgreich, *obwohl,* sondern leider auch, *weil* er rechtsstaatliche Mechanismen ausgehebelt hat. Sie kosten Zeit, sind umständlich und machen es schwieriger, politische Gegner schnell aus dem Verkehr zu ziehen. Den Menschen hat das gefallen. Der langfristige Schaden für das Vertrauen in das Rechtssystem ist hingegen nicht abzusehen.

Lange gingen die Ermittler nur gegen Parteikader vor. Seit März 2017 werden nun alle Beamten untersucht. Eine neue Behörde macht dabei die Korruptionsbekämpfung noch effektiver. Die Nationale Kommission für Überwachung bündelt die bislang zersplitterten Kontrollämter und soll so auch immerhin dazu beitragen, dass die Kontrolleure in Zukunft selbst besser kontrolliert werden. Was bleibt: Die Verdächtigen können bis zu sechs Monate an einem geheimen Ort interniert werden. Ein Recht auf einen Anwalt haben sie nicht. Sie können auch ihre Verhaftung nicht gerichtlich anfechten. Immerhin haben sie ein Anrecht darauf, dass ihr Arbeitgeber und ihre Familie informiert werden, wenn sie verhaftet wurden. Und es gibt weitere kleine Verbesserungen: Die Eingesperrten können sich nun bei den Vorgesetzten der für sie zuständigen Beamten beschweren. Für etwas Transparenz soll außerdem ein internes Reportingsystem sorgen.

Dieses neue System hatte im Mai 2018 den ersten Toten zu vermelden. Chen Yong, 45, ein ehemaliger Fahrer der Distriktregierung in Nanping in der südchinesischen Provinz Fujian. Er wurde seiner Familie tot übergeben, sein Gesicht und Teile seines Körpers waren von Schlägen entstellt. Chen war wegen Korruptionsvorwürfen gegen einen Vizedirektor des Distrikts »befragt« worden, den er gefahren hatte. Gegen ihn selbst lag nichts vor. Ein Ausnahmefall, sicherlich. Aber einer, der viel darüber erzählt, mit welcher Härte die Behörden durchgreifen. Immerhin sagten sie der Familie eine Untersuchung der Vorkommnisse und eine Autopsie zu.

Dass Xi die Großen laufen und die Kleinen hängen lässt, kann man ihm allerdings nicht vorwerfen. Er geht auch gegen die Chefs mächtiger Konzerne vor, die er zunächst in die Welt hinausschickte; doch als diese drohten, übermütig zu werden, ging er hart gegen Kapitalflucht vor. Zuerst jedoch rollte eine gigantische Welle von Akquisitionen durch China über den Westen hinweg. Chinesische Unternehmen kauften, was sie kriegen konnten. Deutsche Hightech-Unternehmen wie Kuka ebenso wie die größte portugiesische Versicherung oder den italienischen Reifenhersteller Pirelli. Sie kauften Anteile an Hotelketten wie der Hilton-Gruppe, erwarben den Club Méditerranée und den führenden britischen Reiseveranstalter Thomas Cook. Außerdem Fußballvereine wie Inter Mailand oder Atlético Madrid, aber auch Logicor, Europas größten Eigentümer von Logistikzentren für gut zwölf Milliarden US-Dollar. Sie kauften Volvo, den Schweizer Flughafendienstleister Swissport, den britischen Luxusjachtenhersteller Sunseeker, große Hollywood-Studios und die größte Kinokette der USA, AMC Entertainment. Sie übernahmen die Mehrheit an Modelabels, darunter die traditionsreiche Schweizer Luxusmarke Bally und die älteste französische Couturemarke Lanvin. Ja, sie kauften sogar den Cirque du Soleil und Juweliere wie Folli Follie.

Der Höhepunkt dieser beispiellosen Einkaufswelle war das Jahr 2016. Dann wurde es Xi zu bunt, er zog die Notbremse. Der nicht ganz unberechtigte Verdacht war aufgekommen, dass es den Unternehmern vor allem darum ging, ihr Geld außer Landes zu bringen und sich der Kontrolle von Xi zu entziehen. Denn fast alle, die in diesem Boom reich geworden sind, haben Spuren hinterlassen, auf die die Spürhunde der Antikorruptionskampagne anspringen. Außerdem hatten sich einige der Unternehmen bis über beide Ohren verschuldet. Die Staatsbanken wurden angewiesen, den Kredithahn zuzudrehen.

Untersuchungsteams rückten bei den Konzernen an, die sich am aggressivsten »internationalisiert« hatten. Darunter Dalian Wanda, der weltgrößte Immobilienentwickler und der größte Kinobesitzer der Welt. Auch HNA geriet ins Visier: Die Gruppe besitzt unter anderem Hainan Airlines, die erfolgreichste private chinesische Fluggesellschaft, und die Radisson Hotels; außerdem hält sie

Anteile an der Hilton-Gruppe und den NH Hotels sowie knapp zehn Prozent an der Deutschen Bank.

Fosun, das größte private Unternehmenskonglomerat, dessen Gründer Guo Guangchang sich gern als der »Warren Buffet Chinas« bezeichnet, wurde ebenso untersucht wie der Versicherungskonzern Anbang. Der hatte inzwischen das Südkorea-Geschäft der deutschen Allianz AG ebenso gekauft wie 16 amerikanische Hotelikonen für 6,5 Milliarden US-Dollar, darunter das Waldorf Astoria in New York.

Manche Unternehmer kamen mit einem blauen Auge davon, wie Fosun-Chef Guo Guangchang oder Wanda-Chairman Wang Jianlin. Wang war allerdings gezwungen, viele seiner internationalen Beteiligungen wieder zu verkaufen, um die Überschuldung seines Unternehmens abzubauen. Aber auch seine Hotels und Freizeitparks in China hat er für neun Milliarden US-Dollar abgestoßen. Weil Wang sofort das getan hat, was ihm nahegelegt wurde, gingen die Behörden nicht gegen ihn persönlich vor.

Härter traf es dagegen Wu Xiaohui, den Gründer und Chef von Anbang. Er wurde im Juni 2017 verhaftet, im Februar 2018 wurde das Unternehmen quasi verstaatlicht. Die chinesische Versicherungsregulierungsbehörde übernahm die Kontrolle. Im Mai 2018 wurde Wu zu 18 Jahren Gefängnis verurteilt.

Zwei Monate später fiel Wang Jian, einer der beiden HNA-Gründer, in Frankreich beim Fotografieren von einer Mauer und starb. Seitdem halten sich hartnäckig Gerüchte, es sei kein Unfall gewesen, obwohl die französische Polizei Fremdeinwirkung ausschließt. Wie auch immer: Die chinesische Regierung jedenfalls stört sich sehr daran, dass HNA mehrheitlich einer Stiftung gehört, die in New York sitzt – unerreichbar für chinesische Behörden. Die Anteilseigner weigern sich bisher, daran etwas zu ändern.

Schon heute spüren auch wir die Folgen von Xis Politik unmittelbar. Während wir in Deutschland noch überlegen, welche Unternehmen wir verkaufen wollen und welche nicht, hat Xi längst entschieden, dass chinesische Firmen nun an der kurzen

Leine geführt werden. Für manchen Mittelständler, der gehofft hatte, sein Unternehmen für viel Geld loszuschlagen, ist das eine große Enttäuschung. Xi kümmert das wenig. Er hat das Russland der 1990er-Jahre als warnendes Beispiel vor Augen, als Hunderte von Milliarden ins Ausland verschwanden und die russische Wirtschaft ausgehöhlt zurückblieb. Chinas wirtschaftliche Lage ist zwar viel besser, aber Xi möchte dennoch sicherstellen, dass China nicht einmal in die Nähe einer solchen Schieflage kommt.

Deshalb gilt sein besonderes Augenmerk auch der Finanzlage des Landes. China darf sich nicht überheben.

Die Zahlen klingen erschreckend und schaffen es regelmäßig in die Schlagzeilen der internationalen Medien. Die Gesamtschulden von Chinas Staat, den privaten Haushalten und Unternehmen außerhalb des Finanzsektors sind Ende 2017 auf den Rekordwert von 282 Prozent der Wirtschaftsleistung gestiegen. In nur fünf Jahren ist das Niveau um gut 50 Prozentpunkte geklettert. Der Internationale Währungsfonds (IWF) hat den Schuldenanstieg in über fünfzig Boomländern untersucht, bei denen der Wert im gleichen Zeitraum um mehr als 30 Prozentpunkte zugelegt hatte. Bis auf fünf Fälle führte der Schuldenanstieg zu einem Wachstumseinbruch oder mündete gar in eine Finanzkrise. »Die Schuldenquote liegt um 25 Prozentpunkte über dem langfristigen Trend, das ist nach internationalen Standards sehr hoch und deutet damit auf eine hohe Wahrscheinlichkeit für (bevorstehenden) Stress im Finanzsystem hin«, schreiben die Analysten des IWF.

Droht wirklich eine Finanzkrise? Wenn ja, würde China die halbe Welt mit sich ziehen. Exportnationen wie Deutschland würden es zuerst spüren. Deswegen müssen wir aufhorchen, wenn die Bank für Internationalen Zahlungsausgleich (BIS) warnt, dass das Verhältnis der Kredite zum BIP bei Chinas Unternehmen höher liege als in den südostasiatischen Volkswirtschaften kurz vor der Asienkrise und höher als bei den amerikanischen Unternehmen vor der Finanzkrise.

Das alles klingt spektakulär. Allerdings sollten wir nicht auf den

Alarmismus hereinfallen, den manche Institutionen verbreiten, weil auch sie auf ein großes Medienecho schielen. Selbst die BIS räumt im Kleingedruckten ein: Die Unternehmensverschuldung allein ergibt ein verzerrtes Bild. In der Summe *aller* ausstehenden Kredite – also staatlicher und privater – im Vergleich zum BIP liegt China rund sieben Prozent niedriger als die Eurozone und über 50 Prozent niedriger als Japan. Auch der IWF relativiert jenseits der Schlagzeilen seine Warnung: »Es gibt allen Grund, davon überzeugt zu sein«, sagt David Lipton, der stellvertretende Managing Director, »dass China seine Probleme bewältigen kann.«

Das Verhältnis zwischen Schulden und BIP allein sagt im Übrigen zu wenig aus. Es geht auch um die Höhe des Wirtschaftswachstums. Es ist ein Unterschied, ob man wie beispielsweise Japan in den vergangenen fünf Jahren im Schnitt um gut ein Prozent wächst oder wie China gut sechsmal so viel Wachstum erzielt. China erwirtschaftet jedes Jahr von Neuem ein BIP von der Größe des schwedischen und trägt damit allein 30 Prozent zum Wachstum der Weltwirtschaft bei. Die Amerikaner kommen nicht einmal auf die Hälfte. In der Aufbauphase, in der sich China immer noch befindet, ist es sogar wichtig, sich zu verschulden. Denn so haben Schulden größere Chancen, sich auszuzahlen: Die erste Brücke über einen Fluss ist volkswirtschaftlich eben nützlicher als die fünfte. Je reifer eine Wirtschaft allerdings ist, desto problematischer wird das mit den Schulden. Allein der ehemalige US-Präsident Obama machte in seiner Amtszeit mehr Schulden als alle 43 Präsidenten vor ihm zusammen, bei einem durchschnittlichen Wachstum von knapp zwei Prozent. Die Amtszeit von Donald Trump wird nicht besser aussehen. Da kommt China dann doch noch besser weg.

Um das Risiko realistisch einschätzen zu können, ist es sinnvoll, den Staat einfach mit einem Privathaushalt zu vergleichen. Nehmen wir die Müllers. Sie sind eine achtköpfige Familie. Die sechs Kinder leihen sich ständig Geld bei ihren Eltern. Auch gegenseitig leihen sich die Kinder Geld. Sie kaufen sich damit Dinge untereinander ab und kaufen draußen ein. Das ist unübersichtlich, aber solange die Familie Müller ihre Rechnungen bezahlen kann und die Rücklagen auf dem Sparbuch wachsen, ist es egal, wer wem was innerhalb der Familie leiht und wer sich was kauft. Selbst wenn die Müllers zusätzlich noch hochverschuldet bei ihrer Sparkasse wären, niemand würde sich Sorgen machen, solange sie pünktlich ihre Zinsen zahlen und nicht immer neue Kredite aufnehmen.

Die Chinesen sind in der komfortablen Lage, dass sie das bestgefüllte Sparbuch der Welt haben. Und fast keine Schulden bei ausländischen Banken oder Staaten. Das Sparbuch der Länder sind die Devisenreserven. Sie werden international bei Banken angelegt. Will man wissen, wie stabil China dasteht, muss man vor allem schauen, ob die Devisenreserven stetig wachsen, ob sie stagnieren oder rapide fallen. Solange sie nicht stark fallen, muss man sich nur damit beschäftigen, wer in China bei wem Schulden hat.

China hat 3,1 Billionen US-Dollar auf der hohen Kante; selbst im Juni 2018, an einem der bisherigen Höhepunkte des Handelskrieges, befinden sich die Reserven nicht im freien Fall, sondern wachsen noch um 1,51 Milliarden US-Dollar. Allerdings, und das ist schon bedenklich, war das Sparbuch schon mal besser gefüllt: 2014 lag es bei knapp vier Billionen US-Dollar. Dennoch sind drei Billionen an Reserven selbst für ein großes Land wie China noch sehr viel. Zumal China ja keine Auslandsschulden hat. Mit der Summe könnte China seine Rechnungen, also die Importe, rund 20 Monate bezahlen, ohne irgendwelche neuen Einnahmen generieren zu müssen.

Zum Vergleich: Die USA haben Reserven für gerade einmal zwei Monate. Deutschland sogar nur für 1,5 Monate. Die Europäische Union könnte immerhin 3,5 Monate über die Runden kommen. Japan übrigens liegt mit 16 Monaten eher im Bereich von China. An Japan sehen wir: Mit hohen Devisenreserven und geringer Auslandsverschuldung kann eine reife Volkswirtschaft selbst mit sehr wenig Wachstum und hoher inländischer Schuldenquote stabil bleiben. Niemand fragt einmal im Monat, ob Japan jetzt bald zusammenbricht.

Am riskantesten leben in dieser Hinsicht die Amerikaner: Sie haben kaum Devisenreserven, dazu eine hohe Auslandsverschuldung – und das ausgerechnet bei den Chinesen. Und ihr Markt ist schon viel gesättigter als der der Chinesen. Eine Krise der Weltwirtschaft träfe sie deshalb viel härter.

Die Länder der Welt sind allerdings einer Gefahr ausgesetzt, die es bei den Müllers nicht geben kann: Da jedes Land sein Geld selbst druckt, ist es für den Staat verlockend, mehr herzustellen, damit er mehr verleihen kann. Doch das Geld wird dadurch weniger wert. Zwar sinkt der Wert der Schulden damit ebenfalls. Aber man braucht immer mehr Geld, um dasselbe Produkt zu bezahlen. Die Inflation zieht an. Riskant wird es, wenn man Einnahmen in einer Währung hat, deren Wert gering ist oder abnimmt, und Ausgaben in einer höheren, stabileren Währung. Deswegen ist es sehr wichtig, die Geldmenge im Blick zu haben, die in China im Umlauf ist. Tatsächlich liegt das Wachstum der Geldmenge dort mit rund acht Prozent deutlich höher als in der EU (plus fünf Prozent) und den USA (plus 4,5 Prozent). Aber das ist normal bei einer aufsteigenden Wirtschaft. Wie normal dies ist, sieht man an der Fieberkurve der Geldmenge, der Inflation: 1,6 Prozent waren es 2017. Das ist nicht der Rede wert.

Insofern hinken die Krisenvergleiche mit Japan in den 1980er-Jahren, Thailand und Südkorea in den 1990ern, Spanien nach der Jahrtausendwende oder den USA 2008. Chinas Finanzsystem mag intransparent sein, es ist jedoch stabil, viel stabiler als das der USA und der EU. Das ist eine gute und eine schlechte Nachricht für Deutschland. Eine große Krise, die auch uns in den Abgrund reißen könnte, ist nicht in Sicht. Als Wettbewerber wird China allerdings eher stärker werden.

Bleibt der skeptische Blick der internationalen Staatengemeinschaft auf die chinesische Immobilienblase. Die Angst, dass sie plötzlich platzen könnte, geht im Westen, aber auch in China um.

Eine Blase entsteht, wenn Immobilien gebaut werden, die niemand braucht; sie entsteht auch, wenn die gebauten Immobilien so teuer sind, dass sie niemand mehr kaufen möchte oder der Bau nicht kostendeckend war. Tatsächlich hat der Immobilienmarkt Chinas seit 2001 eine lange Periode mit enormer Bautätigkeit und immer weiter steigenden Verkaufspreisen durchlaufen. Mit den typischen Folgen, die auf einen nahenden Crash deuteten: Die Immobilien sind sehr teuer, die Mieten im Vergleich dazu zu niedrig. Die Durchschnittseinkommen sind zu gering für die hohen Immobilienpreise. Und viele Wohnungen stehen leer. Einerseits, weil die Bauunternehmer in den kleinen und mittelgroßen Städten mit schnell hochgezogenen Hochhäusern ein Überangebot schufen. Andererseits, weil Wohnungsbesitzer ihr Eigentum leer stehen lassen. Sie scheuen den Ärger mit den Mietern, und ihnen reicht die Wertsteigerung der Immobilie aus. Hinzu kommt: Außer den Immobilien gibt es wenig Anlageoptionen. Aktienhandel, Fonds, Anleihen und Investmentpläne sind noch immer nicht ausgereift. Und: Jungen Männern gelingt es oft nur, eine Frau zum Heiraten zu bewegen, wenn sie eine Wohnung besitzen.

Aus all diesen Gründen fließt ein Großteil des privaten Vermögens in den Immobilienmarkt. Die Preise haben sich hier in den letzten acht Jahren im Durchschnitt mindestens verdoppelt. In den Innenstädten von Peking und Schanghai kosten Wohnungen mehr als 10 000 Euro je Quadratmeter, in der Spitze sogar 15 000 bis 20 000 Euro. In München sind es bis zu 16 000.

In den vergangenen Jahren wurden in China trotzdem immer mehr Immobilienkredite an Durchschnittsverdiener vergeben, zum Teil zu sehr intransparenten Bedingungen. Das ruft Erinnerungen wach an den außer Kontrolle geratenen US-Immobilienmarkt, der 2008 die globale Finanzkrise mit auslöste. Wobei in China nur knapp 40 Prozent der Immobilien kreditfinanziert sind, während es in Großbritannien 87 Prozent sind, in den USA immer noch fast 80 Prozent – und das trotz der Erfahrungen der großen Krise. Dennoch war 2016 die Furcht vor einem Crash des chinesischen

Immobilienmarkts besonders groß. Die Regierung trat auf die Bremse, gerade noch rechtzeitig. »Wohnungen sind zum Leben gebaut und nicht für Spekulanten«, mahnte Chinas Staats- und Parteichef Xi Jinping und setzte eine Reihe von Maßnahmen durch: Zum Beispiel müssen Käufer nun mindestens die Hälfte des Kaufpreises aus eigener Tasche zahlen, um einen Kredit zu kriegen. Der Kauf von Zweitwohnungen in Städten wie Schanghai und Peking wurde verboten. Und in der Megacity Chongqing wird sogar eine Immobiliensteuer getestet. In Peking, Guangzhou, Shenzhen und Schanghai kühlte der überhitzte Immobilienmarkt deutlich ab. Legten die Quadratmeterpreise 2016 im Quartal noch um durchschnittlich 30 Prozent zu, waren es ein Jahr später nur noch zwei Prozent. Es wurden weniger Kredite vergeben und weniger Wohnungen zum Verkauf angeboten. Die Immobilien-branche fährt also mit angezogener Handbremse. Einen abflauen-den Bauboom, der das Wachstum drückt, nimmt Peking dabei in Kauf.

In Zukunft will die chinesische Regierung seine als Besitzer und Sparer bekannten Bürger außerdem dazu anregen, verstärkt zu mieten statt zu kaufen. Ein staatlich gestützter Mietmarkt könnte bis 2030 jährliche Mieten von 658 Milliarden US-Dollar erreichen, schätzt Orient Securities. Staatliche Banken wie die China Con-struction Bank (CCB) vergeben gut 200 Milliarden US-Dollar an Kre-diten für Bauunternehmen, die die Wohnungen, die sie bauen, nicht verkaufen, sondern nur zu vernünftigen Preisen vermieten dürfen. Die Stadt Peking möchte in den nächsten fünf Jahren 500 000 neue Mieteinheiten schaffen, Schanghai sogar um die 700 000. In der Techmetropole Shenzhen sollen mindestens 20 Pro-zent der bei öffentlichen Auktionen verkauften Grundstücke in Zukunft für Mieteinheiten verwendet werden.

Chinas Techgiganten stehen bereits in den Startlöchern, um den neuen Mietmarkt mit Apps zu bedienen: Tencent investierte Mitte Januar 2018 beispielsweise in das Start-up Ziroom, das in seiner letzten Finanzierungsrunde 621 Millionen US-Dollar einsammeln konnte. Ziroom ähnelt in Konzept und Aufbau der Plattform Airbnb, richtet sich aber an Langzeitmieter. Das Start-up managt bereits 500 000 Zimmer in neun chinesischen Großstädten, darunter den teuersten – Peking, Schanghai und Shenzhen.

Alibaba arbeitet unter anderem mit dem Schanghaier Start-up Mogoroom zusammen. Mietzahlungen und Verträge können dort direkt über eine App abgewickelt werden. Alipay-User mit besonders guter Kreditwürdigkeit bekommen sogar ein Zimmer ohne Kaution. Auch die Country Garden Holdings Company, Chinas größter Immobilienentwickler nach Verkäufen, hat angekündigt, in den nächsten drei Jahren eine Million neue bezahlbare Mietwohnungen verfügbar machen zu wollen. Viele weitere werden folgen. Man sieht: So schnell wird aus einer drohenden Krise ein Geschäft.

Keine Blase ist geplatzt, die Regierung hat kontrolliert Druck aus dem Kessel abgelassen. Peking hat aus der amerikanischen Finanzkrise gelernt und die Bremsen angezogen. Politisch war das nicht einfach, denn bislang machten Grundstücksverkäufe rund 60 Prozent der Einnahmen von Lokalregierungen aus. Zudem hat der Immobiliensektor einen Anteil von rund einem Drittel an Chinas Wirtschaftsleistung. Denn an Bauprojekten hängen natürlich noch andere Wirtschaftszweige: Maschinen müssen gekauft werden, Stahl und Zement werden gebraucht und zu guter Letzt auch Möbel. Das bedeutet für die Regierung: Einerseits muss sie den überhitzten Immobilienmarkt in den Griff kriegen, andererseits dürfen die Turbulenzen am Immobilienmarkt keine Kettenreaktion auslösen und große Teile der Wirtschaft schwächen. Im Zweifel kann man aber mit einer Delle beim Wirtschaftswachstum besser umgehen als mit einem Absacken der Immobilienpreise. Nichts fürchtet die Regierung mehr, als dass ihre Bürger nervös werden, weil ihre Wohnungen plötzlich viel weniger wert sind.

Wie wir gesehen haben, lassen sich all diese Reformen unter einer großen Überschrift zusammenfassen. Und die lautet: Stabilität um jeden Preis. Darum geht es auch beim Thema Zivilgesellschaft – allerdings in einer Weise, die für uns im Westen sehr befremdlich ist. Xi ist die Ordnung im Zweifel wichtiger als zivilgesellschaftliche Vielfalt. Er und seine Mitstreiter sind besorgt, dass kritische Rechtsanwälte, Journalisten, Dissidenten und Bürgerbewegungen Massenbewegungen auslösen, die sich nicht mehr kontrollieren lassen. Ausländische NGOs, darunter auch deutsche parteinahe Stiftungen, werden nach einem Punktesystem bewertet. Untersagt sind Aktivitäten, die den »nationalen und öffentlichen Interessen schaden« oder »Chinas Wiedervereinigung, Sicherheit und nationale Einheit gefährden«. Die Organisationen dürften »nicht verleumden oder schädliche Informationen veröffentlichen oder verbreiten, die die nationale Sicherheit gefährden oder nationale Interessen schädigen«. Abzüge gibt es ferner für die Verwicklung in »politische Aktivitäten« oder die »illegale« Unterstützung von Religionsausübung. Auch die Chefs der Organisationen werden eigens benotet. Immer mehr Webseiten sind gesperrt. Sie lassen sich allerdings bisher mit etwas Mühe über einen sogenannten VPN-Kanal öffnen. Die Software gibt es je nach Anbieter kostenlos oder für wenig Geld. Immer wieder gibt es Gerüchte, dass die Regierung diese Software verbieten will. Doch das würde Chinas Attraktivität für Ausländer sehr verringern. Und ein solches Risiko geht China nicht ohne Not ein.

Gleichzeitig durchforsten die Behörden regelmäßig das Internet. Selbst »Rage Comics« finden die Behörden gefährlich. Es sind zumeist kindlich gezeichnete Gesichter und Strichmännchen, die in der Art von Emoticons unterschiedliche Gefühle wie Belustigung, Ärger oder Trauer ausdrücken. Eines der bekanntesten ist das stilisierte, übertrieben lächelnde Gesicht des chinesischen Basketballstars Yao Ming. Allein auf der wichtigsten chinesischen Social-Media-Plattform Weibo wurden 16 Accounts gelöscht, die sich ausschließlich auf Rage Comics spezialisiert hatten. Nicht selten griffen die User in ihren Comics Härten des Alltags auf, von zu hohen Mietpreisen bis hin zu Schwierigkeiten junger Uniabsolventen, einen Job zu finden.

Für die Löschung der Accounts führte die Plattform jedoch nicht diese Form von subtiler Kritik an, sondern das Anfang Mai 2018 in Kraft getretene »Gesetz zum Schutz von Chinas Helden und Märtyrern«. Dessen Einhaltung wurde den für öffentliche Sicherheit, Kultur, Presse und Internet zuständigen Behörden anvertraut; diese wiederum forderten die Betreiber von Webplattformen auf, die eigenen Inhalte dahin gehend zu prüfen.

Die Nutzer werden Wege finden, um sich die digitalen Räume zurückzuerobern, zum Beispiel, indem sie Namen und Hashtags variieren. Auch die Rage Comics, die mithilfe von Webtools von jedem leicht anzufertigen sind, werden durch das Löschen von einzelnen Plattformen nicht verschwinden. Im Gegenteil: Chinas Internetkultur wird vorwitzig bleiben, noch internationaler und doppelbödiger werden. Und die Internetbehörden, die sonst aufmerksam genug sind, neue Strömungen zu erkennen, vertun mit ihren zensorischen Maßnahmen letztlich eine Chance: Denn viele Memes und Rage Comics sind oft liebevolle Sticheleien, die humorvoll verpackte Verbesserungsvorschläge enthalten; ihre Urheber sind nicht auf Umsturz aus, sondern wollen der steifen Politik und altbekannten Figuren neues Leben einhauchen. Klug wäre es, wenn die Regierung die neue Ironiewelle für ihre Soft-Power-Bemühungen nutzen würde. Man stelle sich vor, die Kulturbehörde oder sogar Xi selbst würde einen Winnie-Pooh-Beitrag oder ein Rage Comic auf einem offiziellen Kanal teilen. Das wäre sehr souverän. Doch das passt nicht in das allgemeine Klima.

Die Schwelle, an der kritische Menschen in Hausarrest und ins Gefängnis gesteckt werden, ist niedriger geworden. Es handelt sich dabei nicht um Menschen, die einen breiten Rückhalt in der Bevölkerung hatten. Es gibt nicht einen einzigen Dissidenten in China, der den Bekanntheitsgrad eines Nelson Mandela in Südafrika hätte oder eines Alexander Solschenizyn in Russland oder eines Václav Havel in der Tschechoslowakei. Selbst Ai Weiwei oder der verstorbene Friedensnobelpreisträger Liu Xiaobo sind in China kaum bekannt. An der Zensur kann es nicht liegen. Die Chinesen sind sehr kreativ, wenn es darum geht, die Zensur zu umgehen. Und die sowjetische in den 1970er-Jahren war viel rigider, als sie das heute in Zeiten von Social Media sein kann. Dennoch war Alexander Solschenizyn im Land sehr bekannt.

Nein, es besteht in der breiten Öffentlichkeit in China einfach kein Interesse an solchen Querdenkern. Das mag kulturelle Gründe haben: In einem Land mit so vielen Menschen ist es nachvollziehbar, dass der Einzelne sich gegenüber der Mehrheit stärker zurücknehmen muss. Es mag aber auch damit zusammenhängen, dass der Aufschwung die allermeisten Menschen mitnimmt und dass diejenigen, die bislang nicht mitgenommen wurden, leidensfähiger sind. Jedenfalls ist es für die Dissidenten besonders tragisch, dass sie im Gefängnis sitzen und draußen nur von wenigen vermisst werden.

Immer mal wieder können einzelne Regierungen westlicher Länder in einzelnen Fällen für chinesische Dissidenten etwas erreichen. So durfte Liu Xia, die Frau des chinesischen Nobelpreisträgers Liu Xiaobo, im Juli 2018 nach Berlin ausreisen. Sie stand neun Jahre unter Hausarrest, eines davon noch nach dem Tod ihres Mannes. Es wurde nie Anklage gegen sie erhoben. Da ihr Bruder Liu Hui nicht mit ausreisen durfte, ist Liu Xia auch nach ihrer Ausreise nicht wirklich frei, zu sagen, was sie will. Sie wurde nur einen Tag nach den deutsch-chinesischen Regierungskonsultationen in Berlin freigelassen. Die chinesische Regierung hat wegen des Streits mit den USA (siehe Kapitel 8) ein Interesse daran, Deutschland enger an sich zu binden. Deshalb hat sie der Bitte Angela Merkels entsprochen, Liu nach Deutschland reisen zu lassen. Ein Jahr zuvor, als es darum ging, den todkranken Liu Xiaobo zur Behandlung nach Deutschland ausreisen zu lassen, hatte Peking diese Bitte noch abschlägig behandelt. Die politische Lage war eine andere gewesen. Liu ist der erste Friedensnobelpreisträger, der in Gefangenschaft sterben musste, seit dem deutschen Pazifisten Carl von Ossietzky 1938.

Die Spielregeln für solche diplomatischen Interventionen kann

Peking inzwischen durchsetzen: Nur der westliche Politiker, der seine Wünsche und seine Kritik hinter den diplomatischen Kulissen äußert, hat überhaupt eine Chance auf Erfolg. Das war auch schon vor der Ära Xi so, hat sich seitdem aber noch verschärft. Damals ließ sich das am Umgang mit Norwegen erkennen: Nachdem das unabhängige Nobelpreiskomitee 2010 entschieden hatte, Liu den Friedensnobelpreis zu verleihen, setzte eine politische Eiszeit zwischen den beiden Ländern ein. Zu diesem Zeitpunkt kamen 90 Prozent des von China importierten Lachses aus Norwegen. Danach waren es nur noch rund zwei Prozent.

Erst im April 2017 durfte die norwegische Regierungschefin Erna Solberg wieder nach China reisen; da hatte Lius Krebserkrankung bereits ein fortgeschrittenes Stadium erreicht. Weil sich Norwegen nicht für seine Freilassung eingesetzt hat, warf der ehemalige Chef von Amnesty International Norwegen der Premierministerin vor, sie sei erleichtert gewesen, als sie vom Tod Lius gehört habe. Als China und Norwegen einen Monat später ein neues Abkommen zur Lieferung von Lachs unterzeichneten, hagelte es massive Kritik. Die Aktion sei »feige« und »peinlich«, Solberg habe »einen Kniefall vor China« gemacht. Solberg bestreitet das zwar, doch die ganze Episode seit 2010 zeigt, welchen Einfluss China in Europa hat und welche Folgen sich aus einer Abhängigkeit ergeben.

Dass Lius Witwe nach Deutschland ausreisen durfte, bedeutet nicht, dass sich der Umgang mit Dissidenten grundsätzlich verändert hat. Es ist womöglich kein Zufall, dass nur einen Tag nach ihrer Freilassung der politische Aktivist Qin Yongmin zu 13 Jahren Gefängnis verurteilt wurde. Der 64-Jährige wurde der »Staatsgefährdung« für schuldig befunden. Qin hat bereits insgesamt 22 Jahre in Haft verbracht. Die erste Inhaftierung war 1981, 2015 die vorerst letzte. Zu diesem Zeitpunkt leitete er die Gruppe China Human Rights Watch, die Diskussionsrunden organisierte und Erklärungen im Internet verbreitete, in denen die Politik der Regierung verurteilt wurde.

Wenn China immer mehr Macht hat, die Spielregeln zu bestimmen, was bedeutet das für die Entwicklung der Zivilgesellschaften im Westen? Es ist nicht zu übersehen, dass autoritäre Strömungen selbst in Europa inzwischen Fuß fassen. Und wenn es darum geht, den europäischen Liberalismus gegen die chinesische Vorstellung von Ordnung zu verteidigen, spielen ja, wie wir in Kapitel 1 gesehen haben, selbst einige EU-Länder schon nicht mehr mit. Der Westen darf nicht unterschätzen, dass China nicht nur im technologischen Bereich, sondern auch in diesen Bereichen zum Trendsetter werden kann. Zumal die rigiden Vorstellungen von öffentlicher Ordnung auf offene Ohren bei jenen Bürgern treffen, die vom gegenwärtigen politischen Betrieb in Europa enttäuscht sind.

Xis größter Vorstoß gegen die Zivilgesellschaft fand bereits im Juli 2015 statt, als eine Gruppe von 300 Aktivisten verhaftet wurde. Erstaunlicherweise war Mo Shaoping, der Anwalt des inhaftierten Friedensnobelpreisträgers Liu Xiaobo, nicht unter ihnen. Bis heute vertritt er öffentlich kritische Fälle. Die meisten der verhafteten Aktivisten sind inzwischen eingeschüchtert, aber wieder frei. Einige sitzen jedoch noch immer in U-Haft. Andere wurden später verurteilt. Zum Beispiel Zhou Shifeng, der Chef der Pekinger Kanzlei Fengrui; er wurde wegen »Untergrabung der Staatsgewalt« zu sieben Jahren Gefängnis verurteilt. Zhou war der Anwalt von Ai Weiwei, vertrat aber auch Familien, deren Kinder durch verunreinigtes Milchpulver erkrankt waren. Ein weiterer Anwalt und das Oberhaupt einer Untergrundkirche, der schon einmal 16 Jahre im Gefängnis saß, wurden ebenfalls zu langen Haftstrafen verurteilt. Ein Geschäftsmann und ein Aktivist bekamen überraschenderweise nur Bewährungsstrafen. Alle sollen zu den »Anti-China-Kräften« einer christlichen Untergrundkirche gehören, die angeblich von amerikanischen NGOs finanziert worden seien. Es habe »Trainings« in Taiwan gegeben. Zhous Anwaltskanzlei habe als »Plattform« gedient. Ziel der Kirche sei es gewesen, »Proteste zu organisieren« und »subversive Gedanken zu verbreiten«, hieß es in offiziellen Stellungnahmen.

Was an den Vorwürfen dran ist, wird leider auch mit etwas zeitlichem Abstand nicht klarer, denn Chinas Justiz hat kurzen Prozess gemacht. Es gibt christliche Gruppen, die nicht zimperlich sind, wenn es darum geht, Gesellschaftsordnungen von Andersgläubigen subversiv oder auch mit Gewalt zu untergraben. Gleichzeitig haben Christen eine lange, beeindruckende Geschichte, sich mutig gegen Unrecht aufzulehnen. Um was es in diesem Fall ging, lässt sich nicht nachvollziehen. Wo ihre verhafteten Angehörigen sind, erfahren die Familien erst Wochen später. Die Angeklagten können sich ihre Verteidiger nicht aussuchen. Die Anklageschrift wird nicht öffentlich gemacht, und die Angeklagten dürfen sich öffentlich nicht frei äußern. Das Urteil wurde nach einem Prozesstag gefällt. Ein Einspruch ist theoretisch möglich, jedoch nicht ratsam. Zweifellos hat sich in den vergangenen 20 Jahren viel verbessert im chinesischen Rechtssystem. Aus westlicher Sicht jedoch erscheinen diese Verfahren als Schauprozesse. Sie sollen die große Mehrheit der Chinesen in dem Glauben halten, dass sie bekommen, was sie wollen: einen starken Staat. Diese Rechnung kann leider sogar aufgehen: Kaum jemand in China sehnt sich nach einem Umsturz.

KAPITEL 5

ERFINDERGEIST

INTUITIVE INNOVATION

Wie Chinesen aus Not wieder erfinderisch werden und es Deutschland kalt erwischt.

>»Europa braucht einen radikalen Umbruch in der Raumfahrtindustrie.«
> Tom Enders, Airbus-Chef

Es stürmt und schüttet bei schwülen 26 Grad. Es geht früh los in diesem Jahr, der erste Taifun zieht durch Südchina. Der Regen peitscht quer, man sieht zum Teil nur 100 Meter weit. Der Flugverkehr ist eingeschränkt an diesem 8. Juni 2018. Die Ingenieure in der Zentrale des Atomkraftwerks von Taishan interessiert das Wetter draußen nicht. Sie starren auf die großen Monitore an der Wand, die roten Sicherheitswesten mit der Aufschrift CPR hängen über den Stühlen hinter den Arbeitspulten aus dunklem Holz. Die Fensterfront ist mit Vorhängen zugezogen. An der Decke hängt ein halbes Dutzend Kameras. Hin und wieder sind leise Kommandos zu hören.

Taishan liegt gut 140 Kilometer westlich von Hongkong. Die grauen Kuppeln der beiden Reaktoren sind vom Meer aus weithin zu sehen, wenn man mit dem Schiff von Hongkong in die neue Freihandelszone von Hainan fährt. Franzosen arbeiten hier und Chinesen. Sie stehen an jenem Tag kurz vor der ersten Kettenreaktion in diesem neuen Atomkraftwerk. Jahrelang haben sie auf diesen Moment hingearbeitet, ihn immer wieder mit einem Simulator trainiert. Hier erlebt eine Technologie ihre Chinapremiere, die eigentlich von Deutschen und Franzosen erfunden wurde. 1989 begannen Siemens und das französische Atomenergieunternehmen Framatome mit der Entwicklung dieses Druckwasserreaktors, der dritten Generation der Atomkraftwerke mit der Abkürzung EPR. Ursprünglich hießen sie *European Pressurized Water Reactor*. Die Chinesen nennen sie nun konsequent *Evolutionary Power Reactor*. Das sagt viel über das neue Selbstbewusstsein Chinas.

Siemens stieg 2011 gezwungenermaßen aus dem Projekt aus. Kanzlerin Merkel hatte damals nach dem Unglück von Fukushima den Atomausstieg beschlossen. Vier Jahre zuvor waren die Chinesen eingestiegen. 2007 hatten sie einen Acht-Milliarden-US-Dollar-Vertrag mit Framatome unterschrieben, zwei Jahre später war Baubeginn.

Als an diesem Junitag 2018 die Kettenreaktion erstmals gelingt, twittert Xavier Ursat, der Chef der Abteilung für neue Nuklearprojekte beim französischen Stromriesen EDF: »Das ist ein großer Tag für die gesamte Nuklearindustrie.« Vor allem ist es ein großer Tag für China. Denn die Chinesen haben gezeigt, dass sie diese riskante Technologie, der wir mit großen Bedenken begegnen, konsequent und erfolgreich vorantreiben können. Die Chinesen sind mit ihrem Kraftwerk schneller fertig als die Franzosen mit ihrem in Flamanville und die Finnen in Olkiluoto, die zwei beziehungsweise vier Jahre früher angefangen haben. Die Chinesen haben die Europäer nicht nur überholt, sie haben auch aus ihren Fehlern gelernt.

An den beiden Reaktoren in Taishan halten die Franzosen nur noch einen Anteil von 30 Prozent. Die größte Leistung kommt inzwischen also von den Chinesen. Die erste Kettenreaktion der neuen EPR-Reaktoren ist ein wichtiger Schritt Chinas auf dem Weg zur Atomweltmacht. Die chinesischen Politiker haben sich anders entschieden als die deutschen. Peking will in diesem Bereich nichts Geringeres als Industriegeschichte schreiben. In den kommenden zehn Jahren sollen pro Jahr mindestens sechs neue Kernkraftwerke gebaut werden. Also 60 neue Atommeiler. Zum Vergleich: Im gleichen Zeitraum sind in den EU-Ländern

14 neue AKWs geplant, von denen wahrscheinlich nur die Hälfte gebaut wird.

Peking ist nach der Abwägung zwischen CO_2-Ausstoß und den Risiken eines potenziellen GAUs zu dem Ergebnis gekommen, dass es ohne Atomkraft derzeit nicht geht. Doch selbst mit den 60 neuen Kraftwerken läge der Anteil der Atomkraft am chinesischen Strom noch bei unter zehn Prozent. In den USA sind es heute deutlich über 20 Prozent, in Frankreich über 70 und in Südkorea, dem Spitzenreiter in Asien, knapp 30 Prozent. China hat also noch Spielraum nach oben. Spätestens im Jahr 2030 wird es die USA voraussichtlich an Kapazität überholen. Die Amerikaner sind seit den 1960er-Jahren führend in der Welt, in Europa ist es Frankreich.

Unabhängig davon, ob man sich zu den Atomkraftgegnern oder -befürwortern zählt, lässt sich nach der Entscheidung in Peking eines feststellen: Über die Zukunft der Technologie und damit auch über ihre Sicherheit wird nun in China entschieden. Allein 2018 gehen dort fünf neue Atomkraftwerke ans Netz. Bei sechs bis acht Kraftwerken soll mit dem Bau begonnen werden. So plant jedenfalls die National Energy Administration (NEA), die dafür bekannt ist, dass sie ihre ambitionierten Ziele einhält, selbst wenn man sich noch einstweilen vom Ausland helfen lassen muss. Im Juni 2018 beispielsweise haben die Chinesen einen Auftrag an die russische Rosatom vergeben, vier neue Atomkraftwerke zu bauen. Mit 3,62 Milliarden US-Dollar ist es der größte Deal zwischen den beiden Ländern.

Parallel dazu entwickelt China selbst. Überall im Land sollen experimentelle, vernetzte Forschungsplattformen entstehen, die ihre Ergebnisse leicht austauschen können. China arbeitet auch an schwimmenden Reaktoren. Die ersten sollen noch vor 2020 auf den Markt kommen. Sie werfen ganz neue Fragen zu den Risiken dieser Technologie auf. Greenpeace warnt bereits vor einem »schwimmenden Tschernobyl«. Ihre Technologie habe nichts mehr mit den veralteten Reaktoren von Tschernobyl zu tun, verteidigen sich die Chinesen. Und: die schwimmenden Meiler könnten vor allem armen Ländern am Meer helfen, die von Naturkatastrophen heimgesucht werden. Allerdings eignen sich die Atomschiffe natürlich auch sehr gut, um die umstrittenen Inseln im Südchinesischen Meer kurzfristig mit Strom zu versorgen, wenn China dort eine Militärbasis aufbauen will.

Die ersten komplett von Chinesen entwickelten Reaktoren, die derzeit in der südöstlichen Stadt Fuqing entstehen werden, sollen bereits im Jahr 2020 ans Netz gehen. Und inzwischen wird auch ein beachtlicher Teil der neuen Atomkraftwerke weltweit von Chinesen gebaut oder zumindest mitgebaut. Ihre Unternehmen bieten das beste Preis-Leistungs-Verhältnis, eine günstige Finanzierung eingeschlossen. Im Mai 2018 beschließen China und Uganda den Bau eines Atomreaktors, in Argentinien ist im selben Jahr Baubeginn für zwei Reaktoren. Kostenpunkt: 13 Milliarden US-Dollar. Die ersten beiden Reaktoren Argentiniens haben die Deutschen noch gebaut. Im pakistanischen Karatschi sollen 2020 und 2021 zwei Huanglong-Reaktoren der dritten Generation ans Netz gehen, ein weiteres Kraftwerk ist in Planung. Mit Thailand laufen Verhandlungen, ebenso mit Tschechien. Dort sind zwar noch andere Anbieter im Rennen, aber schon jetzt ist klar: Keiner der Wettbewerber bietet eine bessere Finanzierung. Warschau und Peking verhandeln über das erste chinesische Atomkraftwerk in Polen, die Ungarn wollen nachziehen. Die neue Regierung in Südafrika will wieder einsteigen, die Chinesen sind dabei gesetzt. Im September 2017 bereits hat selbst die britische Regierung grünes Licht für den Reaktor Hinkley Point im Südwesten Englands gegeben. Es ist ein Reaktor des EPR-Typs. Den bauen die Chinesen noch gemeinsam mit den Franzosen. Danach stehen sie auf eigenen Beinen.

»Es wird die gleiche Geschichte werden wie bei der Solarenergie«, sagt Fatih Birol, der Exekutivdirektor der Internationalen Energieagentur der OECD. »China sammelt immer mehr Erfahrung und kann seine Technologie nun günstig exportieren. Die

Chinesen werden die traditionellen Exporteure wie die USA, Japan, Korea und die Franzosen unter Druck setzen.« Langfristig werden sich wohl Russen und Chinesen den Weltmarkt teilen. Der Westen wird kaum noch eine Rolle spielen. Und wir sind zwar national aus der Atomenergie ausgestiegen, werden aber bald chinesische Atomkraftwerke vor der Haustür stehen haben, die sehr wahrscheinlich nicht so sicher sind wie jene deutschen, die wir geschlossen haben. Das ist heftig.

Wir entscheiden nicht mehr mit über Sicherheitsstandards, weder in Europa noch weltweit. Das ist bedauerlich, waren die deutschen Atomkraftwerke doch die sichersten überhaupt. Was in Deutschland als unverzichtbarer Standard galt, halten viele unserer Nachbarn bis heute für überflüssig. Als Technologieführer und Spitzenexporteur hätten wir die Macht gehabt, Sicherheitsstandards zu setzen. Auch in China. Wie das geht, weiß in Deutschland jeder Hidden Champion. Selbst Bill Gates hat die Forschungen für sein Nuklearprojekt Terra-Power inzwischen nach Peking verlagert. Dass unsere Atomkraftwerke so sicher waren, lag ja nicht nur an unseren Spitzeningenieuren, sondern vor allem auch an dem beeindruckend erfolgreichen Druck der Atomkraftgegner. Sicher, auch in China formiert sich Widerstand gegen die Atomkraft. Die größte Demonstration in diesem Zusammenhang gab es 2015 nördlich von Schanghai. Einige Tausend Menschen protestierten gegen eine Wiederaufbereitungsanlage. Dass der chinesische Widerstand den gleichen Druck wie in Deutschland entfalten wird, ist allerdings sehr unwahrscheinlich. Insofern ist der deutsche Ausstieg aus der Atomkraft global betrachtet ein Pyrrhussieg. Die Kanzlerin hat nun die Chance, in die Industriegeschichte einzugehen als diejenige, die die sichersten Atomkraftwerke der Welt abgeschafft und damit fahrlässig die Kontrolle des Westens über die riskante Technologie abgegeben hat. Merkel hatte gehofft, mit gutem Beispiel vorangehen zu können, einen Trend hin zu anderen Energieformen einzuleiten. Doch China hat ihr einen Strich durch die Rechnung gemacht.

Ein anderes Beispiel, wie sehr die Chinesen den Europäern den Rang abgelaufen haben, ist in einem besonders interessanten Bereich der Quantenphysik angesiedelt. Es ist der Stoff für ein Drama, das an Shakespeare erinnert. Denn wenn der Ziehsohn zum Rivalen heranwächst, wird es meist ungemütlich. Vor allem, wenn es dabei auch um den Wettbewerb zweier großer Reiche geht. Wenn beide auch noch daran arbeiten, Photonen mit Geheiminformationen ins Weltall zu beamen, die nicht gehackt werden können, klingt das nach einem großen Science-Fiction-Film mit Harrison Ford und Matt Damon.

In der Wirklichkeit heißen die Hauptdarsteller Anton Zeilinger und Pan Jianwei. Die Handlung spielt in den Lustbühel-Hügeln bei Graz und in Jiuquan am Rande der Wüste Gobi. Es geht darum, Daten absolut abhörsicher über Satelliten ins All zu schicken und dabei ein Phänomen zu nutzen, das von Erwin Schrödinger in den 1930er-Jahren entdeckt wurde. Albert Einstein hatte dies zweiflerisch noch als »spukhafte Fernwirkung« bezeichnet: Zwei Teilchen können unabhängig von ihrer Entfernung voneinander einen gemeinsamen Zustand annehmen und damit Informationen masselos und in Lichtgeschwindigkeit übertragen. Das ist schwer vorstellbar, funktioniert aber und ist deshalb wichtig, weil sich so Informationen verschicken lassen, die absolut abhörsicher sind. Das ist für eine Weltmacht, die sich so schnell und so hochgradig digitalisiert, natürlich unverzichtbar und im Wettkampf der Weltmächte ein entscheidender Vorteil.

Um zu beweisen, dass dies auch über lange Distanzen geht, wurde im August 2016 eine chinesische Rakete mit einem Satelliten in den Weltraum geschickt. Der sperrige Name der Mission: »XD-2-Quantum Experiments at Space Scale« (QUESS).

Aber der Reihe nach: Mitte der 1990er-Jahre promoviert der junge chinesische Physiker Pan Jianwei in Wien bei Anton Zeilinger, dem renommierten Quantenphysiker. Zwischen dem Schüler und seinem Lehrer entbrennt ein Wettstreit um den Beweis, dass es verschränkte Teilchenpaare gibt, deren Wechselbeziehung auch über große Distanzen stärker ist, als es klassische physikalische Gesetze eigentlich erlauben. Fast gleichzeitig gelingt den beiden Teams der Beweis. Allerdings hat Pan die Nase leicht vorne, das britische Magazin *Physics World* spricht vom »Durchbruch des Jahres«. Dem Zeilinger-Team gelingt es wiederum, den Rekord auf 144 Kilometer Luftlinie zu erhöhen. Beide Teams werden nun jeweils mit einem Artikel im renommierten Wissenschaftsmagazin *Nature* gewürdigt. Die Erfolge von Pan sind jedoch überraschender: In nur einem Jahrzehnt macht er den Kleindarsteller China in einem zentralen Bereich der Quantenphysik zu einer weltweit führenden Nation. Er ist so erfolgreich, dass es von nun an für das Team um Zeilinger sinnvoller ist, mit China zusammenzuarbeiten. Die Österreicher haben nicht genug Geld, und die Entscheidungswege bei der Europäischen Weltraumorganisation ESA sind zu langsam. In China hingegen ist es viel einfacher, kurzfristig Milliarden für die Forschung in diesem Bereich zu bekommen. Gleichzeitig sind die Erkenntnisse der Europäer für die Chinesen noch so wertvoll, dass sie gemeinsame Sache machen. Aus Rivalen werden Partner.

Es gelingt den Chinesen zunächst, den ersten Langstrecken-Quantum-Kommunikationslink am Boden zu schaffen. Er verläuft zwischen Schanghai und Peking. Der Nachteil ist noch, dass die Photonen oder das Licht nach 100 Kilometern neu hochgeladen werden müssen. Der Lichtstrahl ist zu schwach. An diesen 32 Stellen sind die Informationen nicht abhörsicher. Vorher waren sie es jedoch an keiner einzigen Stelle. Einige chinesische Banken nutzten die Strecke bereits, um ihre Daten zu transportieren.

Danach ist das große gemeinsame Experiment der Österreicher und der Chinesen dran. Der Satellit Micius soll die Informationen nun zur Erde funken. Den Forscherteams gelingt es als Ersten weltweit, eine absolut abhörsichere Satellitenverbindung zwischen China und Österreich herzustellen. Ein Riesenerfolg. »China gibt nun die Richtung an«, schreibt die amerikanische *MIT Technology Review*. Natürlich gibt es noch Probleme. Kommuniziert werden kann nur in einem kurzen Zeitraum, wenn der Satellit, der vergleichsweise niedrig fliegt, sichtbar ist. Man bräuchte also eine Satellitenkette oder sehr hoch fliegende Satelliten. Aber dann leidet die Übertragung. Das wird jedoch mit der Zeit lösbar sein.

Im Frühsommer 2018 entscheidet die chinesische Regierung, ein nationales Zentrum für Quanteninformation einzurichten und die Forschungsgelder von 10 auf 20 Milliarden US-Dollar zu erhöhen. Die Amerikaner werden durch die sensationellen Erfolge der Chinesen aufgerüttelt. Abhörsichere Satellitenverbindungen brauchen auch sie. Keinesfalls wollen sie ins Hintertreffen geraten, sie müssen nachziehen. »Wir sind nun in einem Wettrennen als Nation«, räumt Walter Copan ein, der Direktor des Nationalen Instituts für Standards und Technologie in den USA. Ein Wettrennen, in dem die Chinesen bereits vorne weglaufen.

Im Weltraum fühlen sich die Chinesen inzwischen überhaupt sehr wohl. Wie derzeit keine andere Nation der Welt treibt Peking sein staatliches Raumfahrtprogramm voran. 2016 lag China mit 22 Raketenstarts zwei neuer Raketentypen erstmals auf Augenhöhe mit den USA und überflügelte damit sogar die einstigen russischen Raumfahrtpioniere um fünf erfolgreiche Flüge. Eine Rakete vom Typ »Langer Marsch 2F« beförderte im September 2016 das nicht minder klangvoll getaufte zweite chinesische Raumlabor »Tiangong 2« in die Umlaufbahn, zu Deutsch »Himmelspalast«.

Nur zwei Monate später beendete China dann seine bislang längste bemannte Weltraummission auf dem Raumschiff »Shenzhou 11«.

All das soll nur der Anfang sein. »Den riesigen Kosmos zu erforschen und die Raumfahrtindustrie zu entwickeln, ist ein Traum, den wir unablässig verfolgen«, erklärte die Regierung in einem Anfang 2017 vorgelegten Fünfjahresplan. Während die amerikanische Raumfahrt immer mehr von Privatunternehmen wie Elon Musks SpaceX betrieben wird, ist China inzwischen mit staatlichen Großinvestitionen zum Taktgeber im All geworden. So ist den Chinesen beispielsweise an Bord der Wissenschaftssonde SJ-10 der Beweis gelungen, dass sich Embryonen von Mäusen im Weltall entwickeln können. »Das ist ein Meilenstein in der Weltraumforschung«, sagt Professor Aaron Shue von der amerikanischen Stanford University, der über Stammzellen forscht. Ein Meilenstein, den die Chinesen nun eher nutzen können als die Europäer oder die Amerikaner.

Bis zum Jahr 2022 will China eine 66 Tonnen schwere Raumstation fertigstellen, in der drei Astronauten leben und arbeiten können, inklusive eines Raumteleskops, das dem amerikanischen Hubble-Teleskop ähnelt, jedoch über ein 300-mal größeres Blickfeld verfügt. Falls die Internationale Raumstation ISS wie vorgesehen 2024 ihren Dienst quittiert, weil vor allem die NASA das Projekt nicht mehr finanzieren will, wäre China die einzige Nation mit einem permanenten Außenposten im All. China will allen UN-Mitgliedern erlauben, Forschungen in ihrer Raumstation durchzuführen. Länder der »Belt and Road Initiative«, der Neuen Seidenstraße, sollen allerdings bevorzugt werden. Die Amerikaner hingegen weigern sich nach wie vor beharrlich, den Chinesen Zugang zur Internationalen Raumstation ISS zu gewähren.

Weitere große Schritte auf dem Weg zur tonangebenden Raumfahrtnation sind zwei unbemannte Mondmissionen. Bereits Ende 2018/Anfang 2019 soll das unbemannte Landemodul »Chang'e 4« mit einem Roboterfahrzeug nahe dem Südpol des Mondes aufsetzen. Die Relaisstation, mit der man Informationen aus dem Funkschatten des Mondes senden kann, fliegt schon. Im ruhigen Mondumfeld soll der Satellit »Queqiao« dann auch nach leisen Radiosignalen aus den Anfängen des Universums forschen. Ohne die Atmosphäre der Erde im Weg können die Astronomen in der Stille des Alls besser Signale auffangen und auf neue Erkenntnisse über die Entstehung der Sterne hoffen. Man sei auf »einem guten Weg«, erklärte Zhang Rong Qiao, Chefplaner der Mission. Immerhin: Die Erkundung ist ein Kooperationsprojekt mit den Niederlanden, die den Empfänger für niedrige Radiofrequenzen (NCLE) entwickelt haben. Beruhigend zu wissen, dass die Chinesen uns Europäer noch für das ein oder andere Projekt brauchen.

Neben der Mondmission plant China auch eine Reise zum Mars, bei der 2020 sechs Mondrover-Fahrzeuge auf dem roten Planeten platziert werden sollen. Schon etwas früher wird man in der chinesischen Provinz Qinghai den fernen Planeten Mars erleben können und zwar hautnah. Dort, im Nordosten des tibetischen Hochlandes, entsteht gerade für gut 60 Milliarden US-Dollar die Nachbildung einer 95 000 Quadratmeter großen Marslandschaft, in der Wissenschaftler forschen sollen. Das Gelände kann aber auch von Touristen besichtigt werden. »Die Leute träumen davon, zum Mars zu reisen – wir geben ihnen die Möglichkeit, zu erleben, wie es ist, im All zu sein«, erklärt Liu Xiaoqun, der Leiter des Projekts.

Chinas Weltraumambitionen kommen vergleichsweise spät – der erste NASA-Rover wurde schon 1986 auf den Mars gebracht. Dennoch hat der Vorstoß Pekings den globalen Wettbewerb in Gang gesetzt. So soll der europäische Luft- und Raumfahrtkonzern Airbus einen Rover entwerfen, der Probenkanister auf dem Mars einsammeln und zur Erde zurückbringen kann. Das Projekt ist eine Kooperation zwischen den Raumfahrtbehörden der USA und Europas und soll Mitte der 2020er-Jahre starten. Den letzten großen Erfolg feierten die Europäer am 24. Dezember 1979, als die europäische Trägerrakete Ariane abhob. Seitdem hatte es keine bahnbrechenden Fortschritte mehr gegeben, bis auf das Erdbeobachtungssystem Copernicus und die Galileo-Satellitennavigation. Europas Raketenbauer liegen, gemessen an der Anzahl der Starts, hinter den USA und Russland und seit einigen Jahren auch hinter China. 2017 starteten elf europäische Raketen, die Chinesen schickten 18 ins All, und das, obwohl sie international keine Rolle spielen. Denn die Amerikaner haben untersagt, US-Technik mit einer Rakete made in China ins All zu schicken. Die Europäer sind nicht nur mit den technischen Fortschritten von Elon Musks SpaceX konfrontiert, sondern auch mit denen der Chinesen. »Europa braucht einen radikalen Umbruch in der Raumfahrtindustrie«, fordert denn auch Airbus-Chef Tom Enders. Davon hänge die Wettbewerbsfähigkeit der europäischen Wirtschaft ab.

Kanzlerin Merkel und der französische Präsident Macron haben Mitte Juni 2018 die Initiative ergriffen und Experten aus Politik und Industrie beauftragt, eine Strategie zu entwickeln. Außerdem soll im Norden Schottlands der erste Spaceport auf europäischem Boden entstehen. Schon im kommenden Jahrzehnt sollen die ersten Raketen von der Halbinsel A'Mhoine ins All starten. London erhofft sich von einem eigenen Weltraumbahnhof einen Schub für die Wirtschaft von rund 4,3 Milliarden Euro in den nächsten zehn Jahren – ein dringend benötigter Impuls angesichts des bevorstehenden Brexit.

Schon jetzt führend ist China, wenn es um die schnellste Möglichkeit geht, Menschen und Güter über Land zu transportieren. Die neuste Generation fährt seit September 2017: Die Hochgeschwindigkeitszüge heißen »Fuxing«, was so viel wie »Erneuerung« oder »Wiederbelebung« bedeutet. Siebenmal am Tag legen sie die 1300 Kilometer lange Strecke zwischen Peking und Schanghai in viereinhalb Stunden zurück. Zum Vergleich: In Deutschland braucht man mit dem ICE für die Verbindung Hamburg–München, etwa die halbe Strecke, sechs Stunden. Bislang fahren die chinesischen Züge mit einer Geschwindigkeit von 350 Stundenkilometern; noch 2018 soll es einen Alltagstest mit 400 Stundenkilometern geben. Chinesische Forscher halten sogar eine Geschwindigkeit von 1000 Stundenkilometern für möglich.

Die Strecke zwischen der Hauptstadt und der Businessmetropole Schanghai ist die wichtigste des Landes. Sie wird jährlich von etwa 100 Millionen Menschen genutzt und fuhr bereits 2015 rund eine Milliarde US-Dollar ein. Bewähren sich die Fuxing-Züge auf dieser Strecke, wird China, was Hochgeschwindigkeitszüge betrifft, weltweit neue Maßstäbe setzen. Dass die Chinesen sich so schnell an die Spitze der Branche emporgearbeitet haben, ist erstaunlich. Denn so einfach war das nicht, den Vorsprung der alten Industrienationen aufzuholen. Das geht nicht nur mit Geld allein. Zwar wurden 2016 rund 118 Milliarden US-Dollar investiert, und laut aktuellem Fünfjahresplan sind über eine halbe Billion US-Dollar an Investitionen in diesem Sektor geplant. Doch China hat dazu auch findige Ingenieure gebraucht, die nicht lockerlassen. Mittlerweile umfasst das Streckennetz der Hochgeschwindigkeitszüge über 22 000 Kilometer. Bis 2020 sollen es 30 000 Kilometer sein. Insgesamt acht Nord-Süd- und Ost-West-Trassen sollen dann 80 Prozent aller chinesischen Städte mit mehr als einer Million Einwohner an das Netz anbinden. Selbst Hongkong bekommt bald schnellen Anschluss ans Festland.

Derzeit liegen rund zwei Drittel der verlegten Hochgeschwindigkeitsschienen weltweit in China. Ein besseres Verkaufsargument für chinesische Züge und Schienen ins Ausland gibt es nicht. Die neuen Fuxing-Züge sollen der neue Exportschlager werden. Ein Vertrag mit Indonesien ist bereits unterschrieben. Die Chinesen bauen nicht nur die Züge, sondern verlegen auch die Schienen zwischen der Hauptstadt Jakarta und der viertgrößten Stadt des Landes, Bandung. Dort soll ab 2019 die Reisezeit von derzeit drei Stunden auf 40 Minuten verkürzt werden. Eine Zugverbindung zwischen Thailand und China ist bereits im Bau. Doch die Regierung in Peking schaut auch nach Norden: Bereits Mitte August 2017 wurde eine 6 630 Kilometer lange Güterstrecke nach Russland eröffnet. Im Gespräch ist außerdem der Bau einer Schnellstrecke zwischen Moskau und Kasan, auf der die Züge mit bis zu 360 Stundenkilometern fahren sollen.

Hochgeschwindigkeitszüge, das war eigentlich immer die Domäne der Europäer und der Japaner. Wie konnte Chinas Eisenbahntechnik so schnell so stark werden? Einer der Gründe ist die jahrelange Zusammenarbeit mit ausländischen Firmen. Die deutschen, französischen und japanischen Unternehmen bekamen Zugang zum chinesischen Markt – im Tausch gegen Technologie. Eine gute Dekade später macht sich dies für die Chinesen bezahlt.

Heute fahren keine deutschen Züge mehr in China. Selbst deutsche Zulieferer haben Probleme, wie etwa die Knorr-Bremse AG aus München. Der weltweit führende Hersteller von Bremssystemen für Schienen- und Nutzfahrzeuge hat lange nach China geliefert. Joint Ventures mit mehreren Tausend Beschäftigten wurden gegründet, die Bremssysteme mit deutschem Know-how in China hergestellt. Auch Klimasysteme und Türanlagen von Knorr-Bremse wurden in chinesischen Hochgeschwindigkeitszügen verbaut. Bei der neusten Generation aber kamen die Münchener nicht mehr zum Zug. »Unsere Bremsen wurden noch nicht einmal begutachtet«, beschwert sich Klaus Deller, Vorstandschef von Knorr-Bremse. »Wir haben Technologie transferiert, und China hat profitiert.« Ein chinesisches Unternehmen, einst Partner von Knorr-Bremse, hat den Auftrag bekommen. Für den deutschen Botschafter Michael Clauss ein gutes Beispiel dafür, wie China sich noch abschottet: »Es folgten immer wieder Ankündigungen, China werde sich nun tatsächlich rasch weiter öffnen. Passiert ist allerdings bislang nicht viel. Tatsächlich hat der Protektionismus in einigen Bereichen sogar zugenommen.«

Wer sich hier was von wem abgeschaut hat, spielt letztlich keine Rolle mehr, es ist nicht mehr zu ändern. Wichtiger ist es, herauszufinden, was Peking mit dieser Technologie anstellen will. Stellt man die einzelnen Projekte in einen Gesamtkontext, so wird klar, dass sie letztlich dem Großprojekt Neue Seidenstraße dienen. Ob in Russland, Indien oder Südostasien – die neuen Zugverbindungen sollen über die chinesischen Grenzen hinweg einen transasiatischen Korridor bis nach Europa schaffen. Gesamtwirtschaftlich gesehen ist das eine Entwicklung, über die man sich in Europa eigentlich freuen kann. Natürlich wäre es noch besser, wenn europäische Firmen am Aufbau dieses Korridors mitverdienen würden, aber es ist jetzt schon klar, dass weder ICEs noch TGVs auf diesen Strecken verkehren werden. Das Know-how haben die Chinesen inzwischen, die Praxiserfahrung ebenfalls, Firmen wie Siemens liefern bestenfalls noch zu.

Im Herbst 2017 wird die Lage für die einstigen Eisenbahnplatzhirsche aus Deutschland und Frankreich so ernst, dass sich die beiden erbitterten Wettbewerber entschließen zu fusionieren. Siemens und Alstom legen ihre Bahnsparten zusammen. Doch selbst gemeinsam sind sie mit 15 Milliarden Euro Umsatz und 62 000 Mitarbeitern nur der zweitgrößte Hersteller hinter dem chinesischen Konzern CRRC, der doppelt so groß ist. Auch hier stirbt die Hoffnung zuletzt. Die Arbeitnehmer unterstützen das Projekt und bekommen dafür immerhin für vier Jahre Job- und Standortgarantien. Viel weiter können die Manager nicht schauen. Sie können nicht einschätzen, wie schnell sich die Chinesen international weiterentwickeln. In diesem Fall entscheidet China also schon sehr konkret über europäische Arbeitsplätze und Managementzusagen. Denn dass der neue Konzern, wie Alstom-Chef Henri Poupart-Lafarge vermutet, »zweifellos die Zukunft der Mobilität prägen wird«, ist nicht so sicher, wie er glaubt. Da wird möglicherweise auch die prominente Verstärkung nicht helfen können, die der Konzern im Frühjahr 2018 verkündet: Der ehemalige Außenminister Sigmar Gabriel wird ab 2019 in den Vorstand des neuen Unternehmens eintreten. Sein undankbarer Job wird es sein, außerhalb Europas die Züge gegen den chinesischen Wettbewerber zu verkaufen. Wir wünschen ihm viel Glück.

Die virtuelle Realität (VR) ist schon einen Schritt weiter. Sie muss sich nicht mehr traditionell fortbewegen. Mitten in Guiyang, der Hauptstadt der chinesischen Provinz Guizhou, schmiegen sich riesige kreisförmige Gebilde in die hügelige Landschaft. In der Mitte des Areals, das wie eine Weltraumkolonie aus ferner Zukunft wirkt, steht ein 50 Meter hoher Roboter und weist mit ausgestrecktem Waffenarm zum Horizont. Bei näherem Betrachten entpuppt sich der aus 750 Tonnen Stahl zusammengeschweißte Gigant als Figur aus der bekannten Filmreihe *Transformers*. Wir befinden uns also doch noch in der Gegenwart.

Aber immerhin soll hier, im Südwesten Chinas, die globale Zukunft der Unterhaltungsindustrie entschieden werden. Die futuristische Szenerie ist Teil des »Oriental Science Fiction Valley«, des größten Virtual-Reality-Freizeitparks der Welt. Im Juli 2016 begann der Bau der 1,3 Quadratkilometer großen Anlage, im Dezember 2017 wurde die »Alien Basis« nun als erster Abschnitt für Besucher geöffnet. Zu den Attraktionen gehören Kinos, Achterbahnen, Videospielzentren und neonbeleuchtete Erlebnisplattformen. Doch das ist nur die Oberfläche. Die wahre Magie entfaltet sich unter den Virtual-Reality-Headsets, mit denen die Besucher ausgestattet werden. So dreht man zwar in einer echten Achterbahn Loopings, unter der Brille wird die Erfahrung aber in eine fremde, digital programmierte Welt übersetzt. Die User düsen mit einem Raumschiff durchs All oder reiten auf sich windenden Drachen Rodeo. Im besten Fall ist der Eindruck so überzeugend, dass man die simulierte Umgebung wie im Rausch als real empfindet.

Lange Zeit war die Virtual-Reality-Technik ein einsames Ein-Mann-Erlebnis, bei dem sich Geeks und Gamer in dunklen Zimmern von der Wirklichkeit entfremdeten. In VR-Freizeitparks wie dem in Guiyang sind es Gemeinschaftserlebnisse. VR-Entertainment-Center gibt es bereits in vielen Ländern, das 1,5 Milliarden US-Dollar teure »Oriental Science Fiction Valley« ist jedoch das bislang mit Abstand ambitionierteste. Aber das sind wir ja inzwischen von China gewohnt. Entwickelt wurde es vom börsengelisteten Unternehmen Oriental Times Media, das im Juli 2017 Huahua Media, den chinesischen Partner von Paramount Pictures, aufgekauft hat.

Filmfirmen und Filmemacher sehen in Virtual Reality den nächsten großen Schritt im Kinobereich. Starregisseur Zhang Yimou etwa, der mit Filmen wie *Great Wall* oder mit der Eröffnungszeremonie bei den Olympischen Spielen 2008 sein Talent für große Inszenierungen unter Beweis stellte, hat ein Start-up namens SoReal mitgegründet. Nur etwa zwei Blocks vom Platz des Himmlischen

Friedens entfernt hat er im Frühjahr 2017 eine 3 000 Quadratmeter große VR-Halle eröffnet. Zum Vergleich: Der momentan größte westliche Konkurrent ist die VR-World in New York, die sich mit rund 1 500 Quadratmetern auf zwei Etagen in einem Gebäude in Manhattan befindet.

China ist derzeit auch der vielversprechendste Wachstumsmarkt für Virtual Reality. Ein Drittel der weltweit verkauften VR-Headsets geht an chinesische Kunden. Die Umsätze von VR-Geräten, Services und Software in China werden sich von 520 Millionen US-Dollar im Jahr 2016 bis 2021 auf fast zwölf Milliarden US-Dollar steigern, schätzen Branchenkenner.

Die Gründe für den Erfolg sind vielfältig. Weil chinesische Internetnutzer vor allem mobil unterwegs sind, setzen einheimische Hersteller wie Ritech auf leichtere, preiswertere Hardware und weniger auf hochleistungsfähige Konsolen und Desktopgeräte, wie die im Westen bekannten Vertreter Oculus Rift und PlayStation VR. High-End-Geräte benutzt man in China vor allem in den über 5 000 Game-Arkaden und »VR-Experience-Kabinen« des Landes, die man in vielen großen Einkaufszentren findet. Zudem konzentrieren sich die Chinesen bei technischen Innovationen auch hier wieder mehr auf die Chancen als auf die Gefahren.

Der Realitätsverlust, den VR-Anwendungen zur Folge haben könnten, wie westliche Kritiker befürchten, ist in China weit weniger Thema. Weil ein Großteil der Technik und Geräte wie Headsets und 360-Grad-Kameras ohnehin in China hergestellt werden, entstanden in Peking, Schanghai und Shenzhen früh Experimentierfelder für Virtual-Reality-Start-ups. Gegenwärtig arbeiten in China über 200 VR-Firmen und Start-ups an neuen Lösungen für so unterschiedliche Felder wie Sportevents, Freizeitparks, Kinobesuche, Ausstellungen, Social-Media-Plattformen und Videospiele. Andere Bereiche des täglichen Lebens wie etwa Einkaufstouren, Immobilienbesichtigungen und Urlaubsreisen profitieren besonders von neuen Anwendungen in der sogenannten Augmented-Reality-Technik (AR). Dabei werden die virtuelle und die echte

Welt miteinander verschmolzen, zum Beispiel, indem der Nutzer wie im Film *Terminator* über eine Brille Informationen, Wegbeschreibungen oder Produktdetails in sein Sichtfeld eingeblendet bekommt. In Industrie und Lehre werden mithilfe von künstlicher Intelligenz bereits jetzt schon Aufwand und Gefahren erfolgreich minimiert. So hat die Firma Superb Medical Skills zusammen mit einem Schanghaier Krankenhaus eine App entwickelt, mit der schwierige Operationen unter einer VR-Brille geübt werden können. 3700 Ärzte nutzen sie bereits zu Trainingszwecken.

Während Handyhersteller wie Xiaomi hochwertige und gleichzeitig preiswerte Headsets wie das MI VR auf den Markt bringen, verfolgen die chinesischen Techkonzerne Alibaba, Tencent und Baidu eigene VR-Initiativen. Beim Einkaufen experimentieren E-Commerce-Unternehmen wie Alibaba und JD.com mit virtuellen Einkaufserlebnissen, etwa 3-D-Einkaufszentren mit Rundumblick, Laufstegen, Warenkörben und Ankleidekabinen, bei denen detailliert programmierte Produkte vorab begutachtet und online bezahlt werden können.

Beim wichtigsten Shoppingtag des Landes, dem sogenannten Singles Day, bei dem Alibaba 2017 umgerechnet 25,3 Milliarden US-Dollar umsetzte, experimentierte das Unternehmen bereits mit einem Mixed-Reality-Game, bei dem man, ähnlich wie beim populären Pokémon Go, mit dem Smartphone vor der Tür auf Schatzsuche nach virtuellen Rabattgutscheinen gehen konnte.

So skurril das alles für uns im Westen klingen mag, die Verbraucher nehmen die neuen Einkaufskonzepte gerne an, und sie werden früher oder später auch bei uns in Europa auftauchen. In China können sich bereits 84 Prozent der jungen Menschen vorstellen, in Zukunft vermehrt in virtuellen Räumen einzukaufen. China ist also auf dem besten Weg, der erste Massenmarkt für Virtual Reality zu werden. Man muss sich nur mal vorstellen, dass es möglich ist, an einem regnerischen Tag am Stand seiner Lieblingsmarktfrau vorbeischauen und sich von ihr beraten lassen zu können, ohne das Haus verlassen zu müssen, während die Marktfrau ebenfalls zu Hause bleiben kann und ihren Stand nicht frühmorgens schon aufbauen muss. Das virtuell gekaufte Gemüse wird dann per Bote rechtzeitig vor dem Mittagessen nach Hause geliefert.

Ob so etwas in Europa gut aufgenommen würde? Bisher sieht es nicht so aus. Über die Gaming-Nische hinaus konnte sich VR bislang nicht etablieren. Die Branche kämpft im Westen mit einem Henne-Ei-Problem: Hardware-Hersteller hoffen auf spektakulären Content, um ihre Produkte zu verkaufen, während die Content-Hersteller auf den einen großen Hardware-Kassenschlager hoffen, um ihre Inhalte an ein möglichst großes Publikum zu verkaufen.

In China stellt sich diese Frage nicht mehr, da VR längst in vielen Lebensbereichen Einzug gehalten hat und für Menschen aller Altersstufen bereits mehr ist als eine futuristische Spielerei. Der VR-Park in Guiyang könnte diesen Trend noch verstärken und vielleicht sogar zu einer Art Disneyland für Virtual-Reality-Fans werden. Dann wird es den Chinesen vielleicht gehen wie dem weisen Zhuang Zhou aus dem chinesischen Philosophieklassiker *Zhuangzi*, der nach dem Aufwachen nicht mehr wusste, ob er eben träumte, ein Schmetterling zu sein, oder ob er vielleicht ein Schmetterling ist, der eben träumte, Zhuang Zhou zu sein.

Zum Eintauchen in die virtuelle Realität reichen heute schon ein Smartphone und eine entsprechende Brille. In beiden Bereichen geben immer mehr chinesische Produkte die Richtung an. Bei den Smartphones, dem wichtigsten Utensil unseres täglichen Lebens, ist China längst auf Augenhöhe.

Es kommt einem länger vor, ist aber erst zehn Jahre her, dass Steve Jobs der Welt das erste iPhone vorstellte. Damals führten drei Firmen den Weltmarkt an. Nokia aus dem finnischen Espoo, Sony Ericson aus Tokio und dem schwedischen Lund sowie Motorola aus dem amerikanischen Schaumburg. Firmen aus Asien, Europa und den USA teilten sich also den Markt. Dann folgten allerdings drei große Überraschungen. Die erste: Apple revolutionierte das Smartphone, und das Nokia-Handy verschwand von der Bildfläche.

Die zweite Überraschung: Bereits 2011 löste Samsung mit seinem Galaxy das iPhone ab und hat inzwischen mit gut 20 Prozent einen um fünf Prozent höheren Marktanteil als das Apple-Smartphone. Mit anderen Worten: Das amerikanische iPhone war nur kurz Weltmarktführer, gewissermaßen zwischen den europäischen Pionieren und den heutigen asiatischen Spielern.

Die dritte und größte Überraschung: Die Huawei-Handys aus dem südchinesischen Shenzhen haben im ersten Halbjahr 2017 nur noch 0,7 Prozent weniger Weltmarktanteil als Apple. Im Juli ist es dann so weit: Erstmals überholt Huawei Apple. Doch im Herbst kann sich Apple mit dem neuen iPhone X wieder nach vorne schieben. Mitte 2018 hat Apple einen Weltmarktanteil von über 14 Prozent, Huawei immerhin gut zehn Prozent. Das ist dennoch erstaunlich: Huawei hat erst vor fünf Jahren sein erstes Smartphone auf den Markt gebracht. Wer damals vorausgesagt hätte, dass Huawei es in so kurzer Zeit auf Platz drei der Weltrangliste schafft, dem hätte niemand geglaubt. Dass die chinesischen Hersteller ein Drittel des Weltmarktes bedienen würden, schon gar nicht.

China hat viel schneller aufgeholt, als die Welt dachte. Huawei ist nicht einmal ein Ausreißer, sondern nur die Vorhut eines Trends: Auf Samsung, Apple und Huawei folgen in der Weltrangliste inzwischen zwei weitere chinesische Anbieter: Oppo und Xiaomi mit gut sieben Prozent Weltmarktanteil. Xiaomi ist inzwischen in 74 Ländern vertreten. Im Juli 2018 sammelte Xiaomi in Hongkong bei seinem Börsenstart über fünf Milliarden US-Dollar ein. Es war zwar nur die Hälfte dessen, was die maßlosen Xiaomi-Manager gehofft hatten, dennoch ist das Unternehmen nun 55 Milliarden US-Dollar wert.

Während Samsung und Apple stagnieren, wachsen die Chinesen zweistellig. Das gilt auch für Firmen wie Transsion Holdings, die selbst in China keiner kennt, die aber in Afrika, dem am schnellsten wachsenden Mobilfunkmarkt der Welt, mit einem Anteil von 40 Prozent Marktführer sind und sogar Huawei ausgestochen haben.

In China sieht die Lage für den Westen noch ernster aus: Huawei, Oppo, Vivo und Xiaomi haben zusammen einen Marktanteil von 73 Prozent; das iPhone ist auf Platz fünf abgerutscht, Tendenz weiter sinkend. Immerhin sind die Gewinne, die Apple pro Smartphone einfährt, noch unschlagbar. Doch auch da ziehen die Chinesen nach, mit immer mehr Premiummodellen, die eine höhere Gewinnmarge versprechen: Oppo bietet ein Gerät für 999 Euro an, es hat den größten Touchscreen aller auf dem Markt erhältlichen Handys. Oppos »Lamborghini Edition« kostet 1599 Euro. Für das beste Vivo-Smartphone muss man knapp 700 Euro hinblättern. Das Huawei-Konkurrenzmodell zum iPhone, in manchen Features – etwa bei der Kamera – besser als das Apple-Smartphone, wird für 800 Euro verkauft. Die Chinesen werden ihre globalen Marktanteile noch dramatisch ausbauen. Huawei hat in den USA bisher nur rund fünf Prozent Marktanteil.

Manche Revolutionen finden leise statt – geradezu selbstverständlich –, und doch stellen sie alles auf den Kopf, was bisher war. Eine solche Revolution ist in China das Bezahlen mit WeChat oder Alipay. Das sind Apps für Smartphones, mit denen man im Fall von WeChat nicht nur bezahlt, sondern auch kostenlos telefoniert, und die über Applikationen wie Facebook und WhatsApp verfügt. Bevor sich die in den USA so begehrten Kreditkarten überhaupt in China etablieren konnten, kamen WeChat & Co. Sie haben innerhalb weniger Jahre dafür gesorgt, dass das Bargeld aus dem Alltag in China weitgehend verschwunden ist. Das gilt für die Marktfrau und den Fahrradflicker ebenso wie für Supermärkte, Restaurants und inzwischen auch für den Kauf eines kleineren Autos. Einfach den Code mit dem Handy scannen, Betrag bestätigen, per Daumenabdruck die Identität belegen und fertig. Was man wo ausgegeben hat, wird übersichtlich im Handy aufgelistet: Essenslieferungen, Stromrechnungen, ja sogar Kredit- und Aktiengeschäfte lassen sich mit der schnellen Zahlungsmethode komfortabel abwickeln. Selbst die seltenen Bettler in China halten inzwischen einen Pappkarton mit einem Barcode hoch, genau wie die Straßenmusiker. Die Zeiten der offenen Gitarrenbox, in die man Münzen und kleine Scheine werfen konnte, sind in China vorbei.

In China gelten Kreditkarten als seltsam altmodisches System der Westler. Man muss im Restaurant diese klobigen Lesegeräte zum Kunden schleppen, die dann meist Verbindungsprobleme haben. In die muss der Kunde eine PIN eingeben. Dann kommen diese Zettelchen aus der Maschine heraus, die der Kunde auch noch unterschreiben muss. Einen Zettel bekommt das Restaurant, einen der Kunde. Zettel, die man irgendwo sammeln muss. Denn vier Wochen später muss man sie mit einer Abrechnung vergleichen. Chinesen schütteln nur schmunzelnd den Kopf, wenn sie hören, was die Amerikaner da in die Welt gesetzt haben. WeChat hat inzwischen über eine Milliarde User, Alipay über 780 Millionen. 2017 wurden Transaktionen im Wert von über 15 Billionen US-Dollar getätigt. Über 50 Prozent von Alipay, knapp 40 Prozent von WeChat. Über 90 Prozent dieser Transaktionen sind also in der Hand von zwei Techriesen: Alibaba und Tencent. Die beiden stehen in einem harten Wettbewerb um die Kunden, den sie über Rabattschlachten austragen.

Noch wertvoller als die Transaktionsgebühr sind die Kundendaten. Zu wissen, wer was wann kauft, eröffnet den Unternehmen Möglichkeiten, ihr Angebot auf den Kunden zuzuschneiden. Dass der dabei allerdings zum gläsernen Menschen wird, stört die meisten Chinesen nicht. 92 Prozent der Chinesen bezahlten 2017 in den großen Städten mobil, so eine Studie von Penguin Intelligence. Der Geldbeutel gehört in China in ein vergangenes Jahrhundert. Da sich die Chinesen das Mitführen von Scheinen und Münzen aber mehr und mehr abgewöhnen, stehen die Chancen immer schlechter, passendes Wechselgeld zu bekommen. Für Touristen aus dem Ausland kann das zum Problem werden: Um den virtuellen Geldbeutel von Alipay & Co. nutzen zu können, benötigt man bisher ein chinesisches Bankkonto.

Der Wettkampf zwischen Alibaba und Tencent ist etwa so wie früher der zwischen Pepsi- und Coca-Cola. Die koffeinhaltige Brause, die ihren Siegeszug um die Welt antrat, war in jedem Fall amerikanisch. Aus Europa, genauer gesagt aus Deutschland, kamen BMW und Mercedes. Ein Duo, das die Welt der Premiumkarossen prägte. Ende der 1990er-Jahre kamen Apple und Google, auch sie amerikanisch.

Heute treten mobile Bezahlsysteme ihren Siegeszug um die Welt an – und die großen Player sind chinesisch. Der Westen hat dem kaum etwas entgegenzusetzen. Apple Pay hat 127 Millionen User weltweit. Der amerikanische Anbieter PayPal kam 2017 auf 7,6 Milliarden Transaktionen im Gesamtwert von 451 Milliarden US-Dollar. Alipay hingegen verbuchte im gleichen Zeitraum Aufträge für rund neun Billionen US-Dollar. Die Amerikaner haben keine Chance mehr, sich bei diesem Thema global durchzusetzen. Von Europa, von Deutschland gar nicht erst zu reden.

Die Branche, die dahintersteckt, heißt FinTech, kurz für Financial Technology. Dabei geht es nicht nur um mobile Bezahlsysteme, sondern auch um andere Bereiche, in denen man virtuell »Geld in die Hand nimmt«, zum Beispiel im digitalen Banken- und Versicherungswesen oder in der Vermögensverwaltung. Kurz gesagt: bei FinTech geht es um nichts Geringeres als die Zukunft des Geldes.

In China wächst Marktführer Ant Financial, die Firma mit der blauen Ameise im Logo, ins Unermessliche. Im Frühjahr 2018 hat das Unternehmen aus Hangzhou 14 Milliarden US-Dollar von Investoren eingesammelt – die größte bekannte Finanzierungsrunde eines privaten Unternehmens überhaupt. Analysten schätzen den Wert des Unternehmens nun auf 150 bis 160 Milliarden US-Dollar.

Der Konzern bietet neben seinem Bezahldienst auch Darlehen und Mikrokredite an. Er ist ein Tochterunternehmen des omnipräsenten chinesischen Techgiganten Alibaba. Gegründet wurde Alibaba 1999 von dem ehemaligen Englischlehrer Jack Ma, der heute als eine Art chinesischer Steve Jobs gilt, wenn man so will. 2004 hat Ma mit seiner Internetplattform Alibaba den Bezahldienst Alipay gegründet. Ant Financial, zu dessen Beratern auch die Deutsche Bank gehört, wurde 2014 von Alibaba abgespalten, kurz bevor der Mutterkonzern in New York an die Börse ging und bei seiner Erstnotiz 25 Milliarden US-Dollar einsammelte. Im kommenden Jahr will Ant Financial selbst den Börsengang wagen, vermutlich in Hongkong. Das Unternehmen könnte seinen einstigen Mutterkonzern dabei sogar noch übertrumpfen.

Es ist eine fruchtbare Zusammenarbeit: Ant Financial ist das weltweit größte FinTech-Unternehmen, Alibaba unterhält mit Taobao die größte Online-Handelsplattform Chinas. Die beiden Unternehmen können sich also gegenseitig die Kunden zuschanzen. Gegenüber traditionellen Banken ergibt sich daraus für Ant Financial noch ein weiterer Vorteil: Durch die geringeren Sicherheitsbedenken in Sachen Datenschutz in China weiß das Unternehmen viel mehr über seine Kunden und deren Konsum- und Nutzerverhalten. Auch Rabatte können bei Alipay und Taobao viel einfacher gewährt werden als etwa mit einer Kreditkarte. Das bringt die Chinesen auch in eine bessere Ausgangsposition gegenüber den westlichen Platzhirschen Google Pay und PayPal. Die Chinesische Zentralbank passt bereits auf, dass ihre Macht nicht untergraben wird. Um die Stabilität des Finanzmarktes nicht zu gefährden, hat sie zuletzt Transaktionslimits von 10 000 Yuan (1 560 US-Dollar) pro Tag verhängt. Bei größeren Anschaffungen braucht man also eine Ausnahmegenehmigung.

Anderen finanztechnischen Innovationen stehen Pekings Politiker weitaus skeptischer gegenüber. So machte die Chinesische Zentralbank Anfang September 2017 ihre Drohung wahr und verbot mit sofortiger Wirkung sogenannte Initial Coin Offerings (ICO), digitale Börsengänge, mit denen Firmen über digitale Kryptowährungen Kapital generieren. Für Peking ist das unregulierte

Finanzierungsmodell eine Störung der wirtschaftlichen und finanziellen Ordnung. In einem Statement bezeichnete die Zentralbank ICOs als »illegale öffentliche Kapitalbeschaffung, die in Zusammenhang mit kriminellen Machenschaften wie Betrug und Schneeballsystemen stehen«. Das Verbot schlug internationale Wellen, nicht zuletzt da China sich zum wachstumsstärksten ICO-Markt der Welt entwickelt hatte. Kurz nach Bekanntgabe der Entscheidung sackte der Wert der bekanntesten Onlinewährung Bitcoin um sieben Prozent ab, erholte sich aber später wieder.

Zu sehr bremsen möchte Peking das bargeldlose Bezahlen allerdings auch nicht. Nicht mehr die Exporte, sondern der Binnenkonsum ist inzwischen die wichtigste Säule von Chinas Wirtschaftswachstum. Da ist reibungsloser Einkauf wichtig. Immer mehr Firmen, die sich zuvor zu fein waren, ihre Produkte über WeChat anzubieten, knicken nun ein. Die französische Luxusmarke Christian Dior etwa bot pünktlich zum Qixi, dem chinesischen Valentinstag, im August 2017 zum ersten Mal Handtaschen auf WeChat an: die »Lady Dior Bag« in einer Sonderedition mit dekorativen »Cannage«-Absteppungen, inspiriert von Stühlen im Stil von Napoleon III., zum Preis von umgerechnet 3 800 Euro. Das sei kein Einkaufsereignis mehr, bedauern die Traditionalisten, auch bei Dior. Tatsächlich wird die Tasche dann von einem muffligen Fahrer eines Elektrodreirads an der Tür abgegeben, der auf derselben Tour vielleicht Chinakohl und Bügeleisen ausliefert. Die Franzosen sind die ersten der großen Haute-Couture-Marken, die über ihren Schatten gesprungen sind. Weitere dürften folgen.

Diejenigen, die schon bei Dior-Taschen von WeChat die Nase gerümpft haben, müssten eigentlich auch die kommerzielle Verunglimpfung eines alten Festes bedauern. Das Qixi-Fest ist viel älter als Dior. Es wird seit der Han-Dynastie gefeiert, und die begann 200 Jahre vor Christi Geburt. Der Legende nach betrachteten an jenem Abend ein Hirtenjunge und ein Webermädchen gemeinsam die Sterne, die durch die Milchstraße voneinander getrennt waren. Getrennt waren lange auch die neue Welt der

Chinesen und die alte Welt des Westens. Ant Financial bringt beide nun zusammen, mit einer Dior-Tasche, und reduziert damit das traditionsreiche Qixi-Fest auf einen Shoppingevent. Das mag man bedauern, doch die Konsumenten nehmen diese Gelegenheit gerne an, genau wie die von Alipay initiierte »cashfreie Woche«, eine Kampagne mit zahlreichen Rabattaktionen.

Mithilfe der neu eingesammelten 14 Milliarden US-Dollar will Ant Financial seinen Marktanteil in den kommenden Jahren auf zwei Milliarden Nutzer vergrößern. In Indien besitzen Alibaba und Ant Financial zusammen bereits 36 Prozent an Paytm, der indischen Alipay-Version, die pro Monat schon rund eine Milliarde Transaktionen verbucht. Auch in Indonesien will Ant Financial so bald wie möglich Fuß fassen und hat dafür bereits 2017 ein Joint Venture mit dem indonesischen Medienkonzern Elang Mahkota Teknologi gegründet. Gemeinsam planen die Unternehmen ein auf den riesigen indonesischen Markt spezialisiertes mobiles Zahlungssystem. »In Entwicklungsländern, auch solchen, durch die Chinas Neue Seidenstraße führt, leben bis zu zwei Milliarden Personen ohne Bankkonto. 79 Prozent dieser Menschen sind auf Kredite angewiesen, die das Finanzsystem ihrer Länder nicht bereitstellen kann«, sagt Yu Shengfa, der Vizepräsident von Ant Financial. Eine Chance, die man sich nicht entgehen lassen will.

In den USA ist die Wahrscheinlichkeit hingegen gering, dass die Chinesen einen Fuß in die Tür kriegen. Die Amerikaner schließen ihre Märkte. Als Ant Financial 2017 für 1,2 Milliarden US-Dollar den amerikanischen Geldtransferspezialisten MoneyGram erwerben wollte, sagte Donald Trump Nein.

Im durchregulierten Finanzsystem der Europäer ist es auch nicht leicht. Die Methode »zuerst durchsetzen, dann regulieren«, die Ant Financial in Entwicklungsländern anwendet, funktioniert hier nicht. Gerade in Deutschland wird das Gewohnte überdurchschnittlich lange dem Innovativen vorgezogen. Also wandert Alipay erst einmal mit seinen Kunden. In Flughafenshops, Outlets, an Tourismuszielen wie dem Schloss Versailles oder in Nobelkaufhäusern wie Harrods in London kann man mit WeChat Pay bezahlen. In Deutschland kooperiert Alipay seit April 2017 mit der Drogeriemarktkette Rossmann, wo chinesische Touristen, Studenten und Geschäftsreisende in den 2100 deutschen Filialen nun Waren wie Milchpulver oder das in China überaus beliebte Shampoo der Bielefelder Marke Alpecin per App bezahlen können. Der Kochtopfhersteller WMF beteiligt sich ebenso wie das Münchner Edelkaufhaus Ludwig Beck und der Münchner Flughafen. Und Alipay hat einen Vertrag mit dem deutschen Unternehmen Concardis abgeschlossen, das in Deutschland 470 000 Kartenlesegeräte betreibt.

Während es den Deutschen nicht weiter auffällt, erkennen chinesische Touristen auf der Durchreise das kleine blaue Alipay-Logo an der Kasse schon von Weitem. Das grüne WeChat-Logo ebenfalls. Inzwischen reist jedes Jahr rund eine Million Chinesen nach Deutschland; sie geben im Schnitt 4700 Euro aus.

Seit 2018 akzeptieren rund 70 Shops am Münchner Flughafen WeChat Pay. Die Transaktionen werden von einem deutschen Unternehmen namens Wirecard abgewickelt. Das Unternehmen könnte bald im Dax auftauchen und mehr wert sein als die Deutsche Bank. Der TecDAX-Konzern mit Sitz in Aschheim bei München ist einer der größten Profiteure des Internethandels.

Das an der Börse München gelistete Unternehmen hat einen unglaublichen Aufstieg hinter sich. Im Sommer 2018 hat das Unternehmen mit einem Börsenwert von rund 20 Milliarden sogar den der Deutschen Bank überholt. Anfang September dann die Sensation: Das Chinageschäft im Rücken, kickt Wirecard die Commerzbank aus dem DAX. Allein im ersten Quartal 2018 ist das über die Wirecard-Plattform abgewickelte Transaktionsvolumen um 50 Prozent auf gut 26 Milliarden Euro gestiegen. Alipay und WeChat werden den Aufstieg des Unternehmens noch weiter beflügeln. Denn die sind so richtig noch gar nicht in Europa angekommen.

Um das zu ändern, hat Tencent im Frühjahr 2018 in das Berliner Flagship-Start-up N26 investiert. Die Onlinebank sammelte in der dritten Runde 160 Millionen US-Dollar von der Allianz AG und

Tencent ein. Es ist eine der höchsten Finanzierungsrunden in ein FinTech-Unternehmen in Europa und die bisher höchste in Deutschland. Dennoch wird es hier nicht so glatt laufen wie andernorts. Dass etwas praktisch, schnell und preiswert ist, kann die hiesigen Bedenken zum Thema Datenschutz nicht so einfach hinwegfegen. Die Deutschen wollen durch die im digitalen Bezahlungsverkehr gesammelten Daten nicht zum »gläsernen Bürger« werden.

WeChat und Alipay könnten jedoch bald kalter Kaffee sein: An den Frauen auf dieser Pekinger Party scheint nichts ungewöhnlich zu sein. Vielleicht ein wenig zu perfekt geschminkt, aber gut angezogen und selbstbewusst, in langen Kleidern und Hosenanzügen. Die Szene könnte auch in New York oder Paris spielen. Es ist eine dieser zahllosen Veranstaltungen, wieder ein neues Unternehmen, man kommt kaum noch hinterher. Diesmal werden die Ausstellungsräume des Tech-Start-ups Megvii eröffnet, im Nordwesten Pekings. Die Gäste stehen in Gruppen zusammen, ein Glas Sekt in der Hand. Doch dann erfasst ein Gesichtsscanner die erste Gruppe Frauen: Sofort erkennt er sie als Männer. Die Firmensoftware mit dem Namen Face++ lässt sich nicht täuschen, sie kann das Geschlecht nur anhand des Gesichts in allen Fällen eindeutig identifizieren. Beim Alter erweist sich das Programm ebenfalls als beeindruckend hellsichtig, mit einer Abweichung von nur einem Jahr. Eine solche Treffsicherheit war im Bereich der Gesichtserkennung vor zehn Jahren noch Zukunftsmusik.

Die Macher von Megvii haben an jenem Abend eine Gruppe männlicher Schauspieler engagiert und diese als Frauen verkleidet, um die Fortschritte ihrer Programme zu demonstrieren. Megvii ist auf dem besten Weg, globale Standards in der Zukunftstechnologie der Gesichtserkennung zu setzen. Was technisch eine große Herausforderung ist, lässt sich mit Worten schnell erklären: Für die Gesichtserkennung vermessen Computer zentrale Merkmale wie Augen, Nasenflügel, Kinn- und Mundpartien sowie ihren Abstand zueinander. In der Summe der aus immer neuen Winkeln eingefangenen Physiognomien entsteht ein digitales biometrisches Muster, das bei jedem Menschen einzigartig ist. Deep Learning, die Königsdisziplin innerhalb der künstlichen Intelligenz, ist unabdingbar, um gute Gesichtserkennungssoftware herzustellen. Die Algorithmen müssen lernen, was für Gesichter es gibt und was das eine vom anderen unterscheidet. Sie müssen echte von künstlichen unterscheiden können und Faktoren wie Winkelverzerrungen, Lichteinflüsse oder Details wie Sonnenbrillen in ihre Berechnungen mit einbeziehen. Eine große Gesichter- und Bilddatenbank ist dafür die Grundvoraussetzung. China ist für die Entwicklung solcher Software deshalb ein ideales Experimentierfeld. Im Gegensatz zu Europa oder den USA werden die Entwickler in ihrer Forschung hier kaum von Datenschutzgesetzen und Privatsphäre-Diskussionen eingeschränkt. Im Gegenteil: Ausgewählte Unternehmen dürfen sogar auf staatliche Datenpools zurückgreifen. Und die sind enorm. In China sorgen derzeit über 176 Millionen Kameras für eine engmaschige Überwachung im öffentlichen Raum. Darüber hinaus hat jeder Chinese ab 16 Jahren einen Ausweis mit biometrischen Daten, die ebenfalls in die Deep-Learning-Programme eingespeist werden können.

Die Einsatzgebiete der Gesichtserkennung beschränken sich längst nicht nur auf die polizeiliche Überwachung, wie wir oft reflexhaft glauben. Es geht auch um andere, mildere Formen der Kontrolle. Im Einzelhandel könnten ausgereifte Gesichtsscanner etwa dabei helfen, für Kunden je nach Geschlecht, Alter und Mimik personalisierte Werbung zu generieren und via Smartphone zuzusenden. Einer verdrießlich dreinschauenden Person könnte so eine Reise in die sonnige Karibik schmackhaft gemacht werden. Ob wir das wirklich wollen, ist eine andere Frage.

Am meisten wirtschaftliches Potenzial haben momentan jedoch Authentifizierungsprozesse, bei denen das eigene Gesicht zum persönlichen Universalschlüssel wird, etwa beim Geldabheben auf der Bank, der Passkontrolle am Flughafen oder der Entsperrung des Smartphones. Natürlich eignet sich die Technik auch hervorragend zur polizeilichen Fahndung und Überwachung. Der Bereich, bei dem es uns im Westen kalt den Rücken herunterläuft und wir Aldous Huxleys »schöner neuer Welt« sehr nahe kommen.

In diesem Bereich gehört Megvii mit seinem Unternehmen Face++ ebenfalls zu den Vorreitern. Seit 2016 seien bereits 4 000 Verdächtige mithilfe der Software festgenommen worden, verkündet das Unternehmen stolz. Zum Beispiel mithilfe jener Polizeibrillen, die wir bereits aus dem Kapitel über künstliche Intelligenz kennen. Die Brille ist mit einem Gesichtsscanner ausgestattet, mit der sie die Massen am Ostbahnhof der zentralchinesischen Stadt Zhengzhou durchleuchtet. Verbunden mit einer riesigen Datenbank, kann sie gesuchte Personen in Sekundenschnelle erkennen. Das Pilotprojekt in der Provinz Henan gilt schon jetzt als Erfolg bei der Polizei. In wenigen Wochen seien dank der Brillen mehr als sieben mit Haftbefehl gesuchte mutmaßliche Kriminelle verhaftet und 35 Menschen mit falschen Personalausweisen erwischt worden.

Gegründet wurde Megvii 2011 von drei Absolventen der renommierten Pekinger Tsinghua-Universität. Es war das erste Start-up der Branche, das in den exklusiven Klub der »Einhörner« aufstieg, jener Unternehmen also, die nicht älter als zehn Jahre und bereits über eine Milliarde US-Dollar wert sind. Eine Erfolgsgeschichte, die zeigt, welches Potenzial in der Gesichtserkennungstechnik in China steckt: Während Megvii 2014 gerade einmal 30 Mitarbeiter beschäftigte, sind es heute rund 530. Großkunden wie Alipay, die China Merchants Bank, die CITIC Bank sowie der Smartphone-Hersteller Xiaomi und der Computerriese Lenovo nutzen oder testen die Software der Newcomer bereits.

Qi Yin, der Chef des Unternehmens, ist gerade einmal 29 Jahre alt. Er sagt, 90 Prozent der 200 wichtigsten Internetfirmen in China würden inzwischen Face++ und die dazugehörige Gesichtserkennungsplattform Face ID verwenden. Beliebt sind die Programme vor allem bei digitalen Finanzdienstleistern wie Onlinebanken, die Nutzer damit sicherer identifizieren wollen. Schlupflöcher werden nach und nach gestopft. Damit sich niemand mit einer

Maske oder Ähnlichem fälschlicherweise autorisieren lassen kann, hat Megvii etwa »Lebendigkeitstests« in seine Anwendungen integriert, bei denen der Nutzer sprechen oder seinen Kopf in bestimmte Richtungen bewegen muss. Um das Programm zu täuschen, käme man sogar mit Schönheitschirurgie nicht weit, sagt Qi: »Man müsste sich schon die Gesichtsknochen abschleifen lassen.«

In der vergangenen Finanzierungsrunde hat das Jungunternehmen erneut 460 Millionen US-Dollar eingesammelt. Natürlich wird Megvii auch von der Regierung in Peking gefördert. Im November 2017 erhielt das Start-up umgerechnet 400 Millionen Euro aus einem staatlichen Fonds. Auf die staatlichen Datenpools kann Megvii ebenfalls zugreifen, um das firmeneigene Deep-Learning-Programm, das folgerichtig Brain++ getauft wurde, mit riesigen Datenmengen zu füttern. Bei Megvii ist man davon überzeugt, dass die Software das alltägliche Leben der Menschen total verändern wird. Einkaufstouren sollen eines Tages mit Megvii-Gesichtserkennung erledigt werden können, ohne Geldbeutel, Kreditkarte oder Ausweis. Die Kunden werden gescannt, wenn sie ein Geschäft betreten. Sie können das Geschäft mit ihren Waren wieder verlassen, ohne an die Kasse zu gehen oder ihre Einkäufe auch nur abstellen zu müssen. Im Restaurant bezahlt man ebenfalls nur mit seinem Gesicht. Und selbst die heimische Wohnungstür springt via Gesichtserkennung automatisch auf.

In Zukunft will das Unternehmen seine Kompetenzen zum Beispiel auch in den Bereich der Robotik ausweiten. So arbeitet Megvii derzeit unter anderem an einem Fließbandroboter für den Apple-Zulieferer Foxconn, der die bislang besonders aufwendige Herstellung des iPhone X noch effizienter machen soll. Also ausgerechnet jenes Gerät, das Ende 2017 auch im Westen den großen Vorstoß in den Markt der Gesichtserkennungstechnik wagte. Zufall? Apple hatte ja mit seinem Face-Scanner einige Startschwierigkeiten zu meistern. Der Detektor konnte zum Beispiel bestimmte asiatische Frauengesichter nicht eindeutig voneinander unterscheiden.

Das würde Megvii nicht passieren. Immerhin: Die Fingerabdruck-Erkennung, die Apple vor nur fünf Jahren mit dem iPhone 5s bekannt machte, wurde mittlerweile weltweit angenommen. Mit der chinesischen Gesichtserkennung könnte es ähnlich sein. Den globalen Standard haben dann, so wie es derzeit aussieht, die Chinesen gesetzt. Denn Megvii ist nicht das einzige Unternehmen, das in diesem Bereich erfolgreich ist. SenseTime aus Hongkong ist im Sommer 2017 ebenfalls in die Liga der Einhörner aufgestiegen und hat sich neben der Gesichtserkennung auf Umfeldanalysen autonom fahrender Autos spezialisiert. Oder CloudWalk, das im Spätherbst 2017 – nur zwei Jahre nach seiner Gründung – 301 Millionen US-Dollar von der Lokalregierung in Guangzhou einsammeln konnte. Die Anwendungen kommen unter anderem im Finanzsektor und der Luftfahrtbranche zum Einsatz.

Seit 2017 schon betreibt Alibaba einen Supermarkt in der ostchinesischen Stadt Hangzhou, in dem der Kunde per Gesichtserkennung identifiziert wird und die Rechnung beim Verlassen des Geschäfts automatisch mit seinem Alipay-Konto begleicht. Kassierer und Warteschlangen findet man hier ebenso wenig wie Bargeld. Ob man darin nun ein dystopisches Überwachungsszenario oder die Vision einer schönen neuen Konsumwelt ausmacht, liegt buchstäblich im Auge des Betrachters.

An 1000 Automaten der China Merchants Bank reicht schon jetzt ein Blick in die Kamera, um Geld abzuheben. Fotobetrug ist, so die Erfinder, durch die bereits erwähnten »Lebendigkeitstests« ausgeschlossen. Schnellere Einlasskontrollen bei Fußballspielen oder Rockkonzerten werden durch Gesichtsscans möglich. Das erhöhe die Lebensqualität in einem Land, in dem ständig gewaltige Menschenmassen unterwegs seien, erheblich. So werben zumindest die Erfinder.

Die Fluggesellschaft China Southern Airlines testet den Einsatz von Gesichtserkennung bereits in der Stadt Nanyang: Anstelle von Bordkarten reicht hier seit 2017 der Gesichtsscan, damit ein

Passagier die Fluggates passieren kann. In Zukunft müsse man nicht mal mehr einen Pass mitbringen, versprechen die Entwickler.

Die Technik wird, wie oft bei neuen Entwicklungen, auch für eigenartige Anwendungen benutzt. Im Pekinger Himmelstempel, der zum Welterbe der UNESCO zählt, wurden etwa in den öffentlichen Toiletten Gesichtsscanner installiert, um Papierdiebe zu überführen: Bedient sich jemand innerhalb von neun Minuten über das Maß von 60 Zentimetern, so weist ihn der Automat höflich darauf hin. Es gibt kein zusätzliches Klopapier. Darüber, wie lange es dauert, bis sich der teure Gesichtsscanner durch den geringeren Klopapierverbrauch amortisiert hat, liegen derzeit keine Informationen vor.

KAPITEL 6

DIE NEUE SEIDENSTRASSE

GESCHICKTER GÜRTEL

Wie Peking das größte Infrastrukturprojekt der Welt durchzieht und Europa seine Rolle dabei nicht finden will.

> *»Inzwischen ist es okay festzustellen: Das ist eine große Idee,*
> *die unserem Land sehr geholfen hat.«*
> Nursultan Nasarbajew, Präsident Kasachstans

Der Vorlesungssaal sieht aus wie ein kleines Parlament. Dunkles Holz, dunkle Wände. Die schweren Pulte für die Zuhörer steigen Reihe für Reihe im Halbkreis nach oben auf. Von der Empore dringt zwischen einigen Ficus benjamina Tageslicht in den Raum. Hier hat alles angefangen mit der Neuen Seidenstraße, der »Belt and Road Initiative«, kurz BRI. An jenem 7. September 2013 um 10.30 Uhr ist der Saal voll mit Studenten, Politikern und Journalisten. »Nasarbajew-Universität« steht in goldenen Lettern über der Bühne. Darunter sitzt der Namensgeber, Nursultan Nasarbajew, der Präsident Kasachstans. Wir sind in Astana, der neuen Hauptstadt des größten zentralasiatischen Landes, einer Stadt, die »jünger ist als Google«, wie Nasarbajew gerne betont. 2017 wurde sie 20 Jahre alt. Die frühere Hauptstadt war Almaty (Alma-Ata).

Kasachstan gehört flächenmäßig zu den zehn größten Ländern der Welt und zu den 15 Ländern mit den meisten Bodenschätzen weltweit. Unter dem Kaspischen Meer liegt Öl im Wert von fünf Billionen US-Dollar, sagen Optimisten. Das Meer bildet die knapp 1900 Kilometer lange Westgrenze Kasachstans. Das Land mit seinen gut 18 Millionen Einwohnern hat zwei mächtige Nachbarn:

China im Osten und Russland im Norden. Zwischen der Drei-Millionen-Stadt Kiew in der Ukraine im Osten Europas und der 15-Millionen-Metropole Istanbul im Westen der Seidenstraße und Ürümqi, der chinesischen Drei-Millionen-Metropole im Osten, ist Astana die einzige moderne Stadt.

Die Zuhörer sind heute nicht wegen Nasarbajew gekommen. Am Rednerpult steht der chinesische Präsident Xi Jinping. Dunkler Anzug, hellblaue Krawatte. »Shaanxi, meine Heimatprovinz, liegt am Beginn der alten Seidenstraße«, sagt Xi. »Wenn ich an diese Zeit in der Geschichte denke, kann ich fast die Rufe der Kamele in den Bergen hören und den Staub sehen, der aus der Wüste herüberweht.« Kasachstan habe schon vor über 2100 Jahren eine wichtige Rolle beim Austausch zwischen Ost und West gespielt. »Ein naher Nachbar ist wertvoller als ein entfernter Verwandter«, schmeichelt Xi den Kasachen. Der Austausch zwischen Ost und West habe dazu geführt, dass man voneinander lernte. »Dies hat zum Fortschritt der menschlichen Zivilisationen entscheidend beigetragen«, sagt Xi. Es zeige, dass Länder mit unterschiedlichem kulturellem Hintergrund zum Nutzen aller zusammenarbeiten können. Deshalb müsse sich »die eurasische Region neu erfinden und gemeinsam einen Wirtschaftsgürtel entlang der Seidenstraße bauen«.

Xi ist zu diesem Zeitpunkt erst seit einem halben Jahr im Amt. Am Tag zuvor ist er aus Sankt Petersburg angereist, wo er an seinem ersten G20-Gipfel als Präsident teilgenommen hat. Dort hat er mit keinem Wort erwähnt, was er mit dem eurasischen Kontinent vorhat. Dass er das größte Infrastrukturprojekt der Weltgeschichte anstoßen will, das größte seit dem Bau der Großen Mauer, die über 20 000 Kilometer lang ist und deren erste Quader bereits im 7. Jahrhundert vor Christus aufeinandergesetzt wurden.

Das sind die Dimensionen, in denen Xi als Politiker denken möchte.

In Eurasien leben 70 Prozent der Weltbevölkerung. 75 Prozent der Energieressourcen befinden sich hier, und schon heute werden 70 Prozent des weltweiten Bruttoinlandsprodukts in dieser

Region erwirtschaftet. Knapp 30 Prozent des Welthandels wird zwischen Asien und China abgewickelt. Xis Plan: In rund zehn Jahren will China das Handelsvolumen mit den Partnern der Neuen Seidenstraße auf 2,5 Billionen US-Dollar mehr als verdoppeln.

Kasachstan erscheint Xi als der richtige Ort, um die Initiative zu verkünden. Das Land hat eine Schlüsselposition in der Neuen Seidenstraße, die damals offiziell noch »Silk Road Economic Belt«, »Wirtschaftsgürtel Seidenstraße«, heißt. Die Initiative soll den beteiligten Ländern zu wirtschaftlichem Aufschwung verhelfen. Xi möchte Zentralasien so boomen lassen, dass »Terrorismus, Separatismus und Extremismus« keine Chance haben. Er ist der Auffassung, dass Terroristen – etwa aus Afghanistan und Pakistan – in manchen Seidenstraßenländern geduldet oder zumindest nicht ausreichend bekämpft werden, und fürchtet Folgen auch für China. Tatsächlich infiltrieren Terroristen schon heute die Provinz Xinjiang im Westen Chinas.

Natürlich ist China nicht die Caritas. Der Brückenschlag nach Westen soll zunächst einmal Chinas Bauunternehmen neue Aufträge bringen und damit das Wachstum im eigenen Land stabil über sechs Prozent halten. Und am Ende soll die neue Mittelschicht entlang der Neuen Seidenstraße selbstverständlich chinesische Produkte kaufen. Über allem aber steht das Ziel, Chinas Status als Weltmacht zu festigen. Zu dieser Strategie gehört auch, dass China die Produkte, die es herstellt, und die Bodenschätze, die es einkauft, nicht ausschließlich über den Seeweg transportieren möchte, durch die Straße von Malakka bei Singapur. Ein gefährlicher Engpass, der von Terroristen oder feindlich gesinnten Staaten blockiert werden kann. Für China wäre das, als ob man dem boomenden Land die Halsschlagader abdrückt. Das Risiko darf eine Weltmacht nicht eingehen.

Xi weiß aber auch, dass ein solches Jahrhundertprojekt nur funktionieren kann, wenn die Menschen in den beteiligten Ländern davon profitieren. Dann werden die Politiker der Region Peking am Ende so dankbar sein, dass sie in globalen politischen

Fragen an der Seite Chinas stehen. Deshalb wiederholt Xi immer wieder: »Wir wollen einen großen Chor, kein chinesisches Solo.« Die Länder entlang der Neuen Seidenstraße müssten eigenständiger, sicherer und stabiler werden.

Dass Peking zuhören und sich im Zweifel dennoch über Einwände und Kritik hinwegsetzen wird, darüber machen sich die Regierungen der beteiligten Länder kaum Illusionen. Und die dort lebenden Menschen schon gar nicht. Sie schwanken zwischen den Verlockungen des wirtschaftlichen Aufschwungs und der politischen Abhängigkeit von China. Das ist der Preis, den sie für den erhofften Boom zahlen werden. Denn das Geld für die Initiative kommt hauptsächlich aus China.

Peking weiß wiederum sehr wohl, dass es nicht allzu rücksichtslos agieren darf, Fingerspitzengefühl ist gefragt. Deshalb will Xi, dass die Länder entlang der Strecke nicht wie Vasallen, sondern wie Kunden behandelt werden. Selbstverständlich versucht Peking, wie jeder Dienstleister, den Kunden möglichst abhängig von sich zu machen und viele der eigenen Standards zu etablieren. Im besten Fall bemerkt der begeisterte Kunde die Abhängigkeit gar nicht. Aber eben nur im besten Fall.

Schon durch die Abfolge seiner ersten Auslandsreisen als chinesischer Präsident hat Xi deutlich gemacht, was er geopolitisch vorhat. Seine erste Reise ging nach Russland, sehr zur Freude Wladimir Putins. Als erster ausländischer Staatsmann darf Xi denn auch die militärische Kommandozentrale der Russen besuchen. Danach reiste Xi weiter durch die Staaten Afrikas mit dem großen Finale am Ende, dem BRICS-Gipfel in Südafrika. BRICS, das sind neben China die Aufsteiger Brasilien, Russland, Indien und Südafrika.

Seine zweite große Reise war bereits jene der »Seidenstraßen-Reden«: Von Zentralasien aus erfolgte der Abstecher zum G20-Gipfel in Sankt Petersburg, danach ging es gleich weiter nach Kasachstan und schließlich zum Gipfeltreffen der Shanghai Cooperation Organisation (SCO) in Bischkek, der Hauptstadt von Kirgisien. In der SCO haben sich die zentralasiatischen Länder zusammengeschlossen, Pakistan und Indien sind auch dabei.

Dann erst waren Europa, die USA und Japan an der Reihe. Es war ein deutliches Signal, dass Xi nicht den großen etablierten Staaten hinterherlaufen, sondern sich mit den kleinen aufstrebenden Ländern verbünden und gemeinsam als die Mehrheit der Welt die Weltordnung neu aufstellen will: »Lasst uns etwas Innovatives tun und gemeinsam diesen Wirtschaftsgürtel aufbauen«, lockt Xi in Astana.

Anfangs hat Xi jedoch ein kleines Problem: Seine Rede findet praktisch keine globale Resonanz. Diese Ankündigung, die Welt zu verändern, wird einfach überhört oder für unglaubwürdig gehalten. Ich selbst stolpere erst Wochen später darüber, aus Zufall, und auch ich bin erst einmal nicht elektrisiert. Selbst die chinesischen Medien steigen nicht auf das Thema ein. Zwar spricht die Website des Außenministeriums von einer »wichtigen Rede«, und sie wurde sogar im chinesischen Fernsehen live übertragen. Doch das allein bedeutet noch nichts, schließlich ist jede Rede von Xi Jinping irgendwie wichtig. Die Parteiblätter kommentieren eher pflichtgemäß den Plan ihres Parteichefs. Journalisten und Kommentatoren dachten offenbar, bei dem Plan eines »gemeinsamen Wirtschaftsgürtels« handele es sich eher um eine freundliche Geste gegenüber den Kasachen.

Ebenso verhalten ist die Einschätzung in den kasachischen Medien. Die Initiative wird zwar in der *Astana Times* vermeldet. Aber schon im zweiten Satz fühlt sich die Autorin gezwungen zu betonen, »dass sich China nicht in die internen Angelegenheiten der zentralasiatischen Nationen einmischt«. Begeisterung klingt anders. Was Präsident Nursultan Nasarbajew davon hält, wird nicht erwähnt. Nur das chinesische Außenministerium betont, der kasachische Präsident sei mit der »strategischen Version einer Neuen Seidenstraße voll einverstanden«.

In den Wochen danach passiert erst einmal nicht viel. Die meisten haben das Thema längst wieder vergessen, obwohl Xi in Jakarta vor dem Parlament noch eine ähnliche Rede hält, in der er von einer maritimen Seidenstraße spricht. Dann jedoch, im Herbst 2013, taucht der Begriff »New Silk Road Economic Belt« im Dokument der jährlichen Sitzung des Zentralkomitees der Kommunistischen Partei auf. Es ist die erste unter der Führung des neuen Staats- und Parteichefs.

Nun ist allen klar, das Thema ist wichtig. Noch nicht klar ist, *wie* wichtig. Erst allmählich stellt sich heraus, dass Xi Jinping vorhat, tatsächlich eine Reihe von Wirtschaftsgürteln von China aus in den Westen zu bauen. Eine Achse soll im Norden durch die Mongolei und Russland nach Moskau und von dort nach Westeuropa gehen. Eine zweite durch Kasachstan über Moskau nach Rotterdam. Eine dritte durch Kirgisien, Usbekistan und den Iran nach Istanbul und von dort weiter zum griechischen Hafen Piräus. Eine vierte von China diagonal durch Pakistan bis in den Iran. Eine fünfte über Myanmar und Bangladesch an den Indischen Ozean. Und eine sechste praktisch senkrecht nach Süden über Vietnam, Laos, Thailand, Malaysia und Singapur bis nach Jakarta in Indonesien. Die maritime Seidenstraße wiederum, von der Xi in der indonesischen Hauptstadt sprach, soll vor allem Afrika, aber auch Mittel- und Südamerika integrieren.

Die Skepsis ist groß in China. In der Heimat drückt Xi das Thema mit aller Propagandagewalt durch. Sonderseiten erscheinen in den chinesischen Zeitungen, eine Veranstaltung nach der anderen wird organisiert. Fonds werden aufgelegt. Die Städte im Westen Chinas müssen sich nun beim Aufbau der Neuen Seidenstraße engagieren.

Damit Europa ebenfalls diesbezüglich in Schwung kommt, reist Xi im März 2014 nach Duisburg. Dort liegt der größte Binnenhafen Europas. Vor einem Vierteljahrhundert dominierte hier noch die Schwerindustrie. Direkt am Rhein stand ein Stahlwerk von Thyssen-Krupp. Ende der 1980er-Jahre demonstrierten Tausende Arbeiter ohne Erfolg gegen die geplante Schließung. Heute wird das Gelände wieder genutzt – als Hafen und Logistikdrehscheibe. Aufs Jahr gerechnet sollen hier einmal 20 000 Schiffe und 25 000 Züge abgefertigt werden. Xi ist vor Ort, um den ersten der Züge willkommen zu heißen, die in Zukunft regelmäßig von der chinesischen Metropole Chongqing nach Duisburg fahren sollen. Etwa zwölf Tage hat der Zug für die gut 10 000 Kilometer gebraucht; ein Schiff wäre rund 40 Tage unterwegs gewesen.

Vier Jahre später, 2018, gehört die Strecke zum Alltag der Neuen Seidenstraße. 25 Züge fahren pro Woche. »Der Zug ist zwar teurer als der Transport per Wasser, aber es geht schneller und ist in jedem Fall günstiger als per Luftfracht«, erklärt Erich Staake, Vorstandsvorsitzender der Duisport AG, den Erfolg. Im Vergleich zu dem, was auf einem Schiff transportiert werden kann, sind 25 Züge allerdings noch sehr wenig. Ein Zug kann nur maximal 60 Container pro Fahrt transportieren, während ein einziges Schiff etwa 10 000 Container tragen kann. Aber es ist ein erster Schritt in die richtige Richtung: Bereits 2017 wuchs das Geschäft um zehn Prozent.

»Wenn wir es schaffen, die Zeitstrecke zwischen China und Duisburg von zwölf Tagen auf acht Tage zu reduzieren, dann wird dieses Angebot per Schiene noch stärker nachgefragt werden«, so Staake. Das hat auch die chinesische Projektentwicklerin Wang Yiao überzeugt. Sie will mit ihrer Firma 250 Millionen Euro investieren, um in der Nähe des Hafens ein deutsch-chinesisches Handelszentrum zu errichten. Dort sollen 300 chinesische Unternehmen angesiedelt werden, die von hier aus ihren Vertrieb in Mitteleuropa organisieren. Dies würde 2 000 neue Arbeitsplätze schaffen.

Andere Städte ziehen nun nach. Nürnberg hat mittlerweile eine eigene Zugverbindung ins westchinesische Chengdu. BMW lässt Teile aus Leipzig und Regensburg auf dem Schienenweg nach China transportieren. Dabei profitiert auch die Umwelt: Der CO_2-Ausstoß beim Transport per Schiene ist im Vergleich zum Schiff pro Tonnenkilometer um ein Drittel niedriger, bei gleicher Entfernung. Die größten Chancen, das vielleicht wichtigste deutsche Drehkreuz zu werden, hat jedoch Mannheim. Nach Duisburg verfügt es über den zweitgrößten Binnenhafen in Europa, liegt aber außerdem noch an einem der wichtigsten Eisenbahndreh-kreuze des Kontinents. Wer von Wien nach Paris will, muss durch Mannheim. Wer von Rotterdam nach Genua will, ebenso. Zudem liegt Mannheim nur eine halbe Zugstunde vom größten Flughafen Deutschlands entfernt und hat vor allem große Firmen wie Daimler, Roche, SAP und BASF in unmittelbarer Nähe. Aber auch die Privatbrauerei Eichbaum, den größten deutschen Bierexporteur nach China. Der erste Zug zwischen China und Mannheim fährt im Herbst 2018. »Wir wollen das unbedingt schaffen, als eine Stadt mit einer Exportquote von 65 Prozent«, sagt Oberbürgermeister Peter Kurz, »und wir haben die besten Voraussetzungen dafür: Politik und Wirtschaft spielen in dieser Frage Hand in Hand.« Kurz ist wohl der internationalste deutsche Oberbürgermeister. Er gehört als einziger deutscher OB dem EU-Ausschuss der Regionen an und kann dort die Vernetzung von EU und Asien vorantreiben. »Das ist mir sehr wichtig.«

An allen Ecken und Enden nimmt die Neue Seidenstraße nun langsam Gestalt an. Unentwegt treiben die Chinesen Autobahnen und Eisenbahnlinien durch unwegsames Gelände, schweißen Öl- und Gaspipelines zusammen, bauen Kraftwerke, sie entwickeln neue Handelszentren in Regionen, die bisher nicht an die Weltwirtschaft angeschlossen waren. »Die Neue Seidenstraße erschüttert die existierenden Paradigmen, nach denen die Welt funktioniert«, schreibt das amerikanische Businessmagazin *Forbes*. Insgesamt geht es um Investitionen von 900 Milliarden bis einer Billion US-Dollar in über 70 Ländern, sagt Peking. 140 Milliarden seien bis 2018 schon investiert worden. Es ist schwierig, das nachzurechnen. Denn ob in Kuba oder Nepal, in Nigeria oder auf den Philippinen, alles zählt nun irgendwie zur Neuen Seidenstraße. Bis auf drei Ausnahmen: Die USA und Japan sind nicht eingeladen. Und Indien will nicht, weil es sich von der chinesischen Seidenstraße umzingelt fühlt: China hat Allianzen mit Indiens Nachbarländern Pakistan, Bangladesch, Nepal und Sri Lanka geschmiedet. Japan und

Indien wollen nun als Gegengewicht eine »freie und offene indopazifische Region« schaffen, in der Delhi und Tokio eine zentrale Rolle spielen. Viel mehr als ein Plan ist das aber noch nicht.

In Moskau wiederum ist man hin- und hergerissen. Immerhin geht eine der neuen Seidenstraßenstrecken durch Russland, es gibt viele Möglichkeiten der Zusammenarbeit mit China. Andererseits ist Chinas Engagement in Zentralasien ein Angriff auf die Einflusssphäre Russlands. Schon lange bevor Präsident Xi die Neue Seidenstraße ausgerufen hat, haben Chinesen und Kasachen 2009 eine Pipeline vom Kaspischen Meer durch Kasachstan nach China gebaut und damit das Monopol der Russen in der Region gebrochen. Putin hat nicht das Geld dagegenzuhalten. Wenn Städte wie Moskau und Kasan im Osten des Landes auf einer Strecke von 770 Kilometern mit einem Hochgeschwindigkeitszug verbunden werden sollen, kostet das 22 Milliarden Euro. Das geht nur mit ausländischen Investoren.

Die Strecke ist das erste Teilstück der fast 7 800 Kilometer langen Linie Moskau–Peking. Mit einer Geschwindigkeit von 400 Stundenkilometern soll der Zug von Moskau aus in 33 Stunden Peking erreichen. Die gesamte Strecke wird rund 100 Milliarden US-Dollar kosten. Chinesische und deutsche Investoren buhlen um den Auftrag, die Entscheidung soll noch 2018 fallen. Die deutsche Initiative für Hochgeschwindigkeitsverkehr (HGV), an der unter anderem Siemens und die Deutsche Bank beteiligt sind, will 2,7 Milliarden Euro in das Projekt investieren. Es wäre ein wichtiger Auftrag für die deutsche Industrie. Doch die Sanktionspolitik des Westens macht es unwahrscheinlich, dass die Deutschen zum Zuge kommen. Putin hat das schon angedeutet.

Es wäre nicht das erste Großprojekt der Chinesen in Russland: In den vergangenen Jahren investierte China unter anderem massiv in den Ausbau des russischen Hafens Zarubino im fernen Osten des Landes. Seit 2016 ist Moskau Chinas wichtigster Rohöllieferant. Ein Jahr später gründeten beide Länder den russisch-chinesischen Investitions- und Kooperationsfonds. Zudem wollen Moskau und

Peking gemeinsam Langstreckenflugzeuge und zivile Hubschrauber bauen.

Die Hauptachse der Neuen Seidenstraße wird aber nicht durch Russland, sondern durch Kasachstan gehen. Der Dreh- und Angelpunkt ist der größte Trockenhafen der Welt, an der Grenze von China und Kasachstan. Khorgos heißt der kasachische Teil der Grenzstadt, Korgas der chinesische. Beide liegen in der Nähe des sogenannten Pols der Unzugänglichkeit, dem Punkt auf der Welt, der am weitesten von den Weltmeeren entfernt ist. Ein guter Platz für einen Trockenhafen also. Ausgerechnet eine der größten Reedereien der Welt, das chinesische Staatsunternehmen Cosco, und die Jiangsu Lianyungang Port Co. halten seit Sommer 2017 gemeinsam 49 Prozent. So soll das Geschäft über Land angekurbelt werden. Bisher gehen lediglich ein bis zwei Prozent des Warenverkehrs zwischen Europa und Asien hier durch.

Im Khorgos Gateway müssen die Container umgeladen werden. In Kasachstan, das einst zur Sowjetunion gehörte, haben die Züge die breitere russische Spurweite. Deswegen müssen die Container von chinesischen auf russische Waggons umgeladen werden. Ein großes Logistikzentrum haben die Chinesen dafür schon in die Steppe gebaut, die Khorgos East Gate Special Economic Zone. Insgesamt eine Investition von 200 Millionen US-Dollar. 2020 sollen hier 500 000 Container umgeschlagen werden, fünfmal so viele wie 2018.

Bisher geht es noch recht beschaulich zu. Das ist nicht weiter erstaunlich, bis zu Xis Seidenstraßen-Initiative gab es hier nur ein paar Nomaden. Inzwischen leben hier 1 200 Menschen, überwiegend Chinesen. 100 000 sollen es werden, wenn die neue Retortenstadt mit dem Namen Nurkent fertig ist. Das Klima jedenfalls dürfte für die neuen Bewohner eine Herausforderung werden: Gut -20 Grad hat es im Winter. Über 40 Grad heiß ist es im Sommer, hier, am Rand der Taklamakanwüste, am »Meer des Todes«, wie die Chinesen sie nennen.

Der Trockenhafen wird von einer vierspurigen Straße durchzogen. Noch herrscht hier kaum Verkehr. Sie soll einmal zur Westchina-Westeuropa-Route gehören, einer Autobahn, die sich vom Westen Chinas durchgehend bis nach Westeuropa erstreckt. Besonders an diesem Projekt wird der Erfolg der Neuen Seidenstraße gemessen werden. Und damit auch der Erfolg von Xi. Noch werden die Container angeblich von der chinesischen Regierung mit jeweils 1700 US-Dollar subventioniert. Erst, wenn mehr Züge fahren, wird das Geschäft rentabel. Es gibt also viel Luft nach oben. Immerhin: Beim letzten Treffen zwischen Nasarbajew und Xi im Juni 2018 wurden 40 Wirtschaftsverträge im Wert von 13 Milliarden US-Dollar abgeschlossen.

Die Neue Seidenstraße ist nicht weniger als ein geostrategischer Modellversuch der Globalisierung des 21. Jahrhunderts. Während die westliche Politik das Konzept der Isolation unliebsamer Staaten an manchen Stellen gerade einstampft, wie zeitweilig im Iran und in Kuba, lebt es im Umgang mit Russland derzeit wieder auf. China will hingegen Länder unterschiedlichster politischer Verfassungen und wirtschaftlicher Entwicklungsebenen integrieren. Wenn Xi das gelingt, lässt die Neue Seidenstraße 130 Jahre Pleiten, Pech und Pannen in China verblassen. Dann knüpft er an die guten alten Zeiten an, ohne in der Vergangenheit stecken zu bleiben, und trägt dazu bei, Regionen, die bisher von der Globalisierung ausgeschlossen waren, prosperieren zu lassen.

Kaum einem Präsidenten ist es in den vergangenen Jahrzehnten gelungen, global so viel Hoffnung zu verbreiten. »China katapultiert die Seidenstraße ins 21. Jahrhundert«, schreibt die *Welt* bereits. »Ein grandioses Projekt«, kommentiert die *Zeit*. »Weltgeschichtliche Kühnheit, die einem den Atem raubt«, liest man in der *FAZ*, »das größte Investitionsprogramm der Welt«, resümiert das *Manager Magazin*.

Die deutsche Wirtschaft zögert lange, wie sie sich positionieren soll. Fragen über Fragen. Wird das Projekt überhaupt umgesetzt? Ist genug Geld dafür da? Welche Spielregeln gibt es? Werden die chinesischen Firmen vom Staat subventioniert? Sind die Ausschreibungen transparent? Sind die deutschen Firmen dabei nur

Lieferanten der Chinesen, oder können sie mit den jeweiligen Ländern als eigenständige Partner agieren? Wollen die fraglichen Länder überhaupt mit China zusammenarbeiten? Hat der Westen Zugang zu chinesischen Finanzierungsquellen, oder müssen die Europäer ihr Geld selbst mitbringen? Viele dieser Fragen bleiben unbeantwortet.

Klar ist, Peking hat kein Interesse an transparenten Spielregeln, sondern will von Fall zu Fall und von Land zu Land entscheiden. Die Europäer wollen dagegen erst die Spielregeln bestimmen – für das ganze Spiel. Für Peking ist das Spiel ganz einfach. Wer mitfinanziert, bestimmt mit. Einen EU-Seidenstraßen-Fonds gibt es jedoch nicht. Und so passiert, was passieren muss: Die Chinesen legen los. Die Europäer warten ab. Jahre werden vergehen. Als im Mai 2017 29 Staats- und Regierungschefs sowie Spitzenvertreter aus 100 Ländern in Peking beim historischen Auftakt des »Belt and Road Forum for International Cooperation« zusammentreffen, um die Weichen der Welt in eine neue Richtung zu stellen, fehlen die Spitzenpolitiker aus Europa. Kanzlerin Merkel schickt immerhin ihre Wirtschaftsministerin Brigitte Zypries. Die gibt sich allerdings sehr reserviert gegenüber der Initiative. Sie will offensichtlich im Bundestagswahlkampf keinen Fehler machen. Die Chinesen bauen derweil einfach weiter.

Im Herbst 2017 gibt Weltbankpräsident Jim Yong Kim seine Zurückhaltung auf. Die Weltbank will acht Milliarden US-Dollar für die Infrastruktur der Neuen Seidenstraße bereitstellen. Das ist noch nicht viel, aber ein Signal. Die Amerikaner unter Trump sind nicht interessiert. Die Europäer können sich weiterhin zu keiner Position durchringen. Noch Anfang 2018 kann der Noch-Außenminister Sigmar Gabriel auf der Münchner Sicherheitskonferenz seine Skepsis nicht verbergen: »Die Initiative für eine Neue Seidenstraße ist ja nicht das, was manche in Deutschland glauben: Es ist keine sentimentale Erinnerung an Marco Polo«, warnt er, »sondern sie steht für den Versuch, ein umfassendes System zur Prägung der Welt im chinesischen Interesse zu etablieren. Mit dem

Aufstieg Chinas werden sich die Gewichte massiv verschieben. Dabei geht es längst nicht mehr nur um Wirtschaft: China entwickelt eine umfassende Alternative zum westlichen System, die nicht wie unser Modell auf Freiheit, Demokratie und individuellen Menschenrechten gründet.«

Diese Einschätzung kann man teilen. Aber wäre das nicht ein guter Grund gewesen, sich schon vor drei Jahren zusammenzusetzen, um eine politische Position zu finden?

Die Haltung der neuen deutschen Koalition zu dem Thema bleibt zögerlich: »Exemplarisch für Chancen und Risiken steht die Seidenstraßen-Initiative Chinas. Wir wollen hierzu eine europäische Antwort entwickeln, um unsere Interessen zu wahren und deutsche und europäische Finanzinstrumente besser auszustatten und zu bündeln«, heißt es im Koalitionsvertrag. Bis heute gibt es diese Antwort nicht. Und inzwischen sind fast fünf Jahre ins Land gegangen, seitdem Peking die Initiative ins Leben gerufen hat.

Eine gemeinsame europäische Antwort wäre wichtig: Brüssel und Berlin kritisieren die mangelnde Transparenz von Ausschreibungsverfahren und die Korruption entlang der Seidenstraße, fehlende Umweltauflagen sowie die Tatsache, dass Peking sich in den Partnerländern nicht um die Einhaltung der Menschenrechte kümmert. Zudem beobachtet die EU mit Sorge, dass China die europäische Peripherie aushöhlt und Bündnisse schließt. »Je nachdem, welche Regeln für dieses Vorhaben gelten, wird es ein Projekt der Zusammenarbeit oder der Herrschaft sein«, mahnt Frankreichs Premierminister Édouard Philippe. Diese Kritik ist berechtigt. Doch eine Frage mag erlaubt sein: Warum macht die Weltbank dennoch mit? Die Antwort ist einfach: Die Chinesen warten nicht. Warum auch? Der Chinapionier und ehemalige Siemens-Chef Heinrich von Pierer formuliert seitens der Wirtschaft den flammendsten Appell: »Bleiben wir weiter in einer passiven Zuschauerrolle und warten ab, wie es weitergeht? Oder definieren wir klar unsere eigenen Interessen und streben frühzeitig eine Partnerschaft – strategische Partnerschaft nennt man das ja wohl heute – mit den Chinesen an? Die Frage ist, was können wir dabei gewinnen, was verlieren? Ist das Risiko, bei diesem Jahrhundertprojekt nicht dabei zu sein, nicht größer als das zweifellos auch vorhandene Risiko einer aktiven Teilnahme? Nehmen wir die Chinesen doch beim Wort!«

Gleichzeitig positionieren sich endlich auch die Verbände: »Es ist besser für die deutsche Wirtschaft, wenn wir uns frühzeitig beteiligen«, sagt DIHK-Außenhandelschef Volker Treier. Das sei auch schon »kurzfristig interessant«, schließlich würden in nur zehn Jahren 90 Prozent des weltweiten Wachstums außerhalb Europas stattfinden. »Mittel- bis langfristig rückt dann auch die Erschließung dieser neu verbundenen Märkte in den Fokus.«

»Es gibt erhebliche Chancen für die deutsche Wirtschaft«, meint auch Jürgen Friedrich, der Geschäftsführer von Germany Trade & Invest (GTAI), der den Standort Deutschland vermarkten soll. Und BDI-Chef Joachim Lang fordert: »Europa braucht eine Strategie für das Miteinander mit China.«

Im Juni 2018 mag Siemens-Chef Joe Kaeser jedenfalls nicht mehr auf Brüssel und Berlin warten. Er veranstaltet eine eigene BRI-Konferenz und positioniert sich dabei deutlich: Die Neue Seidenstraße habe sich als »umsichtige und starke Kraft erwiesen, um die Infrastrukturentwicklung in vielen teilnehmenden Ländern zu beschleunigen«. Für ihn ist die »Belt and Road Initiative« eine Chance für mehr Geschäft in der Region. Es ist eine »Meilenstein-Bewegung«, schwärmt der Siemens-Chef. Und weil man im Spiel die Spielregeln besser mitbestimmen könne als vom Spielfeldrand, unterschreibt Siemens zehn Verträge mit chinesischen Unternehmen für Aufträge von den Philippinen bis nach Simbabwe. Kaeser eröffnet sogar ein eigenes Siemens-Seidenstraßen-Büro in Peking.

BASF-Chef Brudermüller stimmt ihm zu: »Von der chinesischen Seite ist das ein klares, cleveres Konzept, um die eigene globale Einflusssphäre auszuweiten. Das ist nur legitim für ein Land dieser Größenordnung in der Welt – aber auch legitim für eine zukünftige Großmacht.« Brudermüller wundert sich, dass »im Westen viele dem Konzept sehr kritisch gegenüberstehen«. Da würde schnell von Kolonialisierung gesprochen. »Ich sehe darin aber vor allem eine Chance, dass Asien und Europa sich enger verzahnen. Warum sind wir nicht selbstbewusster und sagen, die Seidenstraße hat zwei Enden und zwei Anfänge, je nachdem, von welcher Seite man darauf schaut? Warum nehmen wir die Herausforderung nicht an und gestalten die Seidenstraße nach unseren Vorstellungen mit? Darüber sollten wir diskutieren. Das sollte Teil unserer langfristigen Strategie sein.«

Kollege Kaeser hatte Anfang des Jahres 2018 die BRI sogar schon als »die neue Welthandelsorganisation« bezeichnet. Dafür fehlen allerdings die gemeinsamen Spielregeln. BRI ist kein Verband oder Klub oder gar eine Institution wie die WTO. Sondern die Initiative ist eigentlich eine lockere Sammlung von bilateralen Handels- und Entwicklungsverträgen zwischen China und vielen Ländern. Es ist keine Abstimmung bei den Treffen nötig, nicht einmal ein gemeinsames Kommuniqué wie zum Beispiel bei den G20. Das hat einen großen Nachteil: Es gibt keine gemeinsamen Spielregeln. Die dezentrale Struktur der Initiative hat allerdings auch einen Vorteil: Niemand ist gezwungen, einen weich gespülten Konsens von gemeinsamen Interessen zu formulieren, die sich kaum unter einen Hut bringen lassen, wie zum Beispiel bei den G20-Gipfeln. Und wenn es zwischen einzelnen Partnern zu Konflikten kommt, wird nicht das gesamte Netzwerk destabilisiert. Dezentral bedeutet allerdings nicht unbedingt transparent. Und an diesem Punkt kann man ansetzen.

Aber wie sieht denn nun der Alltag dieser Neuen Seidenstraße aus? Das will ich bei meinem Besuch in Astana herausfinden. Auch in der kasachischen Hauptstadt gibt es inzwischen morgens eine Rushhour. Ich komme mit 40 Minuten Verspätung in dem kleinen Biergarten an, in dem ich meinen Gesprächspartner treffen werde. Es wird der letzte Sommertag des Jahres sein, in der kommenden

Nacht wird das Wetter umkippen und der lange Winter beginnen. Wir sind die einzigen Gäste, morgens um neun. Es wird Kaffee serviert, kein Bier. Ich entschuldige mich für die Verspätung. »Kein Problem«, sagt Jörg Hetsch. Er habe trotz der Verspätung noch mit mir gerechnet. »Astana ist eine Stadt, in der man schon mittwochs sieht, wer freitags kommt«, meint er grinsend in Anspielung auf die Steppenlage der Stadt. Hetsch ist der langjährige Delegierte der Deutschen Wirtschaft für Zentralasien und Vorsitzender des Verbandes der Deutschen Wirtschaft in Kasachstan (VDW). Glatze, Schnauzer, Raucher. Und ein Mann, der sich hier wohlfühlt. Der Ostdeutsche hat als Kind in der Ukraine gelebt. Über 20 Jahre Zentralasien hat er auf dem Buckel. Er ist der Mann, an dem kein deutscher Planungsstab, der sich mit Zentralasien und der Neuen Seidenstraße beschäftigt, vorbeikommt. In der Politik oder der deutschen Wirtschaft kann also keiner sagen, es hätte niemanden gegeben, der sich auskennt.

Hetsch kennt die Region noch aus den Zeiten, als die Russen hier das Sagen hatten. Man dürfe bei allem Chinahype nicht vergessen, dass »die Chinesen relativ neu im Geschäft sind, auch wenn sie schon über eine Dekade richtig aktiv sind«, sagt er. Etwa ein Viertel der Kasachen sind Russen, man spricht hier Hochrussisch und nicht etwa Chinesisch, »was aber nicht bedeutet, dass man den Russen gegenüber weniger misstrauisch ist«, fügt Hetsch hinzu. »Die beiden großen Nachbarn waren immer schon die Wahl zwischen Pest und Cholera«, wobei man die Chinesen nie unterschätzt habe. Schon im 18. Jahrhundert haben die kasachischen Khans, weil sie keine andere Wahl hatten, die russische Krone um Schutz gebeten. »Gefangene der Chinesen zu sein, ist ein enger Knoten – mithilfe der Russen ist es eine weite, offene Straße«, besagt ein Sprichwort aus der Zeit.

Ich frage Hetsch, ob das heute noch gilt. »Was von den Russen für die Region kommt«, erklärt er, »ist – vorsichtig formuliert – weniger schlüssig. Und die Amerikaner sind nicht mehr da.« Deswegen hätten es die Chinesen leichter, Einfluss zu gewinnen.

»Man mag sie nicht, aber man kommt an ihnen nicht vorbei. Außerdem versprechen die Kasachen sich wirklich viel von der Seidenstraßen-Initiative.« Kasachstan sei zwar vorher schon eine Brücke zwischen China und Europa gewesen, aber jetzt habe das Kind einen Namen. »Und mit dem Namen kommt ein Topf mit Geld, und politische Streicheleinheiten gibt es obendrauf.«

Kasachstan sei für Peking strategisch interessant: Es ist reich an Bodenschätzen und verfügt über eine große Landfläche, die fast genau in der Mitte zwischen Europa und Asien liegt. »Hier kann die Neue Seidenstraße Land gewinnen, ohne ständig auf neue Grenzen zu stoßen.« 4500 Kilometer Luftlinie. Das ist die halbe Strecke nach Europa. »Man muss also kein Hellseher sein, um zu erkennen, wie wichtig Astana ist«, sagt Hetsch.

Die Europäer täten sich dennoch schwer, in Kasachstan zu investieren. »Natürlich ist es hier nicht einfach.« Die Korruption werde zwar deutlich besser, sei aber nach wie vor ein großes Problem. Auch sei es nicht so einfach, ein Unternehmen zu gründen. Das schrecke viele Deutsche ab. »Sie agierten gerne auf einem Spielfeld mit klaren Regeln.« Die chinesischen Manager und Unternehmer hingegen seien solche Unwägbarkeiten von zu Hause gewohnt. Und sie hätten eine Regierung, die ihnen den Rücken freihalte.

»Die Kasachen würden sich freuen, wenn mehr Investitionen aus Europa kämen«, sagt Hetsch. Das würde ihre Abhängigkeit von China verringern. »Es gibt die Angst, dass zu viele Chinesen nach Kasachstan kommen«, sagt Hetsch, »dass sie Land kaufen, Geschäfte übernehmen, Restaurants aufmachen und den Kasachen die Frauen wegheiraten. Vor einer Weile«, erzählt er, »musste eine Heiratsvermittlung nach Protesten schließen, die sich auf die Vermittlung kasachischer Frauen an chinesische Männer spezialisiert hatte.« Und vor einigen Jahren schon wurden Landverkäufe an Chinesen stark eingeschränkt, nachdem die Stimmung zwischen Chinesen und Kasachen immer aufgeheizter geworden war. »Doch je größer der wirtschaftliche Erfolg, desto eher arrangiert man sich.«

Hetsch lädt mich zur ersten großen Seidenstraßenkonferenz der Außenhandelskammer ein paar Monate später nach Berlin ein. Ich freue mich darauf, ihn wiederzusehen. Leider hat es terminlich dann doch nicht geklappt. Dass Hetsch im März 2018 in Pension ging, ist eine schlechte Nachricht für die deutsche Wirtschaft. Sie hätten ihn noch gebraucht. Denn, wie er zum Abschied zu mir sagte: »Eines haben die Chinesen schon geschafft. Sie haben Zentralasien aufgeweckt.« Und wir? »Wir schlafen halt weiter.«

Erst wenige deutsche Unternehmen haben sich in Kasachstan angesiedelt. Von ihnen beurteilt gut die Hälfte das Geschäftsklima als positiv oder leicht positiv. Rund 40 Prozent reden allerdings noch von Stagnation. Das ergab die erste Umfrage dieser Art im Frühjahr 2018. Befragt wurden 41 Unternehmen, die rund 5 000 Mitarbeiter beschäftigen und über 830 Millionen Euro umsetzen. Das bilaterale Handelsvolumen mit Kasachstan wuchs 2017 um fast ein Viertel auf immerhin rund fünf Milliarden Euro. »Während Medienberichte oft auf autoritäre politische Strukturen verweisen, erfährt Kasachstan gleichzeitig viel Respekt als sozial stabilstes und wirtschaftlich erfolgreichstes Land in Zentralasien«, sagt Michael Harms, der Geschäftsführer des Ost-Ausschusses der Deutschen Wirtschaft. Die deutschen Unternehmen fürchten jedoch die Konkurrenz aus China. »Chinesische Staatsunternehmen agieren zunehmend selbstbewusst auf den zentralasiatischen Märkten, angetrieben durch die Seidenstraßen-Initiative der chinesischen Regierung.« Noch ist bei 70 Prozent der befragten deutschen Unternehmen die Sorge vor dem Wettbewerber China größer als die Hoffnung, zusammen etwas aufbauen zu können. Astana würde viele Deutsche überraschen, wenn sie denn mal vorbeischauen würden.

Raum 3a, ein Konferenzraum, der überall auf der Welt sein könnte. Hellgrauer Fußboden mit schwarzen Linien. Weiße Wände, eine Glaswand an einer Seite, durch die Licht in den Raum strahlt. Unten, drei Stockwerke tiefer, drängen sich Menschen am Lunchbüfett in der weitläufigen Lobby des spektakulären Kongresscenters.

Es liegt nur ein paar Kilometer von der Nasarbajew-Universität entfernt, in der Präsident Xi die Idee der Neuen Seidenstraße verkündet hat.

Nun, fünf Jahre später, ist selbst in Astana viel ins Rollen gekommen. Die Männer und Frauen in Raum 3a interessieren sich nicht dafür, dass das Gebäude von Adrian Smith entworfen wurde. Dem Mann, der den Burj Khalifa in Dubai, das höchste Gebäude der Welt, ebenso entworfen hat wie die Ikone moderner chinesischer Architektur, den Jin Mao Tower in Schanghai oder – in der alten Welt – die Rowes Wharf mit dem Boston Harbor Hotel im Zentrum. Interessant: So einer baut nun in Astana.

Die Männer und Frauen in Raum 3a sitzen an einem Karree aus weißen Nullachtfünfzehn-Tischen. Sie diskutieren intensiv und kontrovers. Die meisten sind müde, vom großen Empfang am Vortag und dem Jetlag. Sie kommen aus aller Welt: Nobelpreisträger, ehemalige Politiker, Topmanager, Vertreter von NGOs und Querdenker. An den Tischen versammelt ist das Leitungskomitee des Future Energy Forum, einer internationalen Konferenzreihe, die im Sommer 2017 im neuen Kongresszentrum von Astana stattfand. Gebaut wurde es anlässlich der Expo, Kasachstan war in jenem Jahr Gastgeber der Weltausstellung. International vernetzte Institutionen wie die Europäische Union, OECD, UNESCO, UNIDO und UNITAR sind bei der einzigartigen Konferenzreihe vertreten, bei der die Neue Seidenstraße eine wichtige Rolle spielte. 500 renommierte Referenten aus aller Welt haben in einem Dutzend Konferenzen den ganzen Sommer über eine Art Masterplan für die Entwicklung Kasachstans erarbeitet. Nun geht es darum, wie man die vielen Ideen zusammenfasst und dem Präsidenten so zur Verfügung stellt, dass er sofort handeln kann. So etwas hat es in Zentralasien noch nie gegeben.

Zu den Vordenkern gehören zwei Nobelpreisträger. Es sind Rajendra Kumar Pachauri, 78, der indische Ökonom und Ingenieur, der 2007 zusammen mit dem ehemaligen amerikanischen Vizepräsidenten Al Gore den Friedensnobelpreis bekam. Er trägt ein beiges Hemd zur dunklen Krawatte. Seine langen schwarzen Haare kleben am Kopf. Es ist warm in Raum 3a. Seine Augen blitzen voller Tatendrang. Er sieht eine gute Zukunft für Kasachstan, wenn die Reformen jetzt greifen.

Und dann ist da noch der heute 73-jährige Professor George Smoot, ein amerikanischer Astrophysiker. Er bekam 2006 den Nobelpreis für Forschungen, die die Urknalltheorie belegen. »I am the big bang guy«, stellt er sich vor.

In der Runde mit dabei ist auch das CDU-Urgestein Klaus Töpfer, ehemals deutscher Umweltminister und lange Jahre Exekutivdirektor des Umweltprogramms der Vereinten Nationen (UNEP) mit Sitz in Nairobi. Braun gebrannt und schlanker, als man ihn in Erinnerung hat, sieht man ihm seine 79 Jahre nicht an. Er ist einer der wenigen deutschen Politiker, der auch im hohen Alter noch international um Rat gefragt wird. Er wünscht sich, dass die Neue Seidenstraße auch ein Beispiel dafür wird, »dass Peking wirtschaftliche Entwicklung und Integrationsbemühungen mit der Nachhaltigkeit und der Umweltvorsorge eng verbindet«.

Jamal Saghir, der ehemalige Direktor der Abteilung für nachhaltige Entwicklung in Afrika bei der Weltbank, sitzt ebenfalls im Team. Von kasachischer Seite koordiniert der Physiker Dr. Kanat Baigarin das Projekt. An der Nasarbajew-Universität ist er zuständig für Forschung und Innovation. Baigarin hat das Rockefeller Center ebenso in Umweltfragen beraten wie die Vereinten Nationen und die Weltbank.

Und schließlich Lutz Engelke, der Gründer von TRIAD, er hat sich das Konferenzformat für Kasachstan ausgedacht. Seine Berliner Firma hat den hochgelobten Umweltpavillon für die chinesische Regierung auf der Expo 2010 ebenso entwickelt wie das Fußballmuseum der Fifa. »TRIAD stellt Ideen in den Raum«, lautet der doppeldeutige Slogan des deutschen Mittelständlers, der seine Rolle in der Welt längst gefunden hat, der sich eingefügt hat in die neuen Weltläufe, auch die in Zentralasien, mit allen Schwierigkeiten, die damit verbunden sind, wenn man in solchen Ländern arbeitet. »Ohne die Neue Seidenstraße wäre diese Konferenz nie zustande gekommen«, sagt Engelke.

Die Gremiumsmitglieder sind sich einig: Weil Kasachstan viel Sonne und viel Wind hat, weil es sehr warm und sehr kalt sein kann und weil es seine Abhängigkeit vom Öl, vom Gas und der Kohle verringern will, soll es ein Vorreiter bei den neuen Energien werden. »Future Energy« ist deshalb auch das Thema der Weltausstellung, aus deren Anlass die Konferenz stattfindet. Die Frage ist nun, wie sie das schaffen können.

Es soll einen grünen Fonds geben, aus dem der Umbau der kasachischen Wirtschaft finanziert wird, und ein Umweltinstitut, das den Umbau lenkt. Gleichzeitig soll ein neuer ökologischer Masterplan für die Entwicklung der jungen Hauptstadt Astana erstellt werden. Barcelona, Kopenhagen und Dubai sind die Vorbilder. In Dubai zum Beispiel hat man bereits beschlossen, bis 2030 Solarzellen auf jedes Hausdach zu stellen.

Die beiden Nobelpreisträger sind sich jedoch nicht ganz einig darüber, wie stark das Projekt in die Strategie der Neuen Seidenstraße integriert werden soll. Der Amerikaner Smoot findet, das Projekt bekomme dadurch Aufwind, der Inder Pachauri glaubt, dass es dann im Windschatten der chinesischen Aktivitäten verschwinden werde. Beide raten den Kasachen aber, in ihrem Land gleich auch Hightechprodukte im Green-Energy-Bereich herzustellen und nicht nur Schuhe und Kleidung.

Ich spreche mit Smoot über den Entwicklungsdruck, der im Green-Energy-Bereich von China aus in Richtung Zentralasien entsteht: »Es ist vorbildlich, was die Chinesen gemacht haben«, sagt er. Sie hätten im großen Stil Solarzellenfabriken gebaut mit dem Ergebnis, dass die Zellen immer billiger und immer besser wurden, weil sie bei der Produktion dazugelernt haben. »Die Lernkurve war sehr steil.« Eigentlich hätten sie dies gemacht, um ihre ländlichen Gebiete dezentral versorgen zu können. »Und dann haben sie festgestellt, dass man die Solarzellen auch international verkaufen kann.«

Das sei dann ja zum Problem für die deutsche Industrie geworden, wende ich ein. »Das schon«, kontert Smoot, »aber für die Umwelt ist das eine gute Entwicklung. Davon kann Kasachstan jetzt profitieren.« Ich konfrontiere ihn mit dem Vorwurf aus Deutschland, die chinesischen Solaranlagen seien staatlich subventioniert. »Waren die Chinesen smart oder unfair?«, frage ich. Smoot meint, aus wirtschaftlicher Sicht könne man China den Vorwurf machen, unfair zu sein. Allerdings sei das schon ziemlich weit hergeholt: »Wieso soll der chinesische Staat seine Industrie nicht unterstützen dürfen?« Aus ökologischer Sicht jedenfalls sei dies in jedem Fall smart. Unter dem Strich sei die Entwicklung »ausschließlich positiv, weil es so schneller mehr Solaranlagen gibt«.

Das ist auch der Grund, warum Smoot dafür ist, dass Kasachstan den Umbau seiner Wirtschaft in die Initiative der Neuen Seidenstraße integriert. China sei in diesen Fragen weiter. »Sich an China anzuhängen, erhöht den Reformdruck für die Kasachen.«

Außerdem könne man die Arbeit aufteilen. Kasachstan könnte sich zum Beispiel auf die Verbesserung der Batterien für Solarzellen konzentrieren. Diese Forschung könne man auch in Astana machen.

»Sind autoritäre Systeme – was solche Innovationen betrifft – fortschrittlicher als Demokratien?«, frage ich ihn.

»Das ist eine knifflige Frage«, antwortet Smoot und grinst. »Ein solches System ist ein großer Vorteil, wenn es darum geht, Infrastruktur aufzubauen. Das ist extrem beeindruckend. Aber der Übergang zu einer Konsumgesellschaft ist schwierig. Da muss China erst einmal durch. Von Ländern wie Kasachstan gar nicht zu reden.«

Während wir miteinander sprechen, erscheint die Meldung auf meinem Smartphone, dass der usbekische Präsident Shavkat Mirziyoyev, 1000 Kilometer südlicher in Taschkent, die usbekische Währung Sum zum ersten Mal seit der Unabhängigkeit 1992 freigeben lässt. Eine Sensation. Der Sum schießt sogar über den Schwarzmarktkurs hinaus. Nur zwei Tage später, am 6. September, reist der 61-jährige Präsident nach Turkmenistan. Es ist das erste Gipfeltreffen mit den Nachbarn seit 17 Jahren.

Zentralasien ist im Aufbruch. Ob in der Architektur, der Wirtschaft, der Ökologie oder Politik, der Wettbewerbsdruck zwischen China und Europa setzt Reformen in Gang, die so noch vor zehn Jahren unwahrscheinlich erschienen. Es gibt wie immer viele Gründe, warum die Dinge nun in Bewegung kommen, ein Personalwechsel an der Spitze eines Landes, ein Präsident, der in die Geschichtsbücher will, Unmut in der Bevölkerung, die Krise bei den Bodenschätzen – aber was alles zusammenhält oder, besser, ihm eine Richtung gibt, ist die Seidenstraßen-Initiative.

Usbekistans Präsident Mirziyoyev kümmert sich nun darum, sein Land zu öffnen, also das zu tun, was die Chinesen in den 1980er-Jahren gemacht haben. Die künstliche Fixierung der Währung, die er nun freigegeben hat, hatte in den vergangenen Jahren dazu geführt, dass immer weniger internationale Geschäftsleute Interesse hatten, in Usbekistan zu investieren. Mirziyoyevs Vorgänger Islom Karimov hielt dennoch eisern daran fest. Er starb 2016. Mirziyoyev will nun vieles anders machen. Der feste Wechselkurs habe ein »ineffizientes System von Privilegien« geschaffen, räumt er ein.

Aber auch die Beziehungen zu den Nachbarn will er verbessern. Lange haben sich Usbekistan und Kirgisien um 250 Kilometer Grenze gestritten, um ethnische Probleme und den Zugang zu Wasser. Damit ist jetzt Schluss. »Hohes Wachstum und die internationale Wettbewerbsfähigkeit der usbekischen Wirtschaft haben nun höchste Priorität«, sagt Sodiq Safoyev, der ehemalige Außenminister und Botschafter in den USA. Der 63-Jährige ist Mirziyoyevs wichtigster Berater in außenpolitischen Fragen. Und er soll dafür sorgen, dass die Auslandsinvestitionen wachsen. Die Chancen dafür stehen nicht schlecht. Die Auslandsschulden der Usbeken liegen unter 20 Prozent des BIP. Der Haushalt ist schon seit zehn Jahren nicht mehr defizitär. Die Europäische Bank für Wiederaufbau und Entwicklung (EBWE) ist inzwischen wieder ins Land zurückgekehrt: Eurasiens jüngster wirtschaftlicher Neustart also.

Außerdem hat Usbekistan – anders als Kasachstan – eine lange Handwerkstradition und ist deswegen ein guter Standort für Produktion. Nun, »da die Neue Seidenstraße Gestalt annimmt, kommt vieles in Bewegung«, sagt Safoyev. Tatsächlich profitiert davon auch Deutschland. Der Handel mit Usbekistan kletterte um gut 30 Prozent auf ein Volumen von 600 Millionen Euro. Das sei zwar noch sehr, sehr wenig, aber »das Interesse der deutschen Wirtschaft an einem Einstieg in den usbekischen Markt ist sprunghaft angestiegen«, sagt Michael Harms, der Geschäftsführer des Ost-Ausschusses der Deutschen Wirtschaft. »Usbekistan reformiert sich derzeit mit hohem Tempo, was von den deutschen Unternehmen einhellig positiv gesehen wird. Hier öffnet sich gerade ein chancenreicher Markt mit über 30 Millionen Einwohnern.«

Nichts sei günstiger für die »Entwicklung zivilisierter Umgangsformen und das Lernen als eine Anzahl benachbarter und unabhängiger Staaten, die durch Handel und politische Beziehungen miteinander verbunden sind. Der Wettbewerb, der naturgemäß zwischen den Staaten entsteht, ist eine gute Quelle des Fortschritts.« Gesagt hat dies nicht Xi Jinping und auch nicht Nursultan Nasarbajew oder Präsident Shavkat Mirziyoyev. Dieser Satz stammt aus dem Jahre 1741, und geschrieben hat ihn David Hume, der berühmteste Philosoph der schottischen Aufklärung. Er gilt offensichtlich auch für Zentralasien.

Doch natürlich steckt auch dort der Teufel im Detail: Zum Beispiel bei der rund 500 Kilometer langen Eisenbahnlinie, die von China durch Kirgisien nach Usbekistan gebaut werden soll. Sie hat, meinen die Kirgisen zu Recht, nur einen großen Fehler: Sie hält nicht in Kirgisien.

Das größte Problem der Seidenstraße ist jedoch ein anderes: Die Grenzkontrollen im Westen Chinas sind sehr aufwendig und werden noch weiter ausgebaut. Eine deutsche Gruppe mit gut 50 Touristen auf dem Weg nach Schanghai kam, 2018 aus Kirgisien kommend, auf sechs Stunden reine Abfertigungszeit an mehreren

Kontrollstationen – trotz neuester Körper- und Fahrzeugscanner-Technologie. In der chinesischen Grenzstadt Kaschgar herrschen inzwischen ebenfalls strenge Sicherheitsstandards: Den Basar, öffentliche Gebäude und die großen Hotels kann man nur noch durch Sicherheitsschleusen betreten. Und die sind mit massiven rot-weißen Stahlbarrikaden geschützt, die Terroristen auch nicht mit Lastwagen durchbrechen können. Praktisch an jeder größeren Straßenkreuzung gibt es Checkpoints mit schwer bewaffneten Polizisten. Pekings Preis für den Schutz ist hoch: Der Tourismus im wunderschönen Xinjiang ist eingebrochen. Ganze neue Stadtviertel stehen im Rohbau still. Nun muss Peking wieder eine dieser unbequemen Entscheidungen treffen. Wirtschaftlicher Austausch mit dem Risiko, dass Terroristen nach China strömen. Oder Sicherheit mit dem Risiko, dass die wirtschaftliche Kooperation ausgebremst wird.

In Richtung Westen hingegen geht es mit großen Schritten weiter. Die Bahnstrecke von Baku via Tiflis nach Kars im Osten der Türkei (BTK) wurde Ende Oktober 2017 feierlich eröffnet. Die rund 850 Kilometer lange Strecke verbindet Aserbaidschan, Georgien und die Türkei und spielt eine wichtige Rolle in der »Belt and Road Initiative«. Von Baku, an der Westküste des Kaspischen Meeres, wird der Zug in vier Tagen im türkischen Hafen Mersin sein.

Eine Strecke geht also nun über Russland, eine durch Kasachstan. Die dritte verläuft südlicher. Neue Strecken werden dringend gebraucht. 2017 fuhren 3 200 Züge zwischen Europa und Asien hin und her. Zwar sind die Züge oft nur in einer Richtung voll. In Spitzenzeiten jedoch sind die Slots ausgebucht.

»Die BTK ist die kürzeste und verlässlichste Strecke zwischen Europa und Asien«, lockt Aserbaidschans Präsident Ilham Alijew: Verlässlich aus Sicht Alijews deswegen, weil man auf dieser Strecke nicht auf Russland angewiesen ist. Wenn der Zug in Baku auf den neuen Streckenabschnitt einfährt, liegen bereits 3 000 Kilometer Fahrt von China bis ans Kaspische Meer hinter ihm. Dort setzt er schließlich mit einer Eisenbahnfähre über. Die neue

Strecke Baku–Tiflis–Kars hätte eigentlich noch kürzer sein kön-
nen. Doch sie führt um Armenien herum, das mit der Türkei im
Clinch liegt und nicht einmal diplomatische Beziehungen zum
Nachbarn unterhält – wegen des Völkermordes und der Vertrei-
bung von bis zu 1,5 Millionen Armeniern durch das Osmanische
Reich. Auch das sind die Tücken der Neuen Seidenstraße.

Pekings Politiker haben jedoch in den vergangenen 30 Jahren
gelernt, welche Kraft eine gut funktionierende Infrastruktur entfalten kann. Nun tragen sie die chinesische Erfolgsgeschichte in
die Welt, nicht aus missionarischem Antrieb, sondern um Chinas
Aufschwung zu befeuern und die Welt stabiler werden zu lassen –
durch engere wirtschaftliche Zusammenarbeit.

Kein Präsident seit dem großen Reformer Deng Xiaoping hatte
bisher die Macht, so ein ambitioniertes Projekt durchzusetzen.
Inzwischen ist außer China kein anderes Land finanziell und politisch in der Lage und willens, ein solches Projekt wie die Neue Seidenstraße zu stemmen. Xi knüpft an eine Entwicklung an, die
während der Han-Dynastie ihren Anfang nahm. Damals, 139 Jahre
vor Christus, wurde der kaiserliche Gesandte Zhang Qian erstmals mit einer Delegation von rund 100 Mann nach Zentralasien
geschickt, um Handelspartnerschaften im Westen zu schließen.
Das Unterfangen schien damals ähnlich halsbrecherisch wie
heute, und es ging erst einmal auch schief. Auf dem Weg wurde
Zhang von den Xiongnu gefangen genommen. Das war ein Stam-
mesbund aus Reiternomaden, der zwischen dem 3. Jahrhundert
vor Christus und dem späten 1. Jahrhundert nach Christus weite
Teile des östlichen Zentralasiens kontrollierte. Das Reich der
Xiongnu war das früheste und gleichzeitig langlebigste Steppen-
reich. Über zehn Jahre hielten sie den kaiserlichen Gesandten
gefangen. Zhang musste sich assimilieren, um seine Mission eines
Tages fortführen zu können. Er nahm eine Xiongnu zur Frau und
gewann das Vertrauen des Stammesführers, den er von der Bedeu-
tung seiner Reise auch für die Xiongnu überzeugte. Er durfte am
Ende als Freund weiter nach Westen ziehen.

Von seiner Reise fanden nur die guten Nachrichten ihren Weg in die offiziellen Geschichtsbücher: »Der Kaiser erfuhr von Dayuan, Daxia, Anxi und anderen Ländern, die reich an ungewöhnlichen Gütern sind und deren Völker das Land bestellen und ihr Leben in vielen Dingen wie die Chinesen führen. Alle diese Staaten, so lernte er, waren militärisch schwach und wussten die Güte und das Wohlwollen von Han zu schätzen«, schreibt Sima Qian im *Shiji*. Das *Shiji* gilt als das erste bedeutende Beispiel chinesischer Geschichtsschreibung und ist die erste der 24 Dynastiegeschichten. Es umfasst 130 Rollen oder Bände.

Aus Zhangs Reise entstanden zunächst die Handelsbeziehungen zwischen China und Persien. Sechs bis zehn Delegationen von teils mehreren Hundert Mitgliedern reisten von nun an pro Jahr nach Persien. Kultureller Austausch und Handel blühten. Gemeinsam sicherten die Anrainerstaaten die Routen gegen feindliche Stämme und bauten die gemeinsame Infrastruktur aus.

In solchen Dimensionen denkt auch Xi. Für ihn ist die Neue Seidenstraße eines seiner wichtigsten politischen Ziele. Er wird auch dafür geradestehen müssen, wenn das Projekt scheitert oder unvollendet bleibt. Weil Xi damit ein großes Risiko eingeht, darf es nicht scheitern. Und deshalb ist schon viel mehr passiert, als man im Westen denkt. Zwar wird immer wieder gemunkelt, dass Xi allmählich das Geld ausgehe und die Widerstände gegen die Initiative größer würden, aber man kann davon ausgehen, dass Xi durchhalten wird. Allenfalls wird er hin und wieder etwas Tempo rausnehmen.

Einer der zahlreichen chinesischen Startpunkte der Neuen Seidenstraße liegt in Xi'an, jener Acht-Millionen-Einwohner-Stadt, die zu Zeiten der Alten Seidenstraße mit der berühmten Terrakottaarmee die Hauptstadt Chinas war. Heute hat dort die chinesische Flugzeugindustrie ihren Sitz, die an einem anderen spektakulären Zukunftsprojekt arbeitet: China ist dabei, neben Airbus und Boeing einen eigenen weltweit agierenden Hersteller von Großflugzeugen zu etablieren. Comac heißt das Unternehmen. Die

Flugzeugbauer und ihre Zulieferer werden von der Neuen Seidenstraße sehr profitieren.

Von Xi'an aus verläuft die Route nach Lanzhou. Die 2,5-Millionen-Stadt ist für ihre meterlangen frischen Nudeln weltbekannt. Hier ist die Neue Seidenstraße schon Wirklichkeit. Ein Hochgeschwindigkeitszug fährt seit Anfang 2014 von Lanzhou 1750 Kilometer tief in den chinesischen Westen. Kein anderer Hochgeschwindigkeitszug der Welt schafft es über diese Höhen: Auf 3860 Meter schraubt sich die Strecke am höchsten Punkt hinauf. Und draußen hinter der Scheibe ziehen die chinesischen Beduinen noch mit Kamelen über Sandpfade. Ein aufwendiges Tunnel- und Betonstelzensystem war nötig, damit der Zug mit 250 Kilometern pro Stunde bis nach Ürümqi fahren kann. Mit 1,7 Millionen Einwohnern ist das die größte Stadt tief im Westen Chinas. Von dort geht es durch Kasachstan oder über Kirgisien, Usbekistan, Kasachstan und Russland in Richtung Europa.

Auch im Süden der Seidenstraße hat sich viel getan. Die eine Strecke verläuft von Chongqing durch Myanmar in den Golf von Bengalen. Zwei knapp 2500 Kilometer lange Pipelines für Öl und Gas sind bereits in Betrieb. Allein die Ölpipeline hat eine Kapazität von zwölf Millionen Tonnen pro Jahr. Die andere Strecke verläuft zuerst über den Landweg tief in den chinesischen Westen in das muslimische Kaschgar. Von dort geht es über einen 4600-Meter-Pass nach Pakistan in die Neun-Millionen-Einwohner-Stadt Karatschi und weiter in die unweit der Grenze zum Iran gelegene Stadt Gwadar. Im Juni 2017 fuhr der erste Güterzug auf einer neuen Schienenverbindung aus dem Norden Chinas in die iranische Hauptstadt Teheran. Er war mit 1150 Tonnen Sonnenblumenkernen beladen und startete in der Stadt Bayan in der Autonomen Region Innere Mongolei. Nach 15 Tagen erreichte er sein Ziel Teheran – eine Ersparnis von mindestens 20 Tagen im Vergleich zum Seeweg.

Die Route über den Iran eröffnet auch einen neuen Weg, um Güter nach Afrika zu transportieren. Vom Iran ginge es dann über den Seeweg nach Mombasa. Das ostafrikanische Eisenbahnnetz bauen die Chinesen bereits. 3,8 Milliarden US-Dollar investieren sie dort. Im Mai 2017 wurde die Zugstrecke Mombasa–Nairobi eingeweiht. Die erste neue Strecke seit über 100 Jahren, seit die englischen Kolonialherren dort eine Schmalspurbahn errichtet haben. Ein Meilenstein für die Entwicklung Afrikas (siehe Kapitel 9).

Solche Meilensteine sind auch in Zentralasien möglich. Während der eurasische Wirtschaftsgürtel der wirtschaftlich interessantere ist, birgt die Achse von China über Pakistan und Iran nach Afrika die größten politischen Herausforderungen, verspricht aber auch die höchste politische Rendite, wenn es Peking tatsächlich gelingen sollte, die Region über einen wirtschaftlichen Aufschwung zu stabilisieren.

71 Länder sind inzwischen Teil der Neuen Seidenstraße. So zumindest die Zählung der Chinesen. Xi darf sie nicht enttäuschen. Deshalb spricht er von einer »Gemeinschaft geteilter Interessen, Bestimmung und Verantwortung«. Derzeit ist dies allerdings noch mehr Wunsch als Wirklichkeit. Xi hat es auf dem Weg nach Westen mit Regierungen zu tun, die nicht als verlässlich gelten, mit Ländern, die über keine funktionierende Verwaltung verfügen. Islamistische Terroristen werden versuchen, die Projekte zu torpedieren. Die Bevölkerung in den jeweiligen Ländern schwankt zwischen großer Skepsis und großer Begeisterung. Ja, selbst in China gibt es kritische Stimmen, die fordern, die Regierung solle erst einmal China aufbauen, bevor sie Zentralasien und dem Mittleren Osten auf die Beine hilft. Aus Deutschland kommt ebenfalls Kritik: Unternehmer und Manager sind noch immer sehr skeptisch, sie fordern vor allem transparente Ausschreibungen, die es auch deutschen Unternehmen ermöglichen würden, einen Auftrag zu ergattern. Ein gemeinsamer deutsch-chinesischer Lenkungsausschuss, so meinen sie, wäre gut. Doch bis der kommt, sind die Chinesen schon fertig mit ihren Investitionen. Aus ihrer Sicht ist Eile geboten: Peking ist getrieben von der Sorge, von seinen Export- und Zulieferwegen abgeschnitten zu werden. Peking möchte in

jedem Fall verhindern, dass Terroristen oder sogar rivalisierende Mächte in der Lage sind, Chinas Wirtschaft die Luft abzudrehen, indem sie Made-in-China-Produkte nicht mehr raus- und Bodenschätze nicht mehr reinlassen. Schon allein deshalb wird Peking alles tun, damit die Neue Seidenstraße so schnell wie möglich Wirklichkeit wird.

Die EU hat, was die Initiative betrifft, offensichtlich mehr Zeit. Brüssel geht es wieder einmal erst um die Spielregeln. Im Frühjahr 2018 wird ein internes EU-Papier absichtlich an das *Handelsblatt* geleakt, in dem sich alle 27 EU-Botschafter in Peking außer Ungarn bei der chinesischen Regierung darüber beschweren, dass die chinesischen Vorgaben für Beteiligungen an Projekten der Neuen Seidenstraße nicht transparent seien. Die Seidenstraßen-Initiative laufe »der EU-Agenda für die Liberalisierung des Handels entgegen und verschiebt das Kräfteverhältnis zugunsten subventionierter chinesischer Unternehmen«, formulieren die Botschafter. »Wir wollen uns der Zusammenarbeit nicht verweigern, sondern höflich und bestimmt unsere Bedingungen formulieren«, so ein EU-Botschafter. Die Aktion sieht jedoch ein wenig so aus, als ob die EU das Thema erst verschlafen hat und nun mit lautem Getöse ins Spiel kommen will.

Dabei gäbe es einen einfachen Weg, ins Spiel zu kommen: Die EU finanziert mit. Wenn es einen 30-Milliarden-Euro-Seidenstraßen-Fonds gäbe, der einzelne Projekte finanziert, könnte die EU auch Forderungen stellen, je nachdem, wie viel sie investiert. So wie die Weltbank eben. Die EU-Politiker träumen allerdings davon, die Spielregeln mitzubestimmen, ohne zu investieren. Das lässt sich China natürlich nicht gefallen. Warum auch? Und selbst wenn man sich finanziell beteiligen würde, müsste man in Brüssel realistisch bleiben. So viel Geld wie China hat die EU schlicht nicht für die Neue Seidenstraße. Damit wird sie auch weniger zu sagen haben. Es sei denn, die Länder entlang der Seidenstraße schlagen sich auf die Seite der EU. Das ist allerdings sehr unwahrscheinlich.

Im Juli 2018 wird beim 20. EU-China-Gipfel immerhin beschlossen, »Synergien zwischen der BRI-Initiative und den EU-Initiativen zu formen«. Das klingt, als hätten die EU und China gleichwertige Initiativen auf dem Tisch. Der EU-Investmentplan und das Trans-European Transport Network sind allerdings noch Papiertiger. Die Kooperation soll von »geteilten Prinzipien der Marktregeln getragen werden, von Transparenz und Chancengleichheit aller Investoren«. Sie soll »etablierten internationalen Normen entsprechen«. Aber auch »den Gesetzen der Länder, die von den Projekten profitieren, entsprechen, wobei man deren Politik und die individuelle Lage der Länder berücksichtigen muss«.

Die EU kann also auf internationale Normen bestehen, China gleichzeitig aber auf regionale Besonderheiten pochen, wenn es darum geht, den kurzfristigen Aktionsplan EU-China Connectivity Platform zu implementieren. Unschlüssiger geht es kaum.

Einen Fortschritt gibt es immerhin. Knapp fünf Jahre nachdem Chinas Präsident Xi Jinping das Projekt der Neuen Seidenstraße angestoßen hat, ist die EU nunmehr bereit, mit China einen gemeinsamen Investmentfonds aufzulegen. Jede Seite gibt 250 Millionen Euro. Der Fonds soll vor allem mittelständischen Unternehmen helfen, von der Seidenstraße zu profitieren. Wann das erste gemeinsame Projekt beginnen soll, steht indes noch in den Sternen. Erneut steht zu befürchten, dass wichtige Zeit verspielt wird, während China weiter Nägel mit Köpfen macht und dabei ist, ganze Länder neu auf die Füße zu stellen. Strauchelnde Länder, die für die Stabilität der Welt enorm wichtig sind. Allen voran die Atommacht Pakistan. Es wäre wichtig, dort ein Gegengewicht zu den Großinvestoren aus China zu schaffen, aber weder Brüssel noch Washington scheinen daran derzeit ernsthaftes Interesse zu haben.

Entlang der Seidenstraße geht es derweil in großen Schritten weiter voran. In Kasachstan hat man sich die Sorgen der Ausländer über die unsicheren Investitionsbedingungen zu Herzen genommen. Lange haben sie überlegt, wie sie das Problem lösen. Dass sie dabei in Richtung China geblickt haben und nicht in Richtung

Westen, dürfte niemanden mehr erstaunen. Im Juli 2018 schließlich wurde es gegründet, das Astana International Financial Centre (AIFC). Es soll ein zentralasiatisches Hongkong werden, nach chinesischem Vorbild: ein Land, zwei Systeme. Im AIFC gilt nun für alle dort ansässigen Unternehmen englisches Recht. Zynisch könnte man nun sagen: Europa ist also doch vertreten, in Form des englischen Rechts. Um das durchsetzen zu können, musste Präsident Naserbajew sogar die Verfassung ändern. Streitfragen werden in Zukunft vor einem Schiedsgericht geklärt, das sich aus internationalen Richtern zusammensetzt.

Das AIFC ist nun wirklich ein Projekt, das gut zur Neuen Seidenstraße passt: von China lernen, um europäische Standards durchzusetzen, die Kasachstan weiterbringen und die russischen Nachbarn nicht brüskieren. Er geht also doch, der fruchtbare Austausch zum Wohle aller.

KAPITEL 7

ASIENS KRISE & CHINAS NACHBARN

SPEZIELLER SPIELRAUM

Wie Peking Asiens Krisenherde nutzt und sich Chinas Nachbarn einverleibt.

>*»Ein guter Auftakt zum Frieden.«*
>
>Kim Jong-un, Staatschef von Nordkorea,
>nach dem Treffen mit US-Präsident Donald Trump

Etwas ist ungewöhnlich an den Fahnen im Hintergrund. Es fällt mir just in dem Moment auf, als sich Donald Trump und Kim Jong-un zum ersten Mal die Hände schütteln, nachdem sie sich lange beschimpft hatten: Als Kim Trump einen »geistig gestörten US-Schwachsinnigen« und »alten Spinner« nannte, twitterte Trump dem »Rocketman« zurück: »Warum beleidigt mich Kim Jong-un als alt, wenn ich ihn NIE als klein und fett bezeichnen würde? Also, ich versuche alles Mögliche, um sein Freund zu werden – vielleicht wird das eines Tages klappen.« Damals, im November 2017, schien ein solches Treffen unvorstellbar. Doch es sollte tatsächlich so kommen: Zum ersten Mal in der Geschichte schütteln sich ein amerikanisches und ein nordkoreanisches Staatsoberhaupt in Singapur die Hände.

»Es wird die erste Minute sein, in der sich entscheidet, ob wir miteinander klarkommen«, sagte Trump vor dem Treffen. Die Spannung ist entsprechend groß, als die beiden aufeinander zugehen. Kim hat einen Tick zu früh angehalten und muss den Arm ein wenig länger ausstrecken. Trump jedoch verringert den Abstand: Während sie sich die Hände schütteln, legt Trump seine andere Hand auf Kims Oberarm. Eine Machtgeste, die aber auch etwas Beschwichtigendes hat. Wird schon werden. Die Lösung eines der großen Konflikte der Welt scheint mit einem Mal möglich.

Als die beiden vor den Fahnen posieren, nehme ich zum ersten Mal bewusst wahr, dass sie die gleichen Farben haben. Rot und Blau und Weiß. Auch die Symbole sind die gleichen, Streifen und Sterne. Fast sieht es so aus, als ob die eine Flagge aus der anderen hervorgegangen ist. Und so ist es irgendwie ja auch. Nordkorea ist das Ergebnis des letzten Krieges zwischen China und den USA. Ein Krieg, der auf koreanischem Boden ausgetragen wurde. Er ging unentschieden aus, das Land wurde 1953 geteilt. Einen Friedensvertrag gibt es nicht, nur einen Waffenstillstand. Nun tragen die Fahnen, die noch nie offiziell nebeneinanderhingen, dazu bei, dass das Bild der ersten Begegnung zwischen einem amerikanischen und einem nordkoreanischen Staatsoberhaupt so harmonisch wirkt.

Nach dem Händedruck gehen die beiden durch die weißen Arkaden des Raffles Hotel, das 1887 von vier armenischen Brüdern gebaut wurde, als hier noch die Briten herrschten. Im Raffles wurde der Drink Singapur Sling erfunden, ein Mix aus Gin und Kirschlikör. Und um die Ecke, im Bar & Billard Room, wurde 1902 angeblich der letzte wilde Tiger Singapurs erlegt. Die beiden Staatsführer schreiten den Gang hinunter bis zum Sitzungsraum, wo sie auf zwei Ledersesseln vor einer Bücherwand Platz nehmen. Als Kim vor internationaler Presse sprechen muss, wirkt er erstaunlich souverän, fast ein wenig salopp. Den einen Arm auf die Lehne gestützt, den anderen auf dem Knie liegend, sagt er: »Während wir viel getan haben, um bis hierhin zu kommen, fühlte sich die Vergangenheit plötzlich leicht wie Federn auf unseren Gliedmaßen an. Die alten Vorurteile, die uns in der Vergangenheit im Weg standen, konnten ausgeräumt werden, und wir sind heute hier.«

Das ist der einzige öffentliche Satz, den Kim in Singapur sagt. Nach dem Treffen sickert jedoch schnell durch: Donald Trump und Kim Jong-un haben sich über den Abbau aller Atomwaffen auf der koreanischen Halbinsel geeinigt. Im Gegenzug garantieren die USA für die Sicherheit des abgeschotteten Landes. Zudem setzen sie ihre gemeinsamen Militärmanöver mit Südkorea aus. Die Sanktionen sollen vorerst in Kraft bleiben. Trump lädt Kim ins Weiße Haus ein und stellt seinerseits eine Reise nach Pjöngjang in Aussicht. Das Treffen sei »besser gelaufen, als irgendjemand erwarten konnte«, sagt er. Und: »Ich habe einen sehr talentierten Mann kennengelernt.« Kim wiederum nennt das Treffen einen »guten Auftakt zum Frieden«.

Die spätere Pressekonferenz bestreitet Trump alleine, über eine Stunde lang. Kim ist da schon wieder auf dem Rückweg. Der amerikanische Präsident genießt den Auftritt. Fast beiläufig lässt er einen Satz fallen, der Geschichte machen wird: »Ich will unsere Soldaten zurückholen.«

Dass er sich mit dieser Äußerung mit seinen Militärs anlegt, muss ihm klar sein. Denn wenn dieses Vorhaben tatsächlich umgesetzt würde, gäbe Donald Trump ein großes Stück amerikanischer Weltherrschaft auf. 32 000 amerikanische Soldaten sind in Südkorea stationiert. 50 000 in Japan. Das sind deutlich mehr als in Europa. Frieden mit Nordkorea würde bedeuten, dass in der Region kaum noch US-Truppen benötigt würden. Die Militärs in Washington werden versuchen, den Abzug zu verhindern. Sie werden Trump daran erinnern, dass er damit eine radikale Abkehr von der Politik seiner Vorgänger vollziehen würde: Unter George W. Bush gab es die »Achse des Bösen«, unter Barack Obama »Pivot Asia« – »Dreh- und Angelpunkt Asien«. Für Reagan und Bush senior stand es ohnehin außer Frage, dass die USA in Asien für Ordnung und Stabilität sorgen müssen.

Donald Trump interessiert das alles nicht. Für ihn zählt etwas anderes: Er hat es in der Hand, den letzten großen offenen Konflikt aus dem 20. Jahrhundert zu lösen. Das sichert ihm einen Platz in den Geschichtsbüchern, weshalb er keinen unnötigen Zeitdruck aufbauen mag: »Ich habe Nordkorea signalisiert: Lasst euch

Zeit! Wir können schnell, aber auch langsam vorgehen«, so der US-Präsident über das angekündigte Ende von Kims Atomprogramm. Vor allem aber kommt Trumps Haltung bei der Bevölkerung gut an. Geschickt greift er die Stimmung in den USA auf. Die Mehrheit der Amerikaner, übrigens Linke wie Rechte, ist immer weniger dazu bereit, ihre Ehemänner, Ehefrauen und Kinder in die Welt zu schicken, um militärisch für Ordnung zu sorgen und so Amerikas Weltmachtstatus zu zementieren: »Wir werden mit den Kriegsspielen aufhören und unglaublich viel Geld sparen«, sagt Trump in Bezug auf Asien.

Auch dort hat sich die Stimmung bereits gewandelt. Die Mehrheit der Südkoreaner will auf die US-Militärpräsenz verzichten, wenn es Frieden zwischen Nord- und Südkorea gibt. Mindestens 800 Millionen US-Dollar pro Jahr kostet Südkorea die amerikanische Sicherheit. Dazu kommt eine Einmalzahlung von rund zehn Milliarden, die Seoul für eine neue Airbase zahlt. Gleichwohl zeigte sich die Politik überrascht vom Stopp der gemeinsamen Militärmanöver, die ein wichtiger Bestandteil des Bündnisses mit den USA sind. Nordkoreas Nachbar China dagegen ist mit den Überlegungen Trumps hochzufrieden. Moskau ebenfalls. Was oft vergessen wird: Nicht nur China, auch Russland teilt sich mit Nordkorea eine Grenze, wenngleich diese nur knapp 20 Kilometer lang ist. Die Russen wollen keine US-Truppen in ihrem Hinterhof. Wenn der Weg bis zu einer Einigung mit Pjöngjang auch lang sein mag, der Rückzug der US-Militärs kommt den beiden anderen großen Spielern auf der Weltbühne sehr entgegen.

Im Fall von Nordkorea gefällt sich Donald Trump in der Rolle desjenigen, der bei der Annäherung Regie geführt hat. So ist auch sein Lob für Präsident Xi nach dem Singapur-Gipfel zu verstehen: Niemand solle »die große Hilfe vergessen, die mein guter Freund, Präsident Xi, für die USA geleistet hat, besonders an der Grenze zu Nordkorea. Ohne ihn wäre es ein viel längerer und härterer Prozess geworden.« Es ist das Lob eines Mannes, der sich für den mächtigsten Politiker der Welt hält. Trump ist überzeugt: Er hat entschieden, wann die Zügel angezogen werden. Und er entscheidet auch, wann es Zeit ist, aufeinander zuzugehen.

Die Wirklichkeit ist schon ein wenig komplizierter: Die Regie in diesem Machtspiel hat Kim weitgehend selbst geführt. Und als es ernst wurde, waren die Chinesen seine engsten Berater, ein wichtiges Gegengewicht zu Trump. Vor dem Treffen mit dem US-Präsidenten reiste Kim im Frühjahr 2018 zweimal nach China, für Konsultationen mit Präsident Xi. Das erste Mal noch mit dem Zug, das zweite Mal schon mit dem Flugzeug. Die Reise nach Singapur trat er – bestens gebrieft – mit einer Air-China-Maschine an, die ihm von der chinesischen Regierung zur Verfügung gestellt wurde.

Das war keine Selbstverständlichkeit. In den Jahren zuvor war das Verhältnis so angespannt, dass Präsident Xi nach seinem Amtsantritt nicht nach Pjöngjang reiste. Bis dahin war das üblich gewesen. Und bis 2006 hatte Pjöngjang Peking auch über bevorstehende Atomtests unterrichtet. Dass dies danach ausblieb, empfand Peking als Provokation. Wie es überhaupt die Raketenpolitik von Kim senior und Kim junior als Zumutung empfand. Dennoch konnten sich beide Kims auf eines verlassen: Wie schwierig die Beziehungen auch waren, wie hart die UN-Sanktionen auch wurden, Peking würde in jedem Fall verhindern, dass Nordkorea zusammenbricht. Dann nämlich stünden die amerikanischen Truppen an der chinesischen Grenze. Das galt es zu verhindern.

Peking hat aber auch andere Interessen. Peking sähe es am liebsten, wenn gar keine Nuklearwaffen auf der koreanischen Halbinsel stationiert wären. Peking will, dass Pjöngjang gehorcht und sich wirtschaftlich öffnet. Denn Nordkorea ist bis unter die Grasnarbe mit Bodenschätzen gefüllt: Das Land verfügt über Reserven von geschätzten 1,8 Milliarden Tonnen Anthrazitkohle, 400 Millionen Tonnen Eisenerz und mit 490 Millionen Tonnen über eines der größten und hochwertigsten Magnesitvorkommen weltweit. Dazu kommen Gold, Silber, Zink, Kupfer, Blei, Kalkstein und Eisen. Insgesamt dürften die Bodenschätze vier Billionen US-Dollar wert sein. Bodenschätze, die China gut gebrauchen kann und zu denen die Volksrepublik wohl am leichtesten Zugang bekommen könnte. Auch deshalb hat Peking an einem gewaltsamen Regimewechsel oder gar an einem Kollaps nie Interesse gehabt. China hat zwar die Sanktionen mitgetragen, aber immer dafür gesorgt, dass sie Kim nicht komplett die Luft abschnüren. Die nur 30 Kilometer lange Dandong-Sinuiju-Pipeline von China nach Nordkorea, durch die seit 1975 rund 90 Prozent der Ölexporte nach Nordkorea fließen, blieb zum Beispiel immer in Betrieb. Die Argumentation Pekings gegenüber Kritikern: Das Rohöl, das über die Pipeline transportiert wird, enthalte einen hohen Anteil an Wachs. Wenn der Ölfluss gestoppt werde, blockiere das die Rohre, was eine kostspielige Reparatur zur Folge hätte. Im Extremfall könnte die Pipeline sogar dauerhaft unbenutzbar werden. Peking hat zudem dafür gesorgt, dass Nordkorea genügend Kraftwerke zur Kohleverstromung bekommt. Die Ausfuhr von Kohle war Pjöngjang im Rahmen der Sanktionen verboten worden. Die Kohle zu verfeuern und in Strom umzuwandeln, der dann über die Grenze nach China floss, jedoch nicht.

Was immer auch passierte, die beiden Weltmächte wussten, was sie wollten. Die USA wollten keinen Frieden mit Nordkorea. Die Chinesen keinen Zusammenbruch des Landes. Die Charmeoffensiven der Chinesen hatten damit ihre Limits. Die Umsturzfantasien der Amerikaner auch. Ebenso wie die Provokationen der Nordkoreaner. Diese Auseinandersetzung um Nordkorea ging sogar mitten durch den Sicherheitsrat der UN. Die USA, Frankreich und Großbritannien auf der einen, Russland und China auf der anderen Seite.

Dennoch versuchten beide Seiten, sich immer wieder freizuspielen. Ende Januar 2006 etwa ließ Peking Kim senior sogar in den boomenden Süden Chinas reisen, um ihm zu zeigen, was eine Öffnungspolitik bewirken kann. Kim war begeistert. Ein »lang gehegter Wunsch« sei mit dem Besuch in Erfüllung gegangen.

»Wir sind tief beeindruckt von den leuchtenden Errungenschaften im Bereich der Hochtechnologie«, sagte er. Der »rasche Wandel« des Südens und der »aufwühlende Alltag« hätten ihn »tief bewegt«. In einem Satz: »Unser Besuch im Süden Chinas hat uns wieder einmal überzeugt, dass China eine rosige Zukunft hat dank des richtigen Weges, den die Kommunistische Partei Chinas eingeschlagen hat.«

Für die meisten Beobachter war das ein deutliches Zeichen, dass Kim senior sein Land öffnen will, wenn auch nicht um jeden Preis. Am Ende scheiterte der Reformwillen an Washington. Die Amerikaner wollten Pjöngjang keine Garantie geben, dass sie dem Regime nicht in den Rücken fallen, wenn das Land sich öffnet. Eine Garantie, wie US-Präsident Richard Nixon sie Mao Zedong Anfang der 1970er-Jahre gegeben hatte. Damals jedoch hatten die Amerikaner andere Interessen. Sie wollten China als Alliierten gegen die Sowjetunion. Im Fall von Nordkorea kam ein solches Zugeständnis nie, weil die amerikanischen Militärs eben den Feind Nordkorea brauchten, um ihre Präsenz mit über 70 000 Soldaten in Asien zu begründen.

Über einen Friedensvertrag könne man erst reden, wenn Kim sein Atomraketenprogramm aufgeben würde, hieß es deshalb schon damals in Washington. Dazu war Kim senior natürlich nicht bereit. Die Raketen waren seine Lebensversicherung. Aus guten Gründen: Bereits 1994 hatte sich Washington mit dem Gedanken getragen, Nordkorea zu bombardieren. US-Präsident Bill Clinton hatte schon die Planungen für einen Erstschlag und die Evakuierung Südkoreas angeordnet. Die USA konnten sich diese Muskelspiele erlauben, da Moskau zu dieser Zeit keine Rolle mehr spielte und Peking noch viel zu schwach war, um sich den Amerikanern entgegenzustellen. Im letzten Moment reiste der ehemalige Präsident Jimmy Carter als Vermittler nach Pjöngjang. Und er hatte Erfolg: Noch im selben Jahr verzichteten die Nordkoreaner auf die Produktion von Plutonium. Die USA verpflichteten sich, die Sanktionen aufzuheben und unter anderem Leichtwasserreaktoren zur

Stromerzeugung zu liefern. Der bislang gefährlichste Moment im Konflikt mit Nordkorea schien abgewendet. Doch kurz darauf übernahmen die Republikaner die Mehrheit im US-Senat. Ein innenpolitischer Streit entbrannte über die Nordkoreafrage. Die Folge: Washington lieferte die Leichtwasserreaktoren nicht oder nur mit großer Verzögerung. Pjöngjang fühlte sich daher nicht länger an die Vereinbarung gebunden.

Auch die zwei Gipfel zwischen den beiden koreanischen Präsidenten in den Jahren 2000 und 2007 brachten keinen wirklichen Durchbruch. Das erste Treffen der beiden Staatsführer des geteilten Koreas seit einem halben Jahrhundert ging zwar als »Sonnenschein-Gipfel« in die Geschichte ein. Der südkoreanische Präsident Kim Dae-jung, der seinen Amtskollegen vom Flughafen abgeholt hatte, erhielt sogar den Friedensnobelpreis für seine Bemühungen, eine Öffnung des Nordens und eine weitere Annäherung zu erreichen. Doch später stellte sich heraus, Seoul hatte sich den Gipfel gekauft. 150 Millionen US-Dollar waren im Vorfeld ohne Bedingungen überwiesen worden. Das Geld hat Kim senior natürlich gerne eingestrichen.

Dass wenige Wochen später, im Oktober 2000, US-Außenministerin Madeleine Albright zu Besuch in Pjöngjang war und später auch der ehemalige Präsident der Europäischen Kommission, Jacques Santer, war politisch spektakulär, blieb jedoch ebenfalls wirkungslos. Die Europäer konnten die USA zu gar nichts bewegen, und selbst Albright hatte nicht die Macht, mit einem Friedensvertrag zu locken. Diesen Frieden wollten die Washingtoner Falken nicht, und an denen kam auch Albright nicht vorbei. Und dass Deutschland im März 2001 diplomatische Beziehungen zu Nordkorea aufnahm, war durchaus sinnvoll. Viel änderte sich dadurch aber nicht. Denn Deutschland handelte im Koreakonflikt nie auf eigene Rechnung. Man müsse Rücksicht auf die USA nehmen, hieß es lange, bevor sich Trump entscheiden sollte, keine Rücksicht mehr auf Deutschland zu nehmen.

Vielleicht hätten sich Washington und Pjöngjang ja mit der Zeit doch langsam aufeinander zubewegt. Das Attentat auf das New Yorker World Trade Center am 11. September 2001 beendete jedoch diese Hoffnungen. Die USA waren in ihren Grundfesten erschüttert. Die Militärs und die Falken übernahmen die Lufthoheit in Washington. Präsident George W. Bush ließ die »Achse des Bösen« erfinden. Sie sollte bis nach Asien reichen, weshalb Nordkorea mit auf die Liste gesetzt wurde, obwohl das Land mit den islamistischen Anschlägen nichts zu tun hatte. Kim senior blieb nun gar nichts anderes übrig, als sich in sein Schneckenhaus zurückzuziehen. Gut zehn Jahre nach dem 11. September starb Kim Jong-il im Dezember 2011. Sein junger Sohn Kim Jong-un übernahm die Macht und war gleich mit mehreren Problemen konfrontiert: Er war erst Ende zwanzig, hatte keine stabile Machtbasis in Pjöngjang, und die globale Lage hatte sich noch immer nicht zugunsten von Nordkorea verschoben. Kim junior musste sich zuallererst eine Machtbasis im Land aufbauen. Einige seiner Verwandten hatten die Vorstellung, Kim zu einer Art Marionette machen zu können. Sie sollten sich schwer verrechnen. Ähnlich erging es den wohlmeinenden reichen Onkeln aus Peking, die überzeugt waren, Kim fahre gut damit, wenn er ihre Ratschläge befolge. Der allerdings hatte seine eigenen Vorstellungen, worüber Peking sehr verärgert war. Vom »undankbaren, schwierigen Partner« war die Rede. Kim ließ sich davon nicht beirren und führte stur seinen Plan aus: seine Macht im Inneren zu festigen und gleichzeitig Nordkorea in der Weltöffentlichkeit als ein Land zu etablieren, das man nicht herumschubsen kann.

Kaum zwei Jahre im Amt, ließ Kim im Dezember 2013 seinen größten Mentor, seinen Onkel Jang Song-thaek, exekutieren. Es geht das Gerücht, Jang habe dem damaligen chinesischen Präsidenten Hu Jintao angeboten, Kim zu entmachten und ihn gegen dessen chinafreundlichen Halbbruder Kim Jong-nam auszutauschen. Jang genoss großes Vertrauen in Peking und hoffte, bei Geschäften mit China viel Geld verdienen zu können. Was an dem Gerücht dran ist, lässt sich allerdings kaum verifizieren. Sicher ist jedoch, dass der Halbbruder von Kim im Februar 2017 im Flughafen der malaysischen Hauptstadt Kuala Lumpur von zwei Frauen mit einem chemischen Giftstoff ermordet wurde. Spätestens seit diesem Moment dürfte jedem klar sein, wer in Nordkorea die Zügel in der Hand hält.

Die neue Autorität zeigte sich auch außenpolitisch: Kim erhöhte die Frequenz der Raketentests und der Atomversuche. Zwischen 2011 und 2017 ließ er fast 90 Raketentests durchführen, dreimal so viele wie in den letzten sechs Jahren der Herrschaft seines Vaters. Kim ist überzeugt, man könne die Amerikaner nur dann von einem Angriff abschrecken, wenn Nordkorea in der Lage ist, eine amerikanische Stadt notfalls atomar zu vernichten. Die atomare Schlagkraft hat sich nie gegen die Brüder und Schwestern in Südkorea gerichtet. Aber Kim hielt Seoul für eine Marionette der Amerikaner. Die Nordkoreaner wollten sicherstellen, eine verlässliche Zweitschlagkapazität gegenüber den USA zu haben. Fachleute streiten bis heute darüber, ob sie dazu tatsächlich in der Lage waren oder nicht.

Im Februar 2018, kurz vor den Olympischen Winterspielen in Südkorea, startete Kim dann seine erste Charmeoffensive. So knapp vor den Spielen wie nur irgend möglich streckte er die Hand nach Seoul aus. Er hatte großes Glück, dass dieser Schritt dem südkoreanischen Präsidenten Moon Jae-in ins politische Konzept passte. Unter dessen Vorgängerin wäre das wohl nicht möglich gewesen. Die Annäherung war erfolgreich: Gemeinsam mit ihren südkoreanischen Kollegen liefen nordkoreanische Sportler in das Olympiastadion von Pyeongchang ein.

Nun brauchte Kim nur noch ein Gegengewicht, um sicherzustellen, dass Washington nicht übermütig werden würde. Also machte er sich nach den Olympischen Spielen auf den Weg nach Peking – seine erste Auslandsreise überhaupt. Es ging darum, die Freundschaft zu seinem engsten, aber zeitweilig verstimmten Alliierten wieder aufzufrischen. Und tatsächlich: China und Pjöngjang ziehen jetzt wieder an einem Strang, lautete das Signal an Donald

Trump, der nun wusste, dass er Peking auf die Füße tritt, wenn er Kim zu hart anfasst.

Im Mai 2018 fand dann das erste Gipfeltreffen zwischen Kim Jong-un und Südkoreas Staatspräsident Moon Jae-in statt. Die hochgerüstete Grenze zwischen den verfeindeten Nachbarstaaten mutete bei der Begegnung der beiden fast an wie ein Gartentor, durch das man nach Belieben hinaus- und hineinspazieren kann. Kim wirkte entspannt, lachte, zeigte sich charmant an der Seite seiner Schwester und feixte, er wolle seinen südkoreanischen Kollegen nie mehr morgens mit unangekündigten Atomtests um den Schlaf bringen. In Südkorea verfolgten die Menschen das Treffen wie ein Fußballspiel per Public Viewing. Eine neue »Ära des Friedens« solle nun beginnen, hieß es. Bis Ende 2018 wolle man das bisherige Waffenstillstandsabkommen in einen Friedensvertrag umwandeln. Im Anschluss reiste Kim erneut nach China, um sich mit Xi abzustimmen. Für Trump war es höchste Zeit, wieder ins Spiel zu kommen. Die Geschichte drohte an ihm vorbeizuziehen. Er nahm den Vorschlag für ein Gipfeltreffen zwischen Kim und ihm an. Sagte es wieder ab und dann wieder zu.

Lange war der exzentrische amerikanische Basketballspieler Dennis Rodman der einzige direkte US-Kontakt zu Kim. Der nordkoreanische Herrscher ist Basketballfan und hat Rodman mehrfach nach Nordkorea eingeladen. Im Rückblick ist klar: Auch dies war ein Teil von Kims Strategie, auf den Westen zuzugehen. Angelegt ist sie fast wie seinerzeit die »Pingpongdiplomatie« zwischen Amerikanern und den Chinesen. Während der Tischtennis-Weltmeisterschaft 1971 im japanischen Nagoya hatten sich der amerikanische Spieler Glenn Cowan und der achtfache chinesische Weltmeister Zhuang Zedong angefreundet. Sung Chung, der Generalsekretär des chinesischen Tischtennisverbandes, lud daraufhin die amerikanischen Spieler im April 1971 nach Peking ein. Wenige Monate später folgte Henry Kissinger einer Einladung nach Peking. Und im Juli 1971 trafen sich schließlich Mao Zedong und US-Präsident Richard Nixon in Peking, um rund 20 Jahre nach dem Ende des Koreakrieges die Feindschaft zu beenden und von nun an zusammenzuarbeiten.

Obwohl die Parallele offensichtlich war, machte sich halb Amerika über Rodmans politische Naivität lustig. Es ist die Zeit, in der sich der amerikanische Missionar Kenneth Bae in nordkoreanischer Gefangenschaft befindet und später auch der US-Student Otto Warmbier. Beiden wurde Spionage vorgeworfen. Und beide wurden kurz nach dem Besuch von Rodman freigelassen. Warmbier starb allerdings kurz darauf an den Folgen seiner anderthalbjährigen Gefangenschaft.

Das erste Treffen zwischen Kim und Rodman hatte bereits 2013 stattgefunden. Am Tag des Gipfels zwischen Trump und Kim brach Rodman während eines CCN-Interviews so sehr in Tränen aus, dass er kaum noch zu verstehen war. Er habe wegen seiner Initiative Morddrohungen bekommen. Dabei sei es ihm nur um mehr Frieden gegangen. Trump bedankte sich öffentlich bei Rodman.

Vor dem USA-Nordkorea-Gipfel in Singapur verbreiten Trumps Spindoktoren hinter den Kulissen, Kim habe um den Gipfel gebettelt. Und dass er wegen der von Trump verschärften Sanktionen zu Kreuze habe kriechen müssen. Da es schwierig ist, genaue Wirtschaftsdaten aus Nordkorea zu bekommen, lässt sich die These, Nordkorea stehe wirtschaftlich das Wasser bis zum Hals, nicht belegen. Belegbar ist hingegen, dass Kim seit seiner Machtübernahme die nordkoreanische Wirtschaft reformiert hat. 13 neue Entwicklungszonen hat er eröffnen lassen, um ausländische Investitionen anzuziehen. Die Steigerung des Lebensstandards wurde erst unter ihm zur nationalen Politik erklärt. Die Zentralbank im südkoreanischen Seoul schätzt, dass die Wirtschaft unter Kim junior 2016, also im Jahr vor den neuen Sanktionen, bereits um 4,2 Prozent gewachsen ist. Das wäre das höchste Wachstum in den vergangenen 17 Jahren. Auch die Im- und Exporte nehmen deutlich zu. Chinas Anteil daran beträgt weit über 80 Prozent. Selbst im Jahr der harten Sanktionen brach der Handel zwischen den beiden Ländern nur um zehn Prozent ein. Und das World Food

Programme WFP berichtet, dass sich »Hunger und Mangelernährung sehr verringert haben«. In der Bevölkerung gebe es »eine hoffnungsvolle Stimmung«.

Auch Besucher in Pjöngjang stellen fest, dass sich das Stadtbild stetig verändert. Zum Beispiel Uwe Kräuter, der Deutsche, der am längsten in China lebt. 1973 kam er als Lektor ins Reich der Mitte. Seit 2005 reist er regelmäßig nach Nordkorea. In den Jahren 2016 und 2017 war er sogar jeweils mehrere Wochen im Land. »Die Offenheit der Menschen gegenüber Ausländern ist viel größer geworden«, stellt Kräuter fest. »Und es gab und gibt ein Grundvertrauen in die Politik Kims.« Die Sanktionen seien erstaunlicherweise kaum zu spüren gewesen.

Die geopolitische Lage ist günstiger denn je für eine Öffnung Nordkoreas. Die Chinesen und die Russen unterstützen den Kurs. Die Europäer spielen leider kaum eine Rolle. Der ehemalige SPD-Außenminister Sigmar Gabriel brachte sich zwar bei einem Peking-Besuch im September 2017 noch als Schlichter für den Nordkorea-Konflikt ins Spiel, nachdem er den Chinesen vorgehalten hatte, eine »gespaltene Position« einzunehmen, aber wirklich ernst nahm das niemand. Auch Bundeskanzlerin Angela Merkel sprach sich vor der Bundestagswahl für ein Engagement Deutschlands im Streit mit der Atommacht Nordkorea aus. »Wenn unsere Beteiligung an Gesprächen gewünscht wird, werde ich sofort Ja sagen«, erklärte sie, »Europa und speziell Deutschland sollten bereit sein, dazu einen sehr aktiven Teil beizutragen.« Für die deutsche Wirtschaft wäre ein solches Engagement nicht das schlechteste. Doch die Offerte der deutschen Politik mochte bislang niemand annehmen.

Versuche der Europäer, ins Spiel zu kommen, gab es schon früher. 2012 etwa war eine Gruppe ehemaliger Regierungsangehöriger aus Großbritannien, Schweden und der Schweiz auf Einladung Nordkoreas in Pjöngjang. Von deutscher Seite war Wolfgang Nowak dabei, unter Gerhard Schröder Planungschef im Kanzleramt. Insgesamt siebenmal reiste Nowak nach Nordkorea. Zunächst wurde er dafür intern angefeindet. Das Auswärtige Amt unter

Guido Westerwelle hatte »am Anfang kein Interesse an den Gesprächen«, erzählte Nowak in einem Interview mit dem *Spiegel*. »Der deutsche Botschafter vor Ort war total gegen unseren Besuch, fast bis zur Unhöflichkeit.« Das habe sich erst geändert, als Frank-Walter Steinmeier Außenminister wurde. »Auf der einen Seite mochte man natürlich solche Amateure wie mich irgendwie nicht«, fasst Nowak die Lage zusammen. »Auf der anderen Seite aber wollte man sich auch keine Gesprächskanäle verschließen.«

Das letzte Mal war Nowak im November 2017 in Pjöngjang. Er traf unter anderem Ri Su-yong, einen der fünf Politiker, die den Kurs des Landes bestimmen. Sie sprechen über die Olympischen Spiele. Nowak trägt die Gesprächswünsche Südkoreas vor und wird von Ri in das Regierungsgebäude zum Abendessen eingeladen, in den nordkoreanischen Kreml sozusagen. »Im Laufe des Gesprächs sagte er mir dann: ›Wir werden die Olympischen Spiele nicht stören.‹ Und das habe ich meinen Freunden im Süden berichtet.« Doch dann überstürzten sich die Entwicklungen zwischen Nord- und Südkorea und überrollten die sinnvolle diplomatische Initiative. Immerhin können die Deutschen dank Nowak nun hoffen, dass sich die Nordkoreaner im Falle einer wirtschaftlichen Öffnung daran erinnern, dass Berlin immer ein offenes Ohr für Pjöngjang hatte. Und vielleicht hilft es auch, dass Kim junior, der in der Schweiz zur Schule ging, ein wenig Deutsch spricht.

Ein weiterer Koreakenner ist Hartmut Koschyk, langjähriger Bundestagsabgeordneter der CSU, Vorsitzender der Deutsch-Koreanischen Parlamentariergruppe und ehemaliger Staatssekretär im Finanzministerium unter Wolfgang Schäuble. Er hat jahrelang intensiven Kontakt zu Nordkorea gehalten. Seine Einschätzung zum Gipfeltreffen in Singapur: »Kim hat damit viel gewagt. Er musste das ja alles in Partei- und Armeekreisen gegen viele Skeptiker durchsetzen. Nun muss er auch liefern, und zwar mit einer Verbesserung der Lebenssituation.«

Jetzt, da Trump seine Soldaten aus Südkorea nach Hause schicken will, wird ein amerikanischer Einmarsch oder eine andere militärische Intervention immer unwahrscheinlicher. Mit den Chinesen als Schutzmacht kann Kim nun in der Tat auf sein Nuklearraketen-Programm verzichten. Er müsste seine Öffnungspolitik zwar mit einer Abhängigkeit von China bezahlen. Aber er ist Realist genug, um zu sehen, dass er es aus eigener Kraft politisch und wirtschaftlich nie schafft, sein Land zu öffnen und seine politischen Versprechungen zu erfüllen. Und dann ist es ihm schon lieber, mit einem Land zu paktieren, das ihm nicht nur geografisch, sondern auch ideologisch nähersteht als Washington.

Kim Jong-un ist derzeit also auf dem besten Wege, der Deng Xiaoping Nordkoreas zu werden. Die Südkoreaner sind auf seiner Seite, auch wenn sie vorsichtig zwischen den Interessen der beiden Supermächte USA und China hin und her lavieren müssen. In Seoul weiß man genau, wie es sich anfühlt, wenn man gegen die Interessen des großen Nachbarn handelt. 2017 war Seoul monatelang in Pekings Würgegriff, nachdem die südkoreanische Regierung der Installation eines US-Raketenabwehrsystems zugestimmt hatte. China fühlte sich dadurch in seiner Souveränität bedroht. Das sogenannte THAAD-Raketenabwehrschild solle Südkorea besser vor Angriffen aus Nordkorea schützen, so Washington. Peking befürchtete jedoch, dass das zu THAAD gehörende Radarsystem den Luftraum weit nach China hinein ausspionieren könnte.

Der Konflikt zwischen den beiden Staaten sollte zeigen, wie entschlossen Peking handelt, um seinen Willen durchzusetzen. Ganz ohne Bomber und Flugzeugträger, sondern allein mit wirtschaftlichem Druck. Aus Protest gegen die Stationierung des Abwehrsystems verbot Peking nämlich heimischen Reisebüros, Touren nach Südkorea zu verkaufen. Charterflüge wurden gestrichen, und sogar die in China so beliebten Kosmetika aus Südkorea blieben trotz Freihandelsabkommen im Zoll stecken. Die Zahl der chinesischen Touristen in Südkorea sank von März bis August 2017 um 61 Prozent auf nur zwei Millionen. Besonders unter Druck geriet die Supermarktkette Lotte, deren Inhaber es gewagt hatte, einen seiner Golfplätze für die Stationierung von THAAD-Batterien zur

Verfügung zu stellen. Lotte hat sich schon früh in den chinesischen Markt gewagt und betrieb bis Anfang des Jahres dort mehr als 100 Filialen. Nun ließ Peking die meisten Lotte-Kaufhäuser kurzerhand schließen. Die offizielle Begründung lautete wie so oft in solchen Fällen: Brandschutzmängel.

Erst nachdem Südkoreas neuer Präsident Moon Jae-in eingelenkt und Peking versprochen hatte, keine weiteren Einheiten des Systems zu installieren, glätteten sich die Wogen wieder. Beim ersten Treffen von Chinas Staats- und Parteichef Xi Jinping und Südkoreas Präsident kurz vor Weihnachten 2017 in Peking vereinbarten beide Seiten, ihre Beziehungen wieder zu normalisieren. So rief Moon zu einem »Neustart« auf der Basis von »Freundschaft und Vertrauen« auf. Damit nichts mehr schiefgeht, wurde sogar eine direkte Hotline zwischen den beiden Staatsführern eingerichtet. Dennoch wird Südkorea vermutlich nicht zu den großen Gewinnern einer Öffnung Nordkoreas zählen. Für Seoul wird sich die Abhängigkeit von den USA verringern und die Abhängigkeit von China erhöhen. Und damit ist auch klar, wer der Gewinner und wer der größte Verlierer in diesem Machtspiel ist: Die Politik Trumps führt dazu, dass er kurzfristig als Held dasteht, am Ende jedoch werden die Amerikaner in Asien dramatisch an Einfluss verlieren. Das Vakuum, das sie hinterlassen, wird von den Chinesen gefüllt. Dass dies womöglich ein Schritt ist, der sich für die USA als sinnvoll herausstellen könnte, steht auf einem anderen Papier. Auch Nationen können sich gesundschrumpfen.

Derweil schickt sich Peking an, auch in einer anderen Krisenregion Nägel mit Köpfen zu machen. Peking ist dabei, den Chinesisch-Pakistanischen Wirtschaftskorridor (CPEC) zu bauen. Es ist die wohl schwierigste Route der Neuen Seidenstraße, aber auch diejenige, die die Welt am meisten verändern kann. Der 3000 Kilometer lange Korridor verläuft von dem schmalen gemeinsamen Grenzstreifen über den Karakorum-Highway diagonal durch Pakistan. In der Hauptstadt Islamabad teilt er sich in zwei große Straßen. Die

eine schließt die Küstenstadt Karatschi ein und endet in der Hafenstadt Gwadar an der iranischen Grenze. Die andere verläuft westlicher und endet in Karatschi. Die folgende Karte zeigt, wo und in
welchem Umfang Peking in diesen wichtigen Korridor investiert.

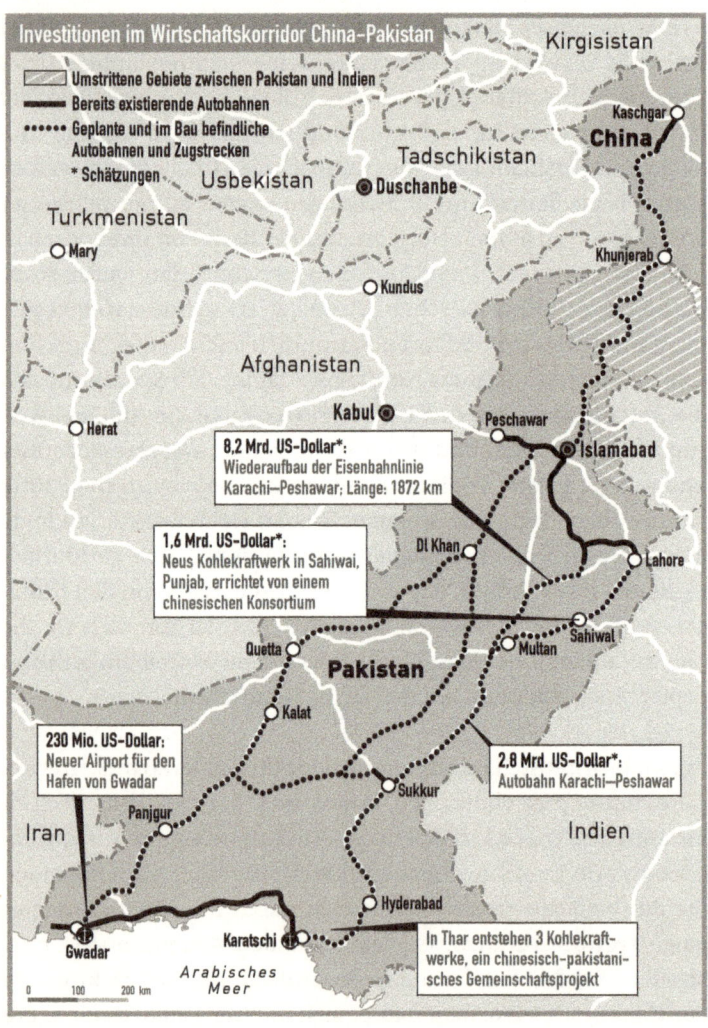

Investitionen im Wirtschaftskorridor China–Pakistan

Umstrittene Gebiete zwischen Pakistan und Indien
Bereits existierende Autobahnen
Geplante und im Bau befindliche
Autobahnen und Zugstrecken
* Schätzungen

Kirgisistan

Kaschgar
China
Khunjerab

Tadschikistan
Duschanbe
Usbekistan

Turkmenistan
Mary
Kundus

Afghanistan
Kabul
Peschawar
Islamabad
Herat

8,2 Mrd. US-Dollar*:
Wiederaufbau der Eisenbahnlinie
Karachi–Peshawar; Länge: 1872 km

1,6 Mrd. US-Dollar*:
Neus Kohlekraftwerk in Sahiwai,
Punjab, errichtet von einem
chinesischen Konsortium

DI Khan
Lahore

Quetta
Multan
Sahiwal

Pakistan

Kalat

230 Mio. US-Dollar:
Neuer Airport für den
Hafen von Gwadar

2,8 Mrd. US-Dollar*:
Autobahn Karachi–Peshawar

Panjgur
Sukkur

Iran
Indien

Hyderabad

Gwadar
Karatschi

In Thar entstehen 3 Kohlekraftwerke, ein chinesisch-pakistani-
sches Gemeinschaftsprojekt

Arabisches
Meer

0   100   200 km

Pakistan ist mit seinen 200 Millionen Einwohnern ein entscheidender Faktor für die Stabilität der ganzen Region. Nur wenn in Pakistan Ruhe herrscht, wenn Pakistan wirtschaftlich prosperiert, lässt sich die Lage in Afghanistan stabilisieren, wird eine Annäherung mit dem östlichen Nachbarn Indien möglich, von dem sich Pakistan 1947 abgespalten hat. Pakistan ist neben Indien, Nordkorea und China die vierte Atommacht in Asien. Dass Pakistan prosperiert, liegt eigentlich im Interesse der Weltgemeinschaft. Die sich allerdings irritierend zurückhält – bis auf China, das in Pakistan natürlich nicht nur aktiv ist, um den Weltfrieden zu sichern, sondern dort handfeste eigene Interessen verfolgt. Wichtig ist das Land vor allem deshalb, weil der Korridor durch Pakistan den Chinesen einen direkten Zugang zum Arabischen Meer ermöglicht. Damit können Güter auch auf dem Landweg nach China transportiert werden, die gefährliche Straße von Hormus könnte umgangen werden. Die an der schmalsten Stelle 30 Seemeilen breite Meerenge verbindet den Persischen Golf im Westen mit dem Golf von Oman, dem Arabischen Meer und dem Indischen Ozean im Osten. Gleichzeitig breitet sich Peking mit dem Wirtschaftskorridor im Rücken Indiens aus und baut damit seine Vormachtstellung in Asien aus.

Pakistan hat die wirtschaftlichen Chancen, die sich durch die strategischen Interessen Pekings ergeben haben, sofort ergriffen. Keinem anderen Land hat sich Pakistan bisher so sehr für ausländische Investitionen und Kooperationsmaßnahmen geöffnet wie China, das in Pakistan bislang stolze 60 Milliarden US-Dollar investiert hat – in neue Straßen- und Schienenverbindungen, Gas- und Ölpipelines, Kohlekraftwerke, Windfarmen und in den Tiefseehafen in Gwadar, den Peking bis 2022 zu einem der wichtigsten Frachtumschlagplätze Südasiens ausbauen will.

Neben solchen Infrastrukturprojekten geht es in dieser Phase der Entwicklung vor allem darum, die Stromversorgung zu stabilisieren. Deshalb haben die Kraftwerke den größten Anteil an dem Korridor: 17 Projekte im Wert von rund 20 Milliarden US-Dollar sollen bis 2020 sicherstellen, dass Stromausfälle in Pakistan der Vergangenheit angehören. Zwei 660-Watt-Kohlekraftwerke im Hafen von Port Qasim sind bereits in Betrieb, im Südosten des Landes speisen drei Windfelder Strom ins Netz. Dort bauen die Chinesen auch Braunkohle ab. Und eine Anlage, die Flüssiggas wieder vergast, versorgt die Menschen in der Region Punjab mit Energie.

Das größte Projekt der Chinesen aber war schon lange im Bau, bevor der CPEC überhaupt ins Leben gerufen wurde. Es ist der 750-Megawatt-Karot-Staudamm im Osten des Landes, den China für zwei Milliarden US-Dollar errichtet. Die Chinesen betreiben den Damm für 30 Jahre, danach gehört er den Pakistanis. Der Damm wird von der Weltbank mit 125 Millionen US-Dollar mitfinanziert. Die Chinesen mussten der Weltbank eine umfassende Umwelt- und Sozialverträglichkeitsstudie liefern, die von der Bank durchgewunken wurde. Das Projekt soll im Dezember 2021 fertig werden.

Der neue Flughafen Islamabad wurde im Mai 2018 eröffnet. Er kann zwölf Millionen Passagiere im Jahr abfertigen. Die von Chinesen gebaute Anlage wurde mit knapp 100 Millionen US-Dollar Baukosten rund dreimal teurer als geplant. Und der Bau dauerte mit elf Jahren auch doppelt so lange wie geplant. Im Vergleich zu Berlin stehe man aber gar nicht so schlecht da, spottete die *Neue Zürcher Zeitung*. Die Überschrift des Artikels: »Pakistan schlägt Deutschland«.

Natürlich gelingt selbst den Chinesen nicht alles. Beim großen Gadani-Kohlekraftwerk haben die Pakistanis ihren Teil der Finanzierung nicht stemmen können. Das Quaid-e-Azam-Solarenergie-Projekt steckt fest, weil sich Chinesen und Pakistanis darüber streiten, zu welchem Preis der Strom abgegeben werden soll. Auch Chinas Vorzeigeprojekt, der Hafen von Gwadar, entwickelt sich eher schleppend. Dabei sprachen chinesische Medien schon von dem »neuen Dubai«. Die Pakistanis hoffen nun, dass der Hafen auf die Liste von COSCO kommt, einer der größten Reedereien der Welt, die eines Tages dort Öl abholen soll. Im Januar 2018 wurde jedenfalls eine entsprechende Absichtserklärung unterschrieben. Außerdem sollen weitere Industrien am Hafen angesiedelt werden.

Wenn auch nicht alles wie am Schnürchen läuft, so ist es doch erstaunlich, wie weit Pakistan mithilfe der Chinesen überhaupt gekommen ist. In den vergangenen 15 Jahren hat sich die Armutsquote halbiert, eine Mittelschicht entsteht. 2017 betrug das Wirtschaftswachstum 5,8 Prozent – der höchste Wert in einer guten Dekade. Inzwischen wurde die pakistanische Börse in die MSCI-Liste der bis dahin 23 wichtigsten Emerging Markets der Welt aufgenommen. Das letzte Land, das in diesen Index aufgenommen wurde, war Katar 2014. Die Zahl der Opfer von Terroranschlägen ist in wenigen Jahren um zwei Drittel gesunken. »Die Sicherheitslage hat sich maßgeblich verbessert«, sagt auch Ines Chabbi, die Vertreterin von German Trade and Investment in Pakistan. In Karatschi kann man sich selbst als Ausländer heute in den meisten Gegenden sicher bewegen. In einigen anderen Regionen ist das noch schwieriger. Damit der Aufbau weiter reibungslos verläuft, hat Islamabad eine 15 000 Mann starke Armeedivision bereitgestellt, um die chinesischen Infrastrukturprojekte vor islamistischen Anschlägen zu schützen.

Der Aufschwung ist in einem Land wie Pakistan natürlich noch labil. In der ersten Hälfte des Jahres 2018 muss sich Islamabad mit einer Währungskrise herumschlagen und sich von Peking kurzfristig eine Milliarde US-Dollar leihen. So konnte Islamabad verhindern, dass der westlich dominierte Internationale Währungsfonds zu Hilfe kommen muss. Die Kehrseite der Medaille: Die Abhängigkeit von China wird noch größer. Schon jetzt ist Peking der größte Gläubiger Pakistans, dessen Auslandsschulden innerhalb von fünf Jahren um 50 Prozent gestiegen sind. US-Außenminister Mike Pompeo warnte bereits, die USA würden dafür sorgen, dass der IWF Pakistan kein Geld geben würde, damit das Land seine Schulden zurückzahlen könne. Die Antwort aus dem Finanzministerium

Pakistans kam prompt: »Drittländer können unsere gemeinsamen Anstrengungen nicht untergraben, aus dem Wirtschaftskorridor eine Erfolgsgeschichte zu machen.«

Dennoch agiert Islamabad inzwischen etwas vorsichtiger. Die Verhandlungen zum Bau des Diamer-Basha-Damms etwa wurden mit der Begründung beendet, die Bedingungen der Chinesen seien inakzeptabel. Außerdem lehnte Islamabad es ab, den Yuan als Währung in der Freihandelszone des Hafens Gwadar einzuführen, weil dies die »wirtschaftliche Souveränität« Pakistans untergraben würde. Hier spricht allen Schwächen zum Trotz dann doch eine Atommacht zur anderen. Gleichwohl machen sich die Pakistanis über ihre Position keine Illusionen. »Pakistan war für eine lange Zeit nicht Teil der Welt«, sagt Wirtschaftsminister Khurram Dastgir Khan offen. »Wir waren in einer dunklen Blase und wachen gerade erst auf. Die Angst ist da, dass China uns billige Produkte und Services verkauft. Aber sie sind der einzige Spieler hier.«

Was der Politik Magenschmerzen bereitet, scheint die Bevölkerung nicht weiter zu stören. Das Washingtoner Meinungsforschungsinstitut Pew Research Center kam 2017 zu dem Ergebnis, dass 78 Prozent der Bevölkerung engere Beziehungen mit China wollen und nur 14 Prozent engere mit den USA. Dieses Ergebnis dürfte sich seitdem noch verschlechtert haben. Denn Donald Trump begann das Jahr 2018 auch Pakistan gegenüber in Angriffslaune: »Nichts als Lügen und Täuschung« hätten die USA in den vergangenen 15 Jahren durch den Verbündeten Pakistan erfahren, beschwerte sich der US-Präsident in einem im Januar abgesetzten Tweet. Trotz Milliardenhilfe durch die USA sei Pakistan ein »sicherer Hafen« für Terroristen geblieben.

Der zornige Neujahrsgruß Richtung Islamabad war mehr als nur heiße Luft. Drei Tage später setzte Washington die Militärhilfen für Pakistan bis auf Weiteres aus. Premier Shahid Khaqan Abbasi erklärte, man sei »tief enttäuscht«. Peking sprang Islamabad sogleich bei: Pakistan könne bei der Bekämpfung des Terrorismus bereits enorme Erfolge verzeichnen und habe große Opfer auf sich genommen. Wie man jemandes Gesicht wahrt, das wissen die Chinesen. Wenig später wurde bekannt, dass pakistanische Unternehmen von nun an ihren Handel mit China in Yuan abwickeln werden.

Im Juli 2018 trafen sich erstmals die Leiter der Auslandsgeheimdienste Russlands, Irans, Chinas und Pakistans in Islamabad. Sie sprachen über die steigende Bedrohung durch den »Islamischen Staat« in Afghanistan; IS-Truppen, die bisher in Syrien gekämpft haben, würden versuchen, sich nun nach Afghanistan durchzuschlagen. Die USA waren nicht mehr eingeladen. In den Hochzeiten des Afghanistan-Krieges war Pakistan noch das wichtigste Land, über das die US-Truppen ihren Nachschub organisierten. Das Treffen war ein weiterer Beleg dafür, dass sich die militärischen Kontakte Islamabads schon seit einiger Zeit in Richtung China bewegen. Über 60 Prozent der neuen Waffen für Pakistan kommen aus dem Reich der Mitte. Das ist ein Drittel der gesamten Waffenverkäufe Chinas. 2011 lagen China und die USA mit knapp 40 Prozent Anteil an den Lieferungen nach Pakistan noch gleichauf.

Auch wenn Peking Waffen an Pakistan verkauft, hat es überhaupt kein Interesse daran, dass der Konflikt mit Indien sich zuspitzt. Gemeinsam mit Russland setzte sich Peking dafür ein, Indien und Pakistan in die Shanghai Cooperation Organisation (SCO) aufzunehmen. Im Juni 2018 war es dann so weit. Beim Treffen der SCO schüttelten sich Indiens Premierminister Modi und Pakistans Präsident Hussain vor laufenden Kameras die Hände. Präsident Xi, der hinter ihnen stand, blickte diskret zur Seite. Das war auch besser so. Denn so neutral, wie Peking in diesem Konflikt gerne wäre, ist es nicht. Noch ein Jahr zuvor hatten die Inder und die Chinesen handfeste Grenzstreitigkeiten. Indien weigert sich bis heute, ein Teil der Neuen Seidenstraße zu werden, weil sich Delhi zu Recht von den Aktivitäten Pekings eingekreist fühlt, besonders von dem Wirtschaftskorridor in Pakistan. Präsident Xi achtet deshalb sehr darauf, den Bogen nicht zu überspannen.

Die SCO ist ein guter Rahmen für Indien und Pakistan, um sich schrittweise näherzukommen. Die *Indian Times* schreibt bereits, »die SCO kann die Distanz zwischen Indien und Pakistan überbrücken«. Die Organisation wurde 2002 als ein Sicherheitsbündnis von den Chinesen gegründet, das sich allerdings auch um wirtschaftliche Fragen kümmert. Das wichtigste Ziel: Die Region durch wirtschaftliche Zusammenarbeit stabiler werden zu lassen. Neben Pakistan, Indien, Russland und China gehören auch noch Kasachstan, Kirgisien, Tadschikistan und Usbekistan dazu. Andere Staaten wie der Iran und Afghanistan haben Beobachterstatus. Es war übrigens auch Peking, das im Dezember 2017 eine Serie von Vermittlungsgesprächen zwischen den Außenministern von Pakistan und Afghanistan initiierte. Chinas Außenminister Wang Yi will Afghanistan so bald wie möglich in den gemeinsamen Wirtschaftskorridor integrieren. Pakistan hat bereits seine Zustimmung signalisiert.

Man kann lange darüber diskutieren, wie sinnvoll das ist, was Peking im Rahmen der Neuen Seidenstraße in Pakistan versucht. Was man Peking jedoch nicht absprechen kann: Sie haben einen Plan. Und es ist einen Versuch wert. Aus dem Westen, der über Jahrhunderte die Spielregeln der Welt bestimmt hat, hört man in diesem Kontext wenig. Er ist mit sich selbst beschäftigt. Die Europäer und die Amerikaner vermitteln nicht, und wirtschaftlich engagieren sie sich – wenn überhaupt – zögerlich und einmal mehr nach dem Gießkannenprinzip. So investieren die Europäische Investitionsbank und die französische Entwicklungsagentur jeweils 75 Millionen US-Dollar in ein 600-Millionen-Projekt der japanisch-amerikanisch geprägten Asiatischen Entwicklungsbank (ADB). Es geht dabei um einen Schnellbuskorridor mit 31 Stationen und Fahrradwege in der Stadt Peschawar.

Davon abgesehen gilt Pakistan im Westen als ein Land, in dem man freiwillig nicht investiert. Dabei wäre nichts besser für Pakistan, als beim Aufbau des Landes auf noch mehr Angebote aus dem Westen zurückgreifen zu können. Doch auch hier gilt: Mit ihrer fehlenden Weitsicht treiben Brüssel und Washington Pakistan nur noch mehr in die Arme der Chinesen. Ein kleiner Lichtblick kommt aus Berlin. Die Regierung hat 2017 109 Millionen Euro zur Verfügung gestellt, um die Wirtschaftsbeziehungen zwischen Deutschland und Pakistan zu intensivieren. Ergebnisse sind bisher leider kaum zu sehen. Ironischerweise sind es teils gar die Chinesen, die deutschen Unternehmen die Tür öffnen: 2017 kauften sie Gasturbinen und Generatoren im Wert von rund 200 Millionen Euro bei Siemens für ein Kraftwerk. Es ist der bisher größte Auftrag für ein deutsches Unternehmen in Pakistan. Siemens wartet das Kraftwerk für zwölf Jahre.

Die Europäer, die selbst zu wenig tun, haben jedoch noch genügend Kraft, diejenigen zu kritisieren, die sich engagieren. Gerade die ehemaligen britischen Kolonialherren, die eine besondere moralische Verpflichtung hätten, dem Land zu helfen, das sie einst ausgebeutet haben, arbeiten mit Begriffen wie Neokolonialismus oder Konquistadorentum. Dabei ist die Strategie Chinas in der Region allemal zivilisierter und friedlicher, als es die der Kolonialmächte und später der Amerikaner im Irak oder in Afghanistan je war.

Der Westen sollte seinen Ärger über die asiatischen Emporkömmlinge endlich in positive Energie und Aktion umwandeln. Denn längst ist klar: Peking streicht heute schon die politische Dividende für das Engagement in Pakistan ein. Nicht nur die wirtschaftliche. So weigerte sich der pakistanische Premierminister Nawaz Sharif standhaft, die saudisch-amerikanische Koalition im Jemen im Kampf gegen die vom Iran unterstützten Houthi-Rebellen mit Kampfflugzeugen, Kriegsschiffen und Bodentruppen zu unterstützen. Man wolle lieber neutral bleiben und vermitteln, hieß es aus Islamabad. Das ist exakt die chinesische Position. Und eine Haltung, die der neuen Welt gut steht.

Für die Saudis mag das eine Überraschung gewesen sein, waren sie es doch, die Sharif nach einem Putsch Exil gewährt hatten. Sein Pragmatismus war am Ende stärker als die Dankbarkeit. Das hilft Peking inzwischen nicht mehr. Sharif wurde im Sommer 2018 abgewählt. Sein Nachfolger Imran Khan wird das ein oder andere Projekt stoppen, er wird ein wenig Korruption entdecken, und dann geht es weiter wie bisher.

An Pakistan lässt sich besonders deutlich sehen, wie der Westen Tag für Tag in Asien an politischem und wirtschaftlichem Einfluss verliert. Der gleiche Trend lässt sich auch beim dritten großen Krisenherd beobachten: dem Streit um die Inseln im Südchinesischen Meer. Dabei spielen die Philippinen eine entscheidende Rolle.

Man sieht ihn selten mit Krawatte. Und wenn doch, dann ist der oberste Hemdknopf offen. Selbst wenn er den chinesischen Staatspräsidenten Xi Jinping trifft. So wie im April 2018, als er für das Boao Forum for Asia nach China reist, einem hochrangigen Treffen politischer und wirtschaftlicher Führer nach dem Vorbild des Weltwirtschaftsforums in Davos.

Die Rede ist von Rodrigo Duterte, der so offen spricht, wie er sein Hemd trägt. »Ich liebe Xi Jinping einfach«, sagt er ganz undiplomatisch schon kurz vor seiner Reise. »Er versteht mein Problem und ist gewillt zu helfen.« Dutertes größtes Problem? Er braucht einen wirtschaftlichen Boom für die Stabilität seines Landes. Das vielleicht zweitgrößte Problem Dutertes – zumindest in der internationalen Politik? Seine große Klappe. Einen Tag vor seinem Treffen mit dem damaligen amerikanischen Präsidenten Barack Obama im Herbst 2016 nannte er diesen einen »Hurensohn«, weil Obama angekündigt hatte, Duterte wegen der Menschenrechtslage auf den Philippinen zur Rede zu stellen: »Wenn du das tust, werden wir beide uns wie Schweine im Matsch wälzen«, drohte er. Das kam zu Hause zwar gut an, Obama jedoch sagte das Treffen daraufhin ab.

Dutertes populistische Ausfälle wären nicht der Rede wert, wäre er nicht eine zentrale Figur in einem der gefährlichsten Krisenherde zwischen einer aufsteigenden und einer absteigenden Weltmacht: dem Streit zwischen China und den USA um die Inseln im Südchinesischen Meer. Während die Amerikaner darauf pochen, dass die Inseln, die von den Anrainerstaaten beansprucht werden, zu internationalen Gewässern gehören, besteht Peking darauf, dass sie chinesisch sind. »The tongue«, »die Zunge«, nennen die Amerikaner das von den Chinesen beanspruchte Gebiet. Auf der Karte sieht man, warum:

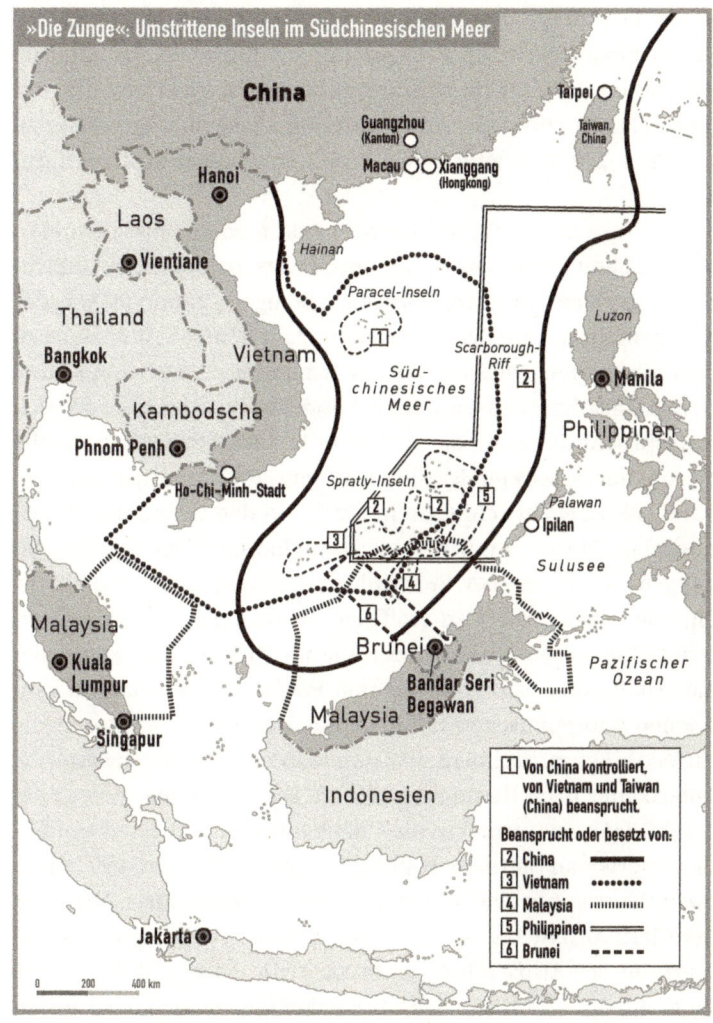

»Die Zunge«: Umstrittene Inseln im Südchinesischen Meer

Das Gebiet erstreckt sich entlang der philippinischen und malaysischen Küste im Osten wie eine Zunge tief in den Süden fast bis nach Indonesien. Im Westen kommen die chinesischen Hoheitsansprüche ganz nah an die vietnamesische Küste. Ein Drittel des weltweiten Schiffsverkehrs wird dort abgewickelt. In der Region werden große Öl- und Gasvorkommen vermutet. China beansprucht 90 Prozent des 3,5 Millionen Quadratmeter großen Gebietes für sich, darunter Inseln und Riffe, die teils mehr als 800 Kilometer von der chinesischen, aber zum Beispiel nur etwa 220 Kilometer von der philippinischen Küste entfernt liegen.

Es gibt kaum ein Thema, bei dem Peking so unbeugsam und so unverschämt agiert, wie bei diesen Gebietsansprüchen im Südchinesischen Meer. Dutertes Vorgänger Benigno Aquino III. war deshalb gemeinsam mit den Amerikanern auf Konfrontationskurs zu China gegangen. Die Lage hatte sich zugespitzt, nachdem Peking 2012 die Scarborough-Untiefen im Südchinesischen Meer für sich beansprucht hatte, auf die auch Manila Ansprüche erhob. Als die Marine der Volksrepublik am 26. August 2012 mit dem Greifarm eines U-Bootes eine chinesische Flagge in den Grund des Südchinesischen Meers rammte, schloss Aquino einen neuen Verteidigungspakt mit den USA. Er erlaubte den Amerikanern zwar nicht, eine neue Militärbasis zu eröffnen, die dann faktisch amerikanisches Hoheitsgebiet wäre, doch die US-Truppen durften wieder dauerhaft zu Besuch kommen und Waffen und Proviant in zahlreichen philippinischen Häfen lagern. Das war ein großer Erfolg für Washington, nachdem sich Manila 1991 entschlossen hatte, die Amerikaner nach Hause zu schicken. Die Philippinen waren am 4. Juli 1946 zwar formal in die Unabhängigkeit entlassen worden, die Amerikaner hatten sich allerdings für die Dauer von 99 Jahren die Hoheitsrechte über 23 Militärstützpunkte gesichert. Allein auf der Clark Airbase bei Manila waren zuletzt 14 000 Soldaten stationiert; an der Airbase hingen 24 000 zivile Jobs. 1991 brach also nicht nur ein wichtiger militärischer Eckpfeiler der amerikanischasiatischen Beziehungen weg, auch wirtschaftlich emanzipierte Manila sich von den USA.

Insofern hatte das Pentagon Morgenluft gewittert, als Aquino den Schulterschluss gegen die Chinesen suchte. Die gemeinsamen Manöver nahmen zu. Außerdem erfüllte Manila einen Wunsch Washingtons und weigerte sich, bilateral mit Peking über die strittigen Inseln zu verhandeln. Es handele sich um eine multilaterale Angelegenheit, bei der die USA ein Wort mitzureden hätten. Und Aquino folgte noch einer anderen Idee Washingtons: Manila klagte China 2013 vor dem Ständigen Schiedshof in Den Haag an, weil Peking den Zugang zu internationalen Gewässern versperre. Das Gericht gab Manila zwar drei Jahre später recht, allerdings sind die internationalen Gerichte eben doch nur weitgehend zahnlose Institutionen. Das gilt auch für den Schiedshof. Obwohl er bereits 1899 gegründet wurde, hat er noch immer keine Möglichkeit, seine Beschlüsse durchzusetzen – es sei denn, die internationale Gemeinschaft beschließt einzugreifen. Das war in diesem Fall nicht sehr wahrscheinlich. Hinzu kam: Die Argumentation des Urteilsspruchs stand auf wackligen Beinen. Das Urteil basiert auf dem Seerechtsübereinkommen der Vereinten Nationen, das zwar von den Chinesen, nicht jedoch von den Amerikanern ratifiziert wurde. Warum sollte China sich einem Urteil fügen, fragte Peking zu Recht, dessen Basis nicht einmal von der anderen Weltmacht USA anerkannt wird? Im Übrigen könne ein Schiedsgericht nur tätig werden, wenn beide Seiten akzeptieren, sich über ein Schiedsgericht zu einigen. Davon sei jedoch in Peking nie die Rede gewesen. Der Schiedsspruch lief ins Leere.

Als das Urteil 2016 endlich gefällt war, hat sich zudem die innenpolitische Situation in Manila geändert. Aquino ist abgewählt, und sein Nachfolger Duterte hat die Macht übernommen. Seine Sicht auf die Weltlage ist eine andere. Bei seinem ersten öffentlichen Auftritt zeigte er sich umgeben von Diplomaten aus seinen mächtigen Nachbarländern Japan und China. Mit den Amerikanern wolle er erst einmal nicht sprechen: »Ich fühle mich noch nicht wohl dabei.« Wohl aber sucht er den Dialog mit Peking: »Wenn die Tür noch offen ist, sollten wir reden.«

Seine Verhandlungsposition zu den umstrittenen Seegebieten ist die eines Realpolitikers: »Wollt ihr die Bodenschätze ausbeuten? Lasst es uns gemeinsam tun. Wir bestehen einfach nicht darauf, dass dies unser Gebiet ist, und ihr auch nicht.« Duterte ist die wirtschaftliche Prosperität seines Landes wichtiger als riskante und aussichtslose internationale Streitigkeiten und ein Schulterschluss mit der Weltmacht USA: »Wir können uns keinen Krieg leisten«, sagt er frei heraus. Wenn die Chinesen Autobahnen und Schnellzüge für sein Land bauten und finanzierten, dann »können sie gerne eines unserer Korallenriffe haben«. Das abgewählte politische und wirtschaftliche Establishment um die Familie Aquino kocht vor Wut. Hinter den Kulissen lassen sie verbreiten, Duterte habe von chinesischen Geschäftsleuten finanzielle Wahlkampfhilfen bekommen.

Im Oktober 2016 reiste Duterte erstmals nach China. Kaum angekommen, sagte er: »An diesem Ort verkünde ich meine Trennung von den Vereinigten Staaten.« Ein Donnerschlag, der sich für Duterte noch vor Ort auszahlen sollte: Bei seiner Abreise hat er einen Niedrigzinskredit über neun Milliarden US-Dollar in der Tasche, außerdem Abkommen im Wert von über 13,5 Milliarden US-Dollar. Das ist viel Geld für die Philippinen, wo über 25 Millionen der 100 Millionen Einwohner unter der Armutsgrenze leben. In China sind es bei 1,4 Milliarden Menschen nur 70 Millionen. Peking soll in Dutertes Heimat, der Provinz Mindanao, ein Eisenbahnnetz bauen und dazu noch eine direkte Zugstrecke bis in die Hauptstadt Manila. Zudem möchte Duterte aus dem »One Belt, One Road«-Topf Chinas Investitionsgelder schöpfen. Und er will Mitglied bei der von Peking gegründeten Entwicklungsbank AIIB werden, um Infrastrukturfördergelder für sein Land zu beantragen. Washington hatte die Bank lange bekämpft, sich aber nicht durchsetzen können.

Chinas Präsident Xi Jinping spricht bei der Begegnung mit Duterte in Peking von »zwei Nachbarn am Meer«, die »keinen

Grund für Anfeindungen oder Konfrontation« haben. Man ist sich einig. Duterte hatte schon vor seiner Reise verkündet, dass es unsinnig sei, wegen des Streits im Südchinesischen Meer einen Krieg anzuzetteln. »Es ist immer besser zu reden, als sich gegenseitig zu drohen.« Es ist ein herber Rückschlag für die USA, ja für den Westen insgesamt.

Eigentlich wäre es von Duterte taktisch klüger gewesen, sowohl mit den USA als auch mit den Chinesen zu verhandeln, um so mehr für sein Land herauszuholen. Aber das dauert ihm zu lange. Was Duterte will, ist eine gute Infrastruktur für die Philippinen, und dafür lässt er die Chinesen mit den umstrittenen Inseln in Ruhe.

Im November 2017 kommt Donald Trump zum ASEAN-Gipfel nach Manila. Wieder schaut die Welt gespannt auf Duterte. Die beiden Rabauken verstehen sich. Duterte singt auf Wunsch von Trump gemeinsam mit der Popdiva Pilita Corrales den Song *Ikaw Ang Mahal Ko (Du bist meine Liebe)*. Eine perfekte Inszenierung, die Differenzen werden einfach außen vor gelassen. Im Vorfeld hatten westliche Medien und vor allem amerikanische Politiker Trump aufgefordert, die Menschenrechtslage anzusprechen. Und auch die Bekämpfung des Drogenkriegs mit fragwürdigen Mitteln. Duterte brüstet sich damit, dass seit Mitte 2016 fast 4000 Kriminelle hingerichtet worden seien; dazu kommen mehr als 16 000 ungeklärte Todesfälle. Sein Vorgehen ist wirkungsvoll, und Duterte ist deswegen beliebt bei der Bevölkerung. Seine Methoden sind jedoch alles andere als rechtsstaatlich. Mehr als die Hälfte der Morde soll von Todesschwadronen ausgeführt worden sein. Belegen lässt sich das freilich kaum. Trump jedenfalls findet, dass Duterte einen »großartigen Job mit dem Drogenproblem« macht. Doch im Grunde interessiert sich der amerikanische Präsident nicht für die philippinische Innenpolitik und auch nicht für den Streit um die Inseln im Südchinesischen Meer. Diese Themen bringen nur Ärger und keine Wählerstimmen.

Wenige Monate später hat Duterte ein Problem: Anfang 2018 ist noch nicht viel von den chinesischen Investitionen zu sehen. Die

Bevölkerung wird langsam unruhig. Manila konnte zwar 2017 Rekordauslandsinvestitionen in Höhe von zehn Milliarden US-Dollar verbuchen. Dabei spielten allerdings die Japaner noch die erste Geige. Gleichzeitig verbuchte Duterte auch ein großes Handelsdefizit. Peking hat allerdings kein Interesse, den neuen Partner im Regen stehen zu lassen.

Ähnlich schwach ist die Verhandlungsposition von Vietnam. Dort sind die Chinesen zwar nicht beliebt, und es gibt immer wieder Proteste: So demonstrierten im Juni 2018 Tausende landesweit gegen drei Sonderwirtschaftszonen, in denen ausländische Investoren Land für 99 Jahre pachten können. Auf Plakaten forderten die Demonstranten: »Keine Verpachtung an Chinesen. Nicht für einen einzigen Tag.« Es war die größte Protestaktion seit 2014. Damals waren drei Chinesen ums Leben gekommen. Gleichzeitig jedoch arbeiten die Nachbarn wirtschaftlich immer enger zusammen. 2018 soll der Handel zwischen den Ländern auf 100 Milliarden US-Dollar klettern. Pro Jahr machen vier Millionen Chinesen Urlaub in Vietnam. Einerseits verurteilt die vietnamesische Regierung das Vorgehen der Chinesen im Südchinesischen Meer als »ernste Verletzung unserer Souveränität«. Anderseits sagten sie im Frühjahr 2018 ein gemeinsames 200-Millionen-US-Dollar-Projekt mit dem spanischen Unternehmen Repsol zur Gewinnung von Gas und Öl ab. Peking hatte Druck gemacht. Der »Red Emperor Block«, wo gebohrt werden sollte, liegt in den umstrittenen Gewässern im Südchinesischen Meer. Peking weiß nun, dass Hanoi China nicht in den Arm fallen wird.

Gleiches gilt für den 92-jährigen malaysischen Premierminister Mahathir bin Mohamad, der im Mai 2018 überraschend die Wahlen gewinnen konnte. Kaum an der Macht, äußerte er sich zwar skeptisch über die Neue Seidenstraße und stoppte den Bau einer Eisenbahnlinie, die von der thailändischen Grenze im Westen bis in den Osten an die Küste vor der Hauptstadt Kuala Lumpur gehen sollte und von dort weiter nach Singapur. Zudem kündigte er eine härtere Haltung im Streit um die Inseln im Südchinesischen Meer an. Doch nur wenige Wochen später ruderte er zurück. Zwar seien »einige Dinge passiert, die nicht im Interesse Malaysias sein können«, sagte der Premier, aber: »Wir sind eine Handelsnation. Wir können uns nicht mit einem so großen Markt wie China anlegen.« Dass er das ein oder andere Projekt einstweilen stoppt und schaut, was er rausschlagen kann, ändert nichts an der Feststellung.

Peking kann seine Grenzen also weiter austesten. Im Mai 2018 trainierten die ersten chinesischen Bomber Landungen und Starts auf Woody Island, der größten der Paracel-Inseln. Die Flieger haben einen Kampfradius von rund 3500 Kilometern. Die Inseln werden nicht nur von China und den Philippinen, sondern auch von Vietnam und Taiwan beansprucht. Südlich der Spratlys hat Peking sieben künstliche Inseln aufschütten lassen und sie mit Landebahnen, Hangars sowie Radarstationen ausgestattet. Auf drei Riffen hat Peking zum ersten Mal Boden-, Luft- und Antischiffs-Cruise-Missiles stationiert. 2015 noch hatte Präsident Xi gegenüber Barack Obama verneint, dass Peking den Bau von Militäranlagen auf den Inseln plane. Washington reagierte und schickte zwei B-52-Bomber über die Inseln. Außerdem wurde die chinesische Volksbefreiungsarmee von dem alle zwei Jahre von den Pazifikanrainern abgehaltenen RIMPAC-Militärmanöver ausgeladen. Grund sei die »fortgesetzte Militarisierung des Südchinesischen Meeres«, so ein Pentagon-Sprecher. Seitdem kreuzt das ein oder andere US-Marine-Schiff in der Gegend. Doch viel mehr passiert nicht.

In Manila wurde zwischenzeitlich zwar der Druck der Opposition größer, aber Duterte parierte die Angriffe: »Ich will Geschäfte machen. Ich werde keinen Krieg anfangen«, machte er noch einmal deutlich. »Wir können den Krieg um 100 Jahre verschieben. In der Zwischenzeit brauche ich die chinesischen Ressourcen, damit die Menschen ein gutes Leben haben, damit die Kinder eine Ausbildung bekommen und Essen auf dem Tisch ist.« Xi habe Duterte die persönliche Zusicherung gemacht, dass er die Philippinen »nicht vor die Hunde gehen« lasse. Die ehemalige Kolonie werde nie wieder zum »Vasallen Washingtons«, erklärte der philippinische

Präsident. »China sagte: ›Wir werden da sein.‹ Bei den US-Amerikanern bin ich mir jedoch nicht so sicher, weil die ihren Kampfes-
willen verloren haben. Sie haben nur Waffen, Marschflugkörper,
vielleicht haben sie auch so ein Überschallding, aber kämpfende
Stiefel am Boden haben sie nicht. Die USA haben Angst. Sie haben
Angst vor dem Tod und wollen den Krieg nicht«, tönte Duterte.
Vielleicht ist die Einschätzung gar nicht so falsch. Die Amerikaner
wollen nicht mehr die Weltpolizei sein, zu der sie sich selbst
ernannt haben. Wenn dem so ist, wäre allerdings klar, wer die
Inseln im Südchinesischen Meer auf Dauer kontrollieren wird.

Eines zeichnet sich in jedem Fall bereits deutlich ab: Nicht nur
in Nordkorea und Pakistan, sondern auch im Südchinesischen
Meer wollen die Asiaten ihre Konflikte zukünftig alleine lösen und
sind bereit, entsprechende Kompromisse zu machen. Im August
2018 einigten sich China und die ASEAN-Staaten nach über einer
Dekade Verhandlungen auf einen gemeinsamen Entwurf für Ver-
haltensregeln im Streit um die Inseln. Singapurs Außenminister
Vivian Balakrishnan spricht von einem »Meilenstein«. Asien wird
erwachsen.

KAPITEL 8

CHINA UND DIE USA

HALTLOSE HANDELSVERTRETER

Wie China die USA immer besser ausspielt
und Deutschland damit in eine Zwickmühle bringt.

*»Protektionismus ist, als ob man sich in einen Raum einschließt.
Zwar ist man geschützt vor Regen und Wind, doch man bekommt
gleichzeitig keine Luft und kein Licht mehr.«*

Xi Jinping, Präsident Chinas

Als Barack Obama, damals noch US-Präsident, im September 2016 zum G20-Gipfel im chinesischen Hangzhou landet, kann er das Flugzeug nicht verlassen. Rechts und links des roten Teppichs wartet die Ehrengarde, doch die Treppe steht abseits. Unten auf dem Rollfeld streiten sich eine amerikanische Diplomatin im kurzärmligen dunkelblauen Kleid und ein chinesischer Diplomat im Anzug. Es ist heiß. Die Sonne knallt und wirft harte Schatten unter die Air Force One. »Das ist unser Präsident, das ist unser Flugzeug«, sagt sie hitzig. »Das ist unser Flughafen, unser Land«, entgegnet ihr Gegenüber gelassen.

Mit den Amerikanern war vereinbart worden, dass Obama – wie alle anderen Staatschefs, die zum G20-Gipfel reisen – sein Flugzeug über eine chinesische Treppe verlässt. 20 Minuten vor seiner Ankunft jedoch murrt das amerikanische Protokoll: Der Fahrer der mobilen Treppe spricht kein Englisch. Das chinesische Protokoll sagt den Amerikanern zu, dem Fahrer einen Übersetzer an die Seite zu stellen. Damit sind die US-Diplomaten nicht einverstanden. Sie wollen einen Englisch sprechenden Fahrer. Es geht hin und her. Dann sprechen die Chinesen ein Machtwort: Obama bekommt die Treppe, die alle bekommen. Mit dem Fahrer, den alle haben. Die Amerikaner lehnen ab.

Am Ende entscheidet Obama, die eigene Treppe zu nehmen. Die Ehrengarde wird herübergeholt. Das Begrüßungskomitee eilt hinzu, und die Tür im Bauch der blauen Präsidentenmaschine öffnet sich. Der Präsident der Vereinigten Staaten verlässt die Air Force One gewissermaßen über den Hinterausgang. Er winkt nicht wie sonst. Er lächelt nicht. Er versucht nicht, seinen Ärger zu verbergen.

Es ist nicht die einzige Verwerfung an jenem Tag. Zuvor schon hatte es eine Auseinandersetzung gegeben, weil US-Diplomaten eine weitere Sonderbehandlung gewünscht hatten. Eigentlich hatte man sich mit allen G20-Teilnehmern darauf geeinigt, dass die Ankunft der diversen Staatschefs aus Zeitgründen nur jeweils von einem Fotojournalisten und einem Kameramann begleitet werden sollte. Sie sollten ihr Material dann mit den Kollegen teilen, die nicht zum Zuge gekommen waren. Einzig die Amerikaner mochten sich damit nicht abfinden. Sie bestanden darauf, dass alle Journalisten aus dem Pressekorps des Weißen Hauses dabei sein sollten. Das konnten sie am Ende zwar durchsetzen, wurden aber von chinesischen Diplomaten gegängelt. »China, charmant wie immer«, twitterte das US-Verteidigungsministerium nach den Vorfällen. Später löschten die Beamten die Bemerkung und entschuldigten sich.

Die kleine Szene am Flughafen von Hangzhou und ihr Nachspiel – so skurril und grotesk sie ist, so vielsagend ist sie auch. Sie zeugt von der Verschiebung der Machtverhältnisse zwischen den USA und China. Als 20 Jahre zuvor der damalige Präsident Bill Clinton für neun Tage China besuchte, ließen sich die chinesischen Sicherheitskräfte in der großen Halle des Volkes noch von amerikanischen Sicherheitsbeamten herumschubsen. Die Weltmacht war zu Gast in einem Entwicklungsland. Heute lassen sich die Chinesen den Ton der Amerikaner nicht mehr bieten.

Das neue Selbstbewusstsein dringt durch bis in die kapillaren Verästelungen der amerikanisch-chinesischen Beziehungen. Und zeigt sich auch in kleinen Gesten. »That's how today's power game works« – so funktioniert das Machtspiel heute, sagt ein amerikanischer Diplomat, der in Hangzhou dabei war; sein Lächeln wirkt ein wenig gequält.

Die Episode ist denn auch mehr als nur ein Streit ums diplomatische Protokoll. Sie ist der Ausdruck eines globalen Konflikts, des Ringens um eine neue Weltordnung der alten Supermacht USA und der neuen Supermacht China. Wer bestimmt die Regeln, wer muss sich was gefallen lassen, wer setzt sich durch – was sich in Hangzhou im Kleinen erahnen ließ, beherrscht mittlerweile Tag für Tag die Medien, im immer weiter eskalierenden Handelskrieg, für den jeden Tag neue Superlative gefunden werden, bis er zuletzt als »größter Handelskrieg in der Weltgeschichte« gehandelt wurde.

Ein Krieg, dessen Folgen die Europäer und vor allem die Deutschen schon früh zu spüren bekommen. Bereits Ende Juni 2018, noch bevor die Zölle zwischen China und den USA überhaupt in Kraft getreten sind, muss der Stuttgarter Autokonzern Daimler als erstes Unternehmen eine Gewinnwarnung herausgeben. Zum ersten Mal seit Langem wird der Gewinn unter dem Vorjahresniveau liegen. Vor allem der Streit zwischen China und den USA ist daran schuld. Peking will die Einfuhr von Autos aus den USA mit Zöllen belegen. Die Stuttgarter produzieren in ihrem US-Werk in Tuscaloosa 290 000 Fahrzeuge, darunter besonders große Geländewagen, die vor allem nach China geliefert werden. Da Daimler es sich im hart umkämpften chinesischen Markt nicht leisten kann, die Zölle eins zu eins an die Kunden weiterzugeben, fallen eben die Gewinne geringer aus.

Die Verschärfung des Machtkampfes zwischen den USA und China liegt auch am Charakter des amtierenden US-Präsidenten Donald Trump. Man braucht keine Fantasie, um sich vorzustellen, wie er reagiert hätte, wäre er am Flughafen in Hangzhou derart brüskiert worden. Trump, damals noch Präsidentschaftskandidat, twitterte von der anderen Seite des Pazifiks: »Unter diesen Umständen wäre ich im Flieger geblieben und wieder nach Hause geflogen.« Für Peking schon damals ein Hinweis, was auf sie zukäme, wenn Trump Präsident würde.

Aber der Konflikt mit China ist keine reine Charakterangelegenheit von Donald Trump. Denn abgezeichnet hat er sich schon lange vor seiner Ägide. Der Ton seiner Vorgänger war nur höflicher, und die Versuche, die chinesische Übermacht einzudämmen, waren filigraner und moderater. Tatsächlich ist dieser Konflikt viel größer als die Macht einzelner Präsidenten. Er hat sich langsam aufgebaut, wurde lange aber von einer trügerischen Hoffnung überdeckt. Nach der Finanzkrise 2008 hatten Washington und Peking noch geglaubt, dass die gegenseitige Abhängigkeit nur ein vorübergehendes Krisensymptom sei. Beide Seiten mochten nicht so genau hinschauen, was die Tragweite der Machtverschiebung betraf. Die vermeintliche Strahlkraft der USA ließ Washington den Aufsteiger und Angreifer China in ihrem Schatten lange nicht deutlich sichtbar werden. Peking wiederum scheute sich, den Ärger realistisch einzuschätzen, den es verursachen würde, sich gegen die noch amtierende Weltmacht Stück für Stück durchzusetzen.

Doch inzwischen ist klar: Die USA werden immer schwächer. China immer stärker. Und Europa blickt wie das Kaninchen vor der Schlange auf diese Entwicklung. Der Aufstieg Chinas und die Konflikte, die dabei entstehen werden, das wird das große Thema unserer Generation sein. Die neue Normalität der Welt. Für den Westen wird es eine neue Erfahrung werden – die beklemmende Erfahrung, von anderen abhängig zu sein. Das ist die Kehrseite der Globalisierung, wo keiner mehr ohne den anderen kann, wo alles miteinander verbunden ist. Entweder setzt sich die Mehrheit durch oder der Stärkere. China ist zuweilen schon beides.

Donald Trump machte sich die Angst vor dem Abstieg, vor dem Machtverlust im Wahlkampf zunutze. Er stemmt sich lautstark und mit mehr Vehemenz gegen den Macht- und Wohlstandsverlust der Vereinigten Staaten als seine Vorgänger. Und er lockt dabei mit einem Versprechen, das nicht erfüllbar ist: Er tut so, als ließen sich die alten Zeiten wiederherstellen, die Zeiten, in denen die USA noch tun und lassen konnten, was sie wollten, und die Spielregeln der Welt fast allein definierten, in denen sie auch den Europäern die Richtung vorgaben. »Make America great again«, »America first« – mit dieser Politik bedient Trump vor allem die Sehnsucht, die Uhr zurückzudrehen. Kurzfristig kann er damit womöglich tatsächlich etwas herausschlagen für die USA. Nur eines kann er nicht: den Trend der Machtverlagerung in Richtung Asien aufhalten oder gar umdrehen. Was immer er tut, China wird mächtiger, die USA ohnmächtiger.

Das Fatale: Je mehr er sich gegen China stemmt, je mehr er auf Konfrontation statt auf Kooperation setzt, desto mehr verliert Amerika auch an Einfluss im Rest der Welt. Der Kollateralschaden des amerikanisch-chinesischen Handelskrieges ist, dass Asien und Europa gezwungen werden, sich umzuorientieren. Hatten die Europäer unter Obama noch die Sicherheit, er vertrete auch ihre Interessen, ist dieses Gefühl mit Trump verflogen. Seine »America first«-Politik watscht alle gleichermaßen ab und beschleunigt eine Entwicklung, die eigentlich nicht in Trumps Interesse sein kann. Er treibt Deutschland und Europa in die Arme Chinas und verstärkt damit den Trend, den er stoppen will: den Aufstieg Chinas zur Weltmacht und die Emanzipation Europas von den USA.

Die Staaten Asiens haben sich, nachdem die USA ihnen den Rücken gekehrt haben, notgedrungen entschlossen, sich China anzunähern – ein Schritt, der ihnen angesichts der Dominanz Chinas in der Region nicht leichtfällt. Europa hingegen ist unentschlossen und ratlos. Trotz des Ärgers mit den USA zögert die EU, sich China anzunähern. Wie sie überhaupt zögert, ihr Verhältnis mit den anderen Staaten Asiens, aber auch mit Afrika auf neue Beine zu stellen und entschlossen voranzutreiben. Die Europäische Union ist gelähmt von Flüchtlings- und Haushaltskrisen, vom Brexit und dem Aufstieg der Autokraten vom Kaliber eines Erdoğan oder Orbán.

Sich diese Zusammenhänge nüchtern klarzumachen und darauf zu reagieren, ist existenziell für die Zukunft gerade eines Landes wie Deutschland. Fast jeder vierte deutsche Arbeitsplatz hängt am Export. Und auch hier wird China immer wichtiger: Die deutschen Exporte nach China stiegen vom Jahr 2002 bis zum Jahr 2017 von rund 14 Milliarden auf 86 Milliarden. Umgekehrt gilt das jedoch nicht in gleichem Maße: Die Exportquote Chinas, also der Anteil der Ausfuhren an der Wirtschaftskraft, sank von 34 Prozent im Jahr 2000 auf unter 20 Prozent im Jahr 2017. Und sie wird weiter sinken und sich der Quote der USA annähern; die liegt bei zwölf Prozent. Die deutsche Exportquote betrug 2017 dagegen rund 47 Prozent – Tendenz steigend. Zum Vergleich: In Frankreich liegt sie bei 30 Prozent, in Japan bei 17.

Wie sich die Machtverhältnisse verschieben, wird am jeweiligen Anteil an der Weltwirtschaft deutlich: 2022 wird China gemessen an der Kaufkraft auf über 20 Prozent Weltmarktanteil klettern, Deutschland wird bis dahin unter drei Prozent fallen, die USA auf unter 15 Prozent. Wie ein Mittelständler, der von einem großen Konzern als Kunden abhängig ist, werden wir uns viel mehr als früher überlegen müssen, auf welche Produkte wir uns spezialisieren und mit wem wir uns verbünden. Dass wir derzeit tatsächlich zu glauben scheinen, wir könnten uns gleichzeitig mit den Chinesen, den Amerikanern und den Russen anlegen, ist so gesehen schon erstaunlich. Selbst wenn Europa hier geschlossen agieren würde, was es ja nicht tut, wäre das vermessen. Deshalb müssen wir unsere Chancen und Risiken in dem Konflikt zwischen China und den USA genau analysieren.

Lange, noch bis weit in die zweite Hälfte des 20. Jahrhunderts hinein, waren es Kriege, mit denen aufsteigende und absteigende Weltmächte ihre Machtkämpfe ausgetragen haben. Die Zeiten sind seitdem nicht entspannter geworden, aber immerhin sprechen nicht sofort die Waffen. Inzwischen kämpfen die großen Mächte fast ausschließlich im Bereich der Wirtschaft um die politische

Vorherrschaft. Es gibt nur noch den ein oder anderen regional begrenzten Stellvertreterkrieg wie zum Beispiel in Syrien. Ansonsten streiten sich die USA und China über Handelsfragen, über Wechselkurse und den Zugang zu den jeweiligen Märkten sowie darüber, welche internationalen Institutionen die globalen Spielregeln der Wirtschaft austarieren sollen.

Auch die Handelskonflikte hat Trump nicht erfunden. Gegeben hat es so etwas früher auch schon, etwa 2002, als George W. Bush importierten Stahl mit 30 Prozent Zoll belegte, um seine Rust-Belt-Wähler milde zu stimmen. Ein Jahr später wurde er von der Welthandelsorganisation (WTO) gezwungen zurückzurudern. Als sein Nachfolger Barack Obama später 35 Prozent Zoll auf chinesische Autoreifen verhängte, wartete Peking gar nicht erst auf eine Reaktion der WTO, sondern konterte direkt mit Zöllen auf Hühnerfüße. Die Folge waren rund eine Milliarde US-Dollar Schaden für die amerikanischen Hühnerzüchter, auf deren Stimmen Obama angewiesen war. Der Reifenzoll war schnell Geschichte, der Konfliktdruck allerdings wurde größer.

Schon bei der ersten Reise von Staatspräsident Xi Jinping in die USA im September 2015 lässt sich diese Spannung förmlich spüren. Xi in dunkelgrauer Mao-Jacke mit einem Einstecktuch in Türkis, der Farbe des Kleides seiner Frau. Obama im Smoking, seine Frau im schulterfreien schwarzen Kleid. In den Willkommenstoasts werden noch Freundlichkeiten ausgetauscht. Doch beim Abendessen werden die Differenzen bereits wieder sichtbar. Obama hält Xi vor, mit seinen chaotischen Börsen die Welt durchzurütteln; Xi erwidert, das amerikanische Wirtschaftswachstum auf Pump destabilisiere die Welt. Nebenbei zeigt er einmal kurz seine Muskeln, indem er auf die enorme Menge an amerikanischen Staatsanleihen in Pekings Büchern verweist. Im Klartext: Wir sind euer größter Gläubiger. Obama flüchtet sich in das Argument, das Kapital sei doch für Chinas amerikanische Kunden. Xi kontert: Unsere preiswerten »Made in China«-Produkte schaffen euren Wohlstand. Und wenn Obama dann damit droht, die Zinsen zu erhöhen, reagiert Xi mit einer Abwertung des Yuan.

Westliche Politiker neigen offensichtlich dazu, in aufstrebenden Ländern Rivalen zu sehen, die es unter allen Umständen zu schwächen gilt, um selbst stark zu bleiben. Der erste Impuls ist oft der eines Ritters in seiner Burg: Tore zu. Ob in Europa oder in den USA – die Politik handelt mit unterschiedlicher Intensität und Grobheit, aber mit dem gleichen Drall: Trump erhebt Zölle. Merkel fordert, den Kauf deutscher Firmen durch Chinesen zu regeln. Juncker ist gegen den Marktwirtschaftsstatus für China. Vor lauter Zugbrückenhochziehen kommen sie nicht dazu, eine weitsichtigere Frage zu stellen und, wenn man so will, über den Zinnenrand der eigenen Festung zu blicken: Wie kann ich den anderen, Mächtigeren da draußen so einbinden, dass ich von ihm profitiere?

In den USA jedenfalls hat sich die Frage bisher niemand gestellt. Ausgrenzen statt Einbinden lautet die Devise. Das beste Beispiel ist TPP, die Transpazifische Partnerschaft, Obamas großes Handelsabkommen mit den anderen Staaten Asiens. Mit dem TPP wollte er wieder an Einfluss in der Region gewinnen und China gewissermaßen mit seinen eigenen Mitteln schlagen. Ein Abkommen, das die USA und Asien wieder enger miteinander verflechten sollte. Ein Abkommen, von dem China ausgeschlossen sein sollte – was sich als die größte Schwäche des Konzepts erweisen sollte.

Ausgerechnet in der Goldenen Woche um den Nationalfeiertag Chinas am 1. Oktober, in der Hunderte Millionen von Menschen unterwegs sind und die chinesische Politik wie zum Frühlingsfest kurz einmal still steht, einigten sich Obamas Verhandlungsteams mit elf Pazifik-Anrainerstaaten im Herbst 2015 auf ein Freihandelsabkommen. Ein großer Erfolg für den US-Präsidenten, der seit 2011 die außenwirtschaftliche Kampagne »Pivot to Asia« verfolgt. Ein Wendepunkt ist das auch für Europa. Denn mit der Hinwendung zu Asien (ohne China) beginnt die schleichende Abkehr von Europa.

Obama ist sehr aufgeräumt an diesem Montag. Er hat nicht nur einen Handelsdeal hinbekommen, wie es ihn zwischen den USA und Asien noch nicht gegeben hat, sondern auch einen strategischen Sieg über China errungen. Denn das Handelsabkommen kreist China gewissermaßen ein. Neben den Wirtschaftsmächten USA und Japan umfasst die Transpazifische Partnerschaft Australien, Brunei, Kanada, Chile, Malaysia, Mexiko, Neuseeland, Peru, Singapur und Vietnam. Vereint kommen die zwölf Mitglieder auf 40 Prozent der weltweiten Wirtschaftsleistung. Taiwan, die Philippinen, Kolumbien, Thailand, Laos, Indonesien, Kambodscha, Bangladesch und Indien sind ebenfalls interessiert, später dazuzustoßen. Auch ohne China ist es der ökonomisch größte Deal der letzten beiden Dekaden, seit die USA 1994 mit Kanada und Mexiko das NAFTA-Bündnis geschlossen haben. Wie sehr Obama den Wettbewerb zu China spürt, war bei seiner kurzen Eröffnungsrede auch deutlich zu spüren: »95 Prozent unserer potenziellen Kunden leben außerhalb der Grenzen unseres Landes«, sagt er. Deshalb könne man es »nicht Ländern wie China überlassen, die Regeln der globalen Wirtschaft zu schreiben. *Wir* sollten die Regeln schreiben. Dafür ist die heutige Einigung da.«

Neben dem geostrategischen Schachzug lagen die Vorteile auf der Hand: US-Konzerne sollten noch einfacher und vor allem mehr Geschäfte mit Asien machen können. Die amerikanischen Verbraucher sollten noch mehr preiswerte Produkte aus Asien bekommen und dadurch ihre Kaufkraft steigern: mehr Waren für weniger Geld. Die Weltbank geht davon aus, dass der Pakt das Wirtschaftswachstum der beteiligten Länder deutlich steigert. Einige Republikaner und die Gewerkschaftsvertreter lehnen das Handelsabkommen jedoch ab. Sie befürchten den Verlust von Arbeitsplätzen in den USA. Dass der republikanische Präsidentschaftskandidat Donald Trump »total gegen das Freihandelsabkommen« ist, spielt damals noch keine große Rolle. Obamas Strategie ist es, mit einem Drohszenario die Gegner im Land ruhigzustellen: Wenn die USA nicht die Spielregeln für den Welthandel setzen, dann werde es China mit eigenen Freihandelsabkommen tun. Der Senat stimmt schließlich dafür. Am 4. Februar 2016, neun Monate vor der US-Wahl, wird TPP unterzeichnet.

Peking gibt sich gelassen. »China ist zu groß, um von einem Handelsabkommen eingekreist zu werden. Peking ist der größte Handelspartner für viele Nachbarstaaten wie zum Beispiel Singapur, Japan oder Australien«, argumentiert die staatliche Tageszeitung *Global Times*. Gleichwohl arbeitet Peking danach umso intensiver an einem eigenen Agreement. Im Juni 2016 hat China bereits ein Freihandelsabkommen mit Südkorea und Australien unterzeichnet. Die Regional Comprehensive Economic Partnership (RCEP) soll der nächste Schritt werden. Dafür verhandeln China, die zehn ASEAN-Länder und Australien, Indien, Japan, Neuseeland und Südkorea. RCEP umfasst über drei Milliarden Menschen oder rund 45 Prozent der Weltbevölkerung und steht für 40 Prozent des Welthandels.

Doch dann spielt eine überraschende Wende den Chinesen unverhofft in die Hände. Am 9. November 2016 wird Donald Trump zum 45. Präsidenten der Vereinigten Staaten gewählt. Trump agiert schneller, als alle geglaubt haben. Bereits Mitte November verkündet er, dass er für »faire bilaterale Handelsabkommen« sei, »die Jobs und Industrien zurück nach Amerika bringen«. Deshalb wolle er in seiner ersten Amtshandlung als Präsident das TPP-Abkommen mit Asien kündigen. Am 21. Januar 2017 unterzeichnet er einen entsprechenden Erlass. Selbst sein republikanischer Parteikollege Senator John McCain ist entsetzt. Trump werde »das beunruhigende Signal senden, dass Amerika sich in der Asien-Pazifik-Region weniger engagiert, zu einem Zeitpunkt, zu dem wir uns das am wenigsten leisten können«. Diese Position teilen die meisten Experten und Kommentatoren.

Die asiatischen Regierungschefs sind enttäuscht. Selbst die Japaner, die engsten Verbündeten der USA in Asien, halten sich mit Vorwürfen nicht zurück. »TPP ist bedeutungslos ohne die USA«, sagt Premier Shinzō Abe resigniert. Er fliegt umgehend nach

Washington. Umstimmen kann er Trump jedoch nicht. Australiens Premierminister Malcolm Turnbull, ebenfalls ein enger Verbündeter der USA, schließt sich der Einschätzung von McCain an: »Das ist ein Riesengeschenk an die Chinesen. Sie können sich jetzt als Vorreiter der globalen Handelsliberalisierung profilieren.« Und genau so sollte es kommen.

»Wenn dein Gegner eine Tür offen lässt, stürme hinein«, lautet ein Satz aus Sunzis berühmter *Kunst des Krieges*. Weil es abzusehen war, was Trump tun wird, reist Staats- und Parteichef Xi Jinping drei Tage vor der offiziellen Amtseinführung von Trump ins schweizerische Davos, um sich beim World Economic Forum als Vorkämpfer des Freihandels zu profilieren.

Seine Berater waren lange hin- und hergerissen, ob das klug ist. Xi wird es nicht einfach haben auf dieser informellsten politisch-wirtschaftlichen Großveranstaltung der Welt. Er hat zwar ein flammendes Plädoyer zum Freihandel im Gepäck, er gilt bei seinen westlichen Gesprächspartnern als klug, durchaus schlagfertig und in jedem Fall entspannter als seine beiden stocksteifen Vorgänger Hu Jintao und Jiang Zemin. Doch Xi unterliegt Zwängen, mit denen sich seine westlichen Counterparts in dieser Form nicht herumschlagen müssen. Die Spannweite der nationalen Erwartungen, die Xi bedienen muss, ist viel größer als bei Merkel und allen anderen europäischen Politikern. Und selbst größer als bei Trump, obwohl der schon zwischen dem Washingtoner Establishment und den Farmern und Fabrikarbeitern im Mittleren Westen balancieren muss.

Xi muss einerseits traditionelle Menschen im chinesischen Hinterland überzeugen, die einen neuen Mao wollen und irgendwie noch im vergangenen Jahrhundert leben. Andererseits muss er chinesischen Städtern gefallen, die einen weniger pathetischen Politikstil bevorzugen und längst den Sprung in die Moderne vollzogen haben. Und dann sind da noch die Erwartungen des Westens, wo man mit Spannung verfolgt, wie sich der Chinese zwischen dem scheidenden charismatischen Präsidenten Obama und dessen designiertem polterndem Nachfolger Trump positionieren wird.

»Witzig und lebendig« im westlichen Sinne, wie es die staatliche Nachrichtenagentur *Xinhua* hinterher behauptet, ist Xi bei seinem Auftritt nicht gewesen. Aber er schafft etwas Bemerkenswertes: Er zieht mit seiner Rede in Davos die Welt erstmals in seinen Bann. Xi sagt den inzwischen berühmten Satz: »Protektionismus ist, als ob man sich in einen Raum einschließt. Zwar ist man geschützt vor Regen und Wind, doch man bekommt gleichzeitig keine Luft und kein Licht mehr.«

Es sollte eine Rede werden, die die Welt verändert, obwohl Xi mehr oder weniger das sagte, was er immer sagt. »Xi setzt sich an die Spitze der wirtschaftlichen Globalisierung«, titelt die amerikanische *New York Times*. »Xi verteidigt die Globalisierung überzeugend«, schreibt die britische *Financial Times*. »Selten hat ein Vortrag zur Lage der Weltwirtschaft so enthusiastisches Lob hervorgerufen«, lobt selbst der *Spiegel*.

Gut eine Stunde lang verteidigt Xi die Globalisierung gegen ihre Feinde – vor allem gegen einen, den er namentlich in der Rede nicht erwähnt: den künftigen US-Präsidenten Donald Trump.

Vergessen ist, dass China selbst viele Bereiche abschottet und Zölle auf Produkte erhebt, damit sich die eigene Wirtschaft in Ruhe entwickeln kann. Die Europäer jubeln dem Präsidenten zu. Demselben Präsidenten, dem sie noch vor wenigen Wochen Protektionismus vorgeworfen haben. Er sei dafür verantwortlich, dass staatlich subventionierter chinesischer Stahl die westlichen Märkte zu überschwemmen drohe. Demselben Präsidenten, dessen Land die EU den Status einer Marktwirtschaft abspricht. Verkehrte Welt.

Noch nicht einmal im Amt hat Donald Trump – unbeabsichtigt – eine Verschiebung der tektonischen Platten der Weltpolitik verursacht. Europa und die USA driften auseinander. Oder anders formuliert: Trump gibt Xi den Spielraum, einen kleinen Keil zwischen Europa und die USA zu treiben. Zwar bewegen sich China und Europa nicht im gleichen Maße aufeinander zu, wie Europa und die USA auseinanderdriften. Aber sie haben eine so große Schnittmenge wie seit Jahrhunderten nicht mehr. Dabei geht es seltsamerweise nicht nur um Interessen, sondern auch um Werte. Ein Novum in den Beziehungen zu China.

In dem Maß, in dem Trump teils überzogen ins Negative, total Protektionistische interpretiert wird, darf Xi nun in den Medien den Vorkämpfer einer gerechten Globalisierung spielen. Doch Xi ist weder der Che Guevara der freien globalen Wirtschaft, noch ist Trump der Rächer der Enterbten der Globalisierung. Die Welt sieht aus der Perspektive einer aufsteigenden Weltmacht wie China und einer absteigenden wie den USA eben unterschiedlich aus. Trump muss sehen, wie er von dem jährlichen amerikanischen Handelsbilanzdefizit von rund 560 Milliarden US-Dollar, einem Haushalsdefizit von einer Billion herunterkommt und zu Hause Arbeitsplätze schafft. Xi muss seinen Handelsbilanzüberschuss verteidigen, indem er möglichst viele Produkte in die Welt ver-kauft. Dabei deckt sich Xis Position weit mehr mit den Interessen zum Beispiel Deutschlands, aber auch mit den Zielen der EU. Das ist nicht nur politische Überzeugung, sondern auch Zufall.

Es gefällt Europa und besonders Berlin, wenn Xi betont, dass Protektionismus niemanden weiterbringt, dass alle im selben Boot sitzen, keiner einen Handelskrieg gewinnen könne und dass nicht die wirtschaftliche Globalisierung schuld sei an den vielen Flüchtlingen, dem Terror und der Armut. Und als er einräumt: »Nichts auf der Welt ist perfekt, auch der Freihandel nicht«, macht es ihn nur überzeugender. Dass der oberste Kommunist in Davos den Freihandel gegen einen amerikanischen Präsidenten vertei-digt, wäre vor fünf Jahren noch undenkbar gewesen.

»Wenn man einen Ozean überqueren will, kann man nicht bei jedem Sturm zurück in den sicheren Hafen kehren«, ruft Xi Trump in Davos zu. Ja, aber, mag Trump ihm antworten, wenn man das Gefühl hat, das Schiff droht im Sturm unterzugehen, ist es dämlich, keinen schützenden Hafen anzulaufen. Und dieses Gefühl haben die Wähler von Donald Trump.

Die jeweiligen Dilemmata, in denen die aufsteigende Weltmacht China und die absteigende Weltmacht USA stecken, sind heute sichtbarer denn je. Beide können gewissermaßen nicht raus aus ihrer Haut. China muss sich mehr mit der Welt vernetzen, wenn es erfolgreich sein will, und darf gleichzeitig nicht zu abhängig von den Schwankungen der Weltwirtschaft werden. Amerika muss mehr im eigenen Land produzieren, ohne dass sich die Produkte dadurch für die heimischen Konsumenten verteuern.

Für Peking ist es dabei einfacher, ins Spiel zu kommen. Die Davos-Rede ist der vorläufige Höhepunkt des neuen chinesischen Selbstbewusstseins und seiner neuen Rolle in der Welt. In den Wochen nach Davos haben die chinesischen Diplomaten Rückenwind. Sie handeln. Sie signalisieren Donald Trump: Wenn China und die USA zusammenarbeiten sollen, geht das nur, wenn sich Trump im ersten Telefonat mit Xi eindeutig zur Ein-China-Politik bekennt. Und zwar unaufgefordert und öffentlich.

Trump weiß offensichtlich ziemlich genau, mit wem er sich anlegen kann und mit wem nicht. Bei China ist er vorsichtig. Er springt über das Stöckchen, das die Chinesen ihm hinhalten. Das Oval Office bezeichnet das erste Telefongespräch am 9. Februar 2017 zwischen Xi und Trump als »sehr herzlich«. Präsident Trump habe sich »auf Wunsch von Präsident Xi zur Ein-China-Politik bekannt«. Gerne hätte Peking diesen Satz ohne den Zusatz »auf Wunsch von Präsident Xi« gelesen und antwortet entsprechend reserviert: »Die beiden Länder sind voll und ganz in der Lage, gute und kooperative Partner zu werden.«

In Peking sieht man früher als in Europa, dass Trump bei Themen, die nicht so im Fokus seiner Wähler liegen, kompromissbereit ist – wenn der Gegner mächtig genug ist. Schon während des Wahlkampfs hatte man in Pekings Ministerien immer wieder gehört, dass den chinesischen Diplomaten Trump im Zweifel lieber sei als Hillary Clinton. Ihre überraschende Begründung:

Die ehemalige Außenministerin sei eine Ideologin, Trump ein Geschäftsmann. »Er ist trainiert, Deals zu machen. Jeder Deal ist ein Kompromiss.«

Peking hat Trump klargemacht, dass bestimmte Themen nicht verhandelbar sind, wenn man über andere sprechen will. Dazu gehört die Ein-China-Politik. »Für Deutschland ist nicht verhandelbar, dass Bayern zu Deutschland gehört, und für die USA nicht, dass Hawaii amerikanisch ist, und für China nicht, dass Taiwan chinesisch ist«, formuliert es ein chinesischer Diplomat.

In ihrem ersten Telefongespräch vereinbaren Trump und Xi, sich schnellstmöglich zu treffen. Zwei Monate später sollte es so weit sein. Für nicht einmal 48 Stunden reist Chinas Präsident Xi Jinping Anfang April 2017 in das Hotelresort Mar-a-Lago in Florida, um sich mit seinem Amtskollegen erstmals persönlich auszutauschen. Auch das ist interessant: Trump empfängt Xi nicht in Washington, sondern ganz salopp in seinem Resort: So wichtig ist Xi dem Amerikaner dann doch nicht, als dass er sich dafür extra nach Washington begeben würde. Und hinzu kommt: Normalerweise ist es so, dass der Neue seinen Antrittsbesuch bei Kollegen macht, die schon länger im Amt sind. Der französische Präsident fuhr nach seiner Wahl zu Angela Merkel und nicht umgekehrt. In dieser Hinsicht ist China also doch noch der Juniorpartner. Noch. Als Bittsteller reist Xi aber keineswegs nach Amerika. Trump hingegen will »America first«. Das rhetorische Warm-up vor dem Treffen ist denn auch entsprechend schrill: »Wir wurden sehr unfair behandelt und haben für viele, viele Jahre unsägliche Handelsvereinbarungen mit China geschlossen.« Da ist es, das große Motiv der Trump'schen Oper. Und ein weiteres Muster zeigt sich bereits: Auf schrille Töne im Vorfeld folgen deutlich mildere, als sei nichts gewesen. Das Treffen in Mar-a-Lago verläuft überraschend harmonisch, die großen Themen sind der bilaterale Handel und das Sorgenkind Nordkorea. Es hat den Anschein, als wolle keiner der beiden riskieren, die Beziehungen aus dem Ruder laufen zu lassen.

Die zur Schau gestellte Umsicht der beiden Präsidenten hat

einen einfachen Grund: Wenn etwas schiefläuft, sind die politischen Kosten hoch. Zwar bedienen beide die jeweiligen Bürger ihrer Länder mit strammer Rhetorik. Gleichzeitig jedoch machen sie immer wieder durch kleine, aber wichtige Gesten deutlich, dass nicht alles so heiß gegessen wird, wie es gekocht wurde.

Peking hat zum Beispiel den Markenschutz für den Namen Trump im chinesischen Baugeschäft genehmigt. Dafür hat Trump jahrelang gekämpft. Trump wiederum hatte noch Anfang Februar seine Tochter Ivanka und seine fünfjährige Enkelin zum Neujahrsempfang in die chinesische Botschaft geschickt. Noch nie waren Familienmitglieder des Präsidenten zum Neujahrsempfang erschienen. Danach stellte Ivanka ein Video auf Instagram, das ihre Tochter beim Singen eines chinesischen Liedes zeigt. Das Video wurde 1,5 Millionen Mal aufgerufen und bekam sehr gute Kritiken. Selbst die *New York Times* sprach von einem »diplomatischen Coup«. Und Trumps andere Tochter Tiffany saß bei der Fashion Show der chinesischen Topdesignerin Taoray Wang nicht nur in der ersten Reihe, sondern ließ sich auch Arm in Arm mit ihr fotografieren. Eine Aufwertung chinesischer Softpower, die man in Peking mit Wohlwollen sah.

Für diejenigen, die auch solche Nebenschauplätze genauer im Blick hatten, kommt es gar nicht so überraschend, dass die Stellungnahmen am Ende des Gipfels versöhnlich ausfallen. Was nicht bedeutet, dass die Spannungen gelöst wurden. »Ich habe bisher noch nichts bekommen, *absolut* nichts«, sagt Trump bei seiner Rede am Abend und blickt in Richtung Xi. Die Menschen im Festsaal halten den Atem an. Der Satz schwebt über dem Bankett, bis die Ersten zu lachen beginnen. Trumps Frau Melania vorneweg, und die lacht bekanntlich längst nicht über alles, was ihr Mann so sagt. »Aber«, fügt Trump nach einer angemessen wirkungsvollen Pause hinzu, »wir haben eine Freundschaft entwickelt. Wir werden eine großartige Beziehung zueinander haben.«

Beim Nachtisch zeigt der US-Präsident Xi allerdings, wo die alte Macht noch über mehr Muskeln verfügt als der Emporkömmling.

Vier Stunden nachdem er den Befehl dazu gegeben hat, informiert Trump den chinesischen Präsidenten, dass er eine Militärbasis in Syrien mit einer Cruise-Missile bombardiert hat. Abgefeuert wurde sie vom Zerstörer *USS Porter* im Mittelmeer. Eine Lektion, die Xi nicht so schnell vergessen wird. Er spricht am Ende auch nur von einer »guten Arbeitsbeziehung«, während Trump mit stolzgeschwellter Brust verkündet, er habe eine »herausragende Beziehung« zu Xi aufgebaut, »viele potenziell schlimme Probleme können nun verschwinden«.

Am Ende »gab es keine Gewinner und keine Verlierer«, resümierte die Hongkonger Zeitung *South China Morning Post*. Das stimmt. Aber man könnte auch sagen: Den Chinesen reichte auswärts ein Unentschieden. Trump hätte einen klaren Sieg gebraucht, den er nicht errungen hatte. Davon konnte auch seine wie immer übertriebene Rhetorik nicht ablenken. Sie konnte auch nicht darüber hinwegtäuschen, wie sehr der Spielraum der USA bereits von China begrenzt wird. Auch das ist eigentlich nichts Neues: Beinahezusammenstöße von Militärflugzeugen im Südchinesischen Meer oder chinesische Hacker, die angeblich das Zentrum der Macht in Washington geknackt haben, wären früher ein guter Grund für einen Krieg gewesen. Heute ist die Hemmschwelle viel höher, zu eng sind die beiden Großmächte miteinander verflochten. Vor allem die Hackergeschichte hätte das Potenzial für eine größere Krise gehabt: 2015 waren amerikanische Datensätze und Personalakten des State Department von Chinesen geknackt worden. Es ging um 18 Millionen Mitarbeiter, darunter nicht nur solche, die in Botschaften arbeiten. CIA-Direktor James Clapper sah sich gezwungen, seine Leute aus Peking umgehend abzuziehen. »Auch wir betreiben Cyberspionage«, bekannte er und fügte ironischerweise hinzu: »Und wir sind ziemlich gut darin.« Clapper nannte es unklug, andere Länder für Dinge abzustrafen, die auch Amerika tue. Unter den amerikanischen Hardlinern sorgte das nicht für Begeisterung. Senator John McCain hielt Clapper vor, man dürfte nun offenbar ungestraft US-Geheimnisse klauen, weil die Amerikaner in einem Glashaus säßen. Mehr passierte nicht. Es wäre politisch zu teuer geworden.

So ähnlich ist es auch bei Trump. Er schimpft nach dem Besuch weiter laut gegen die Chinesen und erfüllt ihnen doch gleichzeitig einen wichtigen Wunsch: Eine Woche nach dem Treffen räumt er völlig überraschend ein, dass China »kein Währungsmanipulator« sei. Im Wahlkampf und in den Monaten zuvor hatte er immer wieder das Gegenteil behauptet.

Eine Chance, alle an einen Tisch zu bekommen und die Wogen weiter zu glätten, ist der G20-Gipfel Anfang Juli 2017 in Hamburg, zu dem sowohl Trump als auch Chinas Staatschef Xi Jinping anreisen. Bundeskanzlerin Merkel will versuchen, Trump einzufangen und wieder mehr zu den Positionen der Mehrheit der Welt zurückzuholen. Sie weiß die Chinesen auf ihrer Seite. Es sollte ein frommer Wunsch bleiben.

Schon vor dem G20-Gipfel ist klar: Weder Washington noch Peking werden davon ablassen, für ihre Interessen zu kämpfen, und nur dort Kompromisse eingehen, wo es ihnen nützlich erscheint. Und auch darüber sollten wir uns in Europa keine Illusionen machen: Peking wird sich, wenn es Peking nützt, im Zweifel auch gegen die stellen, die China derzeit applaudieren.

Wo Chinas Interessen liegen, machte Premier Li vor dem Gipfel sehr deutlich: »Wir nehmen den Stand der Beschäftigung heute als unseren Schlüsselindikator, um zu beurteilen, wie es um Chinas Wirtschaft steht.« In den vergangenen vier bis fünf Jahren sei es Peking gelungen, landesweit 40 bis 50 Millionen neue städtische Arbeitsplätze zu schaffen. 2017 würden aber allein 13 Millionen Absolventen und Schulabgänger auf den Arbeitsmarkt drängen. Das erfordere »äußerste Anstrengungen«.

Wenn es um Jobs für die jeweils eigenen Leute geht, sind sich Li und Trump also einig. Wie es dabei um die Machtverhältnisse bestellt ist, sieht man sehr deutlich an einer großen chinesischen Investition in den USA und einer großen amerikanischen in China:

Terry Gou, Gründer und Chef des taiwanischen Elektronikherstellers Foxconn, der in seinen Fabriken auf dem chinesischen Festland mehr als eine Million Arbeiter beschäftigt und dort die meisten iPhones herstellt, entschließt sich, zehn Milliarden US-Dollar in eine neue Produktionsstätte in Wisconsin zu stecken. Davon sollen mindestens sieben Milliarden in ein Werk zur Herstellung von Displays fließen. Das ist klug, denn das nützt Gou ebenso wie Trump und Xi. Gou ist für den Fall abgesichert, dass Zölle gegen iPhones erhoben werden. Trump kann sagen, es kommen neue Arbeitsplätze ins Land, und Xi kann betonen, dass man dabei sei, das Handelsbilanzdefizit abzubauen.

Das Kleingedruckte interessiert die Politiker dabei nicht: Foxconn will nämlich nicht nur seine Abhängigkeit vom Produktionsstandort China verringern, sondern die Abhängigkeit von menschlicher Arbeitskraft gleich mit dazu. Zehn komplette Fertigungslinien hat Foxconn bisher vollständig automatisiert. Weitere Produktionsstraßen mit nur wenigen menschlichen Arbeitern sollen folgen. Dass Gou ausgerechnet in den USA auf diese Strategie verzichtet, ist nur dann sinnvoll, wenn er staatliche Zuschüsse bekommt. In diesem Fall sind es 4,5 Milliarden US-Dollar. Das ermöglicht es Gou, der größte private Arbeitgeber in Wisconsin zu werden. Kurz: Gou, der eigentlich schon auf hochautomatisierte Fabriken setzt, lässt sich von Trump eine Fabrik finanzieren, die wie in der guten alten Zeit funktioniert. Für ihn kommt das dank der Subventionen billiger als die teuren vollautomatisierten Produktionslinien.

Pekinger Politikern zaubert dies ein kleines Lächeln ins Gesicht. Unabhängiger von China werden die USA so sicher nicht werden.

Trump hält bei der Grundsteinlegung im Juni 2018 dennoch eine flammende Rede: Für ihn ist die Fabrik das »achte Weltwunder«, das nebenbei davon ablenkt, dass der legendäre Motorradhersteller Harley-Davidson, der nur 25 Meilen nördlich seinen Stammsitz hat, ankündigt, Teile seiner Produktion nach Europa verlegen zu wollen.

Das neue amerikanische Investment in China wiederum kommt von Tesla-Chef Elon Musk. Er kann auf den chinesischen Markt nicht verzichten, und aufgrund des Handelskrieges bleibt ihm nichts anderes übrig, als vor Ort für den chinesischen Markt zu produzieren. Musk will, wie schon erwähnt, eine Fabrik in Schanghai errichten. Peking hebt für ihn sogar den Zwang zur Gründung von Gemeinschaftsunternehmen in der Autoindustrie auf, der bislang galt. Ein Entgegenkommen, das viel hermacht, aber nicht viel kostet. Denn Peking hat längst andere, effizientere Methoden, um ausländische Investoren in China an der kurzen Leine zu halten. Außerdem verdient ein chinesisches Unternehmen mit. Der chinesische IT-Konzern Tencent hat sich 2017 für rund 1,8 Milliarden US-Dollar fünf Prozent der Tesla-Aktien gesichert und ist damit aus dem Stand zu einem der größten Aktionäre der Kalifornier geworden. Und: Anders als Foxconn in den USA bekommt Tesla keine Subventionen. Von einem Gleichgewicht in diesem Spiel kann man also nicht sprechen.

All diese Scharmützel, diese »wie du mir, so ich dir«-Spielchen, nehmen natürlich auch auf dem G20-Gipfel im Juli 2017 in Hamburg Raum ein. Dort treffen sich alle Protagonisten zum ersten Mal, seit Donald Trump amerikanischer Präsident geworden ist. Angela Merkel kann gerade noch verhindern, dass sich die Hitzköpfe in die Wolle kriegen. Nicht verhindern kann sie, noch nicht einmal im Zusammenspiel mit den Chinesen, dass Trumps Diplomaten die folgende Formel in die Abschlusserklärung integrieren können: Die G20 erkenne »die Rolle legitimer Verteidigungsinstrumente im Handel« an. Trump hat den anderen keine Wahl gelassen: entweder so oder gar nicht. In den Geschichtsbüchern wird später vielleicht etwas anderes stehen: Nie zuvor haben China und Deutschland so eng gegen die USA kooperiert wie auf diesem Gipfel. Wenn auch nicht ganz freiwillig. Den Deutschen selbst dürfte wohl erst im Rückblick bewusst werden, dass hier auch über ihre Zukunft entschieden wurde. Nicht der Bruch alter Allianzen, der Schulterschluss mit einem neuen Partner, sondern die Krawalle der Gipfelgegner prägen bislang die Erinnerung an das Treffen der G20 in Hamburg.

Die politische Sommerpause 2017 in Deutschland hat kaum begonnen, als die heiße Phase des Handelskriegs beginnt. Trump ist der Auftakt dafür so wichtig, dass er an jenem Montag, dem 14. August, extra aus seinem Golfurlaub in New Jersey nach Washington zurückkehrt. Dort kündigt er eine Untersuchung von Chinas Handelspraktiken an. Auch dem Vorwurf des Diebstahls geistigen Eigentums soll dabei nachgegangen werden: »Alle Optionen sind auf dem Tisch.«

Die USA sollten die gegenwärtigen Wirtschafts- und Handelsbeziehungen zu schätzen wissen, heißt es kühl aus dem Pekinger Außenministerium; es warnt vor einem »Handelskrieg«, der nur Verlierer haben werde.

Nur wenige Tage zuvor hatte ausgerechnet das US-Finanzministerium in einer Erklärung noch einmal deutlich gemacht, wie es um die Machtverhältnisse zwischen China und den USA in einem anderen Bereich bestellt ist, der durchaus Einfluss auf den amerikanischen Verhandlungsspielraum in Handelsfragen hat: Die USA schulden China insgesamt 1,15 Billionen US-Dollar, womit die Volksrepublik noch vor Japan der größte Gläubiger des amerikanischen Staates ist. Trump wird ja oft vorgeworfen, dass er die USA wie ein Familienunternehmen führe. Wenn dem so ist, sollte er zumindest wissen, dass man mit seiner Hausbank nicht Katz und Maus spielen kann.

Insofern war Präsident Xi nicht allzu aufgeregt vor dem ersten Gegenbesuch Trumps in China. Er wusste, dass er mit den Schulden einen wichtigen Trumpf in der Hand hatte. Und das war nicht sein einziger, auch wenn man in Peking schon verärgert darüber war, dass Trump bei seiner Asienreise Peking erst an dritter Stelle besuchen würde: nach Tokio und Seoul.

Nüchtern hatten sich die Pekinger Strategen angesehen, wie man Trump einfangen könnte. Der Mann, den so viele hassen, möchte geachtet und gemocht werden. Und er liebt Ereignisse, die zeigen, wie einmalig er ist. Peking entschließt sich daher, Trump mit diplomatischen Streicheleinheiten zu beruhigen. Für diese Art der Politik gibt es im Chinesischen sogar einen Begriff: »Pai mapi«, was so viel bedeutet wie »den Hintern des Pferdes tätscheln«. Er geht zurück auf einen Brauch der Yuan-Dynastie. Egal, wie das Pferd tatsächlich aussah, die Reiter lobten ihre Tiere gegenseitig bei der Begrüßung, um ein angenehmes Gesprächsklima zu schaffen. Deswegen darf Trump erleben, was bisher noch keinem ausländischen Präsidenten gewährt wurde: ein Abendessen mit dem Staats- und Parteichef in der Verbotenen Stadt. Es zieht zwar wie Hechtsuppe, und die Heizlüfter lassen die Hosenbeine flattern an jenem Novembertag 2017 – aber egal, es ist ein einzigartiges Ereignis. Beim Fototermin steht Trump mit geschwellter Brust da, als sei er selbst der Kaiser von China, während sich Xi, die Hände in den Taschen seines grauen Mantels vergraben, zurücknimmt. Ein Bild für die Geschichtsbücher: der gelassene Hausherr neben dem aufgeregten Emporkömmling.

Trump bedankt sich denn auch überschwänglich für den »beeindruckenden Empfang« in Peking, den er »niemals vergessen« werde. Und er spricht in erstaunlich moderatem Ton zu den Chinesen, die der Weltmacht USA in vielen Bereichen täglich das Wasser abgraben. Kein Wort über die Untersuchungen der Handelspraktiken, kein Wort zum Diebstahl geistigen Eigentums. Irgendetwas verhandelt wird erst recht nicht. »Die Chinesen kennen unsere Position«, lässt Trump seine Diplomaten lapidar wissen, die ihre Verhandlungsstrategie umsonst ausgearbeitet haben. Gegenüber Xi, dem »Freund«, sagt er konziliant: »Wir werden es fair und großartig machen.« Was genau Donald Trump vorhabe – das sagen zumindest seine Diplomaten hinter seinem Rücken –, wüssten weder sie noch Trump, der Sponti unter den amerikanischen Präsidenten.

Und Xi? Der verkündet zum Abschluss mit einem Lächeln im Gesicht: »Präsident Trump und ich haben den Ton für die zukünftige Entwicklung gesetzt.«

Zurück in der Heimat, sagt Trump nun sogar, China könne gar nichts für sein Handelsdefizit. Vielmehr sei sein Vorgänger Obama schuld daran. »Schade, dass es die vorherigen Regierungen so weit getrieben haben«, ruft er seinen Wählern bei einem Auftritt zu, die dabei sofort nicken konnten. Noch in China hatte er erklärt, er könne einem Land nicht böse sein, das andere ja nur ausnutze, um seinem eigenen Volk zu helfen. Auch das kennt man in Trumps Heimat. Es läuft unter dem Schlagwort »America first«.

Spätestens jetzt geht man in Peking davon aus, dass Trump zwar auch weiterhin Peking ärgern wird, ihm aber laute Töne und gut inszenierte Auftritte für seine Wähler wichtiger sind, als Chinas wirtschaftliche Statik tatsächlich zu erschüttern und den weiteren Aufstieg ernsthaft in Gefahr zu bringen.

Um eine solche Inszenierung geht es auch im März 2018, als Trump Stahlarbeiter zur Unterzeichnung eines Strafzoll-Erlasses ins Oval Office einlädt. »Heute verteidige ich die nationale Sicherheit«, sagt er – mit einer auffällig gestreiften hell-dunkelblau-weiß gestreiften Krawatte – und bläst seine Wangen auf. Weiße und schwarze Stahlarbeiter in grauen Jacken stehen um ihn herum, als er das Papier mit einem dicken schwarzen Stift unterschreibt, damit die Kameras die Signatur auch aus der Ferne erfassen können. Alle Zeichen scheinen auf Sturm zu stehen, doch schon bei der Unterschrift zeigt sich Trump verhandlungsbereit. »Wenn sie sicherstellen, dass ihre Produkte unsere Sicherheit nicht mehr bedrohen, können wir mit einzelnen Nationen über die Senkung oder Aufhebung der Tarife sprechen.«

Zufrieden lässt er die Stahlarbeiter an sein Mikrofonpult, fordert einen von ihnen sogar zum Armdrücken heraus. Ein anderer erzählt ergriffen, dass er sich noch an den Augenblick erinnere, als sein Vater seinen Job als Stahlarbeiter verloren hat. Trumps einfühlsame Antwort: »Ihr Vater ist jetzt sehr stolz auf Sie. Er schaut von oben auf Sie herab …« – »Mein Vater lebt aber noch«, wendet der Stahlarbeiter ein. »Na, dann ist er noch stolzer«, erwidert Trump und hat die Lacher auf seiner Seite.

So geht Trumps Politik. Er hat gegenüber seinen Wählern geliefert, ohne sich mit dem mächtigen China zu sehr anzulegen. Und so sollte es auch in den kommenden Monaten weitergehen, wenngleich sich die Berichte dazu zum Teil dramatisch anhören und sich Peking und Washington die Zölle nur so um die Ohren hauen. Trumps Taktik, die Welt mit ständig neuen Positionen zu überraschen und damit zum Reagieren zu zwingen, ist zwar ärgerlich, kann aber von Peking gemanagt werden. Trump ist ein Störenfried, aber eben auch ein Dealmaker. Und er weiß, wenn China sich wirklich wehrt, tut das den USA weh. Für jedes chinesische Unternehmen, dem Trump den Marktzutritt verweigert, wird ein amerikanisches bluten müssen. Für jeden amerikanischen Zoll wird es einen chinesischen geben. Und am Ende wird China den längeren Atem haben.

Unter Trump mag es viel ruppiger zugehen als unter seinen Vorgängern, am Ende ist die Lage jedoch recht einfach: Die vier größten Handelspartner der USA inklusive China haben im Schnitt Zölle von 6 Prozent verhängt. Umgekehrt verlangen die USA von diesen Partnern nur 3,5 Prozent Zoll. Es geht also darum, diese 2,5 Prozent Unterschied zu eliminieren. Das wissen auch die Chinesen – und anders als Europa haben sie den Spielraum nachzugeben.

Trump weiß, dass er hier für sein Land etwas rausholen kann. Dass es ihm gelingen kann, eine entsprechende Anpassung der Zölle durchzusetzen. Den Abstieg der USA als Weltmacht kann er freilich nicht stoppen. Und in mancher Hinsicht beschleunigt er ihn sogar, weil er Peking, wie kein anderer Präsident vor ihm, darauf aufmerksam macht, an welchen Stellen China noch sehr abhängig von den USA ist. Taktisch klug wäre es von Trump, diese Abhängigkeit still und leise zu vergrößern. Zum Beispiel, indem er China zwingen würde, noch mehr Hightech in den USA zu kaufen. Doch der amerikanische Präsident denkt nur kurzfristig. Da er merkt, dass Chinas Politiker vergleichsweise schmerzunempfindlich sind, sucht er sich chinesische Unternehmen heraus, denen seine Aktionen dann doch wehtun.

Der erste chinesische Konzern, der vom Trump'schen Blitz getroffen wird, ist Huawei. Der Smartphone-Bauer und Netzwerkausrüster aus Südchina ist weltweit einer der großen Konkurrenten amerikanischer Konzerne wie Cisco oder Apple. Da Huawei inzwischen schon so viele Smartphones wie Apple verkauft, ist es den Amerikanern wichtig, Huawei zu stoppen. Der Geheimdienst kommt Trump dabei zu Hilfe: Im März 2018 warnen gleich sechs amerikanische Geheimdienstdirektoren, darunter die des FBI, der CIA und der NSA, vor Huawei-Handys. Wichtige Daten könnten China in die Hände fallen und Spionage begünstigen, sagen sie vor einem Ausschuss des amerikanischen Kongresses. Am härtesten formuliert es Christopher Wray, der Direktor des FBI: »Wir sind schwer besorgt über die Risiken, die einhergehen mit der Erlaubnis, einem Unternehmen, das einer ausländischen Regierung hörig ist und nicht unsere Werte teilt, eine mächtige Rolle innerhalb unserer Netzwerke für die Telekommunikation zu geben.«

Weder die Briten noch die Deutschen haben ähnliche Bedenken. In Großbritannien kooperieren die Chinesen auf technischer Seite mit dortigen Geheimdiensten und haben sogar ihre Quellcodes offengelegt. In Deutschland arbeiten sie unter anderem mit der Deutschen Telekom an der Entwicklung innovativer Datennetze. Es geht bei diesem amerikanischen Spiel also mehr um die Machtposition der USA als um Sicherheit.

Bei Apple zittert man nun davor, dass Peking gegen das iPhone vorgeht. Huawei hat in den USA nur einen Marktanteil von rund einem Prozent – die iPhones kommen in China hingegen auf knapp 25 Prozent.

Ebenfalls im März 2018 erfolgt der nächste Schlag: Trump untersagt die bislang größte Übernahme in der Technologiebranche – mit dem Verweis auf die nationale Sicherheit. Broadcom aus Singapur wollte für 117 Milliarden US-Dollar den amerikanischen Chiphersteller Qualcomm kaufen. Trump erklärte, dass Broadcom in einer Weise handeln könnte, die »die nationale Sicherheit der

Vereinigten Staaten beeinträchtigen« könnte. Es gehe um Verbindungen von Broadcom-Tochterfirmen nach China, möglicherweise um einen Weiterverkauf von Qualcomm an die Chinesen. Die Argumentation seiner Gegner: Die Übernahme könnte die Umstellung der US-Mobilfunknetze auf den Datenfunk 5G verzögern. Qualcomm ist in diesem Bereich einer der wichtigsten Technologieentwickler. Die Broadcom-Führung könnte nach der Übernahme die derzeit ansehnlichen Forschungs- und Entwicklungsausgaben von Qualcomm in den USA merklich mindern, man könnte ins Hintertreffen geraten und so über Umwege in eine Abhängigkeit von China. Zweifel, dass es so kommen könnte, vermochte auch der Broadcom-Vorstandsvorsitzende Hock Tan nicht völlig auszuräumen, als er im Pentagon vorsprechen musste.

Die bislang härteste Maßnahme jedoch gegen ein chinesisches Unternehmen verkündet Trump im April 2018: Das Handelsministerium verbietet US-Firmen für die kommenden sieben Jahre den Verkauf von Bauteilen an ZTE, den zweitgrößten Netzwerkausrüster Chinas. ZTE habe trotz des Embargos über Scheinfirmen Netzwerktechnik in den Iran und nach Nordkorea geliefert, lautet die Begründung aus Washington. Amerikanische Geheimdienste beschuldigen die Firma außerdem, mit ihren Handys US-Bürger auszuspionieren. »ZTE hat nicht nur Exportvorgaben verletzt und feindliche Regime mit sensibler amerikanischer Technologie beliefert. ZTE hat auch Inspekteure angelogen und interne Ermittler getäuscht. Die Aktionen sind ungeheuerlich und rechtfertigen eine erhebliche Strafe«, erklärt Trumps Justizminister Jeff Sessions.

Das ist ein schwerer Schlag für das Unternehmen, das in China 75 000 Menschen beschäftigt. Der Konzern ist für seine Produkte auf Komponenten aus den USA angewiesen, darunter Google-Lizenzen und Prozessoren, ohne die Android-Handys nicht auskommen. Die Existenz des Unternehmens ist gefährdet. Doch in Peking scheint man nicht nach dem Prinzip »wie du mir, so ich dir« verfahren zu wollen. Weder Boeing noch Apple müssen mit

Konsequenzen rechnen. Die Chinesen halten ihr öffentliches Pulver trocken, machen jedoch hinter den Kulissen Druck. Und der ist offenbar massiv, denn schon am 13. Mai rudert Trump per Twitter zurück: »Präsident Xi aus China und ich arbeiten gemeinsam daran, einem großen chinesischen Telefonunternehmen, ZTE, eine Möglichkeit zu geben, schnell wieder Geschäfte zu machen.«

Drei Wochen später verkündet Handelsminister Wilbur Ross, ZTE werde eine Strafe von einer Milliarde US-Dollar zahlen, wegen der Lieferung von Technologie in den Iran und nach Nordkorea. Außerdem müsse der Konzern das Topmanagement binnen 30 Tagen auswechseln. Die Amerikaner dürften ein Compliance-Team ihrer Wahl bei ZTE installieren, ZTE müsse seinerseits 400 Millionen US-Dollar als Versicherung hinterlegen, falls das Team weitere Verfehlungen entdeckt. Für Peking ist das eine politische Zumutung, der sich China diesmal noch beugen muss. Lange können sich die USA jedoch solche Spiele nicht mehr leisten. Die Amerikaner glauben offensichtlich, sie seien »Weltpolizei, Weltstaatsanwaltschaft und Weltrichter in einem«, wettert ein Spitzendiplomat. Doch Peking beugt sich. Die politischen Kosten, sich dagegen zu stemmen, wiegen die Strafe nicht auf. Aber sie haben sich diese Unverschämtheit gut gemerkt.

Und es sollte noch schlimmer kommen. Zehn Tage später stimmt der US-Senat mit großer Mehrheit gegen den Deal und will die Sanktionen wieder verhängen. Trump wird nun – verrückte Welt – gewissermaßen Cheflobbyist von ZTE, kann aber nicht verhindern, dass die Aktie um weitere 23 Prozent einbricht.

Insgesamt ist Trumps Aktion ein Weckruf für Peking, das nun alles daransetzen wird, die technologische Abhängigkeit von den USA weiter zu verringern. Selbst das amerikanische Magazin *Forbes* geht davon aus, dass dies innerhalb der nächsten fünf bis sieben Jahre möglich ist. Trump mag kurzfristig einen Erfolg erzielt haben, langfristig hat er das genaue Gegenteil erreicht. Peking wird dafür sorgen, dass zum Beispiel die Chiphersteller Intel und Qualcomm nichts mehr nach China verkaufen können. Derzeit erzielen die beiden Firmen jeweils 14 Prozent ihrer Gewinne im Reich der Mitte. In Zukunft wird es auch nicht mehr darum gehen, dass »China unsere Geheimnisse klaut, die müssen wir schützen, es sind unsere Kronjuwelen«, wie Trump sagte. Es wird darum gehen, dass Chinas Kronjuwelen die unseren aussehen lassen werden wie Flusskiesel.

Daran ändern auch die Maßnahmen vom 6. Juli 2018 nichts. An jenem Freitag treten 25-Prozent-Zölle für chinesische Importe im Wert von 34 Milliarden US-Dollar in Kraft. Es geht dabei auch um Halbleiter und andere Hightechprodukte. Peking schlägt in gleicher Höhe zurück: Sojabohnen, Früchte, Fische und Autos stehen auf der Liste. Die Medien sprechen vom größten Handelskrieg in der Weltgeschichte. Das ist sicher richtig, allerdings sind die unmittelbaren wirtschaftlichen Folgen überschaubar: Insgesamt steigen die Zölle für chinesische Produkte von 3,5 auf 3,7 Prozent – ein eher symbolischer Wert.

Dass Trump mit weiteren Zöllen droht, sollte man ebenfalls nicht überbewerten. So äußerte er gegenüber Journalisten an Bord der Air Force One, er könne die Zölle auf Importe im Wert von 550 Milliarden US-Dollar erhöhen. Die Nordkorea-Krise hat gezeigt, wie schnell solche Drohungen Schnee von gestern sein können. Außerdem spielt die Zeit gegen Trump: Die chinesischen Zölle kommen schneller bei den amerikanischen Konsumenten an als umgekehrt. Doch während Trump handfeste Deals braucht, um wiedergewählt zu werden, reicht Xi der Eindruck von Standfestigkeit. Für beide Länder jedenfalls wäre es viel besser zusammenzuarbeiten. Die Vorstellung, Trump könne Chinas Aufstieg durch Verbote und Sanktionen anhalten, ist naiv. Sie können ihn möglicherweise temporär verlangsamen. Auf Dauer bleibt es dabei: Die USA werden an Einfluss verlieren; China wird an Einfluss gewinnen. Ein deutlicher Hinweis auf das neue Machtverhältnis: Während die Europäer zu Beginn des Handelskrieges in Washington antanzen mussten, hielten die Chinesen erst einmal Hof. Gleich zwei amerikanische Minister und andere US-Spezialisten reisten Anfang Mai 2018 nach Peking. Erst danach brach die chinesische

Delegation nach Washington auf. Dafür ließen die Amerikaner den Verhandlungsführer Liu He übel auflaufen. Nach einer Einigung hatte der Vizepremier schon verkündet, es gebe keinen Handelskrieg. Dass Trump den Deal dann doch platzen ließ, war ein Gesichtsverlust, den Peking sich lange merken wird.

Wie auch immer der amerikanisch-chinesische Handelskonflikt weitergeht und ob er nun Rhetorik ist, Schaukampf für die Wähler, das Bedienen populistischer Reflexe – eine Folge der Politik von Donald Trump ist jetzt schon greifbar: In Asien, aber auch in Europa wird der Einfluss der Vereinigten Staaten immer geringer. Der US-Präsident zwingt mit seinem Benehmen die Weltregionen geradezu, sich umzuorientieren. Auch wenn die Europäer, über viele Jahrzehnte an den engen Schulterschluss mit den USA gewöhnt, sich dabei schwerer tun als die Staaten Asiens, die die Faxen der USA schon lange dicke haben.

Ein Meilenstein auf dem Weg der Emanzipation Asiens von den USA liegt sogar vor der Ära Trump: die Gründung der Asiatischen Infrastruktur-Investmentbank (AIIB) im Juni 2015. Es ist die erste Gründung einer neuen globalen Institution im Stil der Weltbank seit dem Zweiten Weltkrieg. Und die erste globale Institution, die von China ausgeht. In Peking war man verärgert über die US-amerikanische Dominanz im IWF, die aus Sicht Chinas die globalen Machtverhältnisse verzerrt. Neben den 21 Gründungsmitgliedern haben 2015 auch Deutschland, Italien, Frankreich und Großbritannien erklärt, die neue Entwicklungsbank zu unterstützen. Und das, obwohl die Amerikaner massiven politischen Druck auf die Europäer ausgeübt haben. Doch deren Devise lautet inzwischen: Lieber Ärger mit den USA, als in Asien den Anschluss zu verpassen.

Aktuell sind 61 Länder Mitglied der AIIB, 23 weitere sind als zukünftige gelistet. Von den großen Staaten fehlen nur Japan und die USA. So hatte sich das US-Präsident Barack Obama sicher nicht vorgestellt, als er forderte, China müsse mehr internationale Verantwortung übernehmen und sich an die globalen Spielregeln halten. Dass nicht nur China, sondern Asien allgemein kein Interesse an Spielregeln hat, die der Westen zu seinen Gunsten implementiert hat, auch das zeigt die Gründung dieser Institution.

Spätestens seit der Aufkündigung des TPP-Abkommens durch Donald Trump ist dann auch dem Letzten in Asien klar: Die Amerikaner sind kein verlässlicher Partner mehr. Die Region orientiert sich zunehmend Richtung China, auch wenn die Vorherrschaft der Chinesen vielen nicht wirklich geheuer ist und schlechte Erinnerungen hervorruft an Kotaupolitik und »Reich der Mitte«-Ideologien. Lange hatte sich China als Mittelpunkt der Welt gesehen und den Nachbarn allenfalls die Möglichkeiten gegeben, Peking durch Unterwürfigkeitsgesten milde zu stimmen.

Die Amerikaner hätten also angesichts der Chinaskepsis vieler asiatischer Länder eigentlich ganz gute Karten gehabt, wenn sie sich ein wenig geschickter angestellt hätten. Lange galten sie in Asien als Garanten militärischer Sicherheit und wirtschaftlicher Prosperität. Der Mythos des »American Dream« hat lange auch Asien erfasst. Ähnlich wie die Amerikaner in Europa nach dem Zweiten Weltkrieg Ordnungsmacht und Vorbild waren. Sie haben nicht nur Hitlerdeutschland niedergerungen, sondern als pazifische Militärmacht auch das imperialistische Japan 1945 in die Schranken gewiesen. Sie waren so mächtig, dass sie sich sogar leisten konnten, eine Atombombe einzusetzen, ohne dafür von der Weltgemeinschaft bestraft zu werden.

Als selbst ernannte Schutzmacht versuchten die USA während des Kalten Krieges in Asien unter anderem mit einem militärischen Eingreifen in Korea und Vietnam, den Vormarsch des Kommunismus aufzuhalten. Amerikanische Soldaten starben im Kampf für mehr Einfluss der USA in der Welt, aber auch im Kampf für eine freiheitliche Weltordnung. Unter dem Schutz der USA entfaltete sich in Japan, Südkorea, Taiwan, Singapur, Hongkong, Thailand und auf den Philippinen ein beispielloser Wirtschaftsaufschwung, ein amerikanisierter Boom. Zwischen 1967 und 1997 wuchsen die Tigerstaaten damals jährlich im Schnitt um 6,7 Prozent. Selbst das kommunistische Vietnam, das zehn Jahre unter amerikanischen Bomben und weitere 20 Jahre unter US-Sanktionen gelitten hatte, entwickelte von Mitte der 1990er-Jahre an gute Beziehungen zu den Amerikanern. Und sogar dem kommunistischen China halfen die Amerikaner auf den Weg. US-Präsident Richard Nixon reiste 1972 nach Peking, um Mao Zedong die Hand zu reichen und ihm zu versichern, dass Amerika den Chinesen nicht in den Rücken fallen werde. Der gemeinsame Gegner war die Sowjetunion.

Anders als in den Jahrhunderten zuvor hat in der zweiten Hälfte des 20. Jahrhunderts nicht Europa die Richtung in Asien vorgegeben, sondern Amerika. Anders als die Europäer zuvor verstanden sie sich auch nicht als Kolonialmacht, sondern nur als Schutzmacht – allerdings häufig als selbst ernannte. Es waren die Vereinigten Staaten und ihr American Dream, die Asien den Weg geebnet haben, das spürt man heute noch an jeder Ecke, in Singapur ebenso wie in Manila. Und lange war es so, dass wir Europäer als Teil des atlantischen Bündnisses davon profitiert haben. Wir haben im Windschatten der Amerikaner gute Geschäfte gemacht. Die Türen dafür haben in der Regel die USA für uns geöffnet.

Der erste große Einbruch kam mit der Asienkrise 1997, zufälligerweise im selben Jahr, als die britische Kronkolonie Hongkong an China zurückgegeben wurde und die britische Kolonialzeit in Asien endete. Der Stolz und die Genugtuung der Chinesen waren deutlich sichtbar, als Hongkong wieder chinesisch war. Ich stand auf dem Dach des Hongkonger Cultural Center, als nur 200 Meter entfernt der letzte britische Kolonialgouverneur, Chris Patten, und der Thronfolger Prinz Charles nachts im strömenden Regen die Jacht *Britannia* bestiegen, um nach Hause zu fahren.

Es wirkte fast schon wie ein Fluch der Queen, dass nur wenige Wochen später die Wirtschaft Asiens zusammenbrach. Der Crash war so heftig, dass man den Eindruck bekam, die betroffenen Länder würden sich jahrzehntelang nicht mehr berappeln. Sie hatten Einnahmen in ihren jeweils lokalen Währungen, Ausgaben und

Schulden jedoch in US-Dollar. Als ihre Währungen in den Keller trudelten, weil niemand mehr glaubte, dass sie ihre internationalen Schulden zurückzahlen können, waren sie binnen Tagen bankrott.

Als die neoliberalen Manager des von den USA geprägten Internationalen Währungsfonds in Länder wie Thailand und Südkorea einritten, erwarteten die Menschen dort Retter. Es kamen jedoch Schnäppchenjäger. Sie versuchten, sich die Filetstücke zu sichern, sie zwangen die Länder, ihre Märkte zu öffnen, und versuchten so, eine langjährige Abhängigkeit von den USA zu schaffen. In den gut zwei Jahren nach dem Absturz wurde den Asiaten erstmals klar, dass sie sich besser auf sich selbst oder im Zweifel auf ihren Nachbarn China verlassen sollten. Auch wenn das nicht immer einfach war mit Peking.

In diesen Jahren wurde Asien erwachsen. Die Länder begannen, enger mit den Europäern zusammenzuarbeiten, und zur großen Überraschung ging die Krise schneller vorbei, als die meisten erwartet hatten. Dass Peking sich mit aller Macht gegen den Abwärtstrend gestemmt, seine Währung nicht auch noch abgewertet hat, konnte Schlimmeres verhindern. Das hat in Asien niemand vergessen. Die ASEAN-Staaten wachsen seither zwar nicht mehr so fulminant wie vor der Krise; im Durchschnitt sind es aber immer noch knapp fünf Prozent. Und sie bewegen sich seitdem in kleinen, aber konstanten Schritten von den USA weg. Ein Land, das seine eigenen Spielregeln bricht, wenn es ihm passt, und andere Länder kleinhalten will. Ein Land, das seine Sicht der Welt für die allein richtige hält.

Inzwischen stehen die USA allenfalls noch für potenzielle militärische Sicherheit. Doch die spielt für immer weniger Länder eine Rolle, eigentlich sind es in Asien nur noch Japan und Südkorea. Und selbst dort wird die Skepsis der Bevölkerung größer. Die Chinesen mögen zuweilen ein wenig beängstigend wirken, manchmal auch bedrohlich beängstigend. Sie sind jedoch unglaublich erfolgreich und stehen bei ihren Nachbarn in dem Ruf, einigermaßen verlässlich zu sein. Doch vor allem bieten sie ihnen die Chance auf wirtschaftliche Prosperität.

Hinzu kommt, dass es den Chinesen unter Xi Jinping mehr und mehr gelingt, auch auf der politischen Bühne mit Themen zu punkten, die den Nerv vieler Staaten der Emerging Markets treffen. Das zeigte sich übrigens nicht erst unter Trump, wie viele glauben. Schon bei der Generalversammlung der UN im September 2015 wurde dies deutlich. Es war der letzte Auftritt des scheidenden US-Präsidenten Barack Obama dort. Wer Sonntagsreden erwartet hatte, war erstaunt, wie unterschiedlich die drei mächtigsten Staatschefs der Welt – Barack Obama, Xi Jinping und Wladimir Putin – in ihren Reden zur Lage der Welt ihre Schwerpunkte setzten.

Obama betonte, die Weltgemeinschaft müsse sich für Demokratie in möglichst vielen Ländern einsetzen. Einmischung sei ihm deshalb wichtig. Manche Stärken der Demokratie seien für ihn nicht verhandelbar: Jeder soll seine Religion friedlich ausüben dürfen, jeder soll in Würde leben, jeder soll die Mächtigen friedlich kritisieren dürfen, ohne deren Willkür ausgesetzt zu sein. »Je mehr Demokratien es auf der Welt gibt«, so Obama, »desto stabiler und friedlicher ist die Welt.« Damit fasste er das Wertesystem des Westens prägnant zusammen.

Chinas Präsident Xi Jinping sprach erstaunlicherweise auch von Demokratie. Aber weniger von der Demokratie in den Ländern, sondern vielmehr von der *zwischen* den Ländern: »Die Großen, Starken und Reichen sollten die Kleinen, Armen und Schwachen nicht schikanieren.« Jedes Land solle die Freiheit haben, seinen Entwicklungsweg selbst zu finden. Wer versuche, in anderen Ländern Gutes mit Gewalt durchzusetzen, und sei es in der besten Absicht, dem falle »der Stein auf die Füße, den er zuvor aufgehoben hat«. Xi klang fast wie ein Achtundsechziger: Niemand hat mir zu sagen, wie ich leben soll.

Xi riss damit einen Punkt an, in dem der Westen heute schon hin- und hergerissen ist. Denn die Europäer, und vor allem die

Deutschen, stehen einerseits schon lange nicht mehr hinter der Politik der US-militärischen Interventionen. Andererseits fällt es uns schwer, autoritären Systemen oder gar Diktaturen Selbstbestimmung zuzugestehen. Die Türkei unter Erdoğan ist ein gutes Beispiel dafür. Haben wir nicht »Wehret den Anfängen!« in der Schule gelernt? Sind unsere Werte nicht doch universell?

Wladimir Putin setzte wiederum aus guten Gründen auf einen anderen Punkt. Er hält starke globale Institutionen für unentbehrlich. Institutionen, deren Spielregeln alle beherzigen müssen. Und, aber das sagte er natürlich nicht laut, in denen die Russen eine große Rolle spielen und sich gemeinsam mit den Chinesen gegen den Rest durchsetzen können. Politische Aktionen, »die die UNO unterlaufen«, seien »sehr gefährlich«, da am Ende nur das Recht des Stärkeren übrig bleibe. Putin betonte die Normen des internationalen Rechts, die alle einhalten müssen. Natürlich ein wichtiger Punkt, auch wenn man die Schwachstelle seiner Argumentation offenlegt: Rechtsstaatlichkeit in der Welt, ja, aber nicht in seinem Land.

Es ist schon interessant: Das Wort Rechtsstaatlichkeit gibt es, Rechtsweltlichkeit jedoch noch nicht. Das rechtliche Vakuum, welches die Globalisierung erzeugt hat, ist offensichtlich. Es wurde vor allem von den USA gern in den vergangenen beiden Dekaden für ihre Zwecke genutzt: Es war und ist das Recht des Stärkeren. Putin lenkte also nicht nur von seinen eigenen Schwächen ab, er hat auch recht. Wir müssen die *Rechtsweltlichkeit* ausbauen.

Letztlich machen alle drei einen Punkt. Doch nur, wenn man die Positionen zusammenführt, ergibt sich ein vernünftiger Entwurf einer neuen Weltordnung: Obama hält nationale Demokratien für den Schlüssel, Xi internationale Gleichberechtigung aller Staaten, Putin starke globale Institutionen und internationales Recht. Für sich allein bleibt jede dieser Forderungen unvollständig: Eine Welt, in der es möglichst viele Demokratien geben soll, ohne dass die Länder mit Gewalt gezwungen werden, schneller eine Demokratie zu werden, als ihr Entwicklungsstand zulässt. Oder eine Welt, in der alle Nationen gleich behandelt werden, ohne dass ihre wirtschaftliche oder militärische Stärke eine Rolle spielt. Und schließlich eine Welt mit starken globalen Institutionen und einem Rechtssystem, dem sich alle so selbstverständlich wie den nationalen Rechtssystemen unterordnen müssen. Eine solche Welt kann nicht funktionieren, wenn nicht alle Länder gleich sind, sondern es Weltmächte gibt, die sich daran nicht gebunden fühlen.

Doch ohne dass alle drei Weltmächte einschneidende Kompromisse machen müssen, wird so eine gemeinsame neue Weltordnung nicht entstehen. Das wird den USA am schwersten fallen, weil sie am meisten Macht abgeben müssen. Und deshalb schimpft Trump am lautesten dagegen an. Den Chinesen wird es am leichtesten fallen, weil Peking sich gerade erst in der Weltgemeinschaft etabliert. Das darf man auch im gegenwärtigen Handelsstreit nie vergessen.

Von den Vertretern der 193 Mitgliedsstaaten jedenfalls bekam der eher steife Xi Jinping am meisten Applaus, gefolgt von Wladimir Putin. Der charismatische Obama musste sich eindeutig mit dem dritten Platz begnügen. Logisch, mag die schnelle Analyse lauten, die Chinesen haben sich ja viele Staaten wirtschaftlich gekauft, kein Wunder, dass der Applaus aus deren Reihen groß ist. Ein etwas genauerer Blick macht aber klar, dass es den Regierungen aufstrebender Länder natürlich erst einmal wichtig ist, als gleichberechtigter Staat in der Weltgemeinschaft anerkannt zu werden und mitspielen zu dürfen. Am zweitwichtigsten sind ihnen stabile globale Institutionen, und das eigene Zimmer aufzuräumen, kommt natürlich an dritter Stelle, vor allem, wenn einem die Altvorderen sagen, was sie dabei zu tun und zu lassen haben. Gleichzeitig wird ihre Skepsis gegenüber der Demokratie immer größer. Man muss nur den Entwicklungsweg der Demokratie in Indien mit dem autoritären System Chinas vergleichen. In Indien können die Menschen frei wählen, aber sie sind viel ärmer und haben geringere Aufstiegschancen. In China dürfen sie nicht im westlichen Sinne wählen, aber ihre Aufstiegschancen sind viel größer. Die einen haben mehr kollektive Menschenrechte, die anderen mehr individuelle.

Aus diesem Blickwinkel betrachtet, gilt Demokratie längst nicht mehr als das Allheilmittel, wenn es darum geht, ein Land schnell zu entwickeln und Wohlstand für seine Bürger zu schaffen. Die Entwicklungsdiktatur stößt bei den Menschen in den aufstrebenden Ländern auf viel mehr Zuspruch, als wir glauben. Hinzu kommt: Peking handelt neue globale Spielregeln mit seinen Partnern aus. Das sind durchaus harte Verhandlungen, aber es sind immerhin Verhandlungen. Der Westen und besonders Washington möchte am liebsten, dass die Aufsteiger, einschließlich China, sich ohne zu murren in das globale Regelnetzwerk einklinken, das sich der Westen ausgedacht hat und das er für bewährt hält. So kommt es, dass Washington, aber auch Brüssel und manchmal sogar Berlin herablassend auf Politiker aufstrebender Staaten reagieren, Peking dagegen eher verbindlich und partnerschaftlich.

Ausnahmen bestätigen die Regel: Deutschland und China haben es geschafft, Obama davon zu überzeugen, die Sanktionen gegen den Iran aufzuheben. Und Obama hat wieder Beziehungen zu Kuba aufgenommen. Aber das ist wenig im Vergleich zu dem neuen Vertrauen, das Peking in der gleichen Zeit in Südostasien, Afrika, Südamerika und Osteuropa aufbauen konnte. Ob Ungarn, Polen, Australien, die Philippinen, Südkorea, Brasilien, Myanmar oder Thailand: Alle diese Länder sind heute China viel näher als noch vor zehn Jahren. Ja, mehr noch: Es gibt kaum ein Land der Welt – Japan und die USA ausgenommen –, das heute in größerer Distanz zu China stünde als noch vor zehn Jahren.

Dabei spielt auch der historische Zufall eine Rolle. Just in dem Moment, in dem auch dem Letzten klar wurde, die Amerikaner eingeschlossen, dass militärische Interventionen nicht funktionieren, drängte die neue Weltmacht China auf die Bildfläche.

Angedeutet hatte es sich schon lange, dass der Machtgewinn

mit Armeen immer schwieriger wird. Der Koreakrieg in den 1950er-Jahren endete mit der Teilung Koreas. Der Vietnamkrieg ging verloren. Der Irakkrieg Anfang der 1990er-Jahre hat Kuwait befreit und ansonsten vergleichsweise wenig Unheil angerichtet, weil US-Präsident George Bush rechtzeitig vor Bagdad umkehrte. Der zweite Irakkrieg brachte nur Instabilität, ebenso wie der Afghanistankrieg. Deshalb begann Obama klugerweise den militärischen Rückzug – auch wenn dies schwerfiel, galt doch die beste Armee der Welt den USA lange als ein unverzichtbares Mittel zur Machtgewinnung und -sicherung. Heute ist es, wie bereits erwähnt, ein anderes Feld, auf dem die Kämpfe ausgetragen werden. Und es scheint, als ob sich die Asiaten darauf gut eingestellt haben.

Ein gutes Jahr nach Trumps Absage haben die Asiaten es geschafft, ein Handelsabkommen unterschriftsreif zu machen, in dem weder China noch die USA vertreten sind. Was die USA angeht, haben sie die Forderungen der USA nicht herausgeflochten, sondern nur stillgelegt, sodass es unter einem neuen Präsidenten sehr schnell möglich wäre, die Amerikaner wieder zu integrieren. Die Einladung an Washington steht also – no hard feelings. Trump bleibt, anders als Xi, schließlich nicht für immer.

Anfang März 2018 wird in Santiago de Chile das Comprehensive and Progressive Agreement for Trans-Pacific Partnership (CPTPP) unterzeichnet. Die rund 500 Millionen Menschen, die in den Mitgliedsländern leben, erwirtschaften immer noch 13,5 Prozent des globalen BIP. Das ist zwar nicht einmal die Hälfte der großen Lösung mit den USA, aber es eröffnen sich trotzdem enorme Chancen für den neuen transpazifischen Wirtschaftsraum, der immerhin auf zwei Drittel des Volumens der EU kommt. Es ist ein Handelsabkommen, das nun im Windschatten der drei großen Player agiert – ohne China, Europa und einstweilen auch ohne die USA. Die Neuen stellen sich auf eigene Füße. Ein Ereignis, dessen historische Dimension sich erst noch entfalten muss.

Diesen Erfolg gönnte Trump den TPP-Anhängern natürlich nicht. Am 8. März, dem Tag, als die CPTPP-Mitglieder in Chile ihren

Erfolg feiern, verkündet Donald Trump Strafzölle auf Aluminium und Stahl. Das ist natürlich kein Zufall. Die Nachricht der Handelsbeschränkungen hat auch in Peking an diesem Tag die Lufthoheit. Trump gelingt es sogar, zwei Fliegen mit einer Klappe zu schlagen. Denn gleichzeitig tagt auch noch der Nationale Volkskongress in Peking, das chinesische Parlament mit 3000 Mitgliedern, das zu seiner jährlichen Versammlung zusammengekommen ist. Premierminister Li Keqiang hat drei Tage zuvor seinen jährlichen Rechenschaftsbericht abgegeben. Es ist stets die heikelste Zeit im politischen Jahr in Peking. Vielleicht auch deshalb hält sich die chinesische Regierung auffällig mit Kritik an Washington zurück. Zwar schreibt das Handelsministerium in einer Mitteilung, die Zölle seien ein »schwerer Angriff« auf die internationale Handelsordnung. China werde »wirksame Maßnahmen« ergreifen und seine legitimen Rechte und Interessen verteidigen. Die USA würden durch die Zölle nicht nur anderen Ländern, sondern auch ihren eigenen Interessen schaden. Stellungnahmen von führenden chinesischen Politikern gibt es jedoch nicht.

Ähnlich wie die CPTTP-Mitglieder versucht Peking, nicht so sehr dagegenzuhalten, sondern nach vorne zu schauen und einen Ausweg zu finden, der weniger Kraft kostet. China will seine Märkte öffnen. Jedenfalls spricht Premierminister Li Keqiang vor dem Parlament mit einer Eindringlichkeit davon wie nie zuvor ein Premier: Li sagt, der chinesische Markt für das verarbeitende Gewerbe solle »komplett geöffnet« werden. Zugänge in Sektoren wie Telekommunikation, Medizin, Altenpflege und Erziehung sollen zudem verbessert werden. Banken und andere Finanzinstitute, die ein Geschäft in China eröffnen wollen, sollen es zudem künftig genauso einfach wie heimische Institute haben. »China engagiert sich für die Förderung der wirtschaftlichen Globalisierung und den Schutz des Freihandels«, sagte Li und versicherte, auch die Überkapazitäten in der Kohle- und Stahlindustrie weiter reduzieren zu wollen. Hochverschuldete Staatsbetriebe würden abgewickelt.

Klar ist: China öffnet sich nur, wenn es den Chinesen nützt. Dennoch liest sich seine Rede wie ein Gegenentwurf zur Politik von Donald Trump.

Gleichzeitig verhandelt Peking über ein Freihandelsabkommen mit den ASEAN-Staaten. Noch 2018 soll es unterschrieben werden, auch wenn man in Peking noch schwankt, ob nicht doch bilaterale Verträge den Vorzug vor einem gemeinsamen Handelsabkommen erhalten sollten. Schon heute ist China der zweitgrößte Handelspartner der ASEAN-Staaten, mit einem Handelsvolumen von 500 Milliarden US-Dollar und einem Wachstum von 13 Prozent im letzten Jahr. Die USA kommen derzeit zwar noch auf 630 Milliarden, doch neue Verträge zwischen Peking und den ASEAN-Ländern werden das Verhältnis drastisch verändern.

Während sich die USA in ihrer Wagenburg verschanzen und versuchen, die Zeit zurückzudrehen, bleiben die Chinesen beharrlich auf Kurs und nutzen jedes Vakuum, jede Lücke, die Donald Trump reißt, um ihren Einfluss zu vergrößern und sich als die neue Nummer eins der Welt zu etablieren. Die restlichen Staaten Asiens orientieren sich – teils der schieren Notwendigkeit gehorchend – in Richtung Peking. Denn Europa agiert unentschlossen und zögerlich und hat noch keine klare Strategie. Nicht im Umgang mit Trump, nicht im Umgang mit China und erst recht nicht mit Asien im Allgemeinen.

Um den Schiedsrichter bei den zahllosen größeren und kleinen Konflikten zwischen China und den USA zu spielen, ist die EU zu schwach. Sie kann nicht mehr tun, als hie und da besänftigend oder ermunternd einzugreifen. Was das übrige Asien angeht, dieses neue Zentrum der Welt, spielen die Europäer keine wichtige Rolle. Das muss nicht verwundern, denn Europa hat es auch versäumt, sich zu positionieren und die eigenen Interessen voranzutreiben. Dabei hätten sich gerade aufgrund der Enttäuschung gegenüber den Amerikanern und der Skepsis gegenüber China große Chancen für Europa eröffnen können. Doch Europa agiert zögerlich bis gleichgültig. Allenfalls der ein oder andere Konzern hat die Chance genutzt, auch mancher deutsche Mittelständler. Politisch koordiniert oder gar forciert wurde das von Brüssel oder Berlin nicht. Auch hier rächt sich nun die europäische Abneigung gegen Industriepolitik.

Zeit zum Umsteuern wäre durchaus da gewesen: Schon als Obama das Freihandelsabkommen TPP verhandelte und die Chinesen ihrerseits mit dem RCEP-Programm nachzogen, hätte auch die EU den Wettbewerbsdruck spüren und die Verhandlungen mit China und seinen Nachbarn beschleunigen müssen, um nicht ins Hintertreffen zu geraten. Stattdessen passierte wenig. Im Dezember 2017 unterschrieb die EU gerade mal mit Japan ein Freihandelsabkommen. Mit Singapur gibt es schon ein Abkommen, mit Vietnam wird noch verhandelt, mit Thailand hat sich die EU immerhin auf ein Abkommen geeinigt. Doch Brüssel wird es so lange nicht unterzeichnen, bis demokratische Wahlen in Thailand stattgefunden haben. Das kann dauern und stört die Thais wenig. Es gibt ja China.

Die Verhandlungen zwischen der EU und Asien als Ganzes sind praktisch eingeschlafen. Die politische Skepsis in Europa ist groß. Brüssel hat den Blues. Während China jede Chance nutzt, seine Position in Asien auszubauen, lassen wir eine um die andere verstreichen. Und das, obwohl immer deutlicher wird, dass wir kaum Alternativen haben zu einer Annäherung an Asien und vor allem an China. Der EU-Binnenmarkt selbst ist groß, wächst aber nur noch in Maßen, und Deutschlands Position in Europa wird schwächer. Die USA kapseln sich ab, auch gegen Europa. Mit Russland liegen wir im Streit.

Gleichzeitig werden die Länder Asiens immer besser vom Nachbarn China bedient, weil man dort zusehends in der Lage ist, Produkte auf europäischem Qualitätsniveau selbst herzustellen. Die Chinesen profitieren damit nicht nur von ihrem eigenen riesigen Binnenmarkt, sondern auch von den ASEAN-Staaten, dem größten Wachstumsmarkt der Welt, direkt vor ihrer Haustür. Und Afrika, der nächste große Wachstumsmarkt, ist ebenfalls schon heute fest in ihrer Hand. Auch hier hat Europa seine Chancen verpasst (siehe Kapitel 9).

Riskant ist diese Trägheit vor allem für Deutschland. 2016 löste China erstmals die USA als unseren wichtigsten Außenhandelspartner ab. 2017 steigerten Deutschland und China den Handel noch einmal um zehn Prozent auf ein Volumen von fast 187 Milliarden. Die USA rutschten in jenem Jahr sogar hinter die Niederlande auf Platz drei. Und Deutschland importiert mit einem Wert von 100 Milliarden Euro doppelt so viel aus China wie aus den USA.

Der Handelskrieg zwischen China und den USA kann für Europa und allen voran für Deutschland enormen Schaden bringen. Trump zeigt uns sozusagen aus Versehen unsere Limits: unsere Abhängigkeit und den Mangel an Alternativen an anderen Märkten. Wie immer dieser Machtkampf ausgeht, schon jetzt ist klar: Es ist ein Machtkampf, den Amerika nicht gewinnen kann, und einer, der auf unserem Rücken ausgetragen wird. Wir sollten also sehr wachsam sein, wenn die USA und China sich streiten.

Bundeskanzlerin Angela Merkel agiert in diesem Konflikt vorsichtig. Sie neigt nicht dazu, ein fulminantes Plädoyer für den Freihandel zu halten wie Xi in Davos. Erst recht nicht neigt sie dazu, populistisches Feuer anzuheizen mit Haudraufreden wie Donald Trump. Auch ihr Verhalten entspricht zum Teil ihrem Charakter, aber es wird eben auch nicht zu einem geringen Teil von den politischen Umständen geprägt. Merkel hat es in Deutschland mit Wählern zu tun, die einerseits vom Welthandel profitieren wollen, denen aber andererseits Globalisierung auch immer ein Stück suspekt bleibt. Innerhalb dieses Rahmens hat sie einen vorsichtigen Akzent gesetzt, der dennoch das Zeug für die Geschichtsbücher hat: »Die Zeiten, in denen wir uns auf andere völlig verlassen konnten, die sind ein Stück vorbei. Das habe ich in den letzten Tagen erlebt.« Das sagte sie Ende Mai 2017 nach dem enttäuschenden G7-Gipfel in Italien. Und: »Wir Europäer müssen unser Schicksal wirklich in die eigene Hand nehmen.« Diesen bemerkenswerten Satz sagte sie nicht etwa in einer Regierungserklärung im Bundestag, sondern – beiläufiger geht es nicht – in einem Bierzelt in München-Trudering. Er ist Ausdruck ihrer Irritation und Enttäuschung über die damals neue US-Regierung unter Trump.

Impliziert die Abkehr von den USA eine Hinwendung zu China? So einfach ist das nicht. Jedenfalls bietet der Streit zwischen China und den USA Spielräume, gerade auch in politischer Hinsicht. Er könnte dazu führen, dass nicht nur wirtschaftliche Bande enger geknüpft werden, sondern auch Themen Gehör finden, auf die man sonst in Peking eher zugeknöpft reagiert. Menschenrechtsfragen zum Beispiel oder Umweltschutz.

Wie groß die Spielräume sein könnten, zeigte sich im April 2018 beim Besuch von Außenminister Wang Yi in Berlin. Gleichzeitig mit Wangs Reise schaffte Peking ein Thema aus der Welt, das die Beziehungen zu Berlin zuletzt immer stärker belastet hatte. Ein neues Gesetz für Nichtregierungsorganisationen (NGO) in China hätte schon bald die Arbeit für zahlreiche deutsche Stiftungen unmöglich gemacht. Völlig unerwartet teilte das Pekinger Sicherheitsministerium mit, dass in einer Ausnahmeregelung für Deutschland neue Partner für die Stiftungen Konrad Adenauer, Heinrich Böll und Rosa Luxemburg gefunden seien und sie weitermachen könnten. Die Stiftungen Friedrich Ebert und Hanns Seidel dürften sogar weiter mit ihren alten Partnern kooperieren. Ein Schritt, der in Berlin mit Wohlwollen aufgenommen wurde, wenngleich man natürlich auch hier das Kleingedruckte genau lesen muss: Es steht noch im Raum, dass die Chefs der Stiftungen nach einem Punktesystem bewertet werden, aber auch darüber wird man reden können. Es ist die Zeit der neuen Spielräume, die intuitive Politiker wie der ehemalige Außenminister Sigmar Gabriel sofort erkennen. Er nutzte den Besuch seines chinesischen Amtskollegen, um eine Botschaft in die Welt zu setzen, die man sowohl in Peking als auch in Washington verstanden haben wird: »Wir sehen, dass ein Teil der Welt beginnt, sich zu verschließen, protektionistische Maßnahmen zu ergreifen, dann ist doch klar, dass wir nach neuen und intensiveren Partnerschaften suchen.«

Gut 70 Jahre transatlantisches Bündnis scheinen zu Ende zu gehen – allerdings ohne dass derzeit etwas anderes an seine Stelle träte, was sofort greifbar wäre. Etwa eine engere Partnerschaft mit China, von einer Allianz ganz zu schweigen. Aber womöglich haben solche festen Bündnisse in Zeiten der Globalisierung ausgedient, sind wechselnde Koalitionen angemessener.

Hinzu kommt: Wenn es darum geht, im Zuge des großen Kampfes zwischen den USA und China stärker auf die Asiaten zuzugehen, steckt Merkel in einem Dilemma: Sie muss dafür sorgen, dass die Deutschen möglichst viel nach China als aktuell größtem Handelspartner verkaufen können. Gleichzeitig muss sie verhindern, von China politisch und wirtschaftlich abhängig zu werden. Denn noch immer ist die Skepsis gegenüber den Chinesen groß. Da sind die Sorgen um die Menschenrechtslage, die aufgrund unserer eigenen Geschichte einen hohen Stellenwert haben. Und die chinesischen Übernahmen deutscher Konzerne, die nach wie vor für Unbehagen sorgen. Was für die Deutschen und den Welthandel im Allgemeinen gilt, gilt für die Deutschen und China im Besonderen: profitieren, ja; wirklich von Herzen akzeptieren, nein. Es hilft Merkel also wenig, sich im Machtkampf zwischen China und den USA klar auf eine Seite zu schlagen. In den Augen der Wähler hat sie ohnehin nur die Wahl zwischen Pest und Cholera. Niemals wird Merkel Xi Jinping oder Donald Trump so herzlich umarmen können, wie es bei Barack Obama noch selbstverständlich war.

KAPITEL 9

AFRIKA

ALTERNATIVLOSER AUFBRUCH

Wie wir den letzten großen Wachstumsmarkt verschlafen
und Peking sich einen Kontinent zum Partner macht.

>»Europa ist gerade dabei, Afrika als Jahrhundertchance zu verpassen.«
> Gerd Müller, Bundesentwicklungsminister

Wie stolz sie lachen, die beiden jungen Frauen. Die 23-jährige Concilla Owire und die 27-jährige Alice Mugure sind angehende Lokführerinnen. Heute steuern die beiden den ersten Zug auf der neuen Strecke von Nairobi nach Mombasa. In leuchtend blauer Uniform mit roter Krawatte sitzen sie in ihrer Fahrerkabine. Hinter ihnen steht ein Chinese, er trägt ebenfalls eine rote Krawatte, aber nur eine Weste, kein Jackett, und den obersten Hemdknopf hat er geöffnet. Er gibt sich nicht wie ein Kolonialherr, fast ein wenig verlegen wirkt der Vertreter derjenigen, die die Zugstrecke gebaut und finanziert haben und die während der nächsten fünf Jahre dabei helfen werden, dass die Kenianer sie eines Tages selbst betreiben können. Er ist Dienstleister, Geschäftspartner, kein Statthalter der neuen »Eroberer« aus dem Reich der Mitte, wie man im Westen gerne glaubt, wenn es um Chinas Aktivitäten in Afrika geht.

Die Strecke, die der Zug abfährt, ist nicht die erste Eisenbahnlinie, die die Chinesen in Afrika gebaut haben. Der Bau der ersten liegt bereits über 40 Jahre zurück: es war die Tansania-Sambia-Strecke. Das wissen noch viele Menschen in Afrika. Während wir im Westen ja gerne glauben, die Chinesen engagierten sich erst seit ein paar Jahren. Es ist auch nicht die längste Strecke, die Afrika von China bauen lässt. Die erstreckt sich über 750 Kilometer und verläuft zwischen Addis Abeba, der Hauptstadt von Äthiopien, und dem Hafen von Dschibuti, der Hauptstadt der gleichnamigen Republik am Horn von Afrika. Sie wurde bereits im vergangenen Jahr eröffnet und ist die erste elektrifizierte Eisenbahnstrecke Afrikas. Weitere noch gewaltigere Projekte sind in Planung. Für 13 Milliarden US-Dollar soll die 1400 Kilometer lange Eisenbahn-linie zwischen Lagos und Calabar entlang der Küste Nigerias gebaut werden. Und dann wurde im Mai 2018 noch das 6,68-Milliar-den-US-Dollar-Projekt an die Chinesen vergeben: eine Eisenbahn-linie zwischen Lagos im Süden und Kano im Norden Nigerias. All diese Bahnstrecken sind teuer und erschließen Regionen, die bis-her nicht per Bahn erreichbar waren. Dennoch ist die Bahnlinie Nairobi–Mombasa, die die angehenden Lokführerinnen Owire und Mugure nun regelmäßig abfahren, *das* Symbol für den Afrika-boom, den von China angeschobenen Fortschritt auf einem Kon-tinent, der im Westen lange als hoffnungslos galt. Ein Symbol, auf das Chinesen und Kenianer gleichermaßen stolz sind. Ein Symbol dafür, dass die Kolonialzeit in Kenia endgültig zu Ende gegangen ist – ein gutes halbes Jahrhundert nach der Unabhängigkeit des Landes 1963. Ja, mehr noch: Sie ist das Symbol dafür, dass Afrika nunmehr auf eigenen Füßen steht. Und wahrscheinlich wird sie auch dafür stehen, dass wir Europäer den Anschluss in Afrika ver-lieren.

Es geht um die neue Strecke des einst kolonialen »Madaraka Express«, der spätestens durch Sydney Pollacks Hollywood-Film *Jenseits von Afrika* mit Robert Redford, Meryl Streep und Klaus Maria Brandauer Mitte der 1980er-Jahre weltberühmt wurde. Ein Zug, der so heruntergekommen war, dass er im Volksmund »Lunatic Express« genannt wurde. 472 Kilometer lang ist die Strecke zwi-schen Nairobi und Mombasa. Ende Mai 2017 wurde sie eröffnet – 18 Monate früher als geplant. Dieser Zug steht aber auch dafür, dass sich Afrika nun erstmals aus freien Stücken in die Globalisierung einklinkt. Dafür, dass afrikanische Politiker zum ersten Mal in der Geschichte des Kontinents die Wahl haben, zu entscheiden, was sie aus ihren Ländern machen und, vor allem, mit wem sie zusammenarbeiten wollen. Entstehen durch die Kooperationen neue Abhängigkeiten? Gegenfrage: Wenn Sie sich in massive Abhängigkeit zu Ihrer Bank begeben, um sich endlich ein Haus leisten zu können, vergrößert das am Ende den Wohlstand Ihrer Familie? In der Regel ja. Nur in Ausnahmefällen führt es in den Bankrott. Und profitiert die Bank davon? Ja, klar, sonst würde sie das Geschäft nicht machen.

Genauso geht es den afrikanischen Ländern, den Nachbarn Chinas. Bisher ungeahnte Chancen, noch unabhängiger, noch stärker zu werden. Deswegen ist das Label »Neokolonialismus«, das mancher Kritiker des chinesischen Engagements diesem und vielen anderen Projekten anheftet, unpassend. Kolonialismus bedeutet ja, dass der Kolonialisierte keine Wahl hat. Tatsächlich war der Handlungsspielraum der afrikanischen Regierungen nie größer. Und noch nie war das, was sie tun oder nicht tun, wichtiger für die Welt, für Europa, für Deutschland. Mehr als 1,2 Milliarden Menschen leben in Afrika. Die Bevölkerung ist extrem jung. Das ist eine Riesenchance: Sie können arbeiten, haben große Talente. Aber bis diese sich entfalten können, bis genug Jobs geschaffen sind, braucht es erst einmal Strom, Internet, Straßen und Eisenbahnlinien. Wie diese wichtige Infrastruktur geschaffen werden kann, lernen die Afrikaner nicht etwa von Europa, sondern von China. Aus Europa kommt höchstens Kritik, wenn zu viele Afrikaner den Weg über das Mittelmeer nehmen, um an unserem Wohlstand zu partizipieren, wie viele meinen. Dass gleichzeitig Kritik kommt, wenn China in Afrika dabei hilft, ein Stück Wohlstand zu generieren, macht viele afrikanische Politiker sprachlos.

Zusammen machen Chinesen und Afrikaner ein Drittel der Menschheit aus. Der Weg, den sie gemeinsam einschlagen, hat Gewicht. 2050 werden in Afrika doppelt so viele Menschen leben wie heute, schätzt die Weltbank. Es werden noch einmal so viele

Menschen hinzukommen, wie China heute Einwohner hat. Das ist in diesem Zeitraum mehr als die Hälfte des Bevölkerungswachstums der Welt. In Nigeria etwa werden dann mehr Menschen leben als in den USA.

Das ist eine enorme Herausforderung, die Auswirkungen haben wird auf die Statik der Länder der Welt. Deshalb ist es entscheidend für Europa, endlich zu verstehen, wie wichtig dieser letzte nicht entwickelte Kontinent für unsere Zukunft ist. Aber es wirkt, als habe Europa noch kaum einen Schimmer. Dabei wäre es für uns eine Chance, dafür zu sorgen, dass sich der Lebensstandard der Afrikaner verbessert. Denn der Wohlstand Afrikas bedeutet auch Aufträge für unsere Wirtschaft und damit Wohlstand für uns selbst, wenn uns Afrika ansonsten schon egal ist. Peking hat das verstanden, Berlin und Brüssel noch nicht. Washington erst recht nicht. »Peking investiert, obwohl sie keine Sorge haben müssen, dass Hunderttausende Flüchtlinge bei ihnen vor der Tür stehen«, sagt der ehemalige Außenminister Sigmar Gabriel selbstkritisch.

Kein Land investiert mehr in die afrikanische Infrastruktur als China: 80 Sportstadien, mehr als 200 Schulen, 20 Parlamentsgebäude, rund 6500 Kilometer Eisenbahnschienen, 6000 Kilometer Straßen, 70 Kraftwerke sowie Dutzende Flughäfen und Seehäfen haben die Chinesen bisher in Afrika gebaut. »Afrika hat von China zumeist profitiert«, schreibt inzwischen selbst die lange skeptische Londoner *Financial Times*.

Für Kenia ist die neue Zugstrecke zwischen Nairobi und Mombasa eine Sensation – der Sprung in die Gegenwart. Denn es ist die erste neue Eisenbahnlinie seit 116 Jahren; damals hatten die britischen Kolonialherren eine seinerzeit sehr moderne Schmalspurbahn fertiggestellt. Übrigens auch nicht uneigennützig. Sie wollten damals ihre machtpolitischen Interessen im Nachbarland Uganda vor den Deutschen schützen. Heute ist die neue Bahn das erste Teilstück eines Netzwerks, das in Zukunft Kenia mit sechs weiteren ostafrikanischen Ländern verbinden soll. Kenia spielt dabei eine zentrale Rolle. Das Land ist einer der afrikanischen Knotenpunkte der Neuen Seidenstraße, die China im Rahmen der Initiative »One Belt, One Road« nach Europa und Afrika baut – das größte Infrastrukturprojekt der Menschheitsgeschichte. Wie das Netzwerk aussehen soll, sieht man auf der folgenden Karte:

Der neue Bahnhof von Mombasa wurde von lokalen Architekten entworfen. Mit seinen abgerundeten Glasfronten und dem hohen Turm in der Mitte erinnert er ein wenig an das Terminal eines Flughafens. An einer der großen Säulen finde ich die kleine Büste des Seefahrers Zheng He. Er war der erste Chinese in Afrika. Gleich viermal kam er Anfang des 15. Jahrhunderts nach Mombasa. Nicht als Eroberer, sondern als Freund und Partner. Niemand wurde durch ihn und seine Mitreisenden niedergemetzelt. Kein Land wurde den Einheimischen weggenommen, obwohl die Chinesen dazu in der Lage gewesen wären. He tauschte stattdessen mit den Suaheli Gold, Silber und Porzellan gegen Zebras, Kamele, Strauße und Elfenbein. Sogar eine Giraffe brachte er zurück nach China. Sie wurde am Kaiserhof als Glückstier verehrt.

Die ersten Europäer, es waren Portugiesen, die 80 Jahre später an der Küste landeten, kamen nicht als Freunde. Das Fort Jesus in Mombasa, 1596 fertiggestellt, erzählt noch heute davon. Ein massiver Fremdkörper am Strand, der mit seinen schweren Kanonen noch immer furchterregend ist. Wie muss das Fort in ihrer Nachbarschaft erst auf die Afrikaner von damals gewirkt haben, die nur Lehmhütten kannten?

Jahrhundertelang stritten sich die jeweiligen Kolonialmächte um die Herrschaft über das Fort – über die Köpfe der Afrikaner hinweg. Denn auch die Araber kamen später nicht friedlich nach Afrika, die Deutschen Ende des 19. Jahrhunderts ebenfalls nicht und schon gar nicht die Briten, deren Weltherrschaft auf den Kolonien in Afrika basierte. Wer sich gegen sie auflehnte, bezahlte dies oft mit seinem Leben. Und wer für sie arbeiten musste, tat dies unter unmenschlichen Bedingungen. Beim Bau der ersten Zugstrecke starben 4 000 Zwangsarbeiter, meist Inder. Das scherte damals niemanden. Für die neue Strecke der Chinesen ließen nur ein paar Elefanten ihr Leben, die die Kraft und die Geschwindigkeit der neuen Lokomotiven unterschätzt haben.

Dass die Chinesen in Afrika zivilisierter vorgehen als ihre kolonialen Vorgänger, bedeutet natürlich nicht, dass sie keine handfesten

Interessen haben und zuweilen über die Stränge schlagen. Sie interessieren sich für die afrikanischen Bodenschätze, für Seltene Erden ebenso wie für Kupfer und andere Erze. Sie wollen so viele Tonnen wie möglich für einen möglichst niedrigen Preis nach China importieren, um den Aufschwung des eigenen Landes weiter zu befeuern. Rohstoffe übrigens, die uns eines Tages fehlen könnten. Sie wollen natürlich auch den afrikanischen Markt für ihre Produkte erschließen. Konsumenten, die für uns verloren sind. Und nicht zuletzt suchen sie politische Alliierte im globalen Machtkampf. Alliierte, die uns bald fehlen, wenn es darum geht, unsere Werte und Vorstellungen in die Spielregeln der Weltgemeinschaft zu integrieren. Dann nämlich, wenn es darum geht, dass die Mehrheit der Bevölkerung das Sagen hat.

Im französischen und deutschen Wahlkampf 2017 spielten hektische Afrikareisen zwar eine Rolle. Das Signal an die Wähler war klar: Wir sorgen dafür, dass die Afrikaner zu Hause bleiben. Einen großen Plan gibt es aber bis heute nicht. Minister Gerd Müller (CSU) drängt im Sommer 2018 just auf einen solchen Plan, doch in Bayern wird im Herbst gewählt. Außerdem: Wenn man hört, dass sich Müller dafür ausspricht, Flüchtlinge in Transitzentren nahe ihren Herkunftsländern stärker über die Gefahren einer Flucht Richtung Nordeuropa zu informieren »und vor Illusionen über Europa warnen« will, dann weiß man schon, wo die Reise hingeht. Ein nachhaltiger Plan sieht anders aus.

Immerhin sagt Müller als einer der wenigen klar und deutlich: »Europa ist gerade dabei, Afrika als Jahrhundertchance zu verpassen.« Und: Die Migration aus Afrika sei »eine Schicksalsfrage für Europa«. Die EU und deren Mitgliedsstaaten pumpten jedes Jahr Milliarden an Entwicklungshilfe nach Afrika. »Das sind im Grunde alles verlorene Zuschüsse. China hingegen vergibt Kredite. Ich glaube, wir als EU sind in Afrika zu wenig engagiert und vor allem nicht effizient.« Da liegt er richtig. Und Günter Nooke (CDU), der Afrikabeauftragte der Bundesregierung, ergänzt: »Für mich wäre schon viel erreicht, wenn wir uns innerhalb der Bundesregierung besser koordinierten.«

Die EU hat immer noch keinen Afrikakommissar. Von 2021 bis 2027 sind 39 Milliarden Euro für den Kontinent vorgesehen – ein Zehntel dessen, was für die EU-Agrarpolitik aufgewendet wird. Es ist ein Rätsel: Die Menschen in Europa sind beunruhigt wegen der Flüchtlinge, und dennoch passiert kaum etwas. Stattdessen gefällt sich die EU darin, den Moralapostel zu spielen. Antonio Tajani, Nachfolger von Martin Schulz als Präsident des Europäischen Parlaments, warnt vor der Gefahr, dass »Afrika eine chinesische Kolonie« wird. Die Chinesen seien nur an Bodenschätzen interessiert, »jedoch nicht an Stabilität«. Das ist natürlich Unsinn und ein Statement, das in Afrika und China ebenso borniert klingt wie hier. Jeder, der Milliarden in einen fremden Kontinent investiert, ist an Stabilität interessiert. Und es ist das wichtigste Merkmal einer Kolonie, dass die Kolonisierten keine Wahl haben. Um es noch einmal zu betonen, weil das Gerede über Neokolonialismus nicht abebbt: Noch nie in der Geschichte hatten afrikanische Regierungen größeren Spielraum, sich weltweit auszusuchen, mit wem sie zusammenarbeiten. Noch nie waren sie und die Menschen in ihren Ländern freier und noch nie optimistischer, was die Zukunft angeht. Wir würden Afrikas Spielraum am besten vergrößern, wenn auch wir die Zusammenarbeit suchen würden. Dann hätten die afrikanischen Länder die Möglichkeit, sich zwischen unterschiedlichen Anbietern zu entscheiden, und müssten nicht automatisch auf die Chinesen zurückgreifen. Bis heute gibt es kein angemessenes europäisches Investitionsprogramm, das es den Afrikanern leichter machen würde, mit Europa statt mit China zusammenzuarbeiten. Inzwischen wachen sogar die Inder auf: »Afrika wird unsere Toppriorität sein«, verkündete der indische Premierminister Narendra Modi im Juli 2018 in Ugandas Hauptstadt Kampala. »Wir werden unsere Märkte für Afrika offen halten. Wir werden unsere Industrien darin unterstützen, in Afrika zu investieren.« Modi versprach unter anderem,

18 neue Botschaften auf dem Kontinent zu eröffnen. Das ist gut für die Afrikaner. Denn es verringert ihre Abhängigkeit von China. Das ist nicht gut für uns, denn wir verlieren weiter an Einfluss.

Die Vorstellung, dass wir ohne wirtschaftliches Engagement in Afrika die Lufthoheit über Werte behalten werden, die uns lieb und teuer sind, ist naiv. Dass wir gewissermaßen automatisch wirtschaftlich am Aufstieg Afrikas teilhaben, auch. Schon jetzt zeichnet sich ab, dass die nächste Generation in Europa die großen politischen Fragen der Welt nicht mehr ohne Afrika lösen können wird. Peking hingegen hält den Kontinent für wichtiger denn je. In den vergangenen zehn Jahren sind der chinesische Präsident, der Premier und der Außenminister insgesamt 79-mal nach Afrika gereist, in 43 Länder. »Nirgends gibt es mehr Entwicklungspotenzial als in Afrika«, sagte Präsident Xi Jinping auf seiner jüngsten Reise im Juli 2018, wo er mit Senegal das erste westafrikanische Land in die Seidenstraßen-Initiative integrierte und versprach, weitere 15 Milliarden US-Dollar auf dem Kontinent zu investieren. Auf der nächsten Station Ruanda schwärmte Präsident Paul Kagame im Beisein Xis, dass China Afrika »als ebenbürtig« behandele, eine »revolutionäre Haltung«, die »wertvoller als Geld« sei. Ganz offensichtlich hat er mit anderen Ländern andere Erfahrungen gemacht.

Die Chinesen haben vor, lange in Afrika zu bleiben. Wir sind noch gar nicht da. Peking ist davon überzeugt, dass sich die Investitionen wirtschaftlich und politisch lohnen werden. Das sieht inzwischen selbst die New Yorker Unternehmens- und Strategieberatung McKinsey so: »Insgesamt betrachtet sind wir überzeugt, dass Chinas wachsendes Engagement in Afrika sehr positiv für Afrikas Volkswirtschaften, Regierungen und die Arbeitskräfte ist«, fassen sie eine Studie zusammen. Und Jeffrey Sachs, Direktor des Earth Institute an der New Yorker Columbia University, stellt fest: Das Engagement der Chinesen ist das »wichtigste positive Ereignis für Afrika unserer Generation«.

Noch einmal: Natürlich sind die Chinesen keine Samariter. Natürlich gibt es sie, die brutalen Investoren, die sich tief unter die Haut Afrikas graben, um ihm seine Bodenschätze zu entreißen. Die Investoren, die sich nicht um Arbeitsrecht und Umweltschutz scheren. Und natürlich gibt es die Farmlandaufkäufer, die Händler, die billige Made-in-China-Produkte für teures Geld an Afrikaner verscherbeln und sich dann aus dem Staub machen. Sie sind jedoch alle eher die Ausnahme.

Vielleicht haben die Afrikaner deshalb ihre Skepsis vergleichsweise schnell abgelegt. Mancher wundert sich über die Chinesen, die lieber in ihren Lagern, Quartieren und Chinatowns bleiben. Und »Made in China« genießt noch immer keinen guten Ruf, da die Händler die Märkte nach wie vor hauptsächlich mit billigen Produkten fluten. Aber unter dem Strich sind die meisten Afrikaner positiv gegenüber den Chinesen eingestellt. Und auf die Straßen, Eisenbahnnetze und Kraftwerke, die mit Pekings Hilfe gebaut wurden, sind sie stolz. Zu diesem unbeschreiblichen Gefühl des Aufbruchs haben wir Europäer nichts beigetragen.

In Kenia dauert die Reise von Nairobi nach Mombasa nun nicht mehr zehn bis zwölf Stunden, sondern nur noch viereinhalb. Sieben neue Bahnhöfe entstanden. Zehntausende Menschen, an denen der alte Zug bisher vorbeifuhr, können nun mühelos in die kenianischen Metropolen Mombasa und Nairobi reisen. Das alles ist möglich geworden, weil die Chinesen ein Risiko eingegangen sind, das Amerikaner, Deutsche, Engländer oder Franzosen jahrzehntelang scheuten. 20 Prozent eines jährlichen Haushaltes hat die Strecke gekostet. 90 Prozent des Geldes musste sich Kenia von den Chinesen leihen. Die Frage lautet: Kann sich das rechnen? Präsident Uhuru Kenyatta ist vermutlich ein wenig zu optimistisch, wenn er sagt, dass er den Kredit in vier Jahren zurückzahlen will. Doch selbst wenn es acht oder zehn Jahre dauern würde, wäre es immer noch ein Erfolg. Vielleicht ist es auch zu optimistisch, zu glauben, dass allein diese Strecke das BIP um 1,5 Prozent wachsen lässt, wie der Präsident hofft. Aber dem wirtschaftlichen

Aufschwung hilft sie in jedem Fall. So musste schon nach vier Wochen die Frequenz der Züge von zwei auf sechs pro Tag erhöht werden. Und seit Anfang 2018 rollen auch die ersten Güterzüge auf der Strecke. Derzeit wird die Bahnlinie an zehn Liegeplätze im Hafen von Mombasa angeschlossen, damit in Zukunft sperrige und schwere Waren direkt von Schiffen auf Güterzüge verladen werden können.

Was Bahnlinien für den Aufschwung eines Landes bedeuten, haben wir in Deutschland nach dem Dezember 1835 erlebt. Damals ging der erste deutsche Zug, die Ludwigseisenbahn von Nürnberg nach Fürth, an den Start – noch mit einer von den Briten in Newcastle gebauten Lok, der »Adler«, die von britischen Lokführern gesteuert wurde. Bald darauf spielte Deutschland wirtschaftlich vorne mit. Mindestens genauso spektakulär war es, als die Briten 20 Jahre später in Ägypten die erste Eisenbahnlinie Afrikas bauten und dann 1901 die kenianische Eisenbahn bis zum Viktoriasee. Doch nach der Unabhängigkeit Kenias 1963 verlor der Westen das Interesse an Afrika, und die Afrikaner waren noch nicht in der Lage, die Strecke aus eigener Kraft zu modernisieren. Es sollte gut 50 Jahre dauern, bis die Chinesen es für sinnvoll hielten, in diese Eisenbahnlinie zu investieren.

Warum die ehemaligen britischen Kolonialherren diese Chance haben verstreichen lassen, ist eine gute Frage. Kein Geld? Oder hatten sie womöglich kein politisches Interesse an einer wirklichen Unabhängigkeit Kenias? Es gibt natürlich immer mehrere Gründe: Einer ist womöglich der heimliche, aber doch tief sitzende Wunsch, dass diese Länder an ihrer quasi erzwungenen Freiheit scheitern mögen. Noch im Jahr 2000 titelte der *Economist* zu Afrika: »Der hoffnungslose Kontinent«. Eine ebenso hämische wie kurzsichtige Einschätzung, wie sich inzwischen herausgestellt hat. Hinzu kam, dass andere Investitionsprojekte lukrativer erschienen und man in Europa überzeugt war, die Welt drehe sich auch ohne Afrika: Deckel drauf und einfach ignorieren.

Den Chinesen ist auch viel schneller als den Europäern klar

geworden, wie wertvoll afrikanische Rohstoffe sind und welches Potenzial Afrika als Absatzmarkt hat. 15 Jahre chinesisches Engagement haben in Afrika inzwischen wesentlich mehr positive Spuren hinterlassen als ein halbes Jahrhundert meist redliche, manchmal gedankenlose, zuweilen aber auch zynische Entwicklungshilfe aus dem Westen. Dabei ist es nicht so, dass die Europäer das Problem nicht erkannt hätten. Im Frühjahr 2018 betonte Bundeskanzlerin Merkel einmal mehr die Verantwortung Deutschlands und Europas für Afrika. Es gehe ihr nicht nur darum, künftige Flüchtlingsbewegungen zu verhindern. Die Europäer hätten auch eine moralische Verantwortung, »weil wir mit dem Kolonialismus über Jahrzehnte und Jahrhunderte dort viel Schaden angerichtet haben«. Man habe in Afrika erreicht, dass ganze Generationen keine Verantwortung für ihre Länder übernehmen konnten. »Nach Jahrhunderten der Fremdbestimmung sollen nun wie auf einen Knopfdruck plötzlich alle Unternehmer werden und super regieren und alles ganz toll machen«, sagte Merkel. »Da sind langfristige Schäden entstanden.« Ähnlich hatte sich Merkel auch schon in ihrer Rede in Davos im Januar 2018 geäußert. Sich zur historischen Verantwortung Deutschlands zu bekennen, ehrt Merkel. Dennoch ist das in diesen Zeiten womöglich der falsche Text für die Deutschen. Niemand handelt gerne aus Schuldgefühlen. Vielleicht wäre es besser, so wie die Chinesen zu argumentieren: Es sind Investitionen. Sie helfen den Afrikanern und nützen unserer Wirtschaft gleichermaßen. Und bei Europa kommt noch ein ganz wichtiger Faktor hinzu: Eine solche Politik kann verhindern helfen, dass immer mehr Afrikaner nach Europa aufbrechen. Doch bisher hat Europa sich dazu nicht aufraffen können.

Die Chinesen schon: Es sind vor allem *ihre* Infrastrukturprojekte, aber auch die der Japaner, Inder und Südkoreaner, die den Afrikaboom entfacht haben. Die einstige Nord-Süd-Hilfe wurde abgelöst von einer Süd-Süd-Geschäftspartnerschaft, die den afrikanischen Kontinent in unglaubliche Wachstumshöhen katapultiert hat. Das BIP Afrikas ist 2017 um 3,6 Prozent gewachsen,

2018 werden es sogar 4,1 Prozent sein, schätzt die African Development Bank (AfDB). Damit erholt sich Afrika von der Ressourcenpreiskrise 2015 und 2016 »schneller als erwartet«, so die Analysten der AfDB.

Natürlich ist es nicht einfach, in Afrika zu investieren. Die Verwaltung ist lückenhaft, die Eliten sind noch immer korrupt, auch wenn es langsam besser wird. Subsahara-Afrika ist nach wie vor Schlusslicht in der Rangliste der Kontinente bei Transparency International. Die Infrastruktur wird stetig besser, ist aber noch längst nicht so, wie sie sein sollte, damit jeder deutsche Mittelständler sich wohlfühlte. Eine durchgehende Straße von Johannesburg nach Kairo, jedenfalls eine, die diese Bezeichnung verdient, gibt es nicht. Noch nicht. Hungersnöte sind zwar deutlich zurückgegangen, aber immer noch ein großes Problem. Gleiches gilt für die Kindersterblichkeit und die Bekämpfung von Krankheiten. Kriege oder lokale Aufstände können jederzeit die zarten Blüten des wirtschaftlichen Aufschwungs zerstören. Und Afrika ist noch längst nicht zufriedenstellend in die Weltwirtschaft integriert. Es steuert nur gut drei Prozent zum Welthandel bei, und weil Afrika noch stark von den Bodenschätzen abhängt, ist der Boom anfällig für die Wechselfälle des Weltmarktes.

Tatsächlich haben die zwischenzeitlich gefallenen Preise auf dem Rohstoffmarkt dazu geführt, dass einige afrikanische Länder sogar in eine Rezession gerutscht sind. Dazu gehören Ägypten, die größte Wirtschaftsmacht nördlich der Sahara, und Nigeria, das Pendant südlich der Sahara. Auch Südafrika, das immer noch eine Führungsrolle auf dem Kontinent beansprucht, erlebte Mitte 2017 eine Rezession – die zweite in acht Jahren. Die wirtschaftliche Lage war über Monate hinweg so schwierig, dass Präsident Jacob Zuma im Februar 2018 gezwungen war zurückzutreten. Zuletzt hatte nicht einmal mehr Peking Geduld gehabt mit dem sturen alten Mann, der einst einer der großen Freiheitskämpfer Afrikas war, sich aber als Präsident immer mehr in seinen politischen

Seilschaften verstrickte. Angola steckt ebenfalls in Schwierigkeiten. Trotz Wirtschaftsbooms hat es die Regierung nicht geschafft, die Armut in den Griff zu kriegen. Das Land ist nun so etwas wie der »gefallene Star«.

Während wir im Westen dazu neigen, vor allem solche Krisen zu registrieren, Probleme und Risiken zu sehen, lautet das Credo in Peking: Afrika mag Schwierigkeiten haben, dennoch ist der Kontinent weiter auf Kurs. Die große Überraschung: Vor allem Länder, die nicht so sehr von Rohstoffexporten abhängen, wachsen nunmehr stabil. Zum Beispiel Äthiopien (laut Weltbank plus 8,3 Prozent im Jahr 2017), das uns später noch intensiver beschäftigen wird, oder Tansania (7,2 Prozent), die Elfenbeinküste (6,8 Prozent) und Senegal (6,7 Prozent). Und nun, da die Preise für Bodenschätze wieder angezogen haben, kommen auch die Krisenländer erneut in den Tritt.

Chinesische Firmen machen vor, wie man damit umgeht: Transsion Holdings aus dem südchinesischen Shenzhen hat mit preiswerten Smartphones in nur zehn Jahren einen Marktanteil von knapp 30 Prozent in Subsahara-Afrika erreicht, gefolgt vom ebenfalls aus China stammenden Unternehmen Huawei, das hochwertige Smartphones anbietet. Wie gut oder schlecht es Afrika auch immer geht, einer der beiden verdient in jedem Fall mit.

Transsions Erfolgsgeheimnis: Die Kameras ihrer Handys nehmen schwarze Gesichter vorteilhafter auf. Die Modelle Tecno und Itel haben zudem Platz für zwei SIM-Karten. Damit haben die Kunden die Möglichkeit, die Mobilfunkgesellschaft zu wählen, die ihnen gerade den besten und günstigsten Empfang bietet. Das ist wichtig in Afrika, wo nicht alle Provider überall gleich stark und die Kunden preisbewusst sind. Außerdem hat das Unternehmen in 30 afrikanischen Staaten ein eigenes Händlernetzwerk aufgebaut und dort eine Marketingkampagne gestartet, die Afrika in ihrer Opulenz noch nicht gesehen hat. In China ist die Marke erstaunlicherweise nahezu unbekannt, sie soll jedoch noch 2018 an der Börse in Shenzhen gelistet werden. Nach dem Erfolg in Afrika erobert Transsion nun auch den indischen Markt.

Afrika hat inzwischen einen erstaunlichen Anteil von zwölf Prozent am weltweiten Mobiltelefonmarkt – ein Anstieg um 70 Prozent in den vergangenen fünf Jahren. Allerorten wird an der Netzstabilität gearbeitet, parallel dazu das Glasfasernetz für ein schnelleres Internet ausgebaut. China Telecom Global kooperiert seit Ende 2016 mit dem Djibouti Data Center, um das Netzwerk in Ostafrika auszuweiten. Wo ist die Deutsche Telekom?

Inzwischen ist in Kenia die durchschnittliche mobile Internet- und Downloadgeschwindigkeit höher als die der USA. Aufgebaut haben das Netz die Chinesen, auch wenn es natürlich noch viel Luft nach oben gibt. Auf dem Kontinent leben 17 Prozent der Weltbevölkerung, aber nur 6,2 Prozent der Internetnutzer. Was sich für ein wirtschaftliches Potenzial entfaltet, wenn sich die Nutzerzahl auf nur zehn Prozent erhöht, kann man sich vorstellen. Es gäbe also noch Möglichkeiten für uns zu investieren. Doch niemand läuft sich warm.

Im Sommer 2017 wurde ein chinesisch-afrikanisches Gemeinschaftsprojekt initiiert, das den Aufbau eines flächendeckenden Breitbandkabelnetzes garantieren soll, an das dann über hundert große Städte angeschlossen werden. Auch hier muss man sich fragen, wo Europa abgeblieben ist. Deutschland ist bei diesem Thema offenbar nur mit sich selbst beschäftigt. Dass die Breitbandversorgung in Teilen Afrikas besser sein wird als an den Rändern der großen Städte Deutschlands, ist keine absurde Vorstellung mehr.

In Europa sollte Schweden unser Vorbild sein: Die hohe Breitbanddichte hat eine große Zahl an Start-ups möglich gemacht. Digitale Geschäftsmodelle können dort viel leichter umgesetzt werden. Genau darin liegt auch eine enorme Chance für Afrika, die der Wirtschaft einen weiteren großen Schub geben würde. Begriffen haben das einmal mehr die Chinesen. Während wir Europäer bei Afrika noch ans Brunnenbohren denken, investieren die Asiaten in Südafrika, Kenia und Nigeria längst in Tech-Start-ups.

Rund 160 solcher dynamischen Jungunternehmen wurden 2017 in Afrika gegründet und konnten bereits knapp 414 Millionen US-Dollar einsammeln. 2018 sollen es schon über 600 Millionen sein. Das ist im internationalen Vergleich noch wenig, aber für Afrika eine Art kreative Explosion.

Und wer weiß hierzulande schon, dass das südafrikanische Unternehmen Naspers 31 Prozent am chinesischen Techgiganten Tencent hält, der inzwischen mehr wert ist als Facebook? Auch weitgehend unbekannt ist, dass diese Beteiligung 114 Milliarden US-Dollar schwer ist. Eine Ausnahme, sicher. Aber bald wohl nur einer von vielen Meilensteinen auf Afrikas Weg in die Zukunft.

»Es kann kein deutlicheres Zeichen für die Qualität der Innovation von afrikanischen Start-ups geben. Wir sind sehr stolz darauf«, sagt Gabriella Mulligan, eine weiße Afrikanerin und Mitbegründerin von Disrupt Africa, dem führenden Start-up-Portal des Kontinents. Viele Neugründungen entstehen in den Bereichen FinTech, dem attraktivsten Finanzsektor, und Agritech. Auf einem Kontinent, der immer wieder mit Versorgungsengpässen zu kämpfen hat, ist gerade der Agritech-Bereich wichtig. Und wen mag es wundern, dass auch hier die Chinesen eine zentrale Rolle spielen?

Wie sehr Peking auf die Zukunft blickt, sieht man auch daran, dass China seit 2017 der wichtigste Anlaufpunkt für Englisch sprechende afrikanische Studenten ist, noch vor den USA. Über 100 000 studieren inzwischen in China. 2003 waren es gerade einmal 2 000. Peking lockt die Studenten mit attraktiven Stipendien. Allerdings wird das Visum nach dem Studium nicht verlängert. Die Nachwuchskräfte sollen in ihre Länder zurückkehren und helfen, Afrika aufzubauen. Zwar gehen Studenten aus französischsprachigen Ländern noch eher nach Frankreich als nach China. Doch was bedeutet das für uns, wenn die neuen Eliten einen Bogen um unsere Universitäten machen? Sie werden später mit China Geschäfte machen. Sie werden sich daran gewöhnt haben, dass

Europa und die USA die Vergangenheit symbolisieren und China die Zukunft. Unsere Firmen gehen dann leer aus, ausgerechnet auf einem Kontinent, der in der gleichen Zeitzone wie Europa liegt und mit dem Europa auch sprachlich eng verbunden ist.

Und das Vertrauen zwischen Chinesen und Afrikanern wächst weiter: Der kurze wirtschaftliche Einbruch aufgrund der Preiskrise auf dem Rohstoffmarkt hat den Afrikanern deutlich gemacht, dass sich einige der hartnäckigsten Klischees über Chinas Engagement auf dem Kontinent als falsch erwiesen haben. Der Verdacht zum Beispiel, dass China nur in guten Zeiten für Afrika da ist und kalte Füße bekommt, sobald es schwierig wird. Tatsächlich erhöhte China in den beiden Krisenjahren sein Afrika-Engagement um mindestens ein Drittel. Allein im Herbst 2015, gerade als alle Welt zudem über den Einbruch Chinas spekulierte, sagte der chinesische Präsident Xi Jinping 60 Milliarden US-Dollar an neuen Krediten zu. Innenpolitisch war das für Xi gar nicht so einfach zu vermitteln. Wäre es nicht besser, das Geld im eigenen Land zu investieren? Trotz kritischer Stimmen hat sich Xi durchgesetzt.

Dass das Afrika-Engagement von Xi kein Selbstläufer ist, zeigte sich 2018 bei der Neujahrsgala des staatlichen Fernsehsenders CCTV. Ein seltsames Gefühl der, nennen wir es mal vorsichtig, »natürlichen Überlegenheit« wurde dort für Millionen sichtbar. Das seit 1983 ausgestrahlte TV-Event, mit 700 Millionen Zuschauern die meistgesehene Fernsehsendung der Welt, ist ein Spiegel der chinesischen Gesellschaft, heißt es. Ein Zerrspiegel, trifft es wohl eher. Irgendwo zwischen der Lauschigkeit, die einst von der ZDF-Show *Wetten, dass …?* ausging, und dem Pomp des chinesischen Nationalzirkus, werden hier vier Stunden lang in großem Stil Gesangs-, Tanz-, Akrobatik- und Comedyeinlagen abgefeuert. Für alle soll etwas dabei sein.

Doch nicht nur Popstars, Pekingopernsänger und einfache Helden aus dem Volk werden in dichter Folge aufgefahren. Auch politisches Eigenlob gehört traditionell mit zum Programm. 2018 durfte Chinas wirtschaftliches Engagement in Afrika nicht unerwähnt bleiben. Eine zehnminütige Showeinlage widmete sich der vorbildlichen Zusammenarbeit mit Kenia beim Bau der Eisenbahn. Zu den Klängen von Shakiras Afrika-WM-Hymne *Waka Waka* hüpften trommelnde Buschmänner über die Bühne, aus Afrika eingeflogene Tänzer hatte man in Gazellen- und Zebrakostüme gesteckt, einem als Affen verkleideten schwarzen Darsteller sogar eine Hauptrolle übertragen. Dem Ganzen die Krone setzte allerdings der Auftritt der schwarz angemalten chinesischen Schauspielerin Lou Naiming auf, die mit ausgepolstertem Gesäß und Obstkorb auf dem Kopf als »Mama Afrika« in Dankbarkeit preisen durfte, »wie viel China bereits für Afrika getan« hat: »Ich liebe China! Ich liebe die Chinesen!«

Der Shitstorm ließ nicht lange auf sich warten. In chinesischen Social-Media-Kanälen wurde die Show als »hochgradig rassistisch« und »abstoßend« bezeichnet. Ein User verkündete, er sei »beschämt« über sein Land und seine Menschen. Der verunglückte Sketch zeugt davon, wie rückständig und wenig international China noch immer sein kann. So rückständig, dass niemand der Fernsehverantwortlichen auf die Idee gekommen war, dass sich die Afrikaner brüskiert fühlen könnten. Und diese Episode zeigt auch, dass das Afrika-Engagement der chinesischen Regierung kein Selbstläufer ist. Sie muss es gegen den Willen der Mehrheit durchsetzen.

Die TV-Entgleisung zum chinesischen Neujahrsfest war nicht der einzige Fall in der jüngsten Vergangenheit, aus dem man hätte lernen können. In einem chinesischen Waschmittel-Werbespot aus dem Sommer 2016 etwa wurde ein Schwarzer in die Waschmaschine gesteckt und zu einem hellhäutigen Chinesen weiß gewaschen. Und im Herbst 2017 musste eine Ausstellung im zentralchinesischen Wuhan geschlossen werden, weil die Macher Porträts von afrikanischen Tieren und Menschen nach Ähnlichkeit ausgesucht und nebeneinandergehängt hatten. Bis heute hat sich CCTV nicht entschuldigt. Stattdessen verkündete Peking, die internationale Öffentlichkeit wolle Chinas Engagement in

Afrika in Misskredit bringen. Weltoffen und souverän geht anders. Erstaunlich ist aber auch, dass kein afrikanisches Land Empörung äußerte. Ist man Freunden gegenüber einfach nachsichtiger? Donald Trump jedenfalls ließen sie nichts durchgehen. Anfang 2017 bezeichnete er Afrikas Staaten unter anderem als »Scheißlöcher«. Die Afrikanische Union forderte eine offizielle Entschuldigung. »Wir sind schockiert, bestürzt und empört. Es herrscht in der amerikanischen Regierung eine große Fehleinschätzung des afrikanischen Kontinents und seiner Menschen.«

Bei Xi wissen die Afrikaner, was sie an ihm haben.

Trumps erste Auslandsreise ging nach Saudi-Arabien, Israel, Brüssel und Italien zum G7-Gipfel. Die erste Auslandsreise von Staats- und Parteichef Xi Jinping ging 2013 nach Afrika. So ändern sich die Zeiten. Während die Chinesen immer glaubwürdiger werden und mehr investieren, engagieren sich die Amerikaner auch in Afrika immer weniger und werden dabei auch immer unglaubwürdiger. Zwar sind sie wegen ihres Engagements in der Öl- und Gasindustrie noch immer der größte Investor in Afrika, doch allein 2016 haben sie gut fünf Prozent weniger investiert als im Jahr zuvor. China treibt inzwischen doppelt so viel Handel mit Afrika wie die USA. Und dreimal so viel wie der nächstgrößte Handelspartner, und das ist nicht etwa Europa, sondern Indien. Nimmt man den Handel, die Investitionen und die Präsenz chinesischer Unternehmen vor Ort zusammen, ist China bei Weitem der größte Wirtschaftspartner Afrikas.

Und noch in einem anderen Bereich schickt Peking sich an, die bisherigen Platzhirsche zu vertreiben. Lange hat China in seiner Außenpolitik damit gepunktet, sich allein auf wirtschaftliche Beziehungen zu konzentrieren. Im Juni 2015 deutete sich mit dem neuen Sicherheitsgesetz der Regierung an, dass sie zumindest den wirtschaftlichen Erfolg militärisch absichern wollen. Ende November 2015 verkündete Präsident Xi Jinping auf einer Militärtagung quasi eine Generalreform der Volksbefreiungsarmee. Anstelle von starren Land- und Marineeinheiten will man nun flexible und zusammenarbeitende Kräfte formen, die unter einem einheitlichen Kommando stehen. Große Priorität habe die Sicherheit internationaler Gewässer und die Verteidigung territorialer Ansprüche – ein kleiner Wink hinsichtlich des Inselstreits im Südchinesischen Meer. Beim Volkskongress im März 2018 kündigte Premier Li Keqiang eine Erhöhung des Militäretats um 8,1 Prozent an. Untrügliche Zeichen eines neuen Selbstbewusstseins auf der Weltbühne.

Bislang hat China in Afrika nur im Rahmen der Vereinten Nationen und nicht etwa im Alleingang gehandelt. Von den fünf ständigen Mitgliedern des UN-Sicherheitsrates hat China mit über 2 000 Mann die meisten Friedenstruppen in Afrika. Seit 2008 helfen etwa 60 chinesische Marineschiffe als Teil einer UN-Mission im Golf von Aden und vor Somalia bei Geleitmissionen mit. Im Juli 2017 ist Peking allerdings auch in dieser Hinsicht erwachsen geworden. Chinesische Kriegsschiffe wurden zum ersten chinesischen Militärstützpunkt im Ausland entsandt: Der Kleinstaat Dschibuti liegt an einem strategisch wichtigen Punkt, der Meerenge Bab al-Mandab. Sie trennt das Rote Meer und den Golf von Aden. Krisengebiete wie der Jemen und Somalia liegen in der Nachbarschaft, und ein Sammelbecken für Piraten ist die Meerenge auch. Der neue Stützpunkt ist ein großer Schritt. Zum ersten Mal in der Geschichte sind chinesische Soldaten dauerhaft auf einem anderen Kontinent stationiert. Man wolle dort vor allem die eigenen Landsleute vor Piraten schützen und bei UN-Missionen präsent sein, sagt Peking. Aber natürlich ist die Stationierung auch ein Symbol der neuen Weltmacht China und eine der Wegmarken beim Aufstieg Chinas, die es in die Geschichtsbücher schaffen wird. Gleichwohl hat die Propagandaabteilung in Peking Anweisung gegeben, den Begriff »Militärstützpunkt« nicht zu benutzen. Es handle sich einfach um eine »Basis zur Unterstützung der dortigen Truppen«. Deutlicher kann Peking nicht machen, dass man sich der Brisanz dieses Schrittes durchaus bewusst ist.

Verglichen mit dem, was sich die USA leisten, ist das dennoch bislang nur ein winziger Schritt: Washington betreibt 800 Militärstützpunkte in 70 Ländern. Allein im »Camp Lemonnier« in Dschibuti, nur wenige Kilometer vom Stützpunkt der Chinesen entfernt, sind 4 000 amerikanische Soldaten stationiert. Dass es sich bei dem Land nach der Einschätzung von Amnesty International um eines der repressivsten in Afrika handelt, interessiert in diesem Fall weder die Chinesen noch die Amerikaner. Und sie sind in guter Gesellschaft. Japan und Italien sind ebenso vertreten wie Frankreich, das in Dschibuti allein über etwa 1 500 bewaffnete Soldaten verfügt. Russland wollte sich eigentlich auch dort positionieren, wurde wegen Interessenkonflikten mit den USA aber abgewiesen. China jedoch nicht. Im Gegenteil: Ende Februar 2018 kündigte Dschibutis Präsident Ismail Omar Guelleh den Managementvertrag des Hafens mit DP World, einem Hafenbetreiber aus Dubai. Der Vertrag war 2006 für 30 Jahre geschlossen worden. Den Hafen, der unmittelbar neben der neuen Militäranlage liegt, bekommen nun die Chinesen. Peking zeigte sich erkenntlich: Im Juli wurde die erste Bauphase der Djibouti International Free Trade Zone (DIFTZ) eingeläutet. Es ist die größte Freihandelszone Afrikas. Insgesamt werden dort 3,5 Milliarden US-Dollar investiert. Dschibuti gehört nun zwar zu den Ländern in Afrika, die am höchsten bei China verschuldet sind. Dennoch wird weiter investiert: Man redet bereits über eine neue Autobahn nach Addis Abeba.

Peking gefällt sich in seiner neuen Rolle: Inzwischen vermitteln chinesische Diplomaten auch bei den Friedensverhandlungen zwischen Nord- und Südsudan. Eine Rolle, die die Amerikaner auch gerne gespielt hätten. Die versuchen nun wiederum, über UN-Sanktionen im Spiel zu bleiben. China und Russland enthielten sich der Stimme bei der Abstimmung im UN-Sicherheitsrat Ende Mai 2018. Sie halten die Erneuerung der Sanktionen gegen Südsudan während der Friedensgespräche für kontraproduktiv. Frankreich und England unterstützten dagegen die Amerikaner. Die neuen Machtverhältnisse zeichnen sich also auch bei den UN ab.

Im Juli 2018 lud Peking zum ersten China-Afrika-Forum für Verteidigung und Sicherheit ein. Der Afrikanischen Union hat Peking 100 Millionen Euro für eine schnelle Eingreiftruppe zur Verfügung gestellt. 8000 chinesische Soldaten sollen für eine UN-Friedenstruppe bereitstehen.

Der neue Stützpunkt in Dschibuti ist für China noch aus einem anderen Grund wichtig: Er ist ein wichtiges Glied in der sogenannten Perlenkette, die China entlang der Küsten des Indischen Ozeans zieht. An mehreren Stationen befinden sich chinesische Häfen im Bau oder sind in Planung. Mit ihnen hätte die chinesische Marine Anlaufpunkte zur Auffrischung von Treibstoff und Vorräten, ohne nach China zurückkehren zu müssen. Die Kette könnte in Südostasien beginnen – etwa in Kambodscha – und sich dann durch den geplanten Kra-Kanal in Thailand in den Indischen Ozean verlängern. Von dort geht es weiter über einen Hafen in Myanmar nach Bangladesch und Sri Lanka bis nach Gwadar in Pakistan. Das gefällt den Amerikanern gar nicht. Militärisch sind sie in Afrika immer noch deutlich präsenter. Außerdem sind Washingtons Forderungen, der Westen müsse vereint verhindern, dass sich die Chinesen militärisch noch mehr in Afrika ausbreiten, scheinheilig. Warum sollte das, was wir uns seit Jahrzehnten dort erlauben, China verboten sein?

Die harte Haltung Washingtons, aber auch von Teilen Europas, zielt nicht nur auf den militärischen Bereich. Die Keule gegen China wird geschwungen, wann immer sich eine Gelegenheit bietet. Untermauert wird die Kritik gerne mit vermeintlichen Fakten, die sich bei genauer Betrachtung als Fake News erweisen. Sehen wir uns einige dieser »Argumente« etwas genauer an.

Eines der beliebtesten Klischees lautet: Nur chinesische Staatsbetriebe investieren in China. Sie werden vom Staat gezwungen, nach Afrika zu gehen, ob sich das nun rechnet oder nicht. Fakt ist: Von den inzwischen mehr als 10000 chinesischen Unternehmen, die in Afrika ansässig sind, sind über 95 Prozent Privatunternehmen. Das behauptet nicht etwa die Regierung in Peking, das hat die amerikanische Unternehmensberatung McKinsey herausgefunden. Die Analysten können ebenfalls belegen, dass die Zahl der chinesischen Unternehmen, die in Afrika etwas herstellen, mit 30 Prozent inzwischen deutlich größer ist als die Anzahl der Bauunternehmen. Die, so wurde stets kritisiert, vornehmlich chinesische Arbeitskräfte beschäftigen würden. Längst setzen chinesische Firmen auf lokale Arbeitskräfte. Nicht nur, weil es billiger ist, als Chinesen einzufliegen, sondern weil die Unternehmen noch lange im Markt wachsen wollen und es sich deshalb lohnt, Afrikaner auszubilden. Allein der chinesische Mobiltelefonhersteller und Netzwerkprovider Huawei bildet in Afrika jährlich 12 000 Menschen aus. Heute sind fast 90 Prozent der Mitarbeiter chinesischer Firmen Afrikaner, über 40 Prozent arbeiten bereits auf der Managerebene. Afrikanische Regierungen haben zudem mittlerweile dazugelernt und bestehen bei Vertragsverhandlungen auf einer lokalen Quote.

Wie schon erwähnt, sind die allermeisten chinesischen Unternehmen in Afrika Privatunternehmen. Der chinesische Staat unterstützt sie zwar mit günstigen Krediten, aber den größten Teil des unternehmerischen Risikos tragen sie selbst. Zehntausende Kleinhändler haben sich nach Afrika aufgemacht, in der Hoffnung, dort mehr zu verdienen als zu Hause. So wie einst die Iren, Italiener oder Deutschen in die USA aufgebrochen sind.

Die finanzielle Abhängigkeit Afrikas von China lädt ebenfalls immer wieder zu maßlosen Übertreibungen ein. Zunächst einmal hat niemand die afrikanischen Länder gezwungen, Geld von China anzunehmen, und die Zinsen sind durchaus vernünftig. In den meisten Fällen wirken sich die Investitionen positiv auf das Wirtschaftswachstum aus, sodass die Regierungen ihre Schulden in der Regel bedienen können. Zudem sind sie nicht so hoch, wie man auf den ersten Blick annehmen würde. Nur etwa 14 Prozent ihrer Schulden haben die Afrikaner bei den Chinesen. »Das Verhältnis der Auslandsschulden zum BIP Afrikas ist maßvoll«, stellt denn auch die United Nations Conference on Trade and Development (UNCTAD) fest. Allerdings bereite das starke Wachstum der Schulden in einigen Ländern Sorgen – darunter Südafrika, Kenia, aber auch Angola: »Jeder Angolaner hat 745 US-Dollar Schulden bei China«, titelte die angolanische Zeitung *Expansão* im Mai 2018. Dazu muss man wissen: Wenn der Ölpreis hoch ist, macht das nichts, wenn er niedrig ist, hat Angola ein Problem.

Der Internationale Währungsfonds sieht die größte Abhängigkeit von chinesischen Krediten derzeit aber nicht in Angola, sondern in Sambia, einem Land mit rund 17 Millionen Einwohnern. Allein die Auslandsschulden betragen hier rund 300 Prozent des BIP. Das ist viel. Allerdings schuldet Sambia nur die Hälfte davon China, die andere Hälfte ist überraschenderweise in Eurobonds angelegt. Immerhin verfügt Sambia über Kupfervorkommen; die Preise für diesen Rohstoff sind nach der Talfahrt schon 2017 wieder um 30 Prozent gestiegen. Damit dürfte sich die Lage bald wieder entspannen.

Kenia zahlt knapp 50 Prozent der Zinsen für ausländische Kredite an China. Die anderen 50 Prozent teilen sich Japan, Frankreich und die Weltbank. Die Schuldenlast ist mit einem Drittel des BIP noch moderat. Südafrika steht mit 70 Prozent schon schlechter da, und Mosambik ist mit 300 Prozent ebenfalls einer der Spitzenreiter. Allerdings kann es eine Schuldenkrise nur geben, wenn Peking seine Schulden zurückfordert. Peking hat jedoch kein Interesse daran, dass die Länder, in denen China investiert, in die Knie gehen und es zu sozialen Unruhen kommt. Deshalb sind die chinesischen Gläubiger in der Regel geduldig und im Zweifel verhandlungsbereit. Dafür erwarten sie allerdings schon politischen Gleichschritt auf der internationalen Bühne.

Kritik kommt indes nicht nur wegen des Verschuldungsniveaus in manchen afrikanischen Ländern. Eines der wichtigsten Argumente der Kritiker lautet: die Chinesen würden zusammen mit korrupten afrikanischen Regierungen die internationalen Transparenzstandards unterlaufen. Das war tatsächlich mal so, ist aber längst anders: Immer mehr Projekte werden inzwischen nämlich von internationalen Konsortien finanziert.

Ironischerweise begann die große Zeit der Chinesen, nachdem die OECD-Länder durchgesetzt hatten, dass der Bieterprozess transparent sein muss. Sie hatten gehofft, so die Schwächen der Chinesen genau ausmachen und den Finger in die Wunde legen zu können. Das Gegenteil war der Fall, es ließen sich kaum Schwächen finden. Die Chinesen kannten nun jedoch die Preise und konnten die westlichen Anbieter bei gleicher Qualität systematisch unterbieten. Und selbst wenn die Weltbank nicht mit an Bord ist, haben die afrikanischen Regierungen inzwischen Wege gefunden, sicherzustellen, dass sie nicht über den Tisch gezogen werden. Sie beauftragen europäische Ingenieurbüros wie GAUFF Engineering in Nürnberg. Sie kontrollieren und koordinieren die Arbeit chinesischer Bauunternehmen in Afrika – übrigens schon seit Jahrzehnten.

Bereits angeklungen ist die vermeintlich schlechte Qualität der chinesischen Infrastrukturprojekte. »Über solche Probleme ist in wichtigen Medien ausführlich berichtet worden, zum Beispiel auch im *Economist*. Es sind jedoch sehr große Ausnahmen«, stellt Jamie Farrell von der Johns-Hopkins-Universität fest. Sehr gut messen lasse sich die Qualität bei Weltbankprojekten, an denen die Chinesen beteiligt sind. Das Ergebnis sei eindeutig: »Es gibt im Schnitt keinen Unterschied in der Qualität der Bauten zwischen den hochentwickelten OECD-Ländern und China«, sagt Farrell. »Das hat uns sehr überrascht.« Die Chinesen hätten einige wenige Projekte, die nicht funktionierten. China biete jedoch inzwischen die gleiche Qualität zu einem günstigeren Preis an. Deshalb bekomme kein anderes Land von der Weltbank so viele Aufträge in Afrika. Ein Drittel der weltweiten Weltbankprojekte geht an China – Tendenz steigend.

Und wie sieht es mit dem Klischee aus, dass China nur an Land und Bodenschätzen interessiert ist? Fakt ist, dass die Chinesen nicht einmal 30 Prozent ihrer Investitionen in Bodenschätze stecken. Wie amerikanische Forscher herausgefunden haben, liegt der Anteil der USA doppelt so hoch. Als unlauter gilt westlichen

Kritikern auch das Vorgehen Chinas im Bereich der Landwirtschaft. Immer wieder liest man, die Chinesen hätten angeblich viele Hunderttausend Hektar Farmland in Afrika gekauft. Manche Medien sprechen sogar von sechs Millionen Hektar. Andere von einem Prozent des afrikanischen Farmlands. Tausende chinesische Bauern sollen dort Getreide anbauen, das dann nach China exportiert wird. Dies sei eine groß angelegte Strategie des chinesischen Staates, der sich über Staatsbetriebe und Fonds in die afrikanische Landwirtschaft einkaufe.

Nichts von dem stimmt, hat Deborah Brautigam, eine der führenden amerikanischen China-Afrika-Spezialistinnen, festgestellt. Sie ist Professorin an der Johns-Hopkins-Universität in Baltimore bei Washington. In ihrem Buch *Füttert Afrika China?*, das bei Oxford University Press, einem der renommiertesten Wissenschaftsverlage der Welt, erschienen ist, hat sie die Ergebnisse von drei Jahren Forschung veröffentlicht. Demnach konnte sie nur 240 000 Hektar auf dem gesamten afrikanischen Kontinent im Besitz der Chinesen ausmachen – das entspricht zweimal der Größe von New York. »Das ist verschwindend wenig«, sagt Brautigam. Die meisten Meldungen zum chinesischen »Land Grabbing« hätten sich als Gerüchte herausgestellt. »Es gibt bisher auch nur sehr kleine chinesische Investments in die afrikanische Landwirtschaft.« Und das Wenige, was sie produzieren, stellen sie für den lokalen Markt her. Dennoch behaupten amerikanische Professoren, die dann in »Voice of America«, dem offiziellen staatlichen Auslandssender der USA, zitiert werden, dass die Chinesen etwa in Simbabwe Getreide anbauen und es dann exportieren würden, während gleichzeitig die Menschen vor Ort hungerten. »Nichts davon stimmt«, sagt Brautigam. »Aber das Gerücht ist in der Welt und verbreitet sich rasend weiter.«

Und was ist mit dem Gerücht, dass sich unzählige chinesische Bauern bereits in Afrika niedergelassen hätten, um das Land zu bestellen? Die größte »Ansammlung«, die Brautigam und ihr Team ausmachen konnten, sei eine Gruppe von 134 Agrarspezialisten in

Uganda gewesen. Zu dem gleichen Ergebnis kommt das renommierte Center for International Forestry Research: »China ist kein dominanter Investor in Afrikas Landwirtschaft, obwohl das immer wieder so beschrieben wird.«

Brautigam konnte auch keine Getreide- oder Reisexporte nach China verifizieren. Im Gegenteil: Afrika importiert etwa zehn Millionen Tonnen Reis jährlich aus Asien und auch aus den USA. Exportiert werden Sesamkörner, Kaffee, Kakao oder Baumwolle, jedoch kaum aus chinesischem Anbau. Wenn hier also jemand füttert, dann ist das China, das die neue Mittelschicht – etwa in Südafrika – vor allem mit verarbeiteten Nahrungsmitteln versorgt.

Das derzeit noch bestehende Ungleichgewicht zwischen Import und Export im afrikanischen Agrar- und Lebensmittelsektor bedeutet: Es gibt noch viel Nachholbedarf, was eine effiziente, aber auch nachhaltige Landwirtschaft betrifft. Um das in den Griff zu kriegen, haben sich erstaunliche Koalitionen gebildet: In 30 afrikanischen Ländern hat China kleine landwirtschaftliche Entwicklungszentren gegründet, die sich allerdings nicht gut entwickelt haben. Deswegen haben sich die Chinesen 2016 mit der Bill-&-Melinda-Gates-Stiftung zusammengetan, in Afrika seit Jahrzehnten eine der wichtigsten Geberinstitutionen. Die Kooperation umfasst Pilotprojekte in Mosambik, Sambia und Äthiopien, sogar ein gemeinsamer Fonds für Gesundheits- und Landwirtschaftsentwicklung wurde aufgelegt. »Wir sind vorsichtig optimistisch, dass diese Kooperationen nun erste Erfolge zeigen«, sagt Mark Suzman, Präsident der Gates-Stiftung. Eine Partnerschaft, in der übrigens durchaus auch Spielregeln nach westlichen Vorstellungen gelten.

Die Kooperation findet im Rahmen des China-Africa Development Fund statt, der ein Volumen von 4,5 Milliarden US-Dollar hat. Ende 2017 waren bereits 3,2 Milliarden US-Dollar investiert. Ziel des Fonds ist es, Afrikas Exporte um zwei Milliarden US-Dollar jährlich zu erhöhen. Der Fonds arbeitet im Übrigen auch mit der Weltbank, der Organisation der Vereinten Nationen für industrielle Entwicklung und der African Development Bank zusammen.

Es ist schon ein seltsames Phänomen, dass sich all die hier skizzierten Klischees so hartnäckig halten. Es ist zwar keine gezielte Desinformationskampagne, die wir im Westen gegen China und auf dem Rücken Afrikas betreiben, aber doch ein Cluster von Gerüchten, die von unserem schlechten Gewissen und unserer Überheblichkeit befeuert werden. Doch wer sind wir, dass wir den Chinesen und Afrikanern diktieren wollen, wie sie zusammenarbeiten sollen? Wir können appellieren, finden damit aber immer weniger Gehör. Wir können mit gutem Beispiel vorangehen. Ob die Afrikaner diesem Beispiel folgen möchten, ist allerdings deren Entscheidung.

Dass Afrika – nicht zuletzt dank chinesischer Investitionen – eine der am schnellsten wachsenden Regionen der Welt ist, liegt vor allem an den Newcomern des Kontinents. Tansania zum Beispiel ist mit einem Wachstum von sieben Prozent Nigeria und Südafrika dicht auf den Fersen. Die Wirtschaftskraft des Landes hat sich in den vergangenen zehn Jahren verdoppelt. Und mit einem Anstieg um gut elf Prozent ist Afrika nach Asien inzwischen der zweitgrößte Empfänger von ausländischen Direktinvestitionen, die leider nur zu einem geringen Teil aus der EU kommen.

Vor allem Ostafrika entwickelt sich gut. Und so wird es auch nicht bei der Eisenbahnlinie zwischen Mombasa und Nairobi bleiben. Die Regierung von Uganda, ein Land ohne eigenen Küstenzugang, will sich an die kenianische Strecke anschließen. Auch dieses Projekt finanzieren die Chinesen mit 2,3 Milliarden US-Dollar. In nur dreieinhalb Jahren soll die 270 Kilometer lange Strecke fertig sein. In den ersten fünf bis zehn Jahren wird sie von John Holland betrieben, einem australischen Unternehmen. Die China Communications Construction Company, das viertgrößte Bauunternehmen der Welt, hat John Holland 2014 für knapp eine Milliarde US-Dollar übernommen.

Insgesamt soll das ostafrikanische Eisenbahnnetz einmal bis nach Kigali im boomenden Ruanda gehen und weiter in das größte Land Afrikas, die lange strauchelnde Demokratische Republik Kongo. 2018 wird sie über den am stärksten wachsenden Binnenmarkt der Welt verfügen.

Es ist also kein Zufall, dass sich Ostafrika immer mehr an die Spitze des Afrikabooms geschoben und Süd- und Westafrika auf die Plätze verwiesen hat. Zumal auch das derzeitige Wunderland des afrikanischen Aufbruchs im Osten des Kontinents liegt. Seit dem Jahr 2000 wird Äthiopien mit chinesischen Krediten für Dämme, Eisenbahnlinien und Produktionsstätten versorgt. Insgesamt sind es über zwölf Milliarden US-Dollar, doppelt so viel Geld, wie der ölreiche Sudan oder der Kongo bekommen, die über reichlich Bodenschätze verfügen.

Warum also ausgerechnet Äthiopien? Das Land ist von der Mischung her einzigartig: Es verfügt über Öl- und Gasreserven, liegt geostrategisch günstig am Horn von Afrika, und sein Entwicklungsstand macht es leichter als anderswo, dort eine Leichtindustrie aufzubauen. In Europa hat sich Äthiopien dagegen als Hungerland eingeprägt. Die Bilder aus den 1980er-Jahren, als aufgrund einer Dürre acht Millionen Menschen hungerten und bis zu einer Million Menschen starben, haben sich in unser Gedächtnis eingebrannt. Der Unterschied zu heute könnte nicht größer sein. In nur 15 Jahren hat sich Äthiopiens BIP verdreifacht. »Wie kein zweites Land in Afrika folgt Äthiopien dem chinesischen Modell«, schreibt die *Zeit.* »Äthiopien ist das neue China«, fasst die *Financial Times* noch knapper zusammen.

Ich will mir einen persönlichen Eindruck von diesem Land machen, das ich bisher nur vom Umsteigen von einem Ethiopian-Airlines-Flug zum anderen kenne. Ethiopian ist inzwischen die größte Airline Afrikas und die erste afrikanische Fluggesellschaft, die den neu entwickelten »Dreamliner« bei Boeing in Seattle bestellt hat. Leider komme ich zu einem ungünstigen Zeitpunkt. Eine Regierungskrise schüttelt das Land. Der Premierminister steht im Januar

2018 kurz vor der Absetzung, sodass einige meiner Gesprächspartner leider Wichtigeres zu tun haben, als mich zu empfangen.

Die Hauptstadt Addis Abeba erscheint erstaunlich modern und gleichzeitig noch sehr rückständig. Der Eindruck der Modernität ist jedoch intensiver, ein Überraschungseffekt gewissermaßen. Große LED-Leinwände an der Edna Mall, einem der schicksten Einkaufszentren der Stadt, Hochhäuser mit glitzernden Fassaden und Hochstraßen. Klubs und Restaurants, wie es sie auch in Schanghai oder New York gibt. Aber natürlich stößt man auch auf heruntergekommene Ecken, etwa rund um den Mercato, den größten Freiluftmarkt Afrikas.

Der Fahrer, der mich während meiner Reise durch Äthiopien begleiten wird, hält plötzlich am Tor der äthiopisch-orthodoxen St.-Georgs-Kathedrale an. Bulcha hat dieses offene Lachen, das einem hier so oft begegnet, er spricht ein wenig Englisch und ist so modern angezogen, dass er in New York oder Berlin nicht weiter auffallen würde. Er hat einen Mittelklassewagen der Marke Toyota, mit dem er seine Kunden umherfährt. »Ich will dir etwas zeigen«, sagt er bedeutungsvoll. Wir steigen aus und gehen nicht etwa in die Kathedrale, sondern nehmen die Rolltreppe hinab in einen S-Bahn-Schacht. Unten harrt eine lange Schlange Wartender aus, in Schach gehalten von einer uniformierten Aufseherin mit einem Stock. Niemand darf sich vordrängeln. Bulcha spricht kurz mit ihr und nickt mir dann zu. Wir dürfen an der Schlange vorbei zum Bahnsteig gehen. Die Betonwand, die die beiden Gleise trennt, ist mit modernen Silhouetten von blassgrünen Bäumen bemalt. Als die Bahn einfährt, geht ein Strahlen über Bulchas Gesicht. »Unsere Stadtbahn«, sagt er stolz. »Von den Chinesen gebaut.«

Eine seltsame Fügung. Bulcha weiß bisher weder, warum ich hier bin, noch, wofür ich mich interessiere und dass ich in China lebe. Viel naheliegender wäre gewesen, hätte er mich, den Europäer, durch die Kathedrale geführt. Sie war 1896 nach dem Sieg der Abbessinier gegen die Italiener errichtet worden, von einem gefangen genommenen italienischen Architekten. Aber während die Kirche von einer glorreichen Vergangenheit zeugt, symbolisiert die neue S-Bahn gegenüber eben die Zukunft.

Die 34 Kilometer lange Linie, zu 85 Prozent von den Chinesen finanziert und gebaut, hat 475 Millionen Euro gekostet, lese ich später nach. Sie ist Vorreiter auf dem Kontinent. Erst im Juli 2018 wurde eine ähnliche Bahn in der nigerianischen Hauptstadt Abuja eingeweiht. Auch die ist von den Chinesen gebaut worden.

Das größte Problem der S-Bahn von Addis Abeba: Sie ist mit ihrer Streckenlänge und nur zwei Linien zu klein für die gut vier Millionen Menschen der Stadt, sodass die Schlangen an den alten Minibussen oft immer noch über 100 Meter lang sind. »Verbeulte Esel« werden die Busse von den Pendlern genannt. Seit Februar 2015 hat die Stadtbahn bereits 50 Millionen Passagiere transportiert. Bulcha überlegt, wie er die Entwicklung, die Hauptstadt und Land genommen haben, zusammenfassen kann. »China macht Äthiopien stark«, sagt er lachend.

Wie in Berlin und anderen Städten lässt sich auch in Addis Abeba die S-Bahn nicht aus den Einnahmen der Ticketverkäufe finanzieren. Die Berliner BVG hat beispielsweise fast 680 Millionen Euro Schulden. Und selbst das U-Bahn-Netz in Schanghai, inzwischen das größte der Welt, ist von einem Break-even weit entfernt. Anders ist das zumindest in China mit einigen Hochgeschwindigkeitsstrecken. Die Bahnstrecke Peking–Schanghai ist inzwischen mit einer Milliarde US-Dollar Profit die rentabelste der Welt.

Aber auch die neue Bahnstrecke, die mit 750 Kilometer längste elektrifizierte Bahnstrecke Afrikas, hat das Zeug, schnell Profite zu machen. Sie verläuft zwischen der Hauptstadt Addis Abeba und Dschibuti und erschließt Äthiopien den Zugang zum Meer. Den Bahnhof in Addis Abeba, die Furi-Lebu-Station, gibt es bereits, man muss ihn jedoch lange suchen. Er befindet sich gut 40 Minuten außerhalb der Stadt im Niemandsland, ein orange gestrichenes Gebäude mit vielen Türmen im afrikanischen Zuckerbäckerstil. Es wird aber nicht lange dauern, bis das derzeitige Brachland zugebaut sein wird, zu rasant wächst die äthiopische Hauptstadt.

Die Strecke ist Chinas bisher größtes Projekt in Äthiopien. Beide Länder haben ein Interesse daran, dass die Bahn schnell Profit abwirft. Denn Äthiopien steht in Peking in der Kreide, nicht nur wegen dieses Projekts: Die Chinesen haben, wie bereits erwähnt, das Hauptquartier der Afrikanischen Union in Addis für rund 200 Millionen US-Dollar errichtet. Mit einer Milliarde ist Peking am Bau des rund 4,7 Milliarden US-Dollar teuren Renaissance-Staudamms, des größten Afrikas, beteiligt. Dazu kommen zahlreiche kleinere Investitionen. Spätestens dafür bekommen die Chinesen Gas in großen Mengen aus Äthiopien. Das Gasfeld, eines der größten Afrikas, wird von einem Joint Venture des chinesischen Staatsunternehmens Poly Group betrieben. Im Sommer 2018 hat der Konzern das erste Öl an die Oberfläche gepumpt. Gasförderungstests folgten kurz darauf. Bei voller Förderauslastung wird allein das Gas für Jahrzehnte sieben Milliarden US-Dollar im Jahr bringen.

Für Äthiopien ist das ein Meilenstein: Zum ersten Mal in seiner Geschichte wird das Land zum Rohstofflieferanten. Mit dem Bau einer 700 Kilometer langen Pipeline wurde 2018 begonnen. Inklusive der technischen Anlagen sind Investitionen von vier Milliarden US-Dollar nötig, bis Gas fließt. Damit Addis Abeba nicht zu abhängig von China wird, soll die Raffinerie von japanischen, indischen und südkoreanischen Investoren finanziert werden. Die Gasreserven wurden übrigens bereits 1972 entdeckt, von dem US-Unternehmen Tenneco. Allerdings war in den gut 45 Jahren, die seitdem vergangen sind, offensichtlich kein westliches Unternehmen auf Dauer in der Lage, sich mit Addis Abeba zu einigen. Den Chinesen ist das 2013 gelungen.

Man kann die äthiopische Regierung für einiges kritisieren; so verläuft die Entwicklung der Demokratie zum Beispiel schleppend. Darauf, dass sie einen Wirtschaftsboom in diesem armen Land entfacht hat und diesen seit über einer Dekade am Laufen hält, kann sie jedoch mächtig stolz sein. Präsident Mulatu

Teschome hat einen Plan, und den zieht er konsequent durch – auch wenn es um ihn herum brodelt. Allerdings hat der Aufschwung seinen Preis. 2017 hat Äthiopien Waren im Wert von drei Milliarden exportiert, die Importe hatten jedoch ein Volumen von 17 Milliarden US-Dollar. Das ist gefährlich. Etwas Ähnliches hat China sich in den 1980er-Jahren auch geleistet. Am Ende stand die Inflation bei 30 Prozent, die Bevölkerung wurde unruhig, 1989 kam es zum Aufstand auf dem Platz des Himmlischen Friedens.

In Addis Abeba liegt die Inflation bereits bei zehn Prozent. Im Februar 2018, kurz nach meiner Abreise, kam es dann doch zu Unruhen, in deren Folge Premierminister Hailemariam Desalegn zurücktreten musste. Der nationale Ausnahmezustand wurde ausgerufen, schon das zweite Mal in drei Jahren. Peking investiert trotzdem stetig weiter. Das sind eben die Risiken in Afrika, auf die man gefasst sein muss, wenn man dort erfolgreich sein will. Die Chinesen wissen: Nur wer durchhält, gewinnt. Desalegns Nachfolger ist 42 Jahre alt und heißt Abiy Ahmed. Er will den »dramatischen Reformkurs unter allen Umständen« vorantreiben und wird dafür im August 2018 mit einem Weltbankkredit von einer Milliarde US-Dollar belohnt.

»Solche Erfolgsgeschichten, von denen Äthiopien nur eine von vielen ist, sprechen sich in Deutschland kaum herum«, wundert sich Alexander Demissie, ein Äthiopier, der in Deutschland aufwuchs und die Kölner Beratungsfirma The China Africa Advisory aufgebaut hat. »Afrika ist der letzte Kontinent, den zu entwickeln es gibt.« Fast jeder deutsche Manager oder Unternehmer, mit dem Demissie bisher durch Addis Abeba gefahren ist, war sprachlos über die boomende Stadt. »Die meisten haben immer noch die alten Klischees im Kopf. Das ist schade.«

Gerade in Äthiopien sind die Chinesen besonders weit, wenn es darum geht, dauerhaft Industriearbeitsplätze und damit Wohlstand zu schaffen. Die Huajian International Group, einer der größten Damenschuhhersteller der Welt, baut hier für gut zwei Milliarden US-Dollar seine Produktion für Schuhe und Lederwaren aus. Auch, um von dort zollfrei in die USA zu exportieren. Das Unternehmen, das unter anderem für Tommy Hilfiger und Guess produziert, wird 100 000 Jobs schaffen – für Äthiopier.

Huajian ist schon seit sechs Jahren vor Ort und beschäftigt gegenwärtig 4 000 Arbeiter in einer Fabrik 40 Kilometer südlich von Addis Abeba. Hier, im »Oriental Industrial Park«, haben sich bereits mehr als 20 chinesische Firmen angesiedelt. Allein an dieser Fabrik, die 2,4 Millionen Schuhe pro Jahr herstellt, verdient der äthiopische Staat 20 Millionen US-Dollar an Steuern pro Jahr. Sie unterscheidet sich nicht groß von denen in China, nur dass Äthiopierinnen hinter den Maschinen sitzen. Besonders talentierte Arbeiter werden inzwischen sogar zur Ausbildung nach China geschickt. Sie werden Vorarbeiter, später sogar Manager.

Einer von ihnen ist Demis Degef, Assistent des Managers und erst 25 Jahre alt. Mittlerweile verdient der hochgewachsene schlanke Mann zehnmal so viel wie an seinem ersten Arbeitstag bei Huajian. Es mag ein wenig kitschig klingen, ist aber so: Demis wird nie vergessen, was die Chinesen für ihn getan haben.

Hin und wieder, so erzählt er, gebe es zwar Proteste gegen chinesische Investoren, aber auch gegen indische oder türkische. Weil Grundstücke während des Booms sehr wertvoll geworden sind, konkurrieren die Konzerne mit landwirtschaftlichen Betrieben um die Flächen. Dass die Regierung in Addis schon mal ganze Dörfer zwangsumsiedeln lässt, sorgt bei den Bauern für Unmut. Insgesamt jedoch genießt China in Äthiopien einen guten Ruf. Kein Wunder: Die Menschen in Afrika wollen Geld verdienen, genauso wie die Menschen im Rest der Welt. Sie wollen keine Almosenempfänger sein, sondern in der Lage, für sich und ihre Familien zu sorgen. Allen voran chinesische Investoren machen genau das möglich.

Neben der Lederindustrie, deren Produktion sich in den vergangenen fünf Jahren verfünffacht hat, wird nun die Textilindustrie entwickelt. »Die Chinesen konzentrieren sich einfach auf ihren Job«, sagt Fasil Tadesse, Präsident des äthiopischen Textilverbandes, »egal wie schwierig die Bedingungen sind.« Aber auch Türken, Inder und Saudis ließen sich, anders als die Europäer, von den Schwierigkeiten nicht abschrecken.

Bis 2025 will Äthiopien zu einem Zentrum der Leichtindustrie werden. Um dieses Ziel zu erreichen, muss das Land im Weltmarktvergleich unschlagbar günstig sein. Niemand produziert einfach so in Äthiopien. Deshalb braucht das Land preiswerten Strom, der durch Wasserkraft generiert wird. In dieser Hinsicht sei Äthiopien heute schon besser aufgestellt als Kambodscha und Bangladesch, sagt Juan Pérez Carpena, der Schuhe für die amerikanischen Ketten Sears und Kmart einkauft. Viel wichtiger seien jedoch die niedrigen Löhne: »In China verdienen die Arbeiter zwischen 400 und 500 US-Dollar, in Kenia schon 140 bis 160 US-Dollar, in Bangladesch sind es 70 bis 90, in Vietnam 140 bis 150 – und in Äthiopien nur 50 US-Dollar.« Die neue Mischung aus niedrigem Preis und guter Qualität überzeugt inzwischen auch die richtig großen Einkäufer. H&M kauft in Äthiopien ebenso ein wie die britische Supermarktkette Tesco oder Walmart aus den USA. »Asiatische Investments machen aus Äthiopien ein Textilzentrum«, schreibt denn auch die japanische *Nikkei Asian Review*.

Überall schießen derzeit die Industrieparks aus dem Boden. Zum Beispiel der Hawassa Industrial Park knapp 300 Kilometer südlich von Addis Abeba, der mit 140 Hektar inzwischen als der größte in Afrika gilt. Seit Mitte 2017 ist er geöffnet. 10 000 Menschen arbeiten bereits hier, 60 000 sollen es einmal werden. Allein die chinesische JP Textile investiert dort 260 Millionen US-Dollar. In den Calvin-Klein-Unterhosen, die dort hergestellt werden, steht dann »Made in Ethiopia«. Daran werden wir uns gewöhnen müssen, so wie das »Made in Hongkong«-Label erst durch »Made in China« und dann durch »Made in Bangladesh« ersetzt wurde.

Die Industrieparks haben sich die Äthiopier von den Chinesen abgeschaut. »Wir wollen schließlich Weltklasse-Industrieparks haben«, sagt Arkebe Oqubay, der Architekt von Äthiopiens industrieller Revolution. Er hat in London an der School of Oriental and

African Studies (SOAS) studiert. »Wir müssen Jobs, Jobs und noch mehr Jobs schaffen und dürfen den Umweltschutz dabei nicht vergessen«, sagt Oqubay. »Dafür brauchen wir ausländische Investitionen.« Und wieder höre ich die Klage darüber, wie zögerlich die Europäer sind. Oqubay findet das bedauerlich. Einerseits. Andererseits könne man es auch mit asiatischen Investoren schaffen, bis 2025 das führende Textilverarbeitungsland in Afrika zu sein. »Vietnam hat es geschafft, Bangladesch hat es geschafft, und wir werden das noch besser hinbekommen.«

Die Bevölkerung wachse um fünf Prozent im Jahr. »Deshalb brauchen wir jährlich eine Million neue Jobs«, erklärt Oqubay, der seit Jahren auf der internationalen Bühne mit großer Geduld und Überzeugungskraft für Afrika wirbt. Die Äthiopier hätten von den Chinesen gelernt, »wie wichtig langfristige Investments in Infrastruktur sind. Wir haben gesehen, wie China sich von einem sehr niedrigen Entwicklungsstand zur Fabrik der Welt entwickelt hat.« Tatsächlich gilt China auf dem Kontinent als wichtigstes Vorbild für die Entwicklung. Die Chinesen kennen eben die Probleme, mit denen jetzt auch die afrikanischen Staaten zu kämpfen haben, aus eigener Erfahrung.

Und was machen wir Deutschen so in Äthiopien?

Wir sind der größte Kaffeeimporteur, machen ein wenig Stadtplanung, investieren ein bisschen in duale Ausbildung und Gemüseanbau. Deutschland hat bislang noch keine Handelskammer in Äthiopien. Die Kammer im kenianischen Nairobi kümmert sich mit um die Belange in Äthiopien. Das Botschaftsgebäude, in dem Botschafterin Britta Wagener residiert, liegt auf einem wunderschönen parkartigen Gelände; ihre Vorgänger haben es 1905 erstmals bezogen. Äthiopien hatte damals zu kaum einer anderen Großmacht so gute Beziehungen wie zu Deutschland. Die deutsche Schule in Addis Abeba ist eine der ältesten in Afrika. Doch es reicht nicht mehr, sich auf den alten Lorbeeren auszuruhen, wenn wir im Spiel bleiben wollen.

Fünf Minister der derzeitigen Regierung in Addis Abeba sind in

Deutschland ausgebildet worden. Sie würden gerne mehr mit uns machen. Doch wir sind zu teuer, zu lahm und zu unflexibel. VW beispielsweise überlässt den äthiopischen Automarkt Toyota: »Als Volkswagen und General Motors in China zu investieren begannen, war der Motorisierungsgrad dort niedriger als heute in Äthiopien«, sagt Karthi Pillay, Spezialistin für den afrikanischen Automarkt bei Deloitte, einer der größten Unternehmensberatungen der Welt. Dennoch seien Amerikaner und Deutsche ins Risiko gegangen. Niemand habe damals absehen können, dass der chinesische Markt so schnell wachsen würde. Man muss sich schon fragen, warum man mit Afrika anders verfährt. Und warum die positive Entwicklung des Investments in China nicht als Vorbild dient für einen Markt, der vielleicht noch größeres Potenzial hat. Es sieht ein wenig so aus, als sei die damalige Managergeneration weitsichtiger und risikobereiter gewesen als die heutige. Möglicherweise liegt es aber auch am gewachsenen Einfluss der Aktionäre, die auf schnellere und üppigere Gewinne aus sind.

Dass manche afrikanische Länder auf der Erfolgsspur fahren und mithilfe der Chinesen eine Abkürzung in die Moderne nehmen, sollte uns eigentlich mehr als recht sein. Wenn es Afrika gelingt, auf eigenen Beinen zu stehen, wenn es vor Ort Chancen für junge Menschen gibt, werden weniger Menschen nach Europa flüchten. Wir sollten also aufhören, mit dem Finger auf China zu zeigen. Peking hat begriffen, dass es um Augenhöhe geht, eine Haltung, die uns im Westen mit unserer kolonialen Vergangenheit offenbar schwererfällt als Politikern und Investoren aus Ländern, die selbst einmal zu den Opfern der Kolonialzeit gehörten.

Mit unserer fehlenden Weitsicht sind wir übrigens in bester Gesellschaft. Wie in vielen Regionen der Welt ziehen sich die USA mehr und mehr aus Afrika zurück. Washington tut sich seit dem Amtsantritt von Donald Trump noch schwerer mit dem Kontinent als zuvor schon. Sein Vorgänger Barack Obama etwa war erst spät, im Sommer 2015, mit einer großen Wirtschaftsdelegation nach Ostafrika gereist, hauptsächlich nach Kenia und Äthiopien.

Obama, dessen Vater aus Kenia stammt und der noch Familie dort hat, hat es versäumt, sein Land vom Boom in Afrika zu überzeugen und damit nicht nur den USA, sondern auch Afrika zu helfen. Dabei hätte Obama als erster schwarzer Präsident der Vereinigten Staaten, als Friedensnobelpreisträger und auch als Hoffnungsträger quasi schon aus biografischen Gründen das Thema Afrika früher und engagierter anpacken müssen. Offensichtlich jedoch scheute er den absurden Vorwurf der Vetternwirtschaft seitens der Opposition. Doch Obamas rhetorisch brillant angekündigte Initiativen wie »Power Africa«, die den Kontinent mit Strom versorgen sollte, verliefen im Sande. So viel Obama im Fall von Iran und Kuba erreicht hat, so wenig kam für Afrika heraus. In 50 Jahren, wenn Afrika als Fabrik der Welt eine zentrale Rolle spielen und eine riesige konsumfreudige Mittelklasse haben wird, werden sich die Historiker darüber wundern, dass ausgerechnet Barack Obama die Zusammenarbeit mit dem letzten »Emerging Continent« verpatzt hat.

Der Microsoft-Gründer Bill Gates, der mit seiner Stiftung in Afrika sehr aktiv ist, warnte bereits 2018 auf dem World Economic Forum in Davos sehr eindringlich davor, dass Trumps Politik Afrika noch schneller in die Arme der Chinesen treiben wird. Nicht nur, weil Trump die Hilfe für Afrika im Herbst 2017 um 30 Prozent reduziert hat. Wenig hilfreich sind zudem Verlautbarungen wie die des ehemaligen Außenministers Rex Tillerson, der China 2018 bezichtigte, sich in Afrika zu einer »neuen imperialistischen Macht« aufzuschwingen, »deren Gehabe an den europäischen Kolonialismus« erinnere. Die Menschen vor Ort dürften das etwas anders sehen, und Tillerson ist längst Geschichte.

Peking wiederum lässt sich nicht einmal durch Konjunkturschwankungen davon abbringen, weiter um die Gunst der Afrikaner zu werben. Durch unsere Kritik vom Spielfeldrand schon gar nicht. Wie sehr wir in vielen Bereichen nur noch vom Spielfeldrand aus agieren, zeigt sich an der Entwicklung der Automobilindustrie in Afrika. Einem Feld, von dem man erwarten könnte, dass wenigstens wir Deutschen vorne mitspielen. Der Kontinent ist nichts Geringeres als der letzte fast unerschlossene Automarkt der Welt. Im Durchschnitt kommen hier 42 Autos auf 1000 Menschen. Der weltweite Durchschnitt liegt bei 182, in den USA kommen gar über 800 Autos auf 1000 Einwohner. Deswegen ist es sinnvoll, sich diese Branche, die auch über Deutschlands Zukunft entscheidet, ein wenig genauer anzuschauen.

Verschiedene internationale Autobauer kämpfen in Afrika um ihre Marktposition. VW hat immerhin eine starke Position in Südafrika. Peugeot hat in Kenia ein Werk, Nissan, Mitsubishi und Toyota ebenfalls, derzeit allerdings vor allem in den Bereichen Busse und Lastwagen. Und, man glaubt es kaum, auch Volkswagen fertigt nach einer Pause von vier Jahrzehnten seit 2016 wieder in Kenia: In Thika nahe der Hauptstadt Nairobi rollt der Polo Vivo vom Band. Die Einzelteile kommen per Bahn aus dem VW-Werk in Südafrika und werden vor Ort zusammengebaut. Als erster Automobilhersteller hat Volkswagen auch ein Werk in Ruanda eröffnet. Es ist das vierte VW-Werk auf dem Kontinent nach Südafrika, Nigeria und eben Kenia. Das erste in Kigali gefertigte Auto ist ein weißer Polo. Neben dem Kleinwagen sollen die Ruander bald auch den Passat und den Geländewagen Teramont fahren, so lautet das ehrgeizige Ziel. Allerdings ist das Volumen der Fabrik noch verschwindend gering. Nur 500 bis 600 Autos sollen jährlich vom Band rollen.

Für die Wolfsburger mit ihrem Schwerpunkt bei den Mittelklassewagen geht es um viel in Afrika. Sie dürfen keine Fehler machen. Denn die Chinesen stehen auch in dieser Branche bereits in den Startlöchern. Sie haben den Vorteil, dass sie Produkte mit einem günstigen Preis-Leistungs-Verhältnis im Angebot haben, während die deutschen Autos noch als zu teuer gelten.

Der Pekinger Hersteller Foton, ein Tochterunternehmen des viertgrößten chinesischen Autoherstellers BAIC, hat in Afrika seit

2005 bereits über 95 000 Fahrzeuge verkauft, überwiegend leichte Lastwagen. Damit steht er in direkter Konkurrenz zu Nissan, Mitsubishi und Toyota. Im Januar 2018 eröffnete das Unternehmen westlich von Mombasa auch eine Produktionslinie für große Lkws. Sie wird betrieben von den Associated Vehicle Assemblers (AVA), einem kenianischen Unternehmen mit gut ausgebildeten Arbeitern. »Wir beschleunigen damit die Lokalisierung in Kenia«, sagt Sun Qingzhong, Kenia-Chef von Foton. Und auf die achten die afrikanischen Regierungen inzwischen sehr.

Wer wird das Rennen machen? Ein asiatisches oder gar ein chinesisches Unternehmen? Oder vielleicht doch Volkswagen oder Peugeot? Weil Peugeot nur in den französischsprachigen Ländern einen Vorteil hat, dürfte alles in allem BAIC neben Toyota derzeit der am meisten ernst zu nehmende Wettbewerber für Volkswagen sein. Im Juli 2018 lief in der neuen Autofabrik von BAIC im südafrikanischen Port Elizabeth das erste Auto vom Band. Fast 900 Millionen US-Dollar hat BAIC in das Werk in der dortigen Coega Industrial Development Zone investiert. Das ist die größte Investition in die südafrikanische Autoindustrie in den vergangenen 40 Jahren und damit die größte in Afrika. Sie stellt die vor Kurzem getätigten Investitionen von Toyota, BMW und Volkswagen in ihre Werke am Kap in den Schatten. Bereits ab Ende 2019 könnten 100 000 Fahrzeuge pro Jahr in Port Elizabeth produziert werden. Die Chinesen halten 65 Prozent an dem Projekt, die restlichen 35 liegen bei einem staatlichen südafrikanischen Unternehmen.

Volkswagen hat die Herausforderung angenommen. Schon ab 2019 werden die Wolfsburger in der Lage sein, in Südafrika 190 000 Autos lokal zu produzieren. BMW hat rund 400 Millionen Euro in eine modernisierte Produktionsanlage für den Crossover SUV X3 vor den Toren von Pretoria investiert. Und Ende Juni 2018 kündigte Daimler an, sein Werk in Südafrika weiter auszubauen. Die nächste Generation der C-Klasse soll dort gebaut werden. 600 Millionen Euro wird Daimler in das Werk in East London stecken. Schon heute werden aus Südafrika rund 180 000 Fahrzeuge jährlich nach Europa exportiert.

Auf dem afrikanischen Markt selbst wird es wohl einen Preiskampf geben zwischen den Chinesen und den Deutschen. Die Frage ist, wer den längeren Atem hat. Der afrikanische Markt soll in den kommenden fünf Jahren um 40 Prozent wachsen. Wenn Afrika weiter so boomt, was sehr wahrscheinlich ist, wird es schon 2030 zehn Millionen Autos in Subsahara-Afrika geben. Zum Vergleich: in China sind es heute etwa 25 Millionen. Die Zukunft der deutschen Autoindustrie wird also nicht nur in China entschieden, sondern auch in Afrika – im Wettkampf mit asiatischen Herstellern.

Der Afrikaboom hat seinen Höhepunkt längst noch nicht erreicht. Aber weil wir ihn immer noch nicht so richtig auf dem Schirm haben, weil wir bestimmte Klischees nicht aus dem Kopf bekommen, weil sie immer wieder gebetsmühlenartig in den Medien wiederholt werden, weil wir Opfer unserer eigenen Vorurteile sind, drohen wir eine Entwicklung zu verpassen, die für Deutschland sehr wichtig ist. Denn trotz des leichten Wachstumsrückgangs urbanisiert sich Afrika schneller als jede andere Weltregion. Es ist sogar möglich, dass in Afrika schon 2035 mehr Menschen in Städten leben als in China. Das Symbol für den Afrika-Boom, der 300 Meter hohe Wolkenkratzer »Pinnacle Towers« in der kenianischen Hauptstadt Nairobi, soll 2021 fertiggestellt werden.

Das bisher höchste Hochhaus des Kontinents, das 223 Meter hohe Carlton Center in Johannesburg, wurde schon 1973 errichtet. Es ist genauso unspektakulär und veraltet wie das marode südafrikanische Staatsunternehmen Transnet, das darin sein Hauptquartier hat. Das Carlton Center steht für Stagnation. Die neuen »Pinnacle Towers«, ein Doppelturm mit 70 und 45 Stockwerken, stehen hingegen für Modernität und selbstbewussten wirtschaftlichen Aufschwung. Von seiner Spitze wird man einen einmaligen Blick auf den Kilimandscharo und den Mount Kenya haben. Errichtet wird der Wolkenkratzer von der China State Construction Engineering Corporation, jener Firma, die auch das Afrika-Hauptquartier der UN in Äthiopien gebaut hat. Die Kosten: 220 Millionen US-Dollar.

Die Europäer und die Amerikaner hätten eigentlich alle Zeit der Welt gehabt, ein neues Hochhaus zu bauen. Sie hätten stolz auf einen Kontinent sein können, der, unterstützt von uns, Schritt für Schritt immer selbstsicherer wird. Natürlich, die Zeiten nach der Erlangung der Unabhängigkeit waren in vielen afrikanischen Ländern schwierig, oft begleitet von Bürgerkriegen, in denen rivalisierende Clans um die Vorherrschaft kämpften. Diese Phase aber ist – bis auf wenige Ausnahmen – längst abgeschlossen. Es mag ein glücklicher Zufall gewesen sein, dass China just in dem Moment auf den Plan trat, als es für die Länder Afrikas Zeit wurde, sich zu modernisieren. Den Regierungen und Potentaten ist schnell klar geworden, dass sie nur an der Macht bleiben können, wenn sie Wohlstand für ihre Bürger schaffen. Da kam China wie gerufen.

Es bleibt eine grobe Fahrlässigkeit des Westens, Afrika so lange ignoriert zu haben. Erst langsam wachen wir auf. Doch nun liegt die Entscheidung bei den Regierungschefs Afrikas, mit wem sie kooperieren wollen. Sie können mit dem Westen zusammenarbeiten, der nicht nur investieren, sondern auch belehren will, oder sie können mit den Chinesen gehen. Es ehrt uns im Westen, dass wir die Demokratie stärken wollen, ebenso die Lage der Menschenrechte, und der Korruption keine Chance geben wollen. Das Problem ist nur: Niemand in Afrika ist mehr gezwungen, unsere – bislang ohnehin dürftigen – Angebote anzunehmen, geschweige denn uns zuzuhören.

Am Ende ist es doch so: Zwei souveräne Partner, China und Afrika, unterschreiben einen Vertrag. Weder die Afrikaner noch die Chinesen müssen sich hierfür eine Erlaubnis einholen. Das mag man bedauern, das zeigt aber die Verschiebung der Machtverhältnisse. Anfang September 2018 hat Präsident Xi sensationelle

Neuinvestitionen in Afrika von 60 Milliarden US-Dollar bis 2021 angekündigt. »Wir begrüßen Afrika im Expresszug China«, sagte er in Peking auf dem China-Afrika-Gipfel vor über 50 afrikanischen Staats- und Regierungschefs selbstbewusst.

Zu Beginn des 21. Jahrhunderts ist die Chance größer denn je, dass Afrika ein verlässlich prosperierender Kontinent wird. Die große Überraschung dieser Entwicklung: Der Westen ist der große Verlierer. Wir haben uns, warum auch immer, total verkalkuliert. Währenddessen hat China Afrika nicht nur auf die Beine geholfen, sondern dabei unterstützt, sich immer weiter vom Westen zu emanzipieren. Nun kommt Afrika, wenn es sein muss, auch ohne uns voran.

DAS JAHRHUNDERT DER GLOBALEN GLEICHHEIT

»Der Edle harmonisiert, aber er macht nicht alles gleich;
der Gewöhnliche macht alles gleich,
aber er harmonisiert nicht.«

Konfuzius

Deutschland steht in der zweiten Dekade des 21. Jahrhunderts vor ungeahnten Herausforderungen. Unsere Sorgen angesichts der Umbrüche der Digitalisierung sind groß. Viele von uns empfinden diese vierte industrielle Revolution als sehr einschneidend. Die vielen neuen Technologien verunsichern uns, die vergleichsweise hohe Geschwindigkeit, mit der die Entwicklungen über uns hinwegrollen, machen Angst. Dabei kennt man das schon aus der Vergangenheit: Alle 40 bis 100 Jahre wird die Menschheit in ein neues Zeitalter hineinkatapultiert. Ich selbst habe das Ende der dritten industriellen Revolution noch mitbekommen und werde nun Zeuge der vierten. Ich bin zuversichtlich, dass wir uns an die neuen Technologien gewöhnen werden, dass wir lernen, die Vorzüge zu nutzen und Auswüchse einzuhegen.

Die vielen Flüchtlinge verunsichern uns. Das richtige Maß zwischen menschenfreundlicher Offenheit und klaren Regeln haben wir noch nicht gefunden. Was es so schwierig macht: Dieses sensible Thema wird für politische Machtkämpfe auf nationaler und auf EU-Ebene missbraucht. Es ist lösbar, wenn wir die politischen Differenzen beiseitelassen.

Auch Donald Trumps Eskapaden beunruhigen. Die Menschen in den USA sind in zwei Lager gespalten und werden wohl auch nach Trump nicht zusammenfinden. Das Positive daran: Sie haben kein Interesse mehr, auf eigene Faust Weltpolizei zu spielen. Auch deshalb driften Europa und die USA auseinander. Das Ende der transatlantischen Bindung, wie wir sie jahrzehntelang kannten, mag für uns schmerzhaft sein. Doch womöglich tut es Europa ganz gut, selbstständig zu werden und nicht gleich nach dem Erziehungsberechtigten in Washington zu schielen, wenn wir mal ein Bier mehr trinken wollen.

All das sind jedoch nur Unterströmungen eines größeren globalen Epochenwandels. Er wird unser Leben viel stärker verändern als all die anderen Entwicklungen: der Aufstieg Chinas. Jahrhundertelang war es selbstverständlich: Der Westen hat die globalen Spielregeln bestimmt. Im 17., 18. und 19. Jahrhundert waren es die Europäer. Im 20. Jahrhundert die Amerikaner. Nun stehen wir am Beginn eines epochalen, weltumspannenden Wandels. Zum ersten Mal verschiebt sich der globale Machtschwerpunkt in Richtung Asien.

Seit der Schlacht bei Liegnitz im Jahr 1241 hat kein asiatisches und auch kein anderes nichtwestliches Land mehr großen wirtschaftlichen und geopolitischen Einfluss auf den Westen ausgeübt. Damals hatten die Mongolen an zwei aufeinanderfolgenden Apriltagen das deutsch-polnische Heer unter Heinrich II. von Schlesien geschlagen und wenig später Mähren besetzt. Der Mongolensturm war zwar wild, aber nicht nachhaltig. Die Reiterhorden drangen nicht weiter nach Westen vor. Sie mussten nach Hause. Ihr Großkhan lag im Sterben.

Was wir heute erleben, ist kein kurzer Spuk, der so schnell vorüberzieht wie die mongolischen Reiterhorden. Wir stehen am Beginn der dauerhaften Verschiebung der globalen Machtordnung. China, das Reich der Mitte, war zwar vor einigen Jahrhunderten schon einmal technologisch führend in der Welt. Aber die damalige Hightechmacht genügte weitgehend sich selbst – von friedlichen Ausflügen nach Persien und einer kurzen Phase als Seefahrermacht einmal abgesehen. Geopolitisch spielte China keine Rolle. Die chinesischen Kaiser interessierten sich nicht dafür, ihren Einfluss in die westliche Welt auszudehnen. Eines der bekanntesten chinesischen Volksepen lautet denn auch nur: *Die Reise in den Westen*. Und nicht etwa »Den Westen bekehren« oder gar »Kampf dem Westen«. Das Epos basiert auf einer Reise des chinesischen Mönches Xuanzang, der nach Indien fuhr, um zu lernen. Er studierte die Lehren Buddhas und brachte dessen Schriften in seine Heimat.

Doch nun genügt China nicht länger sich selbst. Peking möchte mitbestimmen, wenn es um globale Spielregeln geht. Präsident Xi will einen weltumspannenden Einfluss in dieser Phase der chinesischen Geschichte. Er möchte als derjenige »Kaiser« in die Annalen eingehen, der diesen Schritt als Erster in der 3 500-jährigen Geschichte des Landes gewagt hat. Das sind die Dimensionen, in denen die chinesische Politik denkt. Wir fahren derweil auf Sicht.

China soll zudem die erste Großmacht in der Geschichte werden, die sich bei ihrem Aufstieg fast ausschließlich auf wirtschaftliche und politische Mittel der Machteroberung konzentriert – anders als die westlichen Kolonialmächte in den Jahrhunderten zuvor und die selbst ernannte Weltpolizei USA im vergangenen Jahrhundert. Das Militär, das Xi am kurzen Zügel hält, soll nicht in andere Länder einmarschieren, sondern Chinas Grenzen verteidigen und die Freiheit der Handelswege schützen. Präsident Xi ist mit seiner Strategie der »Eroberung« anderer Länder ohne militärische Mittel in kurzer Zeit erstaunlich weit gekommen. Wie wir gesehen haben, reiht sich ein Nachbar nach dem anderen in den Geleitzug von Chinas internationalem Aufstieg ein. Hier und da mit einem kleinen Murren, aber dennoch überzeugt, dass es alles in allem das Beste ist. Die USA spielen in Asien und Afrika eine immer geringere Rolle.

Peking arrangiert sich mit dem Rivalen Indien. Streckt die Hand zu den Japanern aus und entspannt den Nordkoreakonflikt. Aber Peking kann auch durchgreifen, wenn Länder sich querstellen. Südkorea oder Norwegen haben das zu spüren bekommen. China dominiert in Afrika, dem letzten noch nicht entwickelten Kontinent, wird immer einflussreicher in Südamerika und sorgt nebenbei geschickt dafür, dass Europa nicht mehr mit einer Stimme spricht, wenn es um Kritik an China geht.

Präsident Xi hat auch Glück, dass sich die Amerikaner unter Trump als Weltmacht zurückziehen. Das Vakuum füllen die Chinesen umgehend, in Pakistan ebenso wie in Äthiopien. Der politische Druck des Westens auf Russland lässt Putin und Xi immer enger zusammenrücken. Dicke Freunde sind sie nicht, aber überzeugte Partner. China agiert geschickt und weitsichtig auf dem politischen Parkett und nutzt jede noch so kleine Chance, seine Macht auszubauen. Mit kleinen, aber stetigen Schritten wird China immer mächtiger.

Dazu trägt auch die Digitalisierung bei: Denn sie beschleunigt den Aufstieg Chinas. Aber der Aufstieg Chinas beschleunigt auch die Digitalisierung. Wir müssen also in diesem Bereich sehr viel mehr nach China schauen, als wir das heute tun. Chinas Fortschritte bei der künstlichen Intelligenz werden uns vor gewaltige Herausforderungen stellen. In den USA sind die Daten in Händen von einflussreichen Privatunternehmen. In China sind sie in Händen eines der mächtigsten Staaten der Welt, so mächtig, dass er amerikanische Internetriesen wie Facebook und Google in China verbieten kann und deren Gründer und CEOs dennoch um die Gunst Pekings buhlen. Der große Markt ist zu verlockend. In China erleben wir, dass nicht Internetfirmen die Macht des Staates aushöhlen, sondern dass dieser Staat die Regeln vorgibt. Was Präsident Xi entscheidet, ist viel wichtiger für uns als das, was Mark Zuckerberg sich ausdenkt. Das haben viele noch nicht verstanden.

Die neue Machtfülle ist inzwischen in fast allen wichtigen Bereichen spürbar: Wer ist mächtiger als die deutsche Autoindustrie? Wer hat den längeren Atem gegenüber den Zumutungen von Donald Trump? Wer ist erstmals seit dem Zweiten Weltkrieg in der Lage, ohne den Westen neue globale Institutionen durchzusetzen?

Wer ist der größte Gläubiger der Amerikaner? Wer ist die Fabrik der Welt? Wer setzt dem US-Dollar als Weltwährung zu?

Die Antwortet lautet stets: China.

Dabei steht das Land erst am Anfang seines Aufstiegs. China blickt gerade einmal auf 40 Jahre der Öffnung zurück. Wie wird die Welt aussehen, wenn die Chinesen 2078 100 Jahre Öffnungspolitik feiern? Natürlich verläuft kein Aufstieg linear. Aber bislang ist der Motor kaum ins Stottern geraten. Wenig spricht dafür, dass dies in naher Zukunft passieren wird. Und weil China sein Erfolgsmodell so geschickt exportiert, weiß es viele Länder auf seiner Seite. Zusammen stellen sie heute schon allein aufgrund ihrer Bevölkerungszahl den Westen in den Schatten. Damit steht China auf der richtigen Seite der Geschichte. Denn wenn wir Demokratie und Mitbestimmung global zu Ende denken, dann kann dabei nur eines herauskommen: One man, one vote. Jeder Mensch hat eine Stimme. So entspricht es eigentlich unseren westlichen Wertvorstellungen. Gleichzeitig widerstrebt es unserem Machtbewusstsein und unserem Selbstverständnis, nach dem die Minderheit des Westens weiterhin dominieren sollte.

China fordert nun nichts weniger als das Jahrhundert der globalen Gleichheit. Ginge es nach Konfuzius, müsste es sogar das Zeitalter der Harmonie sein. Doch Gleichheit ist nun der erste Schritt. Harmonie kommt danach. Das bedeutet nicht nur, dass von nun an die Mehrheit bestimmen soll, sondern auch, dass jedes Land seinen eigenen Entwicklungsweg gehen kann. Kein Land war bisher mächtig genug, dies durchzusetzen. Mit dem Aufstieg Chinas scheint es möglich. Denn viele aufsteigende Länder in Asien, Südamerika und Afrika, die unter den Zumutungen des Westens schon lange leiden, treten der chinesischen Weltbürgerinitiative für mehr globale Gleichheit gerne bei. Und China sorgt dafür, dass es immer mehr werden – mit großen Investitionen in diesen Ländern und politischer Verlässlichkeit in schlechten Zeiten.

Dass China global mehr Mitbestimmung fordert, aber selbst keine Demokratie ist, spielt für diese Länder kaum eine Rolle, auch nicht, wenn sie selbst demokratisch verfasst sind. Entscheidend ist: China hat die Macht, dies durchzusetzen. Den entsprechenden Vorwurf aus dem Westen spielt Peking denn auch routiniert zurück: Die Protagonisten der Französischen Revolution seien auch nicht demokratisch legitimiert gewesen. Und dennoch würden nicht nur die Franzosen noch heute laut und überzeugt »Freiheit, Gleichheit, Brüderlichkeit« rufen.

Wir haben die gottgesandten Herrscher vertrieben. Die Adligen entmachtet. Die Kaiser abgesetzt. Wir haben Demokratie eingeführt, die Sklaverei und die Rassentrennung beseitigt, die Gleichheit der Frauen durchgesetzt. Nun sorgt eben China dafür, dass global die Mehrheit bestimmt. So, wie im 19. Jahrhundert der Adel als mächtige Minderheit keine Chance hatte, seine absolute Macht gegen den Willen des Volkes zu erhalten, so hat auch der Westen global gesehen keine Chance mehr, als Minderheit der Mehrheit seine Spielregeln aufzudrücken. Unser Monopol läuft aus. Das ist schade, aber irgendwie auch gut so.

Wie eigenartig sich das anfühlt, wenn plötzlich andere bestimmen, bekam das stolze britische Empire schon nach dem Zweiten Weltkrieg zu spüren. Es musste den Staffelstab der Weltmacht an die USA abgeben. Das war unfassbar für Männer wie Winston Churchill, aber längst nicht so einschneidend wie das, vor dem wir heute stehen. Denn der neue Wechsel findet eben nicht innerhalb ein und desselben westlichen Wertesystems statt. Man kann nur hoffen, dass sich in 20 Jahren nicht der gesamte Westen so desolat präsentiert wie das Vereinigte Königreich heute.

Dass Donald Trump mit seinem wachsenden Widerwillen, weiterhin die Weltpolizei zu spielen, das Jahrhundert der Gleichheit noch beschleunigt, ist schon eine Ironie der Geschichte. Überall, wo er sich zurückzieht, rückt China nach. Er hat »America first« gerufen und »more China« bekommen. Typisch für solche Umbruchphasen ist auch: Die Etablierten, die von den Aufsteigern unter Druck gesetzt werden, streiten sich, statt zusammenzuhalten. Dieses Phänomen kann man im Zusammenspiel von Europa und den USA sehr gut beobachten. Wieder ist der lachende Dritte China mit seinen New Kids on the Block.

Dass das Jahrhundert der Gleichheit gefordert wird, bedeutet natürlich noch lange nicht, dass es auch umgehend Wirklichkeit wird. Das war bei der Französischen Revolution auch so. Da kam erst noch ein Mann namens Napoleon, der sich zum Kaiser krönen ließ. Mit gut 100 Jahren Verzögerung hat es dann aber doch geklappt. Für die Welt heute wäre es eigentlich wünschenswert, wenn die globale Gleichheit schneller erreicht wäre: Eine neue Weltordnung würde entstehen, mit mehreren gleich starken Kräften, die sich gegenseitig austarieren und nicht ohne einander können. Vielleicht Nord- und Südamerika, Asien mit den Führungsmächten China und womöglich auch Indien. Die zu einer Art EU vereinigten Staaten Afrikas und last but not least Europa im engen Verbund mit Russland. Vielleicht wird es sogar ein Weltparlament geben, in dem jedes Land nach einem Verhältnis von Bevölkerungszahl und Wirtschaftskraft Sitze bekommt.

Die neue Weltordnung ist also eigentlich ganz einfach. Eine Welt mit fünf Hollywoods, fünf Währungen, fünf globalen TV-Sendern, fünf Armeen und fünf Börsen, die sich im Wettbewerb ständig austarieren. Sie werden umrahmt von starken globalen Institutionen, die ausführliche Debatten und wechselnde Koalitionen zulassen, tragfähige Kompromisse erzwingen und diese machtvoll und zügig durchsetzen. Das würde zum ersten Mal in der Geschichte alle gleichberechtigt einbeziehen.

Doch auch das andere Extrem ist denkbar, aber nicht wünschenswert. Es wäre ein China, das zwar wahrscheinlich keine Kriege führt, aber wie ein Elefant im Porzellanladen der Welt herumtrampelt und dem selbst die einstige Weltmacht USA nichts mehr entgegenzusetzen hat. Europa schon gar nicht. China als eine Macht, die stärker ist als die USA in den 1990er-Jahren und ihre Regeln ohne große Mühe durchdrückt. Ein China, das es nicht mehr nötig hat, sich in Afrika und Asien Freunde zu machen. Das den Freiraum hätte, unsere Werte mit Füßen zu treten und die

Ressourcen der Welt rigoros und ohne Rücksicht auf Verluste auszubeuten.

Zwischen diesen beiden Varianten liegt ein Mittelweg: Ein Duopol aus USA und China, die noch viel altes Gepäck geschultert haben, jeweils flankiert von einer Gruppe etwas schwächerer Staaten. Etwa so, wie Europa heute mit Frankreich und Deutschland im Zentrum und mehr oder weniger engagierten Ländern drumherum. Wenn die Entwicklung sich so fortsetzt, wie sie begonnen hat, wird China allerdings der mächtigere der beiden Pole sein. Die globalen Institutionen wären in diesem Szenario wendiger und stärker als heute, aber längst nicht so stark und wendig, wie sie sein sollten.

Welche Variante sich am Ende durchsetzen wird, liegt nun vor allem daran, wie strategisch geschickt wir uns anstellen. Die Strategie ist jedenfalls integraler Bestandteil der chinesischen Kultur, seit General Sunzis Buch über die Kriegskunst aus dem 5. Jahrhundert vor Christus, aus dem sich die 36 Strategeme entwickelt haben. So oder so wird China dabei eine zentrale Rolle spielen. Und wir werden so oder so unsere Position neu definieren müssen. Das hat schon Altkanzler Helmut Schmidt gewusst und uns, verpackt in eine provokante Äußerung, mitgeteilt: »Ich würde einiges riskieren wollen, wenn in meinem Land die Demokratie in Gefahr geriete. Ich würde auf die Barrikaden gehen, als alter Mann, und meinen Stock schwingen«, sagte er, »aber um die Demokratie in einem Entwicklungsland einzuführen, würde ich keinen Cent geben. Ich habe nicht das Recht, Politikern oder Menschen in anderen Ländern öffentlich Ratschläge zu geben, wie sie die Menschenrechte verwirklichen.«

Damit hat Schmidt natürlich nicht gemeint, dass es ihm egal ist, wie in anderen Ländern mit Menschen verfahren wird. Er hat vielmehr unseren westlichen Universalismus beerdigt. Nur ein paar Jahre nach seinem Tod zeichnet sich ab: Der Anspruch des Westens, Werte entwickelt zu haben, die so überzeugend sind, dass die ganze Welt sie beachten muss, lässt sich nicht halten. Das gilt für die sogenannten universellen Menschenrechte ebenso wie für alle Spielregeln, die aus unserer Sicht global gelten sollen, auf die wir uns aber nie global einigen mussten.

Mit dem Zeitalter der globalen Gleichheit werden in dieser Hinsicht harte Zeiten für den Westen anbrechen. Alles wird auf den Prüfstand der Aufsteiger kommen, und niemand wird mehr danach fragen, ob wir das gut finden oder nicht. Dass wir uns nicht missverstehen: Wir sind dieser Entwicklung nicht einfach nur ausgeliefert. Selbstverständlich können und sollten wir jederzeit versuchen, die Chinesen und andere von dem zu überzeugen, was uns wichtig ist. Dazu gehören für mich natürlich auch die Menschenrechte. Wenn wir sie allerdings mit der Behauptung einfordern, sie seien universell, werden wir schnell und zu Recht auf Widerstand stoßen. Angela Merkel praktiziert die neue Bescheidenheit schon und hat dabei viel erreicht, zum Beispiel die Freilassung der Witwe von Liu Xiaobo im Sommer 2018.

Es lohnt sich auch zweifellos, für die Rechtsstaatlichkeit zu werben, aber verordnen können wir sie anderen Ländern nicht mehr. Genauso wenig wie wir bestimmen können, wie man in anderen Ländern mit privaten Daten umgeht, welche Sicherheitsstandards die dortigen Atomkraftwerke haben und was deren Kinder lernen. Die Liste ließe sich beliebig fortsetzen.

Viel mehr als bisher wird nun global entschieden – und zwar von der Mehrheit. Und wenn es um Mehrheiten geht, spielt China naturgemäß eine zentrale Rolle. Für uns, die wir uns noch nicht einmal daran gewöhnt haben, wie viel bereits auf EU-Ebene entschieden wird, dürfte das ein harter Brocken werden. Aber es hilft nichts, die Augen vor der Realität zu verschließen: Global gesehen wird das, wovon wir im Westen überzeugt sind, das, woran wir glauben, jeden Tag unwichtiger.

Das bedeutet wiederum nicht, dass kaum etwas von unseren Vorstellungen übernommen würde. Es wird jedoch nur dann übernommen werden, wenn die Mehrheit der Welt davon überzeugt ist. Und nicht, weil wir es gut finden oder gar weil es aus unserer Sicht universell ist. Die gewohnte Arroganz und Überlegenheit, mit der wir der Welt lange vorgaben, was sie zu tun oder zu lassen hatte, werden wir ablegen müssen. Und das sollten wir schnell tun, wir haben in Europa schon sehr viel Zeit verspielt, denn wir haben geglaubt, dass immer alles so weitergehen würde wie in den vergangenen 500 Jahren.

Die entscheidende Frage, die wir uns nun stellen müssen, lautet: Wie schaffen wir es, im Zeitalter der Gleichheit einen möglichst großen Einfluss auf die globalen Spielregeln zu behalten und möglichst viel von dem einzubringen, was uns lieb und teuer ist. In der neuen Weltordnung reicht es nicht mehr, sich an einen mächtigen Alliierten anzuschmiegen. Die Zeiten der unabänderlichen Wertegemeinschaften sind vorbei. Die Welt wird leider komplizierter. Wir müssen lernen, mit den verschiedenen Spielern gemeinsame Interessen zu finden, und entsprechende Koalitionen bilden, taktisch klug mal mit den Chinesen, mal mit den Amerikanern, mal mit den Russen: Wenn China für den Klimawandel kämpft, sollten wir nicht zögern, mit China zusammenzuarbeiten. Wenn Russland den Iran aus den Fängen von US-Sanktionen befreien will, sollten wir mit Moskau gemeinsame Sache machen. Wenn die USA das Recht auf Meinungsfreiheit vertreten, sollten wir mit den Amerikanern kooperieren.

Wenn wir die Gemeinsamkeiten suchen – und das werden wir müssen –, sollten wir die Unterschiede nicht ausblenden. Denn sie machen die Vielfalt ja gerade aus, aus der die neue Weltordnung besteht. Eine Vielfalt, die alle wollen und die uns die Möglichkeit gibt, dass es in Deutschland, einer der globalen Nischen, auch weiterhin heimelig sein kann. Aber: Je stärker China wird, desto klarer müssen wir sagen, wo der Weg Pekings unsere Interessen berührt, was wir anders sehen und was wir stattdessen wollen. Wenn wir China eigene Interessen nicht absprechen, kann uns umgekehrt China nicht absprechen, dass auch wir eigene Interessen haben. Eines unserer Interessen sollte dabei sein, die Chinesen in der Welt nicht mehr so frei wie bisher ins Spiel kommen zu lassen. Wir müssen die Herausforderung des globalen Wettbewerbs annehmen. Wir brauchen eine große europäische Afrika-Initiative und müssen die Neue Seidenstraße mit unseren Werten und Ideen füllen. Und zwar schnell. Es ist naiv zu glauben, dass das, was wir für richtig halten, sich schon von selbst durchsetzen wird.

Wir müssen lernen, die Perspektive zu wechseln und die Welt mit den Augen der anderen zu sehen. Wir werden alle kleine Ethnologen. Das wird eine der wichtigsten Tugenden im Zeitalter der Gleichheit werden. Hierin liegt auch der große Unterschied zur Zeit des Postkolonialismus, die spätestens im November 2008 zu Ende ging, als die Weltgemeinschaft von G8 auf G20 umstellte. Nur wenn wir die Welt aus den neuen Perspektiven sehen, wird es uns gelingen, strategisch und klug zu agieren. Dabei wird es mehr um Konsens als um nackte Mehrheiten gehen müssen.

Drei Sätze müssen wir Europäer uns dabei hinter die Ohren schreiben.

Erstens: Nur ein Europa, das mit einer Stimme spricht, ist ein starkes Europa. Wir werden zudem nicht umhinkommen, mit unserem Nachbarn Russland zusammenzuarbeiten. Nur mit Russland ist Europa vollständig und so machtvoll, dass es eine gewichtige Rolle in der Welt spielen kann. Das wird ohne schmerzhafte Kompromisse auf beiden Seiten nicht möglich sein. Wer jedoch verstanden hat, wie mächtig China wird, der wird dazu bereit sein.

Zweitens: Es muss selbstverständlich sein, dass auch unser politisches System stets verbessert werden kann. Beispielsweise ist es wenig sinnvoll, dass die Politik alle paar Monate Rücksicht auf eine Landtagswahl nehmen muss. Womöglich wäre es auch sinnvoll, die Legislaturperiode im Bund um ein Jahr zu verlängern oder auch die Wiederwahlmöglichkeiten eines Bundeskanzlers zu begrenzen.

Wir müssen aber auch wieder in großen politischen Dimensionen denken. Wie wäre es zum Beispiel mit einer »Kammer der

Ungeborenen«? Darin sitzen Menschen, die darauf achten, dass wir nachhaltig leben. Schließlich sollen zukünftige Generationen den gleichen Spielraum haben, die Welt zu gestalten, wie wir. Über so etwas müssen wir mit Trump nicht reden. Es ist jedoch ein Thema, das wir mit den Chinesen besprechen könnten, die ja immer 100 Jahre im Voraus planen.

Drittens: Wir sind nicht mehr automatisch gesetzt in Zeiten der Globalisierung. Wir müssen den anderen großen Spielern einen Grund geben, uns mitspielen zu lassen. Oder wir machen es wie Großbritannien und klinken uns aus. Auf der Insel können sie bald machen, was sie wollen, dafür sie sind aber auch nicht mehr relevant. Für diese Variante können wir uns natürlich auch entscheiden. Dann können wir noch eine Weile in der Bar sitzen und darüber nachdenken, wie wir leben wollen, und uns beklagen, welche Zumutungen Facebook und Google für uns sind. Wir können Ethikkommissionen beschäftigen, uns in Talkshows aufreiben und viele Bücher schreiben. Doch ob uns dann noch jemand zuhört, ist eine andere Frage. Wenn wir also noch Einfluss haben wollen auf die Werte der Welt, wenn wir nicht vor leeren Rängen spielen wollen, dann muss es Gründe geben, warum man uns zuhören muss.

Zwei Gründe gibt es noch, warum China mit Deutschland spricht. Der eine: Die Deutschen sind vergleichsweise vernünftig. Manche chinesischen Politiker halten die deutschen Politiker sogar für die vernünftigsten überhaupt im Westen. Der zweite und viel wichtigere Grund: Sie reden mit uns, sie hören uns zu, weil wir über jenes technologische Know-how verfügen, das die Chinesen unbedingt haben wollen. Wie wir gesehen haben, gehört der Satz »Vorsprung durch Technik« inzwischen eher zu China als zu Deutschland. Wir müssen uns also anstrengen, interessant zu bleiben.

Wenn wir die Werte der neuen Weltordnung mitbestimmen wollen, müssen wir daher unseren schleichenden technologischen Abstieg umgehend stoppen. China hat Alternativen zu Google und Facebook entwickelt, Deutschland nicht. Europa auch nicht. Das war die erste große Schlappe. Die zweite wird die E-Mobilität werden.

Im Grunde müssen wir noch einmal ganz von vorne anfangen: Wir müssen die Ausbildung unserer Kinder auf Kreativität und Erfindergeist ausrichten. Wir brauchen eine Industriepolitik, die diesen Namen verdient und so strategisch ausgerichtet ist wie die chinesische. Wir brauchen Politiker mit Weitsicht. Wir müssen in Deutschland mit gutem Beispiel vorangehen und unsere europäischen Nachbarn überzeugen mitzugehen. Die Mühe lohnt sich, denn es steht zu viel auf dem Spiel. Kein anderes Land in Europa ist so sehr vom Export abhängig wie Deutschland. Wenn unsere Produkte kaum noch Abnehmer finden, wenn wir Zukunftstechnologien verschlafen, wenn ganze Branchen kollabieren, wird es Deutschland zerreißen, wird es auch Berlin so nicht mehr geben – eine der spannendsten und vielseitigsten Städte der Welt. Die vielfältigen Kieze in Berlin mit ihrer Subkultur und die Hidden Champions im Schwabenland sind zwei Seiten derselben Medaille. Nur wenn wir in Deutschland und Europa zusammenstehen, können wir diese Vielfalt erhalten und im Wettbewerb mit China und vielen anderen Ländern um dann tatsächlich universelle Werte bestehen, im Zeitalter der globalen Gleichheit.

DANK

Dieses Buch ist an vielen Orten und im Gespräch mit vielen Menschen entstanden, die ich an dieser Stelle gar nicht alle erwähnen kann oder die nicht erwähnt werden wollen. Mit allen habe ich die Thesen dieses Buches leidenschaftlich diskutiert, was mich entscheidend weitergebracht hat.

Wenn man ein Buch schreibt, ist es für die eigene Familie eine Zumutung. Besonders danken möchte ich meiner Frau Anke für ihre Geduld und endlose Unterstützung. Und bei unseren Zwillingen Tim und Leo möchte ich mich entschuldigen, dass so wenige Bilder in dem Buch drin sind. Sie fragen sich immer noch, wie die Buchstaben aus dem Computer wohl in das Buch kommen. Und wenn sie gefragt werden, was ihr Papa beruflich macht, antworten sie: »Er tippt.«

Ich danke Sophie Pugstaller dafür, dass sie stets den Überblick und einen kühlen Kopf behalten hat und sich ihre gute Laune nicht hat verderben lassen.

Zhang Wei danke ich, der geduldig die meisten meiner Bücher mit mir durchgestanden hat. Fabian Peltsch für seinen unermüdlichen, qualifizierten und präzisen Widerspruch. Ich danke Aline Schmittmann und Sophie Schmitz, dass sie nicht nur gründlich recherchiert, sondern auch darauf geachtet haben, dass ich immer verständlich bleibe. Jessica Aishan, dass sie sich um die Interviews gekümmert hat.

Danke, Daniela Vogel, die hochschwanger, kompetent und bei guter Laune das Buch gegengelesen und wertvollen Input gegeben hat. Es ist schon das zweite, bei dem sie mit an Bord ist. Inzwischen ist der kleine Moritz geboren. Das Jahrhundert der globalen Gleichheit wird sein Jahrhundert werden.

Ich danke meinem Bruder Andreas für die Afrikakompetenz und meinen Eltern, die mich stets selbstlos unterstützen. Auch Barbara und Ray für ihre generöse Hilfe auf der Zielgeraden am Neversdorfer See, Ray danke ich besonders für die Hinweise zu Google und dem Südchinesischen Meer. Den Schlusspunkt dann habe ich bei Sabine und Bernward am Üdersee gesetzt.

Britta Egetemeier, der Verlagsleiterin von Penguin, bin ich dankbar für die sehr anregenden Gespräche.

Ich danke auch Julia Hoffmann, die den Bereich Sachbuch leitet – für ihre Geduld, ihre guten Hinweise und ihre Langmut, als es zum Ende hin wieder einmal eng wurde.

Vor allem aber möchte ich Heike Gronemeier danken, die das Buch wie stets ebenso streng wie einfühlsam lektoriert hat und nicht nur auf der Zielgeraden Nervenstärke gezeigt hat.

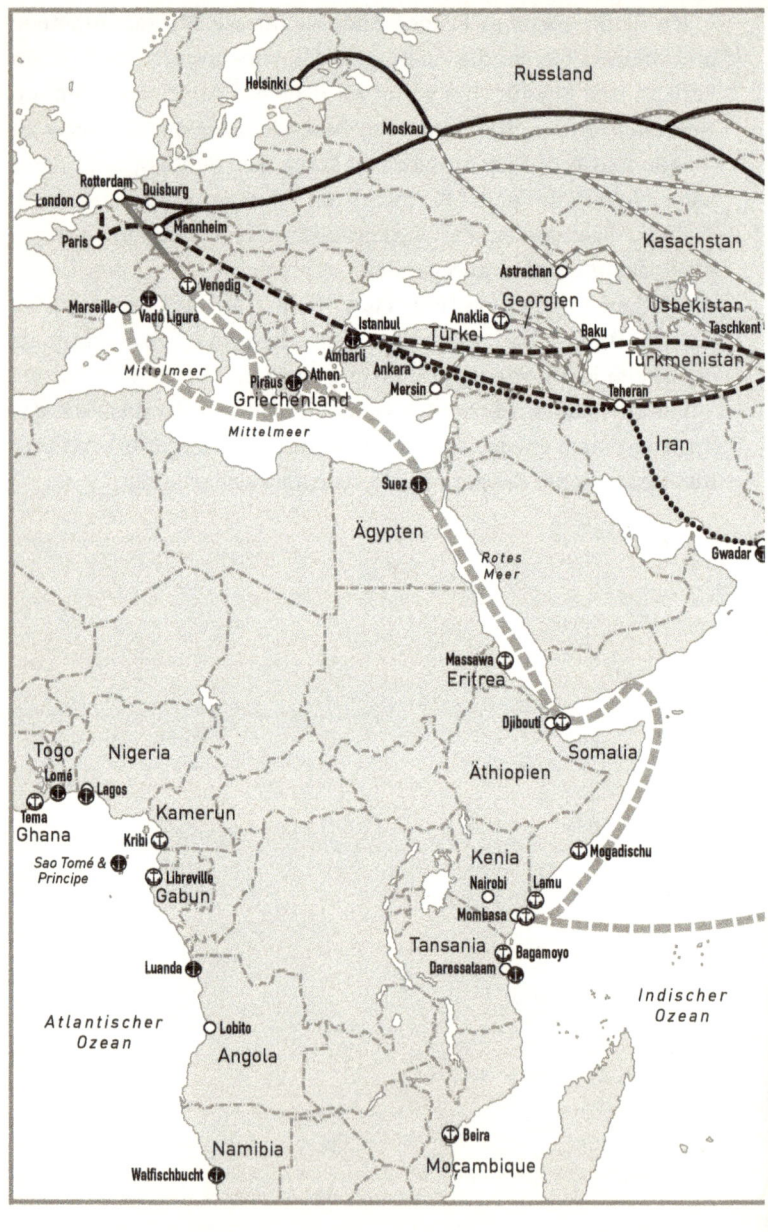

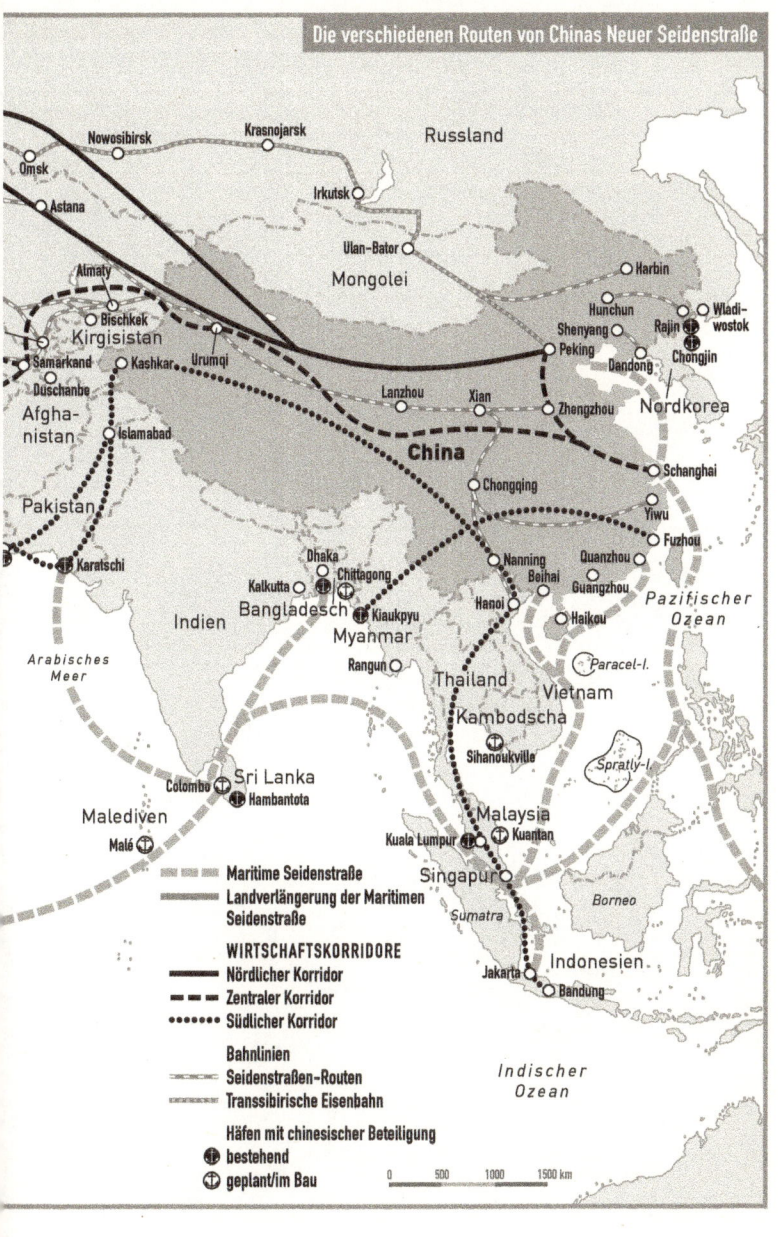

Die verschiedenen Routen von Chinas Neuer Seidenstraße

Russland
Omsk
Nowosibirsk
Krasnojarsk
Astana
Irkutsk
Almaty
Ulan-Bator
Harbin
Bischkek
Mongolei
Hunchun
Wladi-
Kirgisistan
Shenyang
Rajin
wostok
Samarkand
Kashkar
Urumqi
Peking
Chongjin
Duschanbe
Dandong
Afgha-
Lanzhou
Xian
nistan
Islamabad
Zhengzhou
Nordkorea
Pakistan
China
Schanghai
Chongqing
Yiwu
Karatschi
Dhaka
Nanning
Quanzhou
Fuzhou
Kalkutta
Chittagong
Beihai
Bangladesch
Kiaukpyu
Hanoi
Guangzhou
Pazifischer
Indien
Myanmar
Haikou
Ozean
Arabisches
Rangun
Meer
Thailand
Vietnam
Paracel-I.
Kambodscha
Sihanoukville
Spratly-I.
Colombo
Sri Lanka
Hambantota
Malaysia
Malediven
Kuala Lumpur
Kuantan
Malé
Singapur
Borneo
Sumatra
Jakarta
Indonesien
Bandung
Indischer
Ozean

Maritime Seidenstraße
Landverlängerung der Maritimen
Seidenstraße

WIRTSCHAFTSKORRIDORE
Nördlicher Korridor
Zentraler Korridor
Südlicher Korridor

Bahnlinien
Seidenstraßen-Routen
Transsibirische Eisenbahn

Häfen mit chinesischer Beteiligung
bestehend
geplant/im Bau

0   500   1000   1500 km